Johann Hieronymus Chemnitz, Heinrich Wilhelm Friedrich

Neues systematisches Conchylien-Cabinet

Johann Hieronymus Chemnitz, Heinrich Wilhelm Friedrich

Neues systematisches Conchylien-Cabinet

ISBN/EAN: 9783742897121

Hergestellt in Europa, USA, Kanada, Australien, Japan

Cover: Foto ©ninafisch / pixelio.de

Manufactured and distributed by brebook publishing software (www.brebook.com)

Johann Hieronymus Chemnitz, Heinrich Wilhelm Friedrich

Neues systematisches Conchylien-Cabinet

Hochgeborner Herr Graf,

Gnädiger Herr Staatsminister und Geheimder Rath,

Hochgebietender und höchstzuverehrender Gönner!

Bisher bin ich nur immer ein entfernter Zuschauer, aufmerksamer Beobachter, stiller ehrfurchtsvoller Bewunderer und wärmster Verehrer der vielen, ja unzähligen wohlthätigen, edelsten und unverdrossenen Arbeiten, Veranstaltungen und Bemühungen gewesen, damit sich Ew. Hochgräfl. Excellenz unaufhörlich zur Glückseligkeit vieler Tausende beschäftiget, und dadurch Sie sich um alle dem Königlich Dänischen Scepter unterworfene Länder, Staaten und Unterthanen unendlich, ja unsterblich verdient gemacht. In den vielen Jahren meines hiesigen Aufenthaltes habe ich, da Dero Stunden so kostbar, und Dero Geschäfte so wichtig, überhäuft und mannichfaltig sind, aus wahrer Achtung und Ehrfurcht gegen Dieselben auf das sorgfältigste alle Zubringlichkeit vermieden, und es nur erst ein paarmal, dazu noch in einer fremden, mich nicht betreffenden Angelegenheit, gewaget, mich Dero hohen Person insbesondere zu nähern. Allein nunmehro finde ich mich auf das stärkste gedrungen, gleichsam aus der Zurückhaltung und Entfernung hervorzutreten, um Ihnen bey der Ueberreichung dieses Eilften Bandes des Systematischen Conchylien-Cabinets ein öffentliches Zeugniß meiner dankbarsten Empfindung, tiefsten Verehrung und ehrfurchtsvollesten Ergebenheit darzulegen. Hochdieselben sind ein erklärter vertrauter Freund und ein gründlicher Kenner der Wissenschaften. Sie haben davon bey gar vielen Gelegenheiten, insonderheit in Ihren weisheitsvollen Staatsschriften, und als Präsident unserer hiesigen Königlichen Gesellschaft der Wissenschaften, solche unleugbare Proben und unverwerfliche Zeugnisse abgeleget, die aller Bewunderung und Erstaunen erwecket. Desto zuversichtlicher bin ich davon überzeuget, daß Ew. Excellenz dieses wissenschaftliche Buch, so ich Ihnen gewidmet und zugeeignet, und dem ich Dero theuren Namen vorgesetzet, nicht mit Verachtung ansehen, sondern mit der Ihnen so eigenthümlich gewordenen Leutseligkeit und Freundlichkeit huldreichst aufnehmen, und dem Verfasser auch fernerhin Dero Gnade und Zuneigung schenken werden. Wie beneidenswerth glücklich ist doch unser Land, daß es Bernstorfe — sowohl Dero liebenswürdigen menschenfreundlichen, verehrungswürdigsten Herrn Oncle, den seligen Herrn Grafen Johann Hartwig Ernst von Bernstorf, (dem ich unendlich viel zu verdanken habe, dessen Namen ich nie ohne Empfindungen der dankbarsten

sten Ehrfurcht ausspechen werde, und der mir ewig unvergeßlich bleiben wird), als auch seit einer langen Reihe von Jahren Ew. Excellenz, vornemlich auch bey dem höchstwichtigen Departement der auswärtigen Affairen zu Staatsministern gehabt. Dero großen Staatsklugheit, Standhaftigkeit, Entschlossenheit und vortreflichen Rathschlägen muß man es in diesen bedenklichen Zeiten vorzüglich mit zuschreiben, daß bey dem fast allgemein gewordenen blutigen und zerstörenden Kriege, und auf der andern Seite bey der auf Unkosten der Nachbarn um sich greifenden Eroberungssucht mancher Regenten, und endlich drittens bey aller oft dringend genug gewordenen Anreizung und Aufforderung, Dännemark die Früchte und Segnungen des süßesten Friedens genossen, und sich durchaus in jene Kriegesunruhen und Greuel des Blutvergießens nicht mit verwickeln und einflechten zu lassen. Wer kan die Uebel des verderblichen Krieges beschreiben und zählen? Sie sind ja unbeschreiblich groß und unzählbar. Wer kan die traurigen Folgen desselben übersehen? Sie sind ja unübersichtbar. Viele tausend Landleute sind dadurch ihren Feldern, Dörfern, Hütten, und gemeinnützigen ländlichen Arbeiten entzogen, viele tausend Künstler und Handwerker ihren nun leerstehenden Werkstätten beraubet, viele tausend Kinder ihren Eltern und Familien entnommen, viele Väter ihren weinenden Kindern, und viele tausend Ehemänner den Armen ihrer jammernden Ehegattinnen entrissen und auf die Schlachtbank geliefert, oder mit verstümmelten Gliedern wieder heimgeschickt worden. Bey dem allen ist Dännemark ein Reich der Ruhe und des Friedens geblie-

geblieben. Seine Felder sind nicht mit dem Blute der Erschlagenen gedünget und gefärbet, seine Volksmenge ist nicht durch gewaltsame Unterdrückungen der Nachbarn vermehret, sein Thron nicht auf Blutschulden gegründet, und seine Wohlfarth nicht durch Ungerechtigkeit erweitert worden. Ew. Excellenz kennen viel zu gut die ehrwürdigen Grundsätze der heiligen Schrift: Gerechtigkeit erhöhe ein Volk: Ungerechtigkeit verwüste die Länder: durch Gerechtigkeit werde ein Reich und der Thron bestätiget. Sie bleiben daher unverbrüchlich und unerschütterlich bey Ihren Gerechtigkeit liebenden Gesinnungen, und würden sich durch nichts auf der Welt davon abwendig machen lassen.

Wiewohl Dero erhabene Gesinnungen, preißwürdige Eigenschaften, und längst bestättigte ausgezeichnete Verdienste, sind so Stadt= Land= und Weltkundig; daß ich etwas sehr allgemein Bekanntes sagen würde, wenn ich weiter davon reden, und es meiner Feder, die sich hiezu viel zu schwach findet, erlauben wollte, von Dero Ruhme zu schreiben, und es meinem Herzen verstatten wollte, sich in Lobeserhebungen zu ergießen. Das Zeugniß Ihres Gewissens, das Bewußtseyn Ihres Herzens, allemal edel, großmüthig, gottgefällig und rechtschaffen gehandelt, Ihre besten Stunden, Kräfte und Vermögen der Glückseligkeit Dännemarks gewidmet und aufgeopfert zu haben, dienet Ihnen zur seligsten Beruhigung, und gewähret Ihnen schon eine reichliche erqui-

erquickende Belohnung. Dero hochberühmten Namen wird man allemal nennen, wenn man einen vorzüglich religiösen, gewissenhaften, hocherleuchteten, exemplarischen, verdienstvollen, es mit Gott und Menschen von Herzen treu und redlich meinenden, mit den herrlichsten Talenten ausgerüsteten, mit der größten Menschen- Länder- Weltkenntniß und Staatsklugheit begabten Minister, und den thätigsten, entschlossensten, arbeitsamsten Staatsmann wird nennen wollen. Eine dankbare Nachwelt wird vollends Dero Verdiensten alle Gerechtigkeit wiederfahren lassen, wenn auch einige Verblendete und Uebersichtige der jetzigen Zeitgenossen, sie nicht deutlich genug sehen noch schätzen möchten. Daß die göttliche Vorsehung, in Ew. Excellenz dem Königl. Dänischen Hofe und Ländern noch bis auf die spätesten Jahre menschlicher Tage, den größten und besten Staatsminister, den treuesten und weisesten Rathgeber, den edelsten Gottes- und Menschenfreund, bey welchen sich Weisheit und Freymüthigkeit, Rechtschaffenheit und unverdrossene Thätigkeit, Schlangenklugheit und Herzensaufrichtigkeit so innigst vereinigt und unauflöslich verbunden finden, erhalten, Dero Gesundheit dauerhafter machen, und zu Ihren Jahren noch recht sehr viele hinzulegen wolle, das ist der feurigste Wunsch aller Redlichen, die es wissen, was wir an Ew. Excellenz für ein Kleinod besitzen.

Ich weiß es nicht, wie lange noch bey meinen schon erreichten 65jährigen hinwelkenden Alter die Jahre meiner Wallfarth und Pilgrimschaft dauren möch-

b   ten:

ten: allein so viel weiß ich, daß ich nie aufhören werde, so lange noch ein Leben in mir ist, mit der größesten Ergebenheit zu seyn,

Meines nie genug zu verehrenden Herrn Grafen,
Staatsministers und Gönners

Copenhagen,
den 31sten Julius
1795.

unterthäniger Diener, Fürbitter
und Verehrer
Johann Hieronymus Chemnitz.

Vorrede.

Nachdem ich vor acht Jahren mit dem 10ten Bande des Conchylienwerkes meine conchyliologische Laufbahn glücklich geendiget, und daher jenen Band auf dem Titul den letzten genannt; so würde ich mich schwerlich zur Ausarbeitung dieses eilften Bandes entschlossen haben, wenn ich nicht durch ganz unerwartete Vorfälle dazu gewißermaßen genöthiget und gezwungen worden. Ich hatte mich in der Vorrede des 10ten Bandes erboten, daß ich eine periodische Schrift unter dem Namen des Conchylienfreundes ausfertigen, darinnen die neuesten Entdeckungen im Reiche der Conchylien bekannt machen, die neu herauskommenden conchyliologischen Schriften ausführlich anmelden, Nachträge und Verbesserungen zu den vorigen Bänden liefern, die vorzüglichsten Seltenheiten mancher Conchyliencabinetter anmelden, und mich vornemlich bemühen wolle ein Linneisches Register über alle zehen Bände zu verfassen, damit man es gleichsam mit einem Blicke übersehen könne, wo man die Linneischen Gattungen in diesem Werke suchen müsse und finden könne. Viele hiezu dienliche Materialien hatte ich denn auch schon zu diesem Zwecke zusammengetragen. Allein, durch viele Amtsgeschäfte gar sehr beschränkte Zeit, mein 65jähriges Alter, und eine Menge unvorhergesehener

Vorrede.

scheuer Hindernisse, erlaubten es mir nicht, diese Sache im vollen Ernste anzufangen und durchzusetzen. Dazu kam auch noch dieser Umstand, daß ein anderer den Anfang machte, eine Monatsschrift unter dem von mir erwehlten Titul des Conchylienfreundes herauszugeben, die aber so wenig Abgang und Beyfall fand, daß es der Verleger zu Erlangen fürs beste und rathsamste hielte, mit dem ersten Monatsstücke schon wieder aufzuhören, und sich mit keiner weiteren Fortsetzung zu befassen. Daß dergleichen für mich mehr abschreckend als ermunternd seyn müßen, wird jeder von selbst leichte erachten können.

Nun aber ereignete sich ein ganz unerwarteter Umstand, auf den ich ganz und gar nicht gerechnet hatte. Derjenige geschickte Naturalienmaler, den ich mir vormals aus Wien mit nicht geringen Unkosten verschrieben, der sich ehemals sechs Jahre lang in meinem Hause zu Copenhagen aufgehalten, und die Originalzeichnungen zu sechs Bänden des Conchyliencabinets verfertiget, und darauf nach Wien zurückgekehret; kam nun vor ein paar Jahren ungerufen und auf seine eigene Kosten wieder hieher. Zu Wien hatte er in der Zeit des noch fortdaurenden unglücklichen Krieges mit seiner Kunst den Lebensunterhalt nicht finden können, der ihm doch, weil er sich nach dem Tode seiner vorigen Ehegattin abermals verheirathet, doppelt nöthig gewesen. Er hatte sich daher im guten zuversichtlichen Vertrauen, man werde ihn in meinem Hause nicht verstoßen, sondern liebreichst aufnehmen, getrost auf den Weg gemacht, und ehe er sich mit einer Sylbe angefraget, ob wir ihn auch haben wollten? ob wir ihn annehmen würden? ob wir ihn auch brauchen könnten? so war er schon mit Sack und Pack wieder mitten unter uns. Wir bewunderten alle in meinem Hause sein übergroßes Vertrauen, welches ihn so gestählert und stark gemacht, alle Unkosten und Beschwerden einer so weiten Reise von Wien bis hieher freudig zu überwinden, und ließen es uns gerne gefallen, ihm seine vorige Wohnung abermals einzuräumen, ihm die ehemalige Bewirthung und Verpflegung wieder angedeihen zu laßen, die er denn auch funfzehn Monathe lang aufs neue genoßen und gerne noch länger würde behalten haben, wenn ihn nicht seine Frau so dringend um baldige Zurückkunft gebeten. Um ihm nun einigen Verdienst zuzuwenden, so faßete ich den Entschluß diesen eilften Band auszuarbeiten, dazu ich desto williger seyn konnte, da meine Sammlung seit acht Jahren viele ansehnliche Bereicherungen erhalten, und die Spenglerische hierinnen noch glücklicher gewesen. Ja seit der Zeit, daß ich diesen eilften Band vollendet, habe ich schon wieder an die funfzig neue Gattungen von Conchylien kennen gelernet. Sollte es so fortgehen, und es dem Herrn des Lebens gefallen, mein Leben noch auf mehrere Jahre zu verlängern, so wäre es möglich, daß auch noch der zwölfte Band dieses Werkes herauskommen könnte. Beym Herrn Scheitel, wie er sich in seinem letzten Briefe aus Wien deutlich genug

merken

Vorrede.

merken lässet, würde es nur, ohnerachtet er schon alt und eisgrau ist, nur eines ernstlichen Winkes und Vorschußes zur Reise bedürfen, um ihn von Wien wieder hieher zu ziehen. Denn ob er gleich catholisch, so ist doch seine Liebe zu Copenhagen, und seine Zufriedenheit mit meinem Hause und mit der von allen den Meinigen erfahrnen freundschaftlichen Behandlung so groß, daß er wohl Vaterland, Eheverbindung und Freundschaft, Bruder und Geschwister gänzlich und auf immer verlassen, und bey uns leben und sterben würde, wenn deswegen eine recht ernstliche Einladung an ihn ergehen sollte.

Meine Leser wissen nun die nähere Veranlassung, dadurch ich bewogen worden, mich diesem mühsamen Geschäfte abermals zu unterziehen. Durch die rechtschaffene Verlegerin, durch die würdige Madame Raspe bin ich auch zum öftern aufgefordert worden, noch einen und den andern Band zu den vorigen zehen Bänden auszuarbeiten, weil dadurch das schlummernde Andenken an die vorigen Bände aufs neue werde aufgefrischet und belebet werden. Daß in diesem eilften Bande viele neue und höchstseltene Conchylien abgebildet und beschrieben, viele in den vorigen Theilen übergangene Gattungen des Linneischen Systems nachgeholet, viele Berichtigungen und Belehrungen eingeschaltet, vieles Mangelhafte ergänzet und verbessert, und auf solche Weise den Freunden des lieblichen conchyliologischen Studii eine reichliche Nahrung und Unterhaltung verschaffet worden, werden Kenner dieser sonderbaren Arbeit weder leugnen wollen noch können.

Jene alte Klage des Linné, welche in der zehnten und zwölften Ausgabe seines Natursystems, bey den Kegelschnecken in einer Anmerkung gelesen wird: Locus in plerisque Testaceis, etiamnum in arte deficit, wird wohl bey diesem Conchylienwerke, und besonders bey dem gegenwärtigen Bande, wegfallen müssen, weil der Fall nur selten vorkömmt, daß ich das wahre Vaterland und den eigentlichen Wohnort der hier beschriebenen Schnecken und Muscheln nicht sollte bestimmt angegeben haben. Dem Catalogo des Herzoglich Portlandischen Musei muß ich es auch zum Ruhme nachsagen, daß darinnen bey den mehresten Conchylien die Wohnstelle sehr richtig angemerket, und wenn man solche nicht sicher gewußt, das reine Bekänntniß, wir wissen die Wohnstelle nicht, aufrichtig abgeleget worden.

Wer einige Kenntnisse der Conchyliologie erlanget, der wird es zu beurtheilen wissen, daß es gewiß keine leichte Mühe, sondern ein schweres Stück Arbeit gewesen, so viele neue Arten und Gattungen, oder neue merkwürdige Varietäten mancher Gattungen, (denn wir haben nie die Einbildung gehabt, alle und jede hier abgebildete, für eigene Gattungen auszurufen, da wir es gar wohl gewußt, wie man viele derselben nur für Abänderungen anzusehen habe,) gleichsam aus allen vier Winden zusammen zu holen, und characteristisch zu beschreiben,

Vorrede.

ten, als da nöthig gewesen, um einen so ansehnlichen Band voll zu machen. Als ich vor einigen Jahren durch die Güte des gelehrten und mit der Naturgeschichte wohlbekannten Herrn Doct. Karstens, den ersten Band des von ihm mit größesten Fleiße beschriebenen Musei Leskeani erhielte; so schien es anfänglich, als würde mir dieses Geschäfte, neue Arten und Gattungen für die künftigen Bände des Conchylienwerkes ausfündig zu machen, gar sehr erleichtert werden. Denn schon in der Vorrede fand ich die mir sehr willkommene Nachricht und Versicherung, es würden auf den Kupfertafeln solche Conchylien vorgestellet werden, die im Martinischen und Chemnitzischen Conchyliencabinette fehleten. Ich war sehr neugierig sie näher kennen zu lernen, allein bey der genauesten Nachsuchung konnte ich darunter auch keine einzige herausfinden, die würklich eine neue Gattung gewesen, und die nicht schon längstens im systematischen Conchyliencabinette gestanden und beschrieben worden. Der berühmte Verfasser des Musei Leskeani behauptet es pag. 198, daß auf seinen Kupferplatten Fig. 1. lit. a und b als eine seltene Varietät vom Cono aulico Linnaei (das ist, von der bekannten Bruinet-Toot) anzusehen sey, so im Martini fehle, und es ist keine Varietät, sondern eine eigene Gattung, nemlich ein abgeriebenes und darauf wohl polirtes Exemplar vom Cono striato Linnaei, (Belg. Wolkhooren), den Martini Tom. 2. fig. 716. so umständlich beschrieben, daß man es nicht besser verlangen kan. Er meinet es ferner, pag. 198, die auf seinen Kupfertafeln Fig. 2. lit. a und b gezeichnete, müßte gleichfalls für eine merkwürdige Varietät des Coni aulici Linnaei gehalten werden, so man im Martini vermisse. Und es ist wiederum keine Varietät, sondern eine eigene bestens bekannte, im Martini Tom. 2, bey fig. 717 weitläuftig beschriebene Gattung, so beym Linne Conus Geographus heißt, und ganz und gar nicht unter die Unterabtheilung, wo Conus aulicus stehet, hingehöret, sondern sortiret unter die Conos laxiores ventricosos tinnitantes quando in dorsum super mensam disjiciuntur. Wenn uns ferner fig. 5, im Museo Leskeano, als eine in unserm Conchylienwerke fehlende Gattung angewiesen, und es noch dazu von derselben pag. 265. no. 1013. bezeuget wird, es sey Murex torulosus Linnaei; so muß ich es dagegen anmerken, es sey ein abgebleichter unausgewachsener Strombus vittatus Linnaei, davon frische, ausgewachsene, mit ihrer Sutura elevata bestens versehene Stücke, an mehreren Stellen des Conchylienwerkes (cf. Tom. 3. fig. 822, Tom. 10. fig. 1496.) abgebildet und beschrieben worden. Bey den wenigen ungleich kleineren und unerheblicheren Stücken, will ich mich nicht verweilen noch aufhalten. Dem in guten Latein recht meisterhaft beschriebenen Museo Leskeano, bleiben deswegen seine übrigen großen Verdienste unbenommen, wenn gleich diese kleine Versehen sich mit eingeschlichen. Es würde übrigens eine unvergebliche Prahlerey und sehr lächerliche Einbildung ver-

Vorrede.

verrathen, wenn ich es jemals vorgegeben hätte oder künftig vorgeben wollte, daß in den eilf Bänden des Conchylienwerkes, der unermeßliche Reichthum des Reiches der Conchylien erschöpfet worden. Ich bin ja noch nicht einmal so glücklich gewesen alle Linneische Gattungen zu entdecken. Und was mögen nicht hie und da, besonders in Frankreichs, Engelands und Hollands großen Conchylienschätzen, und vollends in den Tiefen und Abgründen des Oceans, noch für Gattungen stecken, die ich nimmer in dem kurzen noch übrigen Rest meiner Tage, zu Gesichte bekommen werde. Herr Hwaß schreibet, er könne mir aus seiner Sammlung noch den Stoff zu einem ganzen Bande verschaffen. O möchte er mir näher wohnen! Wie gerne würde ich mich zu den Füßen dieses Gamaliels niedersetzen, um von ihm mehr conchyliologische Weisheit und Kenntnisse zu erlernen.

Der Herr Justizrath Hwaß pfleget alle Conchylien in vier Ordnungen oder Classen abzutheilen, welche Eintheilung Nachahmung verdienet. Zur ersten Classe rechnet er die allerseltensten, (coquillages rarissimes), zur andern die seltenen, (coquillages rares), zur dritten die nicht gemeinen, (peu communes), zur vierten die allgemeinen und ganz bekannten. Nach dem Urtheile des Herrn Hwaß, gehören im Systematischen Conchyliencabinette zur Ordnung und Classe der allerseltensten nur folgende wenige, nemlich:

1) aus dem ersten Bande, Fig. 163. Patella cristata Linnaei, davon nur zwey große und ein kleines Exemplar bisher bekannt worden.
2) aus dem 2ten, Fig. 571. 590. 633.
3) aus dem 3ten, pag. 198. Vignette 32. fig. 2. 3., woferne nicht testa fossilis, sondern eine natürliche gemeinet ist.
4) aus dem 4. 5. 6. 8ten Bande, findet er keine einige, die er zur Gesellschaft der allerseltensten rechnen will.
5) aus dem 7ten Bande, Fig. 471. 484.
6) aus dem 9ten, Fig. 875. 884. 886. 888. 890. 892. 897. 924. 1124.
7) aus dem 10ten, Fig. 1274. 1276. 1324. 1331. 1444.

Zur Classe der seltenen werden von ihm gerechnet:
1) aus dem 1ten Bande, Fig. 162. 218. 277.
2) aus dem 2ten, Fig. 499. 573. 623. 624. 636. 644. 655. 682. 683. 689. 698. 701.
3) aus dem 3ten, Fig. 774–776. 781. 787. 832. 835. 920. 922. 934. 1093. 1098. 1110.
4) aus dem 4ten, Fig. 1221. Vignette 39. lit. D. Fig. 1330. 1371. 1426. 1428. 1498. 1500.

Vorrede.

5) aus dem 5ten, Fig. 1654. 1700. 1714.
6) aus dem 6ten, Fig. 61. 96. 145. 147. 149. 151. 187. 199. 228. 248. 251. 282. 295. 306. 327.
7) aus dem 7ten, Fig. 472. 524. 526. 597. 654.
8) aus dem 8ten, Fig. 656. 669. 688. 706. 714. 849.
9) aus dem 9ten, Fig. 913. 915. 917. 919. 927. 938. 940-949. 954. 1007. 1026. 1031. 1033. 1042. 1049. 1053. 1069. 1132. 1140. 1213. 1215.
10) aus dem 10ten, Fig. 1281. 1286. 1289. 1294. 1306. 1310. 1312. 1313. 1326. b. 1338. Tab. 144. A. lit. a-c. 1359. 1385. 1387. 1395. 1406. 1409. 1452. 1526. 1536. 1544. 1554. 1630. 1634. 1682. Vignette 20. A. Vignette 25. A.

Zur Classe der nicht gemeinen (der peu communes), zählet derselbe:

1) aus dem ersten Bande, Fig. 7. 20. e. 43. b. 44. 45-48. 117. 125. 135. 156. 190. 217.
2) aus dem 2ten, Fig. 356. A. 369. 436. 439. 447. 449. 503. 509. 574. 577. 578. 584. 595. 597. 601. 602. 611. 612. b. 631. 632. 634. 635. a. 638. 640. 641. 665. 673. 676. 677. 680. 687. Vignette 26. 1. 2.
3) aus dem 3ten, Fig. 742. 749. 780. 860. 909. 932. 941. 996. 1000. 1015. 1033. 1034. 1036. 1038. 1057.
4) aus dem 4ten, Fig. 1119. 1146. 1217. 1223. 1257. 1297. 1325. 1339. 1340. 1344. Vignette 39. c. Vignette 40. Fig. 1. 1347. 1450. 1472. 1495. 1401.
5) aus dem 5ten, Fig. 1514. 1510. 1516. 1518. 1520. 1553. 1562. 1597. 1610. 1615. 1620. 1623. 1637. 1688. 1697. 1736. 1777. 1790. 1791. 1799. 1801. 1803. 1817. 1822. 1840. 1874. 1898. 1919. 1924. 1934. 1936.
6) aus dem 6ten, Fig. 11. 13. 32. 35. 36. 46. 53. 56. 63. 65. 78. 88. 97. 104. 105. 139. 153. 159. 166. 168. 181. 202. 213. 236. 279. 291. 298. 336. 344. 364. 382. 385.
7) aus dem 7ten, Fig. 397. 411. 430. 448. 463. 490. 492. 496. 502. 506. 507. 568. 582. 584. 594. 613. 614. 617. 618. Tab. 69. lit. G. H.
8) aus dem 8ten, Fig. 674. 683. 684. 685. 713. 728. 736. 738. 745. 748. 838. 839.
9) aus dem 9ten, Fig. 882. c. 907. 911. 925. 935. 950. 956. 961. 1004. 1009. 1011. 1017. 1020. 1039. 1041. 1046. 1061. 1095. 1098. 1103. 1110. 1136. 1142. 1144. 1150. 1152. 1164. 1210. 1226. 1228. 1230.

10) aus

Vorrede.

10) aus dem toten, Fig. 1272. 1277. 1280. 1292. 1293. 1295. 1296. 1297. 1298. 1301 bis 1303. 1305. 1307–1309. 1311. 1315. 1318. 1321. 1329. 1330. Tab. 144. A. litt. m und n. 1389. 1432. 1506. 1516. 1520. 1523. 1569. 1581. 1591. 1600. 1605. 1610. 1622. 1635. 1639. 1640. 1661. 1663. 1675. 1684. 1686. Vignette 20. C. Vign. 21. A. Vign. 22. A. Vign. 24. A.

Bey vielen wird noch die Anmerkung hinzugethan, sie würden nur unter der Bedingung diesen Classen beygezählet, wenn sie groß, frisch, wohl conservirt, und bey Muscheln recht vollständig und ächte Dubletten wären.

Alle übrige, in den zehen Bänden des Conchylienwerkes abgebildete und beschriebene, welche nicht in einer von diesen Classen und Abtheilungen der Rangordnung stehen, werden vom Herrn Hwaß für gemein und bekannt erkläret. Da bitte ich nun einen jeden Conchylienfreund und Sammler, die Mitglieder und Gattungen seines Vorrathes und Cabinets nach dieser Rangordnung zu prüfen. Ich befürchte, daß sie bey vielen Stücken ihren Ton werden herabstimmen müssen, indem sie vieles, so sie für äusserst rar und kostbar gehalten, nun bis zur dritten und vierten Classe der Rangordnung herabgesetzet sehen werden.

Eine gleichförmige Rangordnung hat auch Thomas Martyn in seinem Conchologiste Universel vor Augen gehabt, und daher den Namen einer jeden Conchylie gewisse Buchstaben beygesetzet, die darauf hinweisen. So lautet hievon seine Erklärung: Les lettres placées dessous les noms Latins de chaque coquille indiquent le degré de sa rareté dans les Cabinets Anglois au tems de la publication.

    c. si la coquille est commune.
    r. si la coquille n'est pas commune.
    r. r. si elle est rare.
    r. r. r. si elle est très rare.

Nur ist freylich seine Angabe und Aussage lange nicht so zuverläßig, wie bey dem gründlichen und einsichtsvollen Herrn Hwaß. Denn der Herr Thomas Martyn erkläret manche Stücke für äusserst rar, als Tab. 39. den Conum, der bey ihm Cingulum heißt, weil er von einer erhobenen Kante, wie von einem Gürtel umgeben wird, dergleichen Herr Hwaß noch nicht unter die peu communes würde hingesetzet haben.

Vorrede.

Von neuen conchyliologischen Büchern sind mir seit der Ausgabe des 10ten Bandes folgende bekannt, und die meisten davon auch eigenthümlich geworden.

I. Memoria sui Testacei di Taranto clasfificati secondo il Sistema del Linneo. fol. Tarent. 1782. 44 Seiten. Die Zueignung ist vom dorigen Erzbischoffe Capece Latro unterschrieben, der also auch wohl der Verfasser seyn wird. Die fünf letzten Seiten handeln von den dorigen Schalthieren, davon 84 Arten angeführet, und mit linneischen Namen beleget werden. Von vielen hätte man es nicht erwartet, daß sie bey Tarent wohneten. In der Vorrede wird Nachricht gegeben von der Verarbeitung der Steckmuschelseide. Das Recht, im Meere bey Tarent Schnecken und Muscheln zu fischen, soll dem Königl. Neapolitanischen Hofe, den Clöstern, und einigen Privatleuten jährlich 21348 Ducaten einbringen, auch sollen die Abgaben von den ausgehenden Schalthieren noch 5615 Ducaten abwerfen. Meine Bemühungen, dieses Buch zu erhalten, sind bisher vergeblich gewesen. Ich kenne es nur aus dem 98sten Stück der Göttingischen 1784 herausgekommenen gelehrten Anzeigen.

II. Fosfilia Hantonienfia (Hampshire Fosfils) collecta et in Museo Britannico deposita a Gustavo Brander. Londini. 4to. 1766. Die neun dazu gehörenden Kupfertafeln sind von einer Meisterhand gestochen worden. Bey der Verfertigung des Textes hat der Doct. Solander hülfliche Hand geleistet. Daher verdienet er desto mehr unsere Achtung und Aufmerksamkeit. So heißt es davon in der Vorrede: Publicis grates ago celeberrimo et mihi amicissimo D. Solander, cui descriptiones scientificas et systematicas sequentes me debere lubens gratusque agnosco. (Der Herr Kunstverwalter Spengler hat mir mit diesem Buche ein angenehmes Geschenk gemacht, nachdem er es erfahren, daß ich in eben der Bücherauction, wo er es erstanden, gleichfalls darauf bieten lassen.)

III. Testacea minuta rariora nuperrime detecta in arena littoris Sandvicensis. Multa addidit et omnium figuras ope Microscopii ampliatas accurate delineavit Geo. Walker. London. 4to. 1784. Der Text ist in der Englischen und lateinischen Sprache abgefaßet worden. Es stehen auf den drey Kupfertafeln 90 Arten. Das Buch kostet fünf Englische Schillinge, oder nach deutschem Gelde 1 Rthlr. 8 Gr. Es ist von keiner großen Erheblichkeit.

IV.

Vorrede.

IV. D. M. Andr. I. Retzii Diſſertatio Hiſtorico-naturalis ſiſtens nova teſtaceorum genera. Lundae. 1788. 4. Es ſind nur drey Bogen, daraus aber viel zu lernen iſt. Denn Retzius iſt ein ächter Schüler und treueſter Nachfolger des Linne.

V. Thomas Martyn Univerſal Conchologiſte Tom. III. und IV. Mein Urtheil von dem erſten und zweyten Theile dieſes mehr prächtigen und koſtbaren, als nützlichen und lehrreichen Werkes, habe ich in der Vorrede des 10ten Bandes mit Ehrlichkeit nach meiner Ueberzeugung dargeleget. Der dritte und vierte Band iſt nun auch herausgekommen, ich habe aber dieſe beyden noch nicht geſehen, weil keine unſerer hieſigen großen öffentlichen Bibliotheken dieſes theure Werk erkaufen wollen. Meine Gelegenheit iſt es nicht, abermals 120 Rthlr. auch für dieſe beyden Bände, wie für die zwey erſten, auszugeben.

VI. Zoologia Adriatica oſſia Catalogo ragionato degli Animali del Golfo e delle Laguna di Venezia — dell' Abata Giuſeppe Olivi. Baſſano. 4to. 1792. Die Dedication an den D. Gioeni iſt vom Abbé Fortis unterſchrieben, und die Conchylien nach linneiſcher Methode geordnet worden. Die linneiſche Methode findet alſo immer mehrere Liebhaber und Nachfolger.

VII. Knorrens Vergnügen der Augen und des Gemüthes an Conchylien. Erſter, zweyter und dritter Theil. Die zwote vermehrte und verbeſſerte Ausgabe. Nürnberg 1785. 4to. Ich gedachte von dieſer neuen Ausgabe, dabey der Text ſehr erweitert und verbeſſert worden, erſt alsdann zu reden, wenn der neue Text zum 4ten, 5ten und 6ten Theile gleichfalls würde geendiget worden ſeyn. Weil ich aber ſchon ſeit zehn Jahren vergeblich auf dieſe Fortſetzung und Vollendung gewartet, ſo zweifle ich, daß er je herauskommen werde. Die große Anzahl der unvollendeten Conchyliologiſchen Bücher wird alſo wieder einen neuen Zuwachs hiedurch erhalten. Was hievon die wahre Urſache ſeyn möge, ob die Schuld am Verleger, oder am Schriftſteller und Verbeſſerer, oder an beyden zugleich liege, oder dem Publico beyzumeſſen ſey, welches ſich an den verbeſſerten Text nicht gekehret, und ihn nicht erkauft und begehret, weiß ich mit keiner Zuverläßigkeit zu beſtimmen.

VIII. Zu jenen in Quartformat herausgekommenen, mir bekannt gewordenen neuen conchyliologiſchen Büchern, muß ich noch zuletzt diejenigen Bände und Theile der zu Paris gedruckten Encyclop. methodique hinzu rechnen, welche de Teſtaceis und Cruſta-

Vorrede.

Crustaceis handeln, und vornemlich den gelehrten, mit der Conchyliologie und ihren claßischen Büchern sehr vertraut gewordenen Herrn Bruguiere zum Verfasser haben. Ich kan mich nicht genug verwundern, wie bey allen dort herrschenden Revolutionen und Unruhen, noch dergleichen wichtiges und weitläuftiges Werk, zu dessen Ausarbeitung die ruhigste Stille erfordert wird, gefördert werden können. Die hiesige Universitätsbibliothek besitzet diese Encyclop. methodique nur erst seit einigen Wochen, aber zu meinem größten Bedauren und Leidwesen fehlen ihr noch die mich am meisten interesirenden Theile, welche von Conchylien handeln, als welche, nebst vielen andern Bänden dieses Werkes, erst noch aus Frankreich erwartet werden. Nur ein paar conchyliologische Bände, die gleichsam durch einen Zufall unter die übrigen gemischet worden, habe ich erst gesehen. Sie haben meinen ganzen Beyfall erhalten, und meine Sehnsucht nach den übrigen desto stärker entzündet. Die dazu gehörenden Kupferplatten sind vortreflich.

Von neuen in Octavformat gedruckten conchyliologischen Büchern kan ich folgende anmelden.

1) D. Ioseph Gioeni Equit. Ord. Hierosolym. Descrizione di un nuova famiglia e di un nuovo genere di Testacei. Neapoli. 1783. 8. Der Herr Prof. Retzius giebt uns davon in seiner oben erwähnten Dissertation pag. 8, folgende Nachricht: Nuper novum genus nulli alio bene associandum invenit illustris Eques Gioeni illudque in peculiari tractatu descripsit, quod trivalve est, et ab omnibus notis conchis recedit. Triclae nomen, quod huic generi a nobis impositum est, non plane ineptum esse speramus. Vermuthlich aber wird dieses neugebackene Geschlecht gar bald wieder hinwegfallen, seitdem unser berühmter Herr Prof. Abildgaard die Entdeckung gemacht, daß jene vom Neapolitanischen Ritter Gioeni beschriebene dreyschaligte Muschel nichts anders sey, als gewisse innere Schalen der Bullae lignariae Linnaei. Es wird überhaupt jede Blasenschnecke oder Bulla von einem solchen Thiere bewohnet, das weit größer ist, als ihr schaligtes Wohngehäuse, ja dasselbe gänzlich umgiebt und bedecket. Der Conferenzrath Müller hat dieses Thier, so er bey den Blasenschnecken, die bey ihm Akerae heißen, angetroffen, für eine eigene abgesonderte Thierart angesehen, und daraus ein neues Thiergeschlecht unter dem Namen Lobaria gestiftet. Der Herr Prof. Abildgaard aber hat dies

neue

Vorrede.

neue Thiergeschlecht im dritten Theile der Zoologiae danicae — deren Herausgabe er besorget — wieder ausgemustert, und es deutlich bewiesen, daß es der eigenthümliche Bewohner der Blasenschnecken sey, und innerlich drey testas osseas habe, daraus der Ritter Gioeni eine concham trivalvem gebildet, und Prof. Rezius ein neues Conchyliengeschlecht unter dem Namen Tricla errichtet. Ich besitze durch die Güte des Herrn Prof. Abildgaards diese drey Schalen, so in einer solchen Bulla oder Blasenschnecke gefunden worden.

2) Index Musei Linckiani. Erster Theil. Leipzig 1783. 8. Darinnen findet man auf 200 Seiten das Register der Conchylien des Linkischen Cabinets. Der zweyte Theil ist 1786 und der dritte 1787 herausgekommen.

3) Museum Leskeanum quod ordine systematico disposuit atque descripsit D. L. Gustav Karsten. Lypsiae. 8. Es sind hievon mehrere Volumina herausgekommen. Der erste handelt von pag. 147 bis 305 de Testaceis, und enthält viele lehrreiche Anmerkungen und lesenswerthe Nachrichten.

4) Nachtrag zu den Conchylien im fürstlichen Cabinet zu Rudolstadt, von C. L. Kämmerer. Leipzig 1791. 8. Die Rudolstädtische beträchtliche Sammlung hat durch den Ankauf vieler Conchylien aus dem ehemaligen Richterischen Cabinet zu Leipzig einen ansehnlichen Zuwachs erhalten, deren Bekanntmachung der eigentliche Zweck von diesem nützlichen Nachtrage gewesen. Doch enthalten die vier Kupfertafeln wenig Erhebliches, so nicht längst bekannt gewesen wäre.

5) Gmelin Novissima Editio Syst. Naturae Linnaei. Tom. I. Der Pars VI. handelt von pag. 3202 bis 3736 de Testaceis. Die vom Linne selber unter die Mitglieder seines Systems aufgenommenen Gattungen hätten billig mit größerer Schrift gedruckt, und die vielen neu hinzugefügten zum Unterschiede mit kleinerer und ganz verschiedener Schrift gedruckt werden sollen.

6) Schreibers Versuch einer vollständigen Conchylienkenntniß nach Linne's System. Wien 1783. 8. Der erste Band handelt von den Schnecken und der andere von den Muscheln. Gmelins vorhin gemeldetes Buch und Schröters Einleitung in die Conchylienkenntniß, sind Schreibers Hauptbücher gewesen, darauf er sich verlassen.

Vorrede.

Im 18ten Bande der Allgemeinen deutschen Bibliothek pag. 567 lese ich diese Nachricht, „Herr Studer arbeite an einer Geschichte der Helvetischen Erd- und Fluß-Conchylien." Bis zu uns ist sie meines Wissens noch nicht herübergekommen. Im 117ten Bande dieser Bibliothek wird mir in der Recension der letzten Theile des Conchylienwerkes die Erinnerung ertheilet, daß nicht alle zum erstenmale von mir beschriebene und abgebildete, neue Arten und Gattungen wären, dafür ich sie doch ansähe, (ohnerachtet ich viele derselben ganz ausdrücklich für bloße Varietäten ausgegeben,) und daß zu den Schiffsbooten (Nautilis), Soldani und von Wulfen einige neue Arten liefern könnten. Das Werk des Soldani *) habe ich, aller angewendeten Mühe ohngeachtet, zur Zeit noch nicht beybringen können, wiewohl es zu dieser Absicht, nur microscopische Gegenstände enthält. Unter dem Namen von Wulfen, ist wohl die gründliche Abhandlung dieses verdienstvollen Gelehrtens gemeint, welche derselbe bey der Aufnahme als Mitglied der Academie der Naturforscher eingesendet hat, und im letzten Theil der Nova Acta Academiae Nat. Curiosorum **) enthalten ist, welcher aber erst lange nachher ist ausgegeben worden, und mir also damals nicht hatte bekannt seyn können. Die hier beschriebene Nautili sind abermahls microscopische Gegenstände, und es ist dabey zu beklagen, daß die so nöthigen Abbildungen mangeln. Ueberdies sind einige dieser Conchylien einzelne Seltenheiten, die schwerlich mehr beyzubringen sind. Andere bedürfen noch eine Berichtigung und Vereinigung der von verschiedenen Schriftstellern angegebenen Namen. Wie ich aber schon erwähnt,

---

*) Saggio Orittografico ovvero Osservazioni sopra Terre Nautilitiche ed Ammonitiche della Toscana. Con Appendice o indice Latino Ragionato de' piccoli Testacei, e d'altri Fossili d'origin marina per schiarimento dell' Opera. Dedicato a S. A. R. Pietro Leopoldo Gran-Duca di Toscana &c. Dal Padre D. *Ambrogio Soldani*, Abbate Camaldolense. In Siena 1780. Nella Stamperia di Vicenzo Pazzini Carli e Figli &c. 146 S. mit 25 Kupfertafeln.

**) Tom. VIII. pag. 235. Obs. LI. Dn. Francisci Xaverii L. B. *de Wulfen*, Descriptiones zoologicae ad Adriatici littora maris concinnatae.

Vorrede.

wähnt, und auch dem Herrn Recensenten bekannt ist, haben wir von diesen kleinsten Conchylien ein eigenes Werk eines Gelehrten zu erwarten, der sich ganz diesem Geschäfte gewidmet hat.

Das Museum rerum naturalium Academiae Upsaliensis, daran insonderheit der große Naturkündiger Prof. Thunberg arbeitet, soll im siebenten, achten und neunten Theile, und in zwey Anhängen, viel Conchyliologisches enthalten. Allein nach der genauern Bekanntschaft mit diesem schätzbaren Buche habe ich mich bis jetzo vergeblich gesehnet.

Nachdem ich nun diesen andern Supplementband, oder eilften Band des Conchyliencabinets glücklich geendiget, so soll nun mein erstes Geschäfte dahin gerichtet seyn, ein getreues Verzeichniß meines seit funfzig Jahren gesammleten Conchylienvorrathes zu entwerfen und drucken zu lassen. Darinnen verhoffe ich manches irrige und fehlerhafte des Conchylienwerkes zu verbessern, viele Linneische Namen zu berichtigen, hie und da um eckelhafte Trockenheit zu vermeiden, lehrreiche Anmerkungen einzuschalten, die Wohnorte der Schnecken und Muscheln, woher ich sie bekommen, getreulich anzugeben, und also die Leser gewiß nicht mit dem dürren Gerippe eines bloßen Namensverzeichnisses zu unterhalten.

Einen lächerlichen Fehler, der sehr ofte im Conchylienwerke und bey vielen andern Schriftstellern vorkommt, will ich sogleich bekannt machen. Die ohnweit Madagascar liegende, den Franzosen zugehörende Insul Maurice, wird vielmals die Insul Sanct Maurice, oder die Insul des heil. Mauritius genannt, als sey sie nach seinem Namen benannt worden. (Manche Schriftsteller haben diesen Namen wie Johann Ballhorn verändert, und daraus gar Mauritien und Mauritanien gemacht, welchen Namen eine Landschaft in Africa, dazu ein Theil von Algier, Fetz und Marocko gehöret, von alten Zeiten her führet). Die Holländer haben diese Insul ehemals im Besitz gehabt, und nach dem Namen des unter ihnen so berühmt gewordenen Prinzen Moritz von Nassau genannt, der zwar ein

großer

Vorrede.

großer Held aber kein Heiliger gewesen. Sie muß also die Moritzinsul heißen, und der Name Sanctus überall bey Maurice hinweggestrichen werden.

Daß ich auch bey diesem Theile die freundschaftlichste Unterstützung meines hiesigen ältesten, treuesten und besten Freundes, des Herrn Spenglers erfahren, davon zeugen alle Blätter und Bögen. Eben da ich dieses schreibe, erfahre ich von demselben die erwünschte Nachricht; daß er aufs Neue einen ausnehmend großen Transport von nie zuvor gesehenen, allen Conchyliologen unbekannt gebliebenen, und also auch noch nie beschriebenen Conchylien, aus London empfangen. Sie sind bey Botani-Bay, bey der Insel Nordfolk in der Südsee, und bey Brasilien gesammlet worden, und größtentheils wohl zum erstenmal nach Europa gekommen. —

Die Aufsicht über die Kupferstecher und Illuministen, und die letzte Correctur des Drucks, hat mein bewährter verdienstvoller Freund, der berühmte Professor der Naturgeschichte Herr Esper zu Erlangen übernommen, dem ich für diese Wohlthat auch hiemit öffentlich meinen verbindlichsten Dank bezeuge.

Bis hieher hat der Herr mein Gott, dessen ich bin und dem ich diene, geholfen. Sein Name sey dafür in tiefster Demuth gelobet und angebetet. Ja, lobe den Herrn meine Seele, und was in und an mir ist, seinen heiligen Namen. Copenhagen, den 31sten Julius 1795.

Joh. Hieron. Chemnitz.

Neues systematisches
Conchylien-Cabinet.

Eilfter Band.

A

PIIS MANIBUS
RASPII
DICATUM A
I.H. CHEMNITIO

Einleitung
zum Geschlechte der Voluten.

Von dem Geschlechte der dünnen papiernen, wie auch der dicken Schiffskutteln, davon die ersteren beym Linne Argonautae und die andern Nautili heißen, weiß ich den Conchylienfreunden keine einzige neuentdeckte Gattung darzustellen. Aus dem Geschlechte der Blasenschnecken, die beym Linne Bullae genannt werden, habe ich zwar durch den Schwedischen Herrn Hofjunker Peykull eine neue, bläulicht gefärbte Gattung, die sich von der kleinen, unter den Antillen liegenden Schwedischen Insul Barthelemi herschreibet, und in etwas den Weberspuhlen gleichet, bekommen. Allein sie ist zu klein, als daß ich hier mit dieser einzigen im Geschlechte der Blasenschnecken hervortreten möchte. Umständlich genug habe ich mich schon zur andern Zeit erkläret, daß
ich

ich mich mit der Abbildung und Beschreibung der halb unsichtbaren, kleinen und allerkleinsten Conchylien ganz und gar nicht befassen wolle noch könne. Ich habe meinen Vorrath derselben dem Herrn Prof. Batsch zu Jena abgetreten, indem derselbe einen guten Anfang gemacht, auf sechs Kupfertafeln Conchylien des Seesandes vorzustellen, und vermuthlich damit fortfahren wird, obgleich seine Erwartung, vielen Beyfall mit dieser mühsamen Arbeit zu finden, nicht erfüllet worden. Nun sollte ich freylich zuerst mit den Neulingen aus dem Geschlechte der Kegel und Tuten, die Linne Conos nennet, und mit den neuen Gattungen aus dem Geschlechte der Porzellanschnecken, dieser Cypraearum Linnaei, hervortreten und den Anfang machen. Allein da ich so glücklich gewesen, aus dem Geschlechte der Voluten, durch den Beystand meines besten, ältesten und bewährtesten Freundes, des Königlichen Herrn Kunstverwalters Spengler, die herrlichsten und allerseltensten Stücke zu erlangen: so verhoffe ich es zur Güte meiner Leser, sie werden mir eine leichte Verzeihung wegen dieser conchyliologischen Sünde und Unordnung angedeihen lassen, daß ich diesmal das Geschlecht der Voluten zu meinem ersten und vornehmsten erwählet, und es oben an gestellet.

Einige Unterscheidungszeichen, Merkmale und Eigenschaften, welche Linne bey seiner characteristischen Beschreibung der Voluten angeführet, müssen ja nicht als ganz allgemein und auf alle passend angenommen und angesehen werden. Volutae sollen nach der Angabe des Linne ecaudatae seyn, und mit keiner verlängerten Nase oder Schwanz versehen seyn. Durch diese Einschränkung hat er durchaus manche spindelförmige Murices, als zum Exempel Trapezium, Tulipa und dergleichen mehrere, ob sie gleich das Hauptkennzeichen der Voluten, nemlich eine gefaltene Spindellefze, columellam plicatam aufweisen können, aus dem Geschlechte derselben proscribiren und ausschließen wollen; da es ihm doch keiner würde verarget haben, wenn er ihnen und einigen andern immerhin ein Plätzlein unter diesem Geschlechte vergönnet, darauf sie einen weit stärkern Anspruch machen können, als Voluta mercatoria, und andere ihres Gelichters. Die Linneischen Voluten sollen ecaudatae seyn. Dennoch aber hat es Linne nicht gewagt, die Tsjanko-Schnecke oder das Opferhorn, welches bey den Franzosen le Marbre, la Rave, le Navet heißt, ohngeachtet bey ihm, nach dem eigenen Geständnisse des Linne, testa caudata vorhanden ist, von diesem Geschlechte auszuschließen, sondern es bereitwilligst unter dem Namen Voluta Pyrum, darinnen aufgenommen. Nimmer würde er

zum Geschlecht der Voluten.

er auch die Artischocke, deren Abbildung im vierten Bande dieses Syst. Conchyl. Werkes bey Fig. 1325. gesehen, und von den Franzosen l'Artichaut, le Concombre, und vom Solander mit einem sehr treffenden Namen, Voluta angulata, genannt wird, aus dem Volutengeschlechte, bey den gar starken Falten, die sich an ihrer Spindel zeigen, hinausgemustert haben, ob sie gleich als sehr geschwänzt, oder als valde caudata erscheinet. In der hiesigen Gräflich Moltkischen Conchyliensammlung liegen von dieser Gattung ein paar Exemplare, die über einen Fuß lang sind, und bey welchen vollends cauda elongata und roſtrum valde productum vorhanden ist. Dennoch aber hören sie deswegen nicht auf, Voluten zu seyn und zu bleiben. Linne, wenn er die Charactere der Voluten bestimmet, so giebt er ihnen nicht alleine teſtam ecaudatam, sondern auch elabiatam. Redet er hier von der innern Spindellefze, so kann ich manche Voluten darlegen, die allerdings mit einer ſtarken innern Lippe versehen sind. Vermuthlich aber meinet er die äuſſere Lippe, welche labium exterius, oder mit einem Worte labrum heißt, und würklich den meisten Voluten fehlet. Jedoch giebt es auch hier groſſe Ausnahmen. Man nehme nur Volutam Muſicam zur Hand, welcher Linne ſelber, labrum craſſiusculum zugeſtehet, und davon manche labrum duplicatum haben. Man betrachte nur Volutam Fabam, welcher vom Linne labrum marginatum crenulatum zugeſchrieben wird. Eben ſo ist es mit der Voluta glabella, ruſtica, mendicaria und vielen andern bewandt.

Endlich so wird vom Linne den Voluten der Nabel abgesprochen. Wiewohl auch dieses Kennzeichen ist nicht allgemein. Einige Schnecken, welchen niemand den Namen der Voluten streitig machen wird, haben unleugbar, besonders bey vorzüglich groſſen Exemplaren, einen Nabel, als zum Exempel Voluta reticulata, capitellum, Pyrum &c. Der Herr Prof. Gmelin hat in der durch ihn besorgten neueſten Ausgabe des Linneiſchen Naturſyſtems Tom. 1. P. 6. pag. 3435. bey den Worten des Linne, die Voluten hätten weder labium noch umbilicum, das Wörtlein utplurimum eingeſchaltet, und dadurch ſchon vieles verbeſſert, und der Wahrheit näher gebracht. Möchte er auch bey der Mundöffnung die Anmerkung gemacht haben, ſie wäre gemeiniglich ecaudata, ſo wäre auch dieſer Umſtand berichtiget.

Der Herr Hofrath von Born hält alle Voluten für Kinder und Einwohner des Meeres. So lauten davon ſeine Worte in den Teſtaceis Muſei

Mufei Caefarei, pag. 210. Delitefcunt Volutae in fabulofis praecipue et faxofis maris littoribus. Und doch ist es allgemein bekannt, daß jene Voluten, welche Aures Midae, Judae, Malchi, Sileni heißen, und noch einige andere, Landschnecken sind.

In Nebeneintheilungen der Voluten und vieler anderer Geschlechter kann und will ich mich bey diesem zweyten Supplementsbande nicht einlaßen. Ich habe die Schnecken so geordnet, wie sie mir nach und nach vorgekommen. Von solchen, welche den Namen der Oliven, oder der cylindrischen und walzenartigen führen, stehet kein einiges neues Stück in diesem Bande, theils um deswillen, weil ich kein neues, mit vorzüglichen Eigenschaften begabtes Stück davon vorzeigen kann; theils weil es nach meinem Urtheile keine wahren Voluten sind, indem sich ihre Falten nur auf der Spindellippe befinden, aber nicht in die innern Cammern hineingehen.

Verzeichnis der hier abgebildeten Voluten.

Tab. 174. 175. Fig. 1693. 1694. Die Magnificenz. *Voluta Magnifica.*
Tab. 176. Fig. 1695. 1696. Der Coloquinten-Apfel. *Voluta Colocynthis.*
Fig. 1697. 1698. Die getiegerte Tsjanko-Schnecke. Das bunte getiegerte Opferhorn. Die Birnwalze. *Voluta Pyrum Linnaei.*
Fig. 1699. 1700. Die bandirte Fledermaus. *Voluta Vespertilio fasciatus.*
Fig. 1701. 1702. Das Langohr. *Voluta Auris Sileni.*
Tab. 177. Fig. 1703. 1704. Die Junonische Volute. Der Pfauenschwanz. *Voluta Junonia. Mitra Pavonia.*
Fig. 1705. 1706. Die buntschäckigte Mütze. *Voluta Nubila. Mitra versicolor.*
Fig. 1707. 1708. Die gelbmündige Volute. Die Fledermaus mit einer golbgelben Mündung. *Voluta luteostoma.*
Fig. 1709. 1710. Die Abtsmütze. *Voluta Mitra Abbatis.*
Fig. 1711. 1712. Das Katzenohr. *Voluta Auris Cati.*
Tab. 178. Fig. 1713. 1714. Das langgestreckte geäderte Holz. Die Südseeische wilde Music. Die Hebräische Volute. *Voluta Pacifica Solandri, Arabica Th. Martynii et Gmelini.*
Fig. 1715. 1716. Die Kugelvolute. *Voluta Globulus.*

zum Geschlecht der Voluten.

Tab. 178. Fig. 1717. 1718. Die Guineische Muficvolute oder Notenschnecke. *Voluta Mufica Guineenfis.*

Fig. 1719. 1720. Die gekrönte Volute. *Voluta coronata.*

Fig. 1721. 1722. Die Elster unter den Voluten. *Voluta Pica.*

Tab. 179. Fig. 1723. 1724. Die weiße Schweitzerhose. *Voluta Capitellum Linnaei.*

Fig. 1725. 1726. Der Morgenstern. *Voluta Turbinellus Linnaei.*

Fig. 1727. 1728. Die lange gegitterte Volute. *Voluta cancellata elongata.*

Fig. 1729. 1730. Die ächte rauhe Nadelwalze. *Voluta Scabricula Linnaei.*

Fig. 1731. 1732. Das Hörnlein. Die kleine Krähe. *Voluta Cornicula Linnaei.*

Fig. 1733. 1734. Das Schröterische Hörnlein. *Voluta Cornicula Schröteri.*

Fig. 1735. 1736. Eine Abänderung der vorigen Gattung. *Varietas notabilis antecedentis Speciei.*

Die Namen der allerseltensten Gattungen sind unter den oben genannten Voluten mit etwas größerer Schrift gedruckt worden. Folgende Fragen wünschte ich wohl einmal gründlich beantwortet zu lesen: 1) Wozu doch wohl die Falten an der Spindel den Bewohnern der Voluten dienen und nutzbar seyn mögen? 2) Einige müßen sich mit einer und der andern Falte behelfen; andere dagegen haben mehrere, wieder bey andern sitzt die ganze Spindellefze voller Zähne und Falten. Weiß jemand von dem allen Grund und Ursache anzugeben? Sollten wir wohl etwas von den Absichten des weisesten Schöpfers hierbey errathen und entdecken können? oder müßen wir auch hier unsere Unwißenheit bekennen, und es offenherzig gestehen, wir sehen von den Ursachen, Zwecken und Absichten seiner Werke, Einrichtungen und Anstalten das Wenigste, hingegen das Allermeiste bleibt uns versiegelt und verborgen.

Tab. 174. 175. Fig. 1693. 1694
Ex Museo Spengleriano.

Die Magnificenz. Die prächtige Volute.

Voluta Magnifica,

testa ovali, glabra, ventricosa, tumida, fasciis latis circumcincta, maculis fasciarum saturatioribus, anfractibus sex, apertura lunari amplissima ex croceo et aurantio infecta, apice obtuso papillari, basi emarginata, columella quadriplicata.

Angl. The *magnificent Volute*.

Diese Volute zeichnet sich als ein ausnehmendes Prachtstück, durch ihre Größe, Schönheit, sonderbarstes Farbenkleid und außerordentliche Seltenheit, unter ihren Mitgeschwistern auf die vortheilhafteste Weise heraus. Daher wird derselben wohl niemand den ihr in Engeland ertheilten Namen, der Magnifiquen oder Prächtigen, absprechen und mißgönnen. Man glaubet, wenn man sie von der Seite ihres Rückens ansiehet, ein Buccinum vor sich zu haben, welches in seiner äußeren Form jenem, so den Namen des Rebhuhns führet, und beym Linne Buccinum Perdix heißet, in vielen Stücken zu gleichen scheinet. Allein, sobald man sie umkehret und von der Seite ihrer Mundöfnung betrachtet, so erblicket jeder die deutlichsten Kennzeichen einer vollkommenen Volute. Ich würde sie die Kürbisvolute genannt haben, dabey sie denn im Lateinischen Voluta Cucurbita oder Cucurbitina heißen müßte. Allein da sie schon einen bessern Namen erhalten, so will ich mit dem meinigen gerne zurücke stehen. In allen bis hieher herausgekommenen conchyliologischen Werken wird sie vergebens gesuchet, da sie erst seit kurzer Zeit aus dem Südmeere von der Insul Norfolk, die zwischen Neukaledenien, Neuseeland, Neuholland oder Neusüdwallis fast mitten inne lieget, nach Europa gebracht worden. Weil ich der Insul Norfolk, dieser reichsten Schatzkammer der neuesten und herrlichsten Conchylien, noch wohl öfter erwehnen werde, so will ich meine Leser, deren Dank ich damit zu verdienen hoffe, in einer beym Beschluß dieser Beschreibung stehenden Anmerkung, näher mit ihrer Beschaffenheit und Fruchtbarkeit bekannt machen. Um diese nagelneue Magnifique Volute den Conchylienfreunden von der Seite des Rückens und der Mündung aufs deutlichste darzustellen, so sind zwo Kupfertafeln zur Abbildung dieser einzigen Conchylie hergegeben worden. Nicht nur in der Form und Bildung, sondern auch im Farbenkleide hat sie gar viel neues, unge-

Voluten. Tab. 174. 175. Fig. 1693. 1694.

ungewöhnliches und außerordentliches an sich. Auf einem weißbläulichten Grunde stehen zarte Adern und gelbbraune Linien. Darzwischen sitzen schneeweiße, dreyeckigte, wie Zickzack gezeichnete, scharf zugespitzte, zur Mündungsseite hingekehrte, größere und kleinere Flecken. Die erste hoch und stark gewölbte Hauptwindung wird von fünf breiten Bändern umwunden, deren Hauptfarbe sich dem rothbräunlichen, dunkelvioletten und pfirsichblütfarbigen nähert. Darzwischen siehet man schmählere etwas blaßer, schwächer, lichtheller fleischfarbicht gefärbte, durch weiße spitzige Dreyecke buntgemachte Bänder. Es bestehet das Gebäude dieser Volute aus sechs Stockwerken, davon das erste sechs und einen halben Zoll, die fünf letztern aber nur anderthalb Zoll betragen. Es ist diese Schnecke spiegelglatt, acht Zoll lang, vier und einen halben Zoll breit, und auf der stärksten Wölbung drey Zoll drey Linien hoch. Der Wirbel ist stumpf und warzenartig. Ein schönes Orangegelb schmücket die Mündung, wie auch die äußere und innere Lippe. Bey der Spindellefze treten vier starke dicke Falten hervor. Hieselbst lieget diese Volute alleine in der reichen Conchyliensammlung des Herrn Kunstverwalters Spengler. Er hat davon ein paar Exemplare aus London bekommen. Jedes hat ihm fünf Guineen gekostet. Das eine ist etwas dickschalichter, als das andere. Ueberdem bemerket man auf der Höhe der ersten Windung einige Knobbeln oder stumpfe Knoten, und bey der Mündung einen stärker aufgetragenen goldgelben Farbenschmuck, als bey der andern. Ob wir bald mehrere von dieser prächtigen Gattung aus Norfolk zu erhalten das Glück haben werden, wird die Zeit lehren. In Hamburg wurden gegen das Ende des vorigen Jahres unter vielen kostbaren, größtentheils Südseeischen Conchylien, durch den Herrn Humphrey, Buch- und Naturalienhändler zu London, auch ein paar von dieser Gattung verkauft. Ich ließ darauf bieten, allein mein Commissionair bekam sie nicht. Das eine Stück ist für 110 Mark Lübisch daselbst verkauft worden.

Not. Die Insul Norfolk ist erst 1788 von den Engeländern förmlich im Besitz genommen, und mit einer Anzahl solcher Verbrecher, die man aus England hinweg geschaffet, und durch einige Soldaten, Aufseher und Handwerker besetzet worden. Da Botanybay und Port Jackson auf Neusüdwallis, dahin man zuerst die aus dem Lande verbannten Missethäter gebracht, sehr unfruchtbar befunden wird, und solche Einwohner nicht wohl ernähren kann: so hat man es versucht, die schon vom Capitain Cook entdeckte und benannte, ganz unbewohnte Insul Norfolk, welche nur einige Tagereisen von Botanybay entfernt lieget, mit einer solchen Colonie zu besetzen. Die Fruchtbarkeit dieser Insul ist außerordentlich groß, und sie wird,

Voluten. Tab. 176. Fig. 1695. 1696.

wird, wenn sie erst cultiviret worden, die reichste Ausbeute liefern. Man fieng an, weißen Kohl zu pflanzen, und bekam Köpfe, die 26 Pfund wogen. Man säete Cartoffeln, und fand von dieser nutzbaren Pflanze Wurzeln, daran 120 hiengen, darunter achtzig Stück größer als Hühnereyer waren. Man säete Gersten, und es schoßen oft aus einem Korne Halmen hervor, daran 124 Aehren saßen. Man fieng Schildkröten, davon jede über 200 Pfund wog. Um von den unzähligen dort herumschwärmenden Seevögeln, die den Tauben gleichen, eine große Menge mit leichter Mühe zu tödten, so unterhielt man nächtliche Feuer, welchen sie Schaarenweise zuflogen, und dabey ihren Tod und Untergang fanden. Ohnerachtet drey Monathe lang in jeder Nacht über 3000 getödtet worden, so bemerkte man doch keine Verminderung in ihrer übergroßen Anzahl. Man versuchte den Fischfang, und fieng sogleich beym ersten Zuge, (außer vielen kleinen) 36 große Fische, davon jeder sechs bis acht Pfund am Gewichte hatte. Was dünket uns von solcher Insul? Würden es wohl unsere, in der Sclaverey sitzende, mit Ketten beschwerte Gefangene für eine harte Strafe halten, einem so reichlich von der Natur begabten Eylande zugeführet zu werden? Und würden es nicht Conchylienfreunde für eine Wohlthat ansehen, wenn sie sich eine Zeitlang daselbst aufhalten, und Schätze für ihre Cabinetter sammlen könnten? — Wer ein mehreres von der Insul Norfolk wißen will, der lese die Geschichte, welche Capitain Tench von ihr und dem Port Jackson verfertiget, die aus dem Englischen übersetzt, zu Hamburg in Hofmanns Buchhandlung 1794. herausgekommen, darinnen auch noch dieser Umstand gemeldet wird, daß auf der Insul die Flachspflanze in erstaunlicher Menge wild wachse. Der Vortheil wird groß seyn, wenn man die Kunst erlernen wird, solche nutzbar zu bearbeiten.

Tab. 176. Fig. 1695. 1696.
Ex Musco Spengleriano.

Der Coloquinten-Apfel.

Voluta Colocynthis, Brasiliana Solandri,
testa obovata, laevi, inflata, anfractibus cinctis nodis obtusis, conicis, spira turbinata e sinu ventris quasi educta, apice papillari, basi emarginata, columella biplicata seu bidentata.

Gall. La Coloquinte.

FAVANNE Catal. systematique et raisonneè tab. 3. fig. 661. pag. 139, no. 661. Un Rocher très-rare dit la *Coloquinte*. Il est à test plus mince qu' epais. Sa figure renflée tient un peu de celle du Pavillon d'Orange, mais

Voluten. Tab. 176. Fig. 1695. 1696.

mais fa clavicule eſt plus courte et terminée de même en boudine. Un rang de mamelon s' obſerve près le haut du premier orbe. La robe de ce Rocher eſt d'un roux ventre de biche; ſa columelle orangée a deux plis ſaillans, et le pourtour de ſa lèvre mince eſt auſſi orange vif. Le reſte du fond de l'intérieur eſt ventre de biche tendre.

Catal. Muſ. Portland. no. 3958. p. 186. Voluta *Braſiliana*, a curious large undeſcribed Species, with only two plaits on the Column, from the Braſils, extremely rare.

Bey den franzöſiſchen Conchyliologen wird dieſe ſeltene Volute die Coloquinte genannt. Mir iſt die ausländiſche Frucht, der Coloquinten-Aepfel, (deren ſich die Alten als eines guten Purgiermittels bedienet, dazu ſie auch von einigen neueren Aerzten beſtens empfohlen werden,) nie bekannt worden. Daher ich ſchlechterdings nicht darüber urtheilen kann, ob die gegenwärtige Schnecke mit den Coloquinten einige Gleichförmigkeit habe, und alſo mit Recht den ihr von den Franzoſen beygelegten Namen führe oder nicht. Bey ihrer erſten, gleichſam aufgeblaſenen und hochgewölbten Windung erblicket man oberwärts auf der höchſten Höhe eine Reihe ſtumpfer dicker Knoten, dadurch ſie wie bekrönet und umzingelt wird. Ihre Farbe gleichet nach Favannens Ausſage der Farbe eines Rehbauches, welche jedoch an den innern Wänden etwas feiner, mehr ins Licht gemahlt erſcheinet, und bey der innern und äußern Lippe ins Orangegelbe übergehet. Die Schale iſt ſehr ſchwer und dicke, obgleich Favanne das Gegentheil behauptet. Ihre Oberfläche iſt glatt, nur iſt ſie bey der hier abgebildeten, durch öftere faltenartige Anſätze, die ſich vom Wachsthume herſchreiben, etwas rauh und ungleich gemacht worden. Folglich hat ſie teſtam novis accretionibus interruptam. Ich finde bey ihr ſieben Windungen, die ſich endlich in eine kleine warzenartige Spitze endigen. Die Spindel hat nur zwo Falten, davon die eine getheilt oder verdoppelt zu ſeyn ſcheinet. Unter der Spindelſäule zeiget ſich ein dicker runzel- und faltenvoller, wurſtartiger Wulſt, welcher durch eine ſcharfe Kante vom Bauche der Schnecke unterſchieben wird. Darauf zielet Favanne, wenn er ſchreibet: Sa clavicule ſe termine en boudine. Sie wohnet an der Südamericaniſchen Küſte, inſonderheit bey Braſilien, und heißt das her beym Solander Voluta Braſiliana. Eine äußerſt ſchlecht und unähnlich gerathene Abbildung derſelben liefert Favanne in ſeinem ſonſt gar brauchbaren Catalogue raiſonné an der oben angeführten Stelle.

12 Voluten. Tab. 176 Fig. 1695—1698.

Daß diese Volute zur Zahl der seltensten gehöre, in den clasischen Schriften der Conchyliologen vergebens gesucht, und in den allerwenigsten Cabinettern angetroffen werde, wird man ohne mein Erinnern glauben. Mein treuester Freund, der Herr Spengler, welcher mir mit der großmüthigsten und freundschaftlichsten Bereitwilligkeit alles seltene und vorzügliche seines herrlichen Conchyliencabinets mitzutheilen pfleget, besitzet ein paar Stück von dieser Gattung, die er aus Paris erhalten. Das kleinere habe ich hier abzeichnen laßen. Es hat nur auf dem ersten Stockwerke Knoten. Das größere ist innerlich mehr orangegelb, und hat auf drei Stockwerken Knoten; auch sind die obersten Windungen weiter ausgezogen und verlängert. Es ist drey Zoll hoch, vier Zoll breit, sechs Zoll lang.

Tab. 176. Fig. 1697. 1698.
Ex Museo Spengleriano et nostro.
Die getiegerte Tsjanko-Schnecke. Das bunte getiegerte Opferhorn. Die Birnwalze.
Voluta Pyrum Linnaei, Ponderosa Solandri,
testa pyriformi, flavescente albida, maculis tigrinis rufesentibus seriatim positis variegata, anfractibus nodulosis angulatis leviter transversim striatis, spira producta, apice papillari cylindrico columella triplicata, cauda canaliculata.
Knorrs Vergnügen der Augen tom. 6. tab. 27. fig. 2. Die gesprenkelte Birne. Der Grund ist weiß. Die Puncte oder Sprenkel sind glänzend fuchseroth, und an der Spitze zeiget sich ein Schnirkel u. s. w.

Von den Tsjanko-Schnecken oder Opferhörnern fället Lister in seiner Historia Conchyliorum tab.815. folgendes Urtheil; es wären omnium cochlearum facile crasissimae. Sie heißen daher beym Solander Volutae ponderosae. Umständliche Nachrichten von dieser Gattung stehen schon im dritten Bande unseres Conchylienwerkes. Da ich im neunten Bande die linksgewundene Tsjanko-Schnecke beschreiben mußte, so habe ich zween Bogen den Opferhörnern gewidmet, und also ausführlicher von dieser einigen Gattung gehandelt, als wie von irgend einer anderen. Seit der Zeit habe ich noch dreyerley von dieser sonderbaren Conchylie besser kennen zu lernen Gelegenheit gehabt. Es sind mir aus Tranquebar mehrere faltenvolle, mit kleinen Tsjanko-Schnecken angefüllte Eyerstöcke, deren einige über einen Fuß lang sind, zugeschicket worden. Dergleichen pflegen sie alsdann, wenn die junge Brut ein wenig herangewachsen und zu Kräf-
ten

Voluten. Tab. 176. Fig. 1697. 1698.

ten gekommen, auszuwerfen, dadurch also viele hundert Neugeborner mit einemmal in die weite Meereswelt auszusetzen, und es ihnen zu überlaßen, wie sie sich nun selber ernahren und durchbringen wollen. Auch fiel mir unerwartet der lederartige Deckel dieser Gattung, dergleichen in Ostindien, mit andern Sachen vermischet, zum Räucherpulver gebraucht wird, in die Hände. Denn da ich eben damit beschäftiget war, ein sehr großes schmutziges Opferhorn von dem darinnen steckenden vertrockneten übelriechenden Fleische des vormaligen Bewohners zu reinigen, so fand ich den lederartigen schmahlen Deckel, der lange nicht die Breite der Mundöfnung zu verschließen im Stande ist. Endlich so empfieng ich gegen das Ende des vorigen Jahres mit den zuletzt aus Ostindien zurückkehrenden Schiffen einige Tsjanko-Perlen. So viel wußte ich längstens aus einem Briefe des sel. Doctor Königs, daß man in den Tsjanko-Schnecken, Perlen, dazu oftmals recht vorzüglich gute und durchsichtige Perlen finde. Allein ich konnte mir davon keine rechte Idee noch Vorstellung machen. Nun aber bin ich zu einer anschauenden Erkenntniß derselben gelanget, da ich so glücklich gewesen, sechs Stücke solcher Perlen von meinem vortreflichen ostindischen Freunde, dem Herrn Mißionarius John, zu erhalten. Sie spielen auf ihren durchsichtigen Stellen (denn die Meinigen sind nicht überall durchsichtig) dergestalt mit veränderten Farben, wie unter den Edelsteinen die bekannten Katzenaugen. Jedoch hier leidet es der Raum nicht, mich weiter mit einer Beschreibung der Eyerstöcke, Deckel (operculorum) und Perlen der Tsjanko-Schnecken zu befaßen, als welches alles in einer periodischen Schrift, etwa im Naturforscher, füglicher wird geschehen können.

Nur allein von der bunten getiegerten Tsjanko-Schnecke will ich zum Beschluß noch einige Worte hinzuthun. Sie hat einen weit hinausgestreckten Wirbel, und unterwärts einen sehr verlängerten Schwanz, der von feinen Querlinien umwunden wird. Sowohl die höchste Wölbung der ersten Windung, als auch die folgenden zum Wirbel hingekehrten Umläufe, werden von Knotenreihen umgeben. Die letzten Windungen gleichen einer kleinen Warze. Die Oberfläche ist gänzlich weiß, und wird durch reihenweise, dahingestellte Flecken wie getiegert und bunt gemacht. Die innern glatten Wände sind weiß. An der umgelegten Spindellippe stehen drey Falten. Es wohnet diese Schnecke an den tranquebarischen und ceylonischen Ufern. Es giebt einige Nebenarten derselben, die weder am Schwanze noch Wirbel so langgestreckt, sondern mehr verkürzt erfunden werden.

Voluten. Tab. 176. Fig. 1699. 1700.

Tab. 176. Fig. 1699. 1700.
Ex Museo Spengleriano.
Die bandirte Fledermaus.
Voluta Vespertilio fasciatus,

testa ovata, conica, laevi, angulata, maculis albidis spadiceis fuscisque varia, anfractibus sex acute spinosis, spira brevi, apice papillari subplicato, basi emarginata, columella quadriplicata, fauce alba.

In dem zehnten Bande dieses Conchylienwerkes wurden wir bey Fig. 1399—1400 auf eine aus der Gräflich Moltkischen Sammlung entlehnte weißbandirte Fledermaus=Volute, welche den Namen des weißen Ordensbandes, oder des Dannebrog=Ordens führete, aufmerksam gemacht. Sie ist bald nachher durch diebische Hände dem Moltkischen Cabinette entwandt worden. Weil sie sich aber durch ihr breites, durchsichtiges, schneeweißes Band unter allen Fledermausschnecken aufs kennbarste herauszeichnet, so wird sie über kurz oder über lang gewiß noch entdecket, als ein Diebesgut erkannt, und dem rechten Herrn wieder zugewiesen werden. Mir sind gleichfalls vor einiger Zeit drey seltene Schnecken entwandt worden. Man wird dadurch billig furchtsam gemacht, seine mit Mühe und Kosten gesammleten Conchylien vielen Leuten zu zeigen.

Die hier abgebildete, sehr deutlich bandirte Fledermaus kömmt in ihrer Form, Bauart und Bildung gänzlich mit den allgemein bekannten Fledermausschnecken überein. Nur wird sie durch drey breite Queerbinden, welche sich um sie herumlegen, sehr deutlich von ihren Mitgeschwistern unterschieden. Diese drey Bänder sind im Grunde weißlich, sie werden aber durch kleine und große dunkelbraune Adern und Flecken bunt gemacht. Bey der aus der Gräflich Moltkischen Sammlung entwendeten weißbandirten Fledermaus=Volute scheinet das weiße Band durch einem sonderbaren ganz ungewöhnlichen Zufall entstanden zu seyn, und es kann also nicht als ein characteristisches Merkmal einer eigenen Gattung angesehen werden. Daher wird man vergebens ihres gleichen suchen. Aber die gegenwärtige hat mehrere eben also bandirte Schwestern, davon auch noch eine ihr völlig gleichende in der Spenglerischen Sammlung lieget. Herr Spengler hat sie aus Holland bekommen. Es ist sehr glaublich, daß sie an dem Meerufer jener Länder, die den Holländern in Ostindien zugehören, ihre Wohnstelle gehabt haben müße.

Tab.

Voluten. Tab. 176. Fig. 1701. 1704. 15

Tab. 176. Fig. 1701. 1702.
Ex Museo Caesareo Vindobonensi.

Das Langohr.

Voluta Auris Sileni,
testa ovali, gibba, umbilicata columellae, plica unica crasfa flexuofa, apertura coarctata.

von BORN Index Muf. Caef. p. 197.

— — Testacea Muf. Caef. pag. 212. tab. 9. fig. 3. 4. *Auris Sileni.*

GMELINS Nov. Edit. Syst. Nat. Linn. tom. I. P. 6. pag. 3436. no. 9. *Auris Sileni*, testa glabra ultra 2 pollices longa, ventricosa, brevi, fusca, striis longitudinalibus undulatis, spadiceis, apertura ovata, spira obtusa.

Da ich das Original dieser Schnecke nie gesehen, so lasse ich es damit genug seyn, die genaue Beschreibung derselben, welche von ihr der Hofrath von Born im Indice rerum naturalium Muf. Caef. gegeben, darzulegen:

„Die Schale ist eyförmig und glatt, nach der Länge herab matt ge„streifet. Der Schnirkel bestehet aus vier gewölbten, geschwinde „abnehmenden Windungen, die sich in eine stumpfe Spitze endigen. „Die Mündung ist eyförmig, ganz eingefaßt. Die äussere Letze ist „eingesäumt. Die innere ist dünne an der Spindel ausgebreitet, „an welcher unten eine dicke, schiefgedrehte Falte lieget. Der Grund „ist durchbohret (oder genabelt). Die Farbe ist schwarzbraun, mit „rothbraunen, nach der Länge herablaufenden Wellen.„

Wer diese Schnecke recht genau in ihrer Abbildung betrachtet und mit der von ihr gegebenen Beschreibung vergleichet, dem wird es je länger, je zweifelhafter, ob es auch eine würkliche Volute seyn möge. Die schiefgedrehte Falte ist vielleicht nichts anders, als ein fortlaufender Saum der innern Spindellippe, der weder den Namen eines Zahnes noch einer Falte verdienen kann. Wahrscheinlich ist es ein Helix und eine Landschnecke, die richtiger den Landschnecken gegen das Ende dieses Bandes hätte beygesellet werden sollen.

Tab.

Voluten. Tab. 177. Fig. 1703. 1704.

Tab. 177. Fig. 1703. 1704.
Ex Museo Domini Hwaſs.

Die Junonische Volute.   Der Pfauenschwanz.   Die Getäfelte.

Voluta Junonia,

testa rarisſima, ovata, laevi, maculis quadratulis rufescentibus in fundo flavido seriatim stratis nitidisſime tesſulata et zonata, ſpira exserta striata, apice ſemigloboſo, baſi transverſim striata, ſubemarginata columella ſeptemplicata.

Gall. La Mitre à queue de Paon.   Buccin Parqueté.

FAVANNE Conchyl. tab. 79. lit. A.

— — Catal. rais. n. 877. n. 183. Un Buccin de la derniere rareté, dit la Mitre à Queue de Paon ou le Buccin Parqueté; il est riche en couleur. Il a trois pouces neuf lignes de longueur ſur un pouce ſept lignes de largeur.   Nous ne connoiſſons ce Buccin que dans trois Cabinets à Paris.

Hier ſehen wir eine der ſchönſten, ſeltenſten, koſtbarſten und vollkommenſten Voluten. Das Original befindet ſich zu Paris in der auserleſenen Conchylienſammlung des Herrn Hwaß, Königlich Däniſchen Juſtizrathes, der mir eine getreue Abbildung derſelben geneigt zukommen laßen, die ich hier den Conchylienfreunden nebſt einer kurzen Beſchreibung mittheile. Von den Franzoſen wird ſie La Mitre à queue de Paon, aber vom Herrn Hwaß Voluta Junonia genannt. Daß der Pfau ehemals Avis Junonis, oder Avis Junonia geheißen, werden alle diejenigen wiſſen, welche den Juvenal und Ovid geleſen. Auch iſt es bekannt, daß der Pfau ſtets als ein Lieblingsvogel der Juno von den alten Dichtern vorgeſtellet, und den Bildern der Juno zur Seiten geſtellet werde. Dergleichen hat nun auch ohnſtreitig unſer würdigſter Herr Juſtizrath Hwaß in Gedanken gehabt, da er dieſen Queue de Paon, Volutam Junoniam genannt. Daß ſie beym Favanne und einigen andern Franzoſen für ein Buccinum ausgegeben, und mit dem Namen des Getäfelten beleget werde, wollen wir nicht als etwas ſehr fehlerhaftes rügen, da es mehr wie zu bekannt iſt, daß viele derſelben, wenns auf eine richtige Claſſification der Conchylien und genaue Beſtimmung ihrer Geſchlechter ankömmt, noch weit zurücke ſind, und ihnen daher die Linneiſche Methode und Schule nicht oft genug empfohlen werden kann. Es hat dieſe Schnecke in Abſicht ihrer eyförmigen, geſtreckten und länglichten Form viele Aehnlichkeit mit

der

Voluten. Tab. 177. Fig. 1703—1706. 17

Voluta Lapponica Linnaei, und mit jener raren Volute, welche den Namen des Erbsenschwanzes (Vid. Syst. Conchyl. Cab. Tom. 3. Fig. 941—942.) führet. Man findet bey ihr, wie bey jener, sieben Falten bey der Spindellefze, ferner ebenfalls eine nur wenig ausgeschnittene, fast stumpfe Nase, auch endiget sie sich, wie jene bey der Spitze, in einen fast kugelrunden Knopf. Allein sie ist viel breiter, gewölbter, ansehnlicher, wie auch ungleich seltener, als jene beyden vorhin genannten Gattungen. Sie hat sieben bis acht Stockwerke, davon die obersten durch herablaufende feine Linien und Adern und durch länglichte Streifen rauh gemacht werden. Nahe bey der Grundfläche stehen Queerstreifen. Die Oberfläche ist glatt, die Grundfarbe gelblich, und wird durch purpurrothe, viereckigte, reihenweise dahin gestellte Flecken wie ausgetäfelt, geschmücket und bunt gemacht. Ihre Länge beträget bey ausgewachsenen Stücken drey Zoll, sechs bis neun Linien. Ihr eigentliches Vaterland weiß ich mit keiner völligen Gewißheit anzugeben. Doch vermuthe ich es, daß sie im Südmeere zu Hause gehöre. Herr Hwaß meldete mir schriftlich folgendes: „Diese Volute gehöret unter die Cochleas rarissimas. Ich kenne nur vier Exemplare derselben zu Paris, und anderswo hat man sie gar nicht."

Tab. 177. Fig. 1705. 1706.
Ex Museo Spengleriano.
Die buntscheckigte Mütze.
Voluta Nubila, Mitra versicolor,

testa turrita, fusiformi, striis exarata transversis et punctis excavatis seu pertusis, basi emarginata, columella quintuplicata, spira exquisita, labro crassiusculo.

Th. MARTYN Univ. Conchol. tom. I. tab. 23. Clouded Mitre. *Mitra versicolor.*
GMELIN Nov. Edit. Syst. Nat. Linn. tom. I. P. 6. pag. 3450. no. 143. *Voluta Nubila*, testa integriuscula laevi, lutescente, rubro nebulosa, transversim striata, labro crenulato, columella quadriplicata. Habitat in Oceano Australi ad Insulas amicas.

Diese Schnecke gleichet in ihrer Form, Bildung und Bauart dem Cardinalshute, welcher im 4ten Bande dieses Conchyliologischen Werkes bey Fig. 1358. beschrieben worden. Man könnte sie daher den Südseeischen Cardinalshut nennen. Ich äußerte damals die Vermuthung, jener

Voluten. Tab. 177. Fig. 1705—1708.

Cardinalshut sey Voluta pertusa Linnaei, und in dieser Vermuthung bin ich hernach je länger je mehr verstärket worden. Andere wollen uns überreden, die brandige Pabstkrone, welche daselbst bey Fig. 1361. stehet, sey die wahre Voluta pertusa Linn. Aber das ist nach dem Urtheile des mit dem Linneischen System sehr vertraut gewordenen Herrn Justizrath Hwaß, Voluta ruffina Linnaei, incompta Solandri.

Es hat die gegenwärtige Südseeische Schnecke acht Stockwerke, davon das erste viel bauchichter und gewölbter ist, als die andern. Auf den vielen Queerlinien stehen unzählige vertiefte Puncte (puncta excavata seu pertusa) welche in den höheren Stockwerken eben so tief, und fast noch zahlreicher vorhanden sind. Uebrigens ist sie glatt. Von einigen rothbräunlichen Wolken wird sie umwölket, und durch kleinere und größere braunröthliche Flecken buntschäckigt gemacht. Daher wird man es desto leichter erklären können, warum sie clouded Mitre, ferner Voluta Nubila und Versicolor, quasi diversis coloribus picta, genannt worden. Sie hat an der Spindellefze fünf Falten und eine fast unmerklich gezähnelte oder gekerbte Mündungslippe. Sie wird bey den freundschaftlichen Insulu der Südsee gefunden. Vom Thomas Martyn wird sie als gemein ausgegeben, und doch hat man unsern Herrn Spengler für ein Exemplar fünf Reichsthaler abgefordert.

Tab. 177. Fig. 1707. 1708.
Ex Museo Spengleriano.

Die gelbmündige Volute. Die Fledermaus mit einer goldgelben Mündung.

Voluta luteostoma,
testa obovata, angulata, lineis et venis fuscentibus in fundo albido undulata, subperforata, anfractibus cinctis nodis conicis, apice obtuso, basi valde emarginata, columella plicata plicis quatuor solidis, fauce lutea.
Gall. Chauve Souris à bouche jaune.

de FAVANNE Cat. rais. no. 636. tab. 3. pag. 135. Le Foudre à dentelle.

Naturforscher 19tes Stück, tab. I. Fig. 3. pag. 28. seq. Der gelbmündige Schweinsrüssel mit einer spinnewebenartigen Zeichnung.

MEUSCHEN Catal. Mus. GEVERSIANI, no. 754. pag. 326. *Murex luteostoma*, testa oblonga, alba, reticulatim punctata, anfractibus spinosis, ore luteo.

Diese seltene Abänderung der Fledermaus-Voluten ist sonst eben so dickschaligt, eckigt, und mit spitzig auslaufenden Knoten und Dornen auf ihren

Voluten. Tab. 177. Fig. 1707—1710.

ihren Umläufen besezt, und an der Spindel mit vier Falten versehen, wie alle übrige von eben derselben Gattung   Allein sie wird von allen ihren Mitgeschwistern sehr deutlich unterschieden; theils durch ihr zartes, einem Spinnegewebe gleichendes, durch röthliche Adern und Linien bezeichnetes Farbenkleid; theils durch die vier Falten ihrer Spindel, welche dicker sind und keine so schiefe Lage haben, als bey andern Fledermausschnecken, sondern mehr eine gerade Richtung nehmen; und am meisten endlich durch ihre gelblichte, orangefarbigte Mündung. Bei der Basi findet sich ein tiefer und starker Ausschnitt. Dem im Haag lebenden Herrn Legationsrath M e u s ch e n muß man es nachrühmen, daß er uns zuerst mit dieser raren Gattung, im Naurforscher an der oben genannten Stelle bekannt gemacht. Sie wird in Ostindischen Meeren gefunden. Dem Herrn S p e n g l e r ist sie aus Paris durch den Herrn Justizrath H w a ß, bey dem sie Voluta Phrygia heißt, zugeschicket worden.

Obs. Warum sie im Naturforscher nur mit drey Falten abgebildet erscheinet? da sie, wie alle Fledermausschnecken, deren ohnstreitig viere hat, — und warum sie im Catalogo Geversiano unter die Murices mit dahin gestellet worden? da sie doch vorzüglich auf den Volutennamen Anspruch machen kann, überlasse ich andern zu entscheiden.

Tab. 177. Fig. 1709. 1710.
Ex Museo Spengleriano.
Die Abtsmütze.
Voluta Mitra Abbatis,
testa fusiformi, alba, maculis ferrugineis infecta, transversim subtilissime striata, anfractibus contiguis, columella quadriplicata, labro crassiusculo, basi vix emarginata.

Diese thurm- und spindelförmig gebildete Volute, würde, wenn sie bey ihren ersten Windungen einige Wölbung hätte, der bekannten Bischoffsmütze, die beym Linne Voluta Mitra Episcopalis heist, gleichen, oder doch sehr nahe kommen. Sie muß bey ihrer äußerst schmahlen zusammengedrängten Form und Bauart innerlich einen sehr engen Raum haben, und daher ihr Bewohner sich genöthiget sehen, mit den kleinsten Cammern und der beschränktesten Wohnung vorlieb zu nehmen. Sie hat acht Stockwerke, welche fast unmerklich von einander absetzen. Bey der Spindel stehen vier Falten, die nach Proportion abnehmen, davon die oberste die größte, und die unterste die kleinste ist. Die äußere Lippe ist dicke.

Voluten. Tab. 177. 178. Fig. 1711—1714.

Die Basis hat einen kaum merklichen Ausschnit. Ostindien ist ihr Vaterland.

Obs. In meiner Sammlung lieget eine mit den frischesten rothen Flecken gezierte, drey Zoll lange Bischofsmütze, deren Windungen gleichfalls ganz flach und walzenförmig sind, unmerklich abnehmen, und aller Erhebung und Wölbung ermangeln.

Tab. 177. Fig. 1711. 1712.
Ex Museo nostro.
Das Katzenohr.
Voluta Auris Cati,

testa ovali, anfractibus longitudinaliter plicatis, apertura coarctata, columella triplicata, labio reflexo.

So klein auch diese Schnecke ist, so hat sie dennoch neun Windungen, welche voll länglichter Falten sitzen. Nur macht alleine der glatte Rücken beym ersten Stockwerke hievon eine Ausnahme, hingegen zeigen sich auf dem Bauche deßelben desto mehr Falten und Runzeln. Bey der umgelegten Spindellefze stehen drey faltenartige Zähne, davon der mittelste der kleinste ist. Weil solche Voluten die bey ihrer Mundöfnung mit keinen rinnenartigen Auslaufe, sondern mit einer apertura integra, indivisa, coarctata versehen sind, von den Conchyliologen mit dem Namen der Ohren beleget, und Aures Midae, Iudae, Malchi, Sileni, Mustelae (cfr. Cat. Mus. Portl. no: 2018.) schon vorhanden sind; so wird es mir nicht verdacht werden, daß ich der jezigen den Namen des Katzen Ohres zugetheilet und sie Aurem Cati genannt. Ihr Vaterland weiß ich mit keiner Gewißheit anzugeben, weil ich es vergessen, ob ich sie aus Ost= oder Westindien oder von der Guineischen Küste bekommen. So viel weiß ich, in Europäischen Meeren wohnet sie nicht.

Tab. 178.

Voluten. Tab. 178. Fig. 1713. 1714.

Tab. 178. Fig. 1713. 1714.
Ex Muſeo noſtro.

Das langgeſtreckte geäderte Holz. Die Südſeeiſche wilde Muſik. Die Hebräiſche Volute.

Voluta Pacifica Solandri, Arabica Gmelini,
teſta fuſiformi, venis fuſcentibus undulata, fuſciis ex fuſco nigricantibus redimita, anfractibus angulatis et nodis ſubacutis conicis cinctis, ſpira producta ſeu elongata, columella plicis quinque validioribus inſtructa, baſi emarginata.

FAVANNE Cat. rais. no. 635. pag. 135. Un Rocher extremement rare de la Nouvelle Zelande, dit *la robe Turque*. La Nature du teſt de cette Coquille et ſa figure eſſilée approchent beaucoup de cette du Bois veiné; ſa columelle eſt de même chargée de cinq plis ſaillans: un rang de tubercules borde le haut de chaque orbe; ſa robe eſt couleur de Chamois tendre à traits, en Zigzags maron, et à quatre Zônes de taches maron-bruns nuées de bleu. (Eine äußerſt ſchlecht gerathene Abbildung derſelben ſtehet eben daſelbſt tab. 3. fig. 635.)

TH. MARTYNS Univerſ. Conchol. tom. 2. fig. 52. *Buccinum Arabicum* from New Zealand.

GMELIN Nov. Edit. Syſt. Nat. Linn. tom. I. P. 6. pag. 3461. n. 144. *Voluta Arabica*, teſta emarginata, anfractibus tuberculatis, columella quadriplicata. Habitat ad novam Seelandiam.

Catal. Muſ. Portland. no. 4039. pag. 190. A very perfect Specimen of *Voluta pacifica Solandri*, brought by Capt. Cook, from the Reef off Endeavour River on the Coaſt of New Holland.

Daß dieſe gegenwärtige Volute mit jener welche das geäderte Holz, *le bois veine*, lignum venosum, und vom Linne Voluta Ebraea genannt wird, in der nächſten Verwandſchaft ſtehe, und ſich nur durch einem etwas ſchmähleren, mehr geſtreckten und verlängerten Bau des ſchalichten Wohngebäudes von ihr unterſcheide, ſolches alles werden diejenigen am beſten beurtheilen können, welche beyde Gattungen kennen gelernet und genau mit einander verglichen. Beyde Arten werden auf der Höhe ihrer Umläufe durch ſtarke Knoten wie bekrönet, nur ſind bey der hier abgebildeten die Knoten kleiner, auch wird dadurch die Schale weniger eckigt und winkelhaft gemacht. Beyde Arten werden auf ihrer Oberfläche durch ſehr viele rothbräunliche Adern bezeichnet, und von ſchwarzbräunlichen Bändern, darauf

22 **Voluten.** Tab. 178. Fig. 1713—1716.

die Farben gleichsam dicker aufgetragen sind, umwunden. An der Spindel stehen fünf starke dicke Falten, aber keine kleinere Nebenfalten, davon sonst gemeiniglich Voluta Ebraea noch vier bis fünf zu haben pfleget. Vermuthlich hat der sel. D. Solander diese Volute um deßwillen Vol. pacificam genannt, weil sie sich aus dem stillen und friedfertigen Meere, aus dem Mari Pacifico, welches auch bey den Engeländern The Pacific Ocean heißt, herschreibet. Der Capitaine Cook hat aber bey seinen Seereisen, dieses Meer oftmals sehr unfriedlich, stürmisch, gefährlich und feindselig gefunden. Daß diese Schnecke kein Rocher oder Murex sey, wozu sie Favanne ernennen will, und daß sie es noch weniger verdiene ein Buccinum zu heißen, wie Thomas Martyn vorgiebt, dessen systematische Namen bey nahe insgesamt falsch, irrig und unzuverläßig sind, und dessen neues System, so er herauszugeben drohet, nach solchen Proben gewiß nicht mustervoll und nachahmungswerth seyn wird) wird jeder bey einiger Kenntniß der Conchyliologie von selbst wissen. Was doch aber wohl den Th. Martyn müsse bewogen haben, diese Volute Buccinum Arabicum zu nennen (welchen Namen auch Gmelin beybehalten), da doch beyde es bezeugen sie werde nicht bey Arabien sondern bey Neu Seeland gefunden, davon kan ich keine auch nur etwas wahrscheinliche Ursache entdecken. Eben so wenig kan ich es errathen, warum ihr vom Favanne der Name la Robe Turque gegeben werde*). Ihr wahres Vaterland erfähret man aus der oben angeführten Stelle des Musei Portland.

Tab. 178. Fig. 1715. 1716.
Ex Museo Spengleriano.
Die Kugelvolute.
Voluta Globulus,
testa globosa, crassa, alba, longitudinaliter plicata, angulata, transversaliter costata, sulcata, striata, spira obtusa nodulosa, labio triplicato, basi fere truncata.

Daß diese seltene fast kugelrunde Volute, dergleichen wohl wenige Conchylien-Sammler bißher werden gekannt und gesehen haben, den Namen der Kugelvolute, wegen ihrer runden Form und Bildung mit dem größe-

---
*) Sollten auch etwa die Zeichnungen dieser Schnecke, nach den manchfaltigen Zügen, in welchen man sich arabische oder türkische Buchstaben vorstellt, diese Benennung veranlaßt haben; so ist doch die Aehnlichkeit dieser Charactere von jenen allzuweit entfernt, um sich nur nach einzelnen, eine leidentliche Uebereinstimmung dabey denken zu können.

Voluten. Tab. 178. Fig. 1715—1718.

größesten Rechte führe, wird jeder sogleich beym ersten Anblicke gestehen müßen. Sie ist schwer und dickschalicht. Sie wird durch starke länglichte Falten, davon achte auf der ersten Windung befindlich sind, und durch stumpfe Knoten, damit die obersten Umläufe bekrönet worden, und durch Queerribben, Furchen und Streifen, so sich um sie herumlegen, eckigt, rauh und winkelhaft gemacht. Ihre Grundfarbe ist weiß. Die Spindel hat drey Falten. Das wahre Vaterland derselben kan ich nicht angeben. Ich halte es für überflüßig, das genaue Maaß ihrer Länge, Breite, Dicke und Höhe näher zu bestimmen, da sie in ihrer natürlichen Größe abgebildet und vorgestellet worden.

Tab. 178. Fig. 1717. 1718.
Ex Museo nostro.
Die Guineische Musikvolute oder Notenschnecke.
Voluta Musica Guineensis,
testa obovata, laevi, angulata, solida, nodis obtusis in gyrationibus anfractuum tuberculata, columella plicis quatuordecim, (quarum nonnullae prae ceteris solidiores sunt) rugosa, labro crassiusculo maculis nigris notato.

Unter den Musikvoluten herrschet die größte Verschiedenheit, sowohl in Absicht ihres Farbenkleides, als auch in ihrer Form, Bildung und Bauart. Es liegen in meiner Sammlung einige zwanzig Exemplare der Musikhörner, allein ich bemerke unter ihnen die grosste Varietät und Ungleichheit. Einige sind dickschalicht und voll der starksten Knoten, dadurch ihre Schale eckigt und knotenvoll gemacht wird, andere dagegen sind glatter und dünnschalichter, auch haben sie wenig, ja fast gar keine Knoten. Einige haben einen schmähleren, andere einen breiten Schalenbau. Einige haben eine mehr zusammengedrängte, andere eine mehr gedehnte und gestreckte Form. Bey einigen siehet man, (wie solches auch Linne als ein characteristisches Kennzeichen der Musikschnecken angiebet) nur acht Falten an der Spindellippe, andere dagegen haben ungleich mehrere. Eben so ist es mit den musicalischen Strichen bewandt, deren Zeichnung und Daseyn ihnen den Namen der Notenschnecken erworben. So viel ich weiß, haben die Musici nur fünf Striche, darauf ihre Noten verzeichnet sind. Auf manchen Notenschnecken stehen auch würklich nur fünf Striche bey den linirten Queerbinden. Andere aber haben sechs, und noch andere wohl sieben bis acht solcher Notenstriche. Die hier abgebildete

bildete wenig bekannte Notenschnecke hat mir ein Freund aus Guinea mitgebracht. Ihr sonderbares, durch unzählige größere und kleinere bläulichte Puncte bunt gemachtes Farbenkleid, läßt sich beßer aus der Abbildung erkennen, als ich es durch Worte zu beschreiben im Stande bin. Ihre Schale ist glatt, nur wird sie durch die stumpfen Knoten ihrer Umläufe etwas faltig und eckig gemacht. In der mittelsten Queerbinde stehen sieben parallel laufende Linien, welche statt der Noten von lauter Zwischenstrichen bezeichnet werden. An der weißgelblichen Spindellippe treten vierzehen Falten von ungleicher Größe hervor. Die innern Wände sind gelblich weiß. Die dicke äußere glänzend glatte Lippe wird durch viele schwarze Flecken zierlichst bezeichnet.

Tab. 178. Fig. 1719. 1720.
Ex Museo Spengleriano.
Die gekrönte Volute.
Voluta coronata,

testa fusiformi, lucide rubea, excrescentiis nodulosis albidis in sutura anfractuum nitide coronata, cingulo flavido ad apicem usque fasciata, transversim lineata, et punctis pertusis notata, columella quintuplicata.

Diese kleine, thurmförmig gebildete Volute hat dennoch viel eigenthümliches und characteristisches an sich. Ihr lichtröthliches Farbenkleid wird durch eine weiße Binde, welche sich nahe bey der Nath oder bey den Gränzen der Stockwerke um sie herumleget, und bis zur Spitze hinaufwindet, gar sehr verschönert. Ihre sieben Stockwerke werden beym obersten Rande durch kleine schneeweiße Knoten oder Knöpfe wie bekrönet. In den Queerlinien stehen vertiefte Punkte. Die gelbe Spindellippe hat sieben hellweiße Falten. Sie wohnet in den westindischen Meeren.

Tab. 178. Fig. 1721. 1722.
Ex Museo nostro.
Die Elster unter den Voluten.
Voluta Pica,

testa ovali, fasciis longitudinalibus ex fusco brunneis et albis alternis varia, transversim striata columella quintuplicata, fauce fusca.

Es wird diese kleine Schnecke durch schwarzbraunröthliche und weiße länglichte, vom Wirbel herablaufende Bänder, die unter einander abwechseln, bunt gemacht. Feine Queerstreifen legen sich von oben bis unten um um sie herum. Die erste Windung ist merklich gewölbet und bauchicht. Wer sie alleine von der Rückenseite ansiehet, wird sie für ein Spitzhorn (Buccinum) halten, aber da an ihrer Spindel fünf Falten sitzen, so muß sie den Voluten beygesellet werden. Ihre Falten sind weiß aber die innern Wände braun. Sie ist bey der kleinen Schwedischen Insul Barthelemi, die unter den Antillen lieget, gefunden worden.

Tab. 179. Fig. 1723. 1724.
Ex Museo Lorenziano.
Die weiße Schweitzerhose.
Voluta Capitellum Linnaei,
testa ovata, crassa, albida, umbilicata, subcaudata, scaberrima, angulata, spinosa, spinis subulatis fornicatis, transversaliter costata et sulcata, columella triplicata, labio reflexo, labro dentato, apertura ovali.

Gall. Culotte de suisse blanche.

GMELIN Nov. Edit. Syst. Nat. Lin. Tom. I. P. 6. pag. 3462. no. 100. *Voluta Capitellum* testa ovata, rugosa, nodosa, columella triplicata.

Daß Linne in der 10ten Ausgabe seines Natursystems und im Museo Reg. Lud. Ulricae no. 306. diese Gattung an deren Spindel drey Falten sitzen, unter die Murices, und in der 12ten Ausgabe unter die Voluten bey sp. 431. gezählet, aber darunter zugleich eine andere von ihr merklich verschiedene mit vier Falten versehene Art, dergleichen in diesen Conchylienwerke tom 3. Fig. 949—950. abgebildet worden, mit begriffen, werden diejenigen längstens wißen, welche den Linne ernstlich durchstudiret, und nicht blos flüchtig durchblättert haben. Der Herr Prof. Gmelin, den ich oben citiret, hat beyde Arten zwar unter einer Hauptgattung zusammengefaßet wie solches aus seinen beygefügten Allegaten unleugbar ist, aber durch Unterabtheilungen abgesondert.

Der sel. Martini, mein ewig unvergeßlicher Freund, hat schon im dritten Bande dieses Systemat. Conchylien-Werkes bey Fig. 947—948. ein schlechtes Exemplar von der Voluta, die Capitellum heißt, abzeichnen laßen. Ich freue mich daß ich hier ein ungleich beßeres, größeres, äußerst vollständiges Exemplar der weißen Schweitzerhosen, aus dem Cabinette des Herrn Kaufmann Lorenzens darlegen kan. Ein schöneres wird man in den meisten Conchylien-Sammlungen vergebens suchen. Herr Loren-

Lorenzen hat es ziemlich theuer von einem Naturalienhändler erkauft, der daßelbe aus Holland mitgebracht. Vermuthlich ist es also in Ostindien, bey den Ufern der dort befindlichen holländischen Besitzungen gefunden worden. Es ist sehr dickschalicht und hat neun Stockwerke, welche insgesammt von hohen Queerribben und tiefen geriffelten Furchen umgeben, dadurch eckig, uneben, faltig, und durch viele heraustretende hohle Spitzen und Knoten, so rauh, dornicht, ungleich, höckericht als möglich gemacht werden. Bey der umgelegten Spindellefze stehen drey orangegelblich gefärbte Falten. Die innern Wände sind braungelb. Die äußere Lippe hat einige gefärbte Zähne. Auch hat die Spindelsäule einen tiefen Nabel.

Tab. 179. Fig. 1725. 1726.
Ex Museo nostro.
Der Morgenstern.
Voluta Turbinellus Linnaei (seu Varietas notabilis Turbinelii,)
testa ecaudata, albida, tuberculata, fascia lata nigra redimita, spira brevi, repressa, nodulosa ex albo et nigro colorata, spinis in summitate prioris gyrationis fornicatis, culumella quadriplicata, basi integriuscula.

Meine Absicht ist es ganz und gar nicht, allhier von der Volute, welche beym Linne Turbinellus, bey andern der Morgenstern heißt, und von den Franzosen Chausse Trape, (der Fußangel) oder le petit Rocher à dents de Chien genannt wird, umständlich zu reden. Denn diese Gattung ist längstens schon im dritten Bande des Syst. Conchyl. Cab. bey Fig. 944 beschrieben worden. Ich habe es hier alleine mit einer merkwürdigen Abänderung derselben zu thun, dergleichen wir von Tranquebar und den Nicobarischen Eylanden zu erhalten pflegen, und die es wohl werth ist, bekannter gemacht zu werden. Der bekannte gewöhnliche Turbinellus Linnaei ist mehr schwarz als weiß. Es sitzen bey ihm auf allen Windungen Stacheln und Knoten. Er hat einen weit hervortretenden Wirbel u. s. w. Aber die hier abgebildete Volute ist mehr weiß als schwarz. Sie hat einen verkürzten gleichsam zurückgedrückten, nur mit kleinen stumpfen Knoten bekrönten, mit einer schwarzen Halsbinde umwundenen Wirbel. Auf der Höhe ihres ersten Stockwerkes stehen allein einige dicke etwas ausgehöhlte knotige Dornen. Um die Mitte der ersten und größesten

Voluten. Tab. 179. Fig. 1727. 1728.

Windung leget sich eine breite schwarze Binde herum. Bey der dicken Spindelsäule stehen vier Falten. Die inneren Wände sind weiß.

Tab. 179. Fig. 1727. 1728.
Ex Museo Spengleriano.
Die lange gegitterte Volute.
Voluta cancellata, elongata,
testa ovali, longitudinaliter costata, umbilicata, decussatim striata, spira producta, columella triplicata, labro marginato, fauce striata.

Zu meiner nicht geringen Verwunderung ersahe ich es, daß die bekannte Voluta cancellata Linnaei, welche wir in guter Anzahl von Westindien und der Guineischen Küste erhalten, deren deutliche Abbildung in Borns Testac. Mus. Caes. tab. 9. Fig. 7. 8. gesehen wird, in unserm Conchylienwerke bisher vergessen und übergangen worden. Zwar stehet unter dem einfältigen Geschlechte der Fischreusen Tom. 4. Fig. 1172 — 1173. eine solche Gattung, welche allerdings den Voluten zugeeignet werden, und ohnstreitig unter der Voluta cancellata Linnaei mitbegriffen werden muß. Alleine bey der Ausgabe des vierten Theiles ist sie nicht als Vol. Cancellata Linn. anerkannt worden. Doch hat Herr Gmelin in der neuesten Ausgabe des Linneischen Natursystems tom. l. P. 6. pag. 3464. no. 107. sie ganz richtig dem Geschlechte der Fischreusen entzogen und Volutam Nassam genannt.

Hier habe ich eine Volutam cancellatam aus der Spenglerischen Sammlung herauszeichnen lassen die nur durch ihre mehr verlängerte Schale und durch den gestreckteren Bau ihres Wirbels von der bekannten gegitterten Volute unterschieden wird. Uebrigens fehlet ihr keins von den Kennzeichen und Eigenschaften, welche der Volutae cancellatae eigen sind. Sie wird auf ihren länglichten vom Wirbel herablaufenden Ribben von Queerstreifen durchschnitten, und also gitterförmig gemacht. Sie hat sechs Stockwerke, welche merklich von einander absetzen. Bey der Spindel stehen drey ungleiche Zähne und Falten. Unter der Spindelsäule befindet sich ein kleiner Nabel. Die innern weißen Wände sind gerieselt. Sie ist zween Zoll lang und aus den Chinesischen Meeren hieher gebracht worden.

Voluten. Tab. 179. Fig. 1729. 1730.

Tab. 179. Fig. 1729. 1730.
Ex Museo Spengleriano.
Die achte rauhe Nadelwalze.
Voluta scabricula Linnaei,
testa turrita, fusiformi, emarginata, subperforata, scabra, transversim striata (striis latioribus) et sulcata, (sulcis punctis pertusis dense notatis) ex ferrugineo in fundo albido seriatim maculata, labio quadriplicato, labro crenato.

Angl. The beaded Mitre.

GUALTIERI Index Conchyl. tab. 53. fig. D. *Strombus sulcatus vulgaris* striis cancellatus et parvis maculis croceis seriatim circumdatus.

LINNAEI Syst. Nat. Edit. 10. pag. 740. sp. 412. *Buccinum scabriculum*, testa media inter Volutas et Buccina.

— — Edit. 12. pag. 1192. sp. 417. *Voluta scabricula* testa emarginata fusiformi striata, transversim rugosa, columella quadriplicata, perforata, labro crenulato. Habitat in India Orientali.

GMELIN Nov. Edit. Syst. Nat. Linn. Tom. I. P. 6. pag. 3450. no. 48. *Voluta Scabricula.* Habitat frequens in India, testa aspera, alba, rugis fuscis: rarius cinerea rugis albis, ad 2 pollices longa.

Im vierten Bande dieses Syst. Conchyl. Werkes ist schon die daselbst bey Fig. 1388. 1389. abgebildete Schnecke Voluta Scabricula Linn. genannt worden. Sie kömmt ihr auch ganz nahe und kan gerne eine Varietät derselben heißen. Allein die hier vorgestellte kan weit sicherer auf diesen Namen Anspruch machen, und Voluta Scabricula Linnaei genannt werden. Sie sitzet auf ihrem thurmförmigen spindelartigen Schalenbau voll starker ribbenartiger Queerstreifen. In den Zwischenfurchen stehen unzählige vertiefte Puncte. Der weiße Grund wird durch große braunröthliche rostfarbichte Flecken, welche durch ihre Stellung Bänder formiren, bezeichnet. Die Spindel hat vier ungleiche Falten. Unter der Spindelsäule befindet sich ein kleiner Nabel. Daher sie mit den Worten der 10ten Ausgabe des Linneischen Natursystems als subperforata beschrieben werden kan. Warum ihre Schale in der 12ten Ausgabe des Linne als perforata ausgegeben wird? weiß ich nicht. In der 10ten heißt diese Gattung media inter Volutas et Buccina. Allein in der 12ten wird sie ohne alle Restriction und Einschränkung den Voluten, welchen sie auch mit Recht zugehöret,

Voluten. Tab. 179. Fig. 1729. 1732.

höret, beygesellet. Die äußere Lippe ist wie gezähnelt und gekerbet. Es wohnet diese nicht gemeine Schnecke in den chinesischen Meeren. Eine der schönsten Varietäten dieser Gattung, die in der Südsee zu wohnen pfleget, wird man in Knorrens Belustig. der Augen tom. 4. fig. 3. tab. XI. und in des Thomas Martyns Universf. Conchol. tom. I. fig. 21. abgebildet antreffen. Ich besitze selbst ein Exemplar derselben, welches in der Südsee gewohnet, und durch die Cookischen Seereisen nach Europa gekommen. Es wird im Catal. Muf. Portland. (darinnen sich die Namen größtentheils vom berühmten Schüler des Linne, vom D. Solander, herschreiben, und desto mehr Aufmerksamkeit verdienen) no. 783. 1913. 2560. und an mehreren Stellen für Voluta fcabriuscula Linnaei ausgegeben. Es hat teftam decusfatim ftriatam, dadurch diese Volute als cancellata und auf ihren Streifen als granulata dargestellet wird.

Tab. 179. Fig. 1731. 1732.
Ex Mufeo noftro.
Das Hörnlein. Die kleine Krähe.
Voluta Cornicula Linnaei,
tefta laevi, cornea, fpira exferta, bafi vix emarginata, columella quadriplicata, labro aequali.

GUALTIERI Index Conchyl. tab. 43. fig. N. *Buccinum* parvum, fulcatum, laeve, ex fufco dilute coloratum.

LINNAEI Syft. Nat. Edit. 10. pag. 731. fp. 362.

— — Edit. 12. pag. 1191. fp. 415. *Voluta cornicula*, tefta fubemarginata, oblonga, cornea, laevi, fpira longiuscula, columella quadriplicata, labro aequali mutico. Habitat in mari mediterraneo. Tefta tota colore cornu. Labrum minime dentatum aut incrasfatum, variat colore totius atro.

Die Abbildung im Gualtieri, darauf sich Linne beruft, hat allerdings viele Aehnlichkeit mit der eigentlichen wahren Voluta Cornicula. Nur wünschte ich, sie wäre bey ihrer ersten Windung weniger gewölbet und bauchig vorgestellet worden. Denn die eigentliche Voluta Cornicula ermangelt aller merklichen Wölbung. Sie ist durchaus nicht ventricofa. Linne beschreibet uns diese kleine Schnecke so gar genau und umständlich, daß man solche, wenn er auch keine Figur citiret, nicht wohl verkennen kan. Sie wird insonderheit durch ihr braunes, einfärbichtes, horn-

hornartiges Farbenkleid sehr kenntlich gemacht. (testa tota, schreibt Linne, colore cornu). Doch belehret er uns zugleich, daß man noch eine Varietät derselben finde, die ganz schwarz sey. Der Wirbel ist ein wenig länger und gestreckter, als bey jener Volute, die beym Linne den Namen Tringa führet. Die Oberfläche ist glänzend glatt. Die Schale hat fünf Stockwerke. Bey der Spindel stehen vier Falten. Linne nennet das Mittelmeer als ihr Vaterland. Hier bekommen wir sie auch von den westindischen Antillen, insonderheit von St. Thomas und St. Croix.

Tab. 179. Fig. 1733. 1734.
Ex Museo nostro.
Das Schröterische Hörnlein.
Voluta Cornicula Schröteri,
testa fusiformi, laevi, in fundo subalbido maculis fuscentibus seriatim dispositis variegata, spira exserta, basi vix emarginata, columella quadriplicata.

Schröters Einleitung in die Conchylien-Kenntniß tom. I. p. 221. sp. 24. tab. I. fig. 13. item desselben innerer Bau der Conchylien tab. 4. fig. 2.

GMELIN Nov. Edit. Syst. Nat. Linnaei, Tom. I. P. 6. pag. 3449. sp. 46. *Voluta Cornicula*, testa utplurimum laevi, rarius subtilissime transversim striata, atra, ex ochraceo rufescente, ex flavicante fusca, maculis virgatis undatis varia aut cornu pellucidate et pictura aemulante, fasciis interdum duabus exalbidis.

Der Herr Superintendent Schröter glaubet in dieser Schnecke Volutam Corniculam Linnaei gefunden zu haben. Der Herr Gmelin scheinet ihm hierinnen in der oben angeführten Stelle beyzupflichten. Allein sie ist es gewiß nicht. Vor das erste so würde Linne bey ihrer merklichen Größe das diminutivum schwerlich gebraucht und sie Volutam Corniculam genannt haben. Hernach so fehlet ihr ja gänzlich das einfärbige hornartige oder schwarze Farbenkleid. Linne erwehnet in seinen characteristischen Beschreibungen nur wunderselten einmal des Farbenkleides, weil ein solch Kennzeichen viel zu unsicher und zu veränderlich zu seyn pfleget. Wenn er aber die Farbe so wie hier auf das genaueste beschreibet, und es mit dürren Worten saget, testa tota colore cornu aut atro, so muß man genau darauf merken. Die jetzige wird aber zuweilen durch Flecken, welche in ihrer Zusammenstellung Queerbinden vorstellen, bezeichnet. Es kan also nicht Vol. Cornicula Linnaei seyn.

Voluten. Tab. 179. Fig. 1733—1736.

Es hat diese Schnecke in ihren natürlichen ursprünglichen Zustande feine Queerstreifen, die aber gemeiniglich durch die heftige Brandung der Meereswellen, welche dergleichen Körper auf dem Sande viele tausendmal hin und her rollen, dergestalt abgeschliffen werden, daß kaum noch hie und da eine Spur derselben wahrzunehmen ist. Ihr Schalenbau hat sechs Stockwerke. Bey der Spindel stehen viele ungleiche Falten, davon die oberste die größte und die unterste die kleinste ist. Herr Schröter nennet Guinea als ihr Vaterland. Dort wüthet vollends die stärkste Brandung. Da läßt es sich denn desto eher begreiffen, warum wir sie fast immer in einen abgeriebenen Zustande bekommen.

Tab. 179. Fig. 1735. 1736.
Ex Museo nostro.

Eine Abänderung der vorigen Gattung.
Varietas notabilis praecedentis speciei,
testa fusiformi, nivea, nitida, pellucida, columella quadriplicata.

Diese Schnecke kömmt mit der vorigen in ihrer Größe, Form, Bildung und Bauart vollkommen überein. Sie ist wie jene spindelförmig gebildet. Man findet auch bey ihr sechs Stockwerke, und bey der Spindelsäule vier Falten. Ihr ganzer Unterschied bestehet alleine im Farbenkleide. Denn die jetzige ist schneeweiß wie die Unschuld, und hat weder Flecken noch Runzeln. Ihre Schale ist spiegelglatt und durchsichtig.

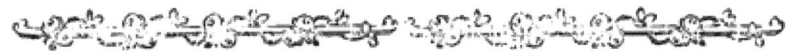

Einleitung
ins Geschlecht der Porzellanschnecken.

Die Cypraeae Linnaei gleichen bey ihrem vortreflichen Farbenschmucke und glänzenden Politur dem schönsten Email und feinsten Porzellain. Daß man aber in China das herrlichste Porzellain aus diesen Schnecken bereite, wie solches Geßner mit einigen andern leichtgläubigen Naturkündigern im ganzen Ernste behaupten: solches wird sich heut zu Tage kein einiger, der nur einige Kenntniß von der Verfertigung des Porzellains erlanget, einbilden und weiß machen laßen. Die eigentlichen Bestandtheile der Porzellanschnecken, und fast aller übrigen Schnecken und Muscheln, sind ja kalkartig. Daher auch an vielen Orten ein guter feiner Kalk daraus mit Vortheil gebrannt und bereitet wird. Allein zur Zubereitung des Porzellains kan man durchaus keine Kalkerde gebrauchen, die zum vitresciren gar nicht dienlich seyn würde. Dazu pfleget man vornemlich quarzartige Steine zu nehmen, welche, wenn sie bis zum feinsten Staube zerrieben worden, mit Waßer angefeuchtet, als ein Thon geknetet, bearbeitet, geformet, und alsdann erst im Feuer gebrannt werden.

Woher rühret aber die bewunderungswerthe Politur der Porzellanschnecken? Sie wohnen im naßen Meersande, und sind auf ihrer Oberfläche mit einem rauhen sonderbar gebildeten Mantel, der die Stelle des besten Epiderms vertritt, überkleidet. Wer diesen Mantel kennen lernen will, darf nur Forskåls Icones rerum naturalium quas in itinere orientali depingi curavit, nachschlagen, wo er Tab. 40. Fig. E. dergleichen velum muricatum et aculeatum Cypraearum supra testam ab utroque latere revolutum erblicken wird. Der Herr Hofrath von Born läßet sich in seinen Testaceis Muf. Caef. Vind. pag. 171. hievon folgendermaßen vernehmen: Cingitur animal pallio villis mobilibus hirto, quod supra testam ab utroque latere revolutum ejusdem nitorem et glabritiem contra injurias omnes egregie custodit.

Die

Einleitung zum Geſchlecht der Porzellanſchnecken. 33

Die Abbildung vom Bewohner der Porzellanſchnecken finden wir in des Adanſons Hiſtoire naturelle du Senegal Tab. 5. Fig. B. C., in des Dargenville Zoomorphoſe Tab. 3. Fig. I. und auf der 16ten Vignette im erſten Bande des Syſt. Conchyl. Werkes. An allen dieſen eben angeführten Stellen, wird uns auch eine nähere Nachricht vom Bewohner gegeben. Wir erfahren es daraus, daß er, wie faſt alle Meerſchnecken, nur zwey Fühlhörner habe; (da Landſchnecken gewöhnlich mit vier Fühlhörnern verſehen ſind) daß ſeine Augen unten am Fuße der vier Fühlhörner ſtehen; daß er bey ſeinem Umriße wie mit Franſen beſezt erſcheine; daß von einem Operculo bey Porzellanſchnecken keine Spur vorhanden ſey. Der ſcharfſehende, auf alles aufmerkſame Adanſon hat bey aller Verſchiedenheit der Gattungen, Gebäude und Wohnungen dennoch nicht die geringſte Verſchiedenheit der Bewohner bemerken und wahrnehmen können. Alle waren einander gleich. So lautet hievon das Zeugniß des Adanſons in ſeiner Hiſtoire de Coquillages du Senegal. pag. 71. L'Animal qui habite cette Coquille eſt le même dans toutes les varietés qui me ſont tombées ſous les mains.

Einige Porcellanſchnecken ſind ſehr dickſchalicht und ſchwer, andere dagegen dünnſchalicht und leichte. Einige haben eine weitere, andere eine engere Mund-Oefnung. Bey einigen bemerket man eine mehr abgekürzte und zuſammengedrängte, aber deſto höher gewölbte Form, bey andern aber einen mehr geſtreckten, länglichtern, flacher gewölbten Schalenbau. Einige ſind auf ihrer Baſi flach, glatt und breit, andere daſelbſt gleichfals gewölbet und gerundet. Bey einigen tritt der Wirbel etwas hervor, bey andern iſt er gar nicht zu ſehen, wieder bey andern iſt er zurückgedrückt als wäre daſelbſt ein Nabel vorhanden. Einige werden unterwärts von einem dicken Rande und Saume umgeben, andere ermangeln gänzlich dieſes Randes und Saumes. Linne hat nach dieſen eben angeführten Verſchiedenheiten vier Unterabtheilungen im Geſchlechte der Porzellanſchnecken gemacht. Doch laßen ſich dabey keine recht ſichere und gewiße Tritte thun, denn einige von einer und eben derſelben Art und Gattung ſind mucronatae und obtuſae, je nachdem ihre Schalen älter oder jünger ſind. Einige haben beydes, teſtam marginatam und umbilicatam.

Ich werde mich beym Geſchlechte der Porzellanen ſehr kurz faßen können, indem ich nur vier Gattungen derſelben abzeichnen laßen. Sonderbar genug iſt es, daß jede der hier abgebildeten Porzellanſchnecken zu einer von den vier Unterabtheilungen gehöret, welche Linne im Geschlechte der Porzellanen veranstaltet. Cypraea Aurora, hat ja testam obtusam absque spira manifesta; Cypraea stercoraria, testam mucronatam; Cypraea succincta, testam umbilicatam; und Cypraea stolida, testam marginatam.

Verzeichnis der hier abgebildeten Porzellanschnecken.

Tab. 180. Fig. 1737. 1738. Aurora. Die Pomeranze. *Cypraea Aurora.*

      Fig. 1739. 1740. Die kothige Porzellane. Cypraea stercoraria. Linnaei.

      Fig. 1741. 1742. Die umgürtete Porzellane. Cypraea succincta Linnaei.

      Fig. 1743. 1744. Der Sonderling oder der Rostflecken. *Cypraea stolida Linnaei.*

Tab. 180. Fig. 1737. 1738.
Ex Museo Spengleriano.
Aurora. Die Pomeranze.
Cypraea Aurora Solandri,

testa ovata, ventricosa, obtusa, ex aurantio nitidissime infecta, margine in utroque latere albo, basi planiuscula, dentibus citreis seu aurantiatis.

FAVANNE. Conchyl. Tab. 30. fig. S.

— — Catal. rais. no. 294. pag. 67. tab. 2. fig. 294. Une Porcellaine extremement rare; elle vient de la Nouvelle Zélande et peut fort bien s'appeller *l'Orange*: elle est blanche en desfous, à dents orangées, ainsi que le desfus de sa robe. Elle a trois pouces onze lignes de longueur. Il est très difficile de l'avoir autrement de ce Volume. On n'en connoit qu'une dans le Cabinet de Calonne à Paris, et dans celui de Ms. Hwaſs, et quelques unes dans peu de Cabinets à Londres. Die Abbildungen, welche hievon Favanne sowohl in seiner Conchyliologie, als im Catal. rais. geliefert, sind äußerst elend gerathen. Lieber gebe man gar keine Abbildungen, als solche schlechte und jämmerliche.

Porzellanschnecken. Tab. 180. Fig. 1737. 1738.

THOMAS MARTYN Universal Conchol. tom. 2. tab. 9. *Cypraea Aurantium.* Orange Cowry, from Friendly Isles.

GMELIN Nov. Edit. Syst. Nat. Linn. Tom. I. P. 6. pag. 3403. n. 121. *Cypraea Aurantium*, testa subturbinata aurantia in margine alba immaculata, fauce rutila. Habitat ad Insulas amicas.

Catal. Musf. Portl. no. 197. *Cypraea Aurora Solandri*, or Orange Cowry, from Otaheite, a new Species, and very rare.

— — it. no. 3831. An exceding fine and large Cypraea Aurora Solandri, or the Orange Cowry from the Friendly Isles in the South-Seas extremely scarce.

Unterhaltungen für Conchylienfreunde, Erstes Stück, pag. 92. tab. 2. *Cypraea Aurora.*

Diese Schnecke sollte billig der Admiral unter den Porcellanen heißen, denn es ist ohnstreitig die schönste und kostbarste im ganzen Geschlechte derselben. Schon im 10ten Bande des Systematischen Conchylienwerkes pag. 97. ist sie kürzlich von mir beschrieben, aber um deßwillen nicht abgebildet worden, weil mir das Original derselben zu späte vor die Augen kam, nachdem ich schon die für den 10ten Band bestimmten Zeichnungen fortgesandt hatte. Man findet bey der eyförmigen Bildung dieser reizenden Schnecke eine sehr dicke Schale und hohe Wölbung. Sie pranget auf ihrer glänzenden, spiegelglatten Oberfläche mit einem einfärbigen, lichthellen, orangegelben Farbenkleide, welches durch dem unterwärts sie umgebenden, starken, schneeweißen, bey der Vorder- und Hinterseite stärker verdickten Saum, noch mehr verschönert wird. Ihre mehr flache, als gewölbte Basis ist ebenfalls weiß. Über die Zähne, davon auf jeder Seite der Mündung sechs und dreißig stehen, sind pomeranzengelb gefärbet. Die inneren Wände sind weiß. In der herrlichen Naturaliensammlung der Herzogin von Portland, welche zu London vor neun Jahren verkauft worden, haben sich drey Exemplare von dieser kostbaren Gattung befunden. Der Fürst Bischof zu Constantz besitzet auch in seiner schönen Sammlung zu Mörsburg Cypraeam Auroram. Hier lieget sie alleine in dem Spenglerischen Cabinette. Sie ist sehr groß und schön, vier Zoll lang, dritthalb Zoll breit, und zween Zoll drei Linien hoch. Sie wohnet in der Südsee bey Neuseeland, Otaheite und den freundschaftlichen Inseln. Die mehresten haben nahe bey der Lippe ein rundes Loch, dadurch die Bewohner jener Länder eine Schnur gestecket, und sie als einen Schmuck am Halse oder an den Ohren befestiget. Eine sehr gründliche Beschreibung

36 Porzellanschnecken. Tab. 180. Fig. 1739. 1740.

dieser Gattung, welche der berühmte Herr Prof. Esper verfertiget, wird man in den Unterhaltungen für Conchylienfreunde, die zu Erlangen herausgekommen, antreffen. Es haben aber diese Unterhaltungen schon mit dem ersten Stücke wieder aufgehört.

Tab. 180. Fig. 1739. 1740.
Ex Museo nostro.
Die kothige Porzellane.
Cypraea stercoraria Linnaei,
testa ovata, muricata, gibbosa, lentiginibus (Sommerflecken), aut vitiliginibus (Leberflecken), undique adspersa, macula nigra penes mucronem infecta, basi planiuscula, dentibus oris albidis, posticis valde retrusis, fauce nitida, coerulea.

Belg. Wyd Oog Hooren. *Gall.* Le Lapin ou l'Ecaille fondue.

LISTER. Hist. Conchyl. tab. 687. fig. 34. *Concha Veneris* ex viridi fuscescens, valde gibbosa, maculis fuscis latis depicta. Iamaica.

LINNAEI Syst. Nat. Edit. 10. pag. 719. no. 289.

— — Edit. 12. pag. 1174. no. 330. *Cypraea stercoraria*, testa subovata, gibba, subturbinata, undato-glauca, maculis griseis fuscisque temere adspersa, antice juxta spiram macula fusca, postice depresso marginata deflexa, subtus plana, labro interiore postice valde retuso, apertura antice valde gibba.

GMELIN Nov. Edit. Syst. Nat. Linn. Tom. I. P. 6. pag. 3399. sp. 6. — Habitat frequens ad Guineam.

Knorrs Vergnügen der Augen, Tom. 4. tab. 13. fig. 1. die Höckerporzellane.

DAVILA Catal. rais. Tom. I. p. 268. no. 567. Porcelaine nommée *le Lapin gris bleuâtre et à coque mince.*

FAVART d'HERBIGNY Dictionaire Tom. 2. pag. 221. *Lapin* ou *Porcelaine à bec de lievre.* Porcellana viridescens, maculis castaneis ornata, basi complanata et extremitatibus bicornibus sinuosis distincta, Cuniculus appellata.

FAVANNE Conchyl. Tab. 30. fig. C.

— — Catal. rais. No. 278. pag. 65. *Porcelaine à dos renflé.* Le *Lapin* ou *l'Ecaille fondue.*

V. BORN

Porzellanschnecken. Tab. 180. Fig. 1739. 1740. 37

v. BORN Index rerum naturalium Muf. Caef. pag. 160. **Das Weitauge.**

— — Teſtacea Muf. Caef. pag. 175. tab. 8. fig. 1. *Cypraea ſtercoraria*, teſta ovata, ſpira exſerta adnata apici rimae reflexae; rima flexuoſa utrinque dentata, poſtice valde retuſa, extremitatibus utrinque marginatis; dorſum gibboſum; baſis plana introrſum declivis; color baſeos unicolor dentium albus, dorſi varius.

Schröters Einleitung in die Conchylienkenntnis Tom. I. pag. 99. tab. I. fig. 5. **Die Guineiſchen Tropfen.**

MUSEUM LESKEANUM à Clariſſ. Dom. KARSTEN editum Vol. I. pag. 201. no. 527. tab. 3. fig. 3. *Cypraea ſtercoraria*, teſta livida, ferrugineo temere adſperſa, antice juxta ſpiram macula fusca perdiſtincta, ſubtus plana; labio interiori poſtice perretuſo, apertura antice valde gibba.

Dieſe Gattung von Porzellanen iſt eine der allergemeinſten. Wir bekommen ſolche hieſelbſt haufenweiſe von der Guineiſchen Küſte und den weſtindiſchen Zuckerinſuln. Vielmals ſind ſie äußerſt unanſehnlich, ſchmutzig, entſtellet und abgerieben, ſo daß man ſie weder aufheben noch verwahren mag. Dergleichen elende Exemplare müßen wohl dem Linne in die Hände gefallen ſeyn Nimmer würde er ſonſt dieſe gute unſchuldige Porzellane, welche im friſchen jugendlichen unverdorbenen Zuſtande alle Achtung und Aufmerkſamkeit der Conchylienfreunde verdienet, mit dem äußerſt verächtlichen Namen, der Koth = und Dreckporzellane, gebrandmarket haben. Indeßen, da ſie ſchon das Unglück gehabt, von einem ſo hochberühmten Manne durch einen ſo ſchimpflichen Namen bezeichnet zu werden, ſo mag ſie ihn nun auch behalten. Denn die anderweitig ihr gegebenen franzöſiſchen, holländiſchen und deutſchen Namen, wenn ſie bald das Caninchen (indem ſie wegen ihres hohen Rückens und flachen Bauches einem bunten ſitzenden Caninchen ähnlich ſehen ſoll), bald das Weit = oder auch Weißauge, bald die geſpaltene Schale, die Guineiſchen Tropfen, die Hochrücken=Porzellane genannt wird, ſcheinen auch ſehr willkührlich und übel gewählt zu ſeyn.

Der ſeel. Martini wird von einigen fälſchlich beſchuldiget, dieſe Gattung in dem durch ihn angefangenen und bis zum vierten Bande fortgeſetzten Conchylienwerke überſehen und vergeßen zu haben. Allein er hat ſie nicht vergeßen. Sie ſtehet im erſten Bande Fig. 332. Doch iſt freylich ihre Abbildung durch die Schuld der Kupferſtecher, Zeichner und Illuminiſten ſehr unähnlich gerathen, allein die Citationen, beſonders

ders jene aus dem Lister und Davila, sind ganz richtig. Auch hat ihr, Martini, den ihr gebührenden französischen Namen, Le Lapin, zugeeignet. Sie heißt bey ihm, Porcellana Pediculus. Nur scheinet es der liebe, bey mir unvergeßliche Mann, nicht gewußt zu haben, daß seine Porcellane Pediculus, die wahre Cypraea stercoraria Linnaei ist.

Die Oberfläche dieser Conchylie wird, wie Linne glaubet, von Mist= und Kothflecken, oder höflicher, wie von Sommer= und Leberflecken, besäet. Beym Wirbel, zeiget sich bey jeder, ein grosser schwarzer Flecken. Die Grundlage ist ziemlich flach, und wird auf der Vorder= und Hinterseite wie von einem Saume eingefaßet. Die Zähne der Mündung, deren man bey kleineren Stücken einige zwanzig, bey größeren bis an dreyßig auf jeder Seite zählet, sind auf der Hinterseite, wie zurückgedruckt. Die innern Wände haben eine glänzend himmelblaue Farbe

Man kennet von dieser Gattung viele Varietäten. Selbst diejenigen Arten, welche im zehnten Bande dieses Werkes bey Fig. 1332. 1333. stehen, sind für nichts anders, als für seltene Abänderungen dieser Hauptgattung zu halten, dafür sie auch Herr Gmelin, in der neuesten Ausgabe des Linneischen Natursystems, loco supra citato pag. 3400. angesehen.

Zum öftern bemerket man auch bey diesen Schnecken gar sonderbare Auswüchse, die von einer Krankheit oder erlittenen Beschädigung und Verletzung der Schale, so durch einem vielmals ziemlich groß gerathenen Callum ersetzt worden, herrühren, davon man die in Borns Testaceis und im Museo Leskeano befindlichen Abbildungen dieser Gattung, nachsehen kan.

Tab. 180. Fig. 1741. 1742.
Ex Museo nostro.
Die umgürtete Porzellane.
Cypraea succincta Linnaei,
testa ovali, umbilicata, oblonga, tenui, fasciata, labio exteriori fimbriato, in utraque extremitate rotundato, subdenticulato; labio interiori parum dentato, rima laxiore infra hiante, fauce in quibusdam coerulescente.

LINNAEI Syst. Nat. Edit. 10. pag. 722. no. 306.

— — Edit. 12. pag. 1177. no. 348. *Cypraea succincta*, labio interiore utraque extremitate rotundato.

LINNAEI

Porzellanschnecken. Tab. 180. Fig. 1741. 1742. 39

LINNAEI Muſ. Reg. Lud. Vlr. pag. 575. no. 197. — — Teſta ovo columbino minor, fragilis, oblonga, teſtacea, faſciis duabus linearibus albis. Spira valde retuſa. Rima utrinque dentata ſed obſolete denticulis pallidioribus. Labium exterius antice et poſtice rotundatum, quod vix in aliis hujus generis. Labium interius poſtice valde hiat et utraque extremitate obliteratur, nec in angulum excurrit ut in reliquis.

GMELIN Nov. Edit. Syſt. Tom. I. p. 6. p. 3410. n. 53. *Cypraea ſuccincta*, labio interiori utraque extremitate rotundato.

  Linne hat würklich weder Fleiß noch Mühe geſpart, um uns mit dieſer Gattung bekannt zu machen. Demohngeachtet findet ſich bey den conchyliologiſchen Schriftſtellern, wenn man ſich nach der Cypraea ſuccincta umſiehet, altisſimum ſilentium. Beym Strombo ſuccincto Linnaei, der den meiſten wohlbekannt iſt, hätte man leichte auf den Schluß geleitet werden können, daß Cypraea ſuccincta wohl mit gleichmäſigen Bändern umwunden ſeyn müße, weil ihr ſonſt Linne keinen gleichlautenden Namen würde zugetheilet haben. Allein es iſt kein Anſchein da, daß man hierauf geachtet und gemerket. Vermuthlich hat aber auch der grobe, aus der zehnten in die zwölfte Ausgabe des Linneiſchen Naturſyſtems hinübergegangene, ſelbſt im Muſeo Reginae L. V. eingeſchlichene, von allen Nachdruckern des Syſtems treulich wiederholte, und auch vom Gmelin unbemerkt gebliebene und beybehaltene Druckfehler, dadurch das labium interius bey dieſer Gattung in utraque extremitate als rotundatum ausgegeben wird, da doch Linne ganz unlaugbar das labium exterius gemeinet, vielen gleichfalls ein Hinderniß verurſachet, um dieſe Gattung unter den übrigen Porzelianen herauszufinden. Man vergleiche doch nur ſorgfältig die oben aus dem Muſeo Reg. L. V. angezogenen Worte des Linne, darinnen es ausdrücklich heißt: Labium exterius antice et poſtice etiam rotundatum eſt, (und kehre ſich nicht an die fünf Reihen zuvor daſelbſt ſtehenden unrichtigen Worte; ſo wird es jeden einleuchten, daß jene Worte vom labro interiori rotundato gänzlich verſchrieben und verdruckt worden, und daher in allen Editionen abgeändert werden müßen.

  In der ſonſt gar brauchbaren und empfehlungswerthen Schröteriſchen Einleitung zur Conchylienkenntniß, leſe ich pag. 115. tom I. bey der Cypraea ſuccincta, folgendes „Zwar, ſagt der ſeel Profeßor Müller in dem von ihm herausgegebenen Linneiſchen Naturſyſtem tom. 6. pag 397. „daß die Schale bey der Cypraea ſuccincta kleiner als ein Taubeney, et-
                        „was

Porzellanschnecken. Tab. 180. Fig. 1741. 1742.

„was länglicht eyförmig, röthlich, mit zwo schmahlen weißen Binden ver-
„sehen, und sehr dünne und zerbrechlich sey: allein man weiß es schon,
„wie wenig man sich auf Müllers Beschreibungen verlaßen könne.„
Dieses letztere ist vollkommen wahr, man kan sich auf Müllers Aussagen nicht verlaßen. Allein an dieser Stelle und bey dieser Beschreibung
kan und muß man sich ohne weiteres Bedenken auf ihn verlaßen, denn
er hat sie verbotenus aus dem Muſ. Reg. Lud. Vlr. entlehnet, und uns
ehrlich die selbsteigenen Worte des Linne überſetzet. Verdient er nun
wohl die geringsten Vorwürfe?

Wer Cypracam ſuccinctam Linnaei kennen lernen will, der behalte
folgendes: Sie muß nicht unter den ersten und ansehnlichsten Rangstücken
dieses Geschlechts, auch nicht einmal unter der Mittelgattung, sondern
unter den kleineren, die im niedern Staube bleiben, und sich nie durch
Größe herauszeichnen, aufgesucht werden. Sie hat eine länglichte, eyförmige Bildung, einen zurückgedruckten Wirbel, und eine zarte, dünne,
zerbrechliche Schale. Sie wird von zwo grauweißen Queerbinden und von
einigen Bändern, deren Flecken reihenweise geordnet sind, umwunden.
Anderen dagegen ermangeln diese fleckigten Gürtel, und haben fascias te-
staceas cum albis alternantes. Die Lippen stehen ziemlich weit von einander. Man siehet auf selbigen so wenig Zähne, daß man in Versuchung
geräth, diese Schnecke den Bullis beyzugesellen. Die äußere Lippe ist,
wie wir oben gehöret, auf beyden Seiten abgerundet, auch läuft sie weder
vorne noch hinten in einen Schnabel noch Winkel hinaus. Wo ich nicht
gänzlich irre, so habe ich meine Exemplare von Guinea oder von Westindien
bekommen. Mit der Cypraca Zonata, die ich im 10ten Bande des Syſt.
Conchyliencabinets Fig. 1342. beschrieben, muß sie nicht verwechselt werden, denn jene ist gänzlich von ihr verschieden. Bonanni hat in seiner
Recreatione mentis et oculi Cl. 3. fig. 237. pag. 144. und im Muſ. Kircheriano Cl. 3. fig. 237. gewiß keine andere, als Cypracam succinctam vor Augen gehabt, wie es aus seiner Beschreibung erhellet. Allein die Abbildung
ist doch auch so gar jämmerlich, unähnlich und erbärmlich gerathen, daß
ich mich mit guten Bedacht nicht darauf berufen wollen. Was können
doch Citationen solcher Zeichnungen helfen, daraus man schlechterdings
die Originale nicht kennen lernen kan, sondern dadurch man nur mehr
verwirret wird!

Tab. 180.

Porzellanschnecken. Tab. 180. Fig. 1743. 1744.

Tab. 180. Fig. 1743. 1744.
Ex Museo nostro.

Der Sonderling. Der Rostflecken.

Cypraea stolida Linnaei,
testa obovali, oblonga, albida, marginata, umbilicata, dorso notato macula quadrata, magna, punctis albis adspersa, lateribus aliquot maculis quadratis insignitis, rima angusta, dentibus labiorum supra basin decurrentibus.

LINN Syst. Nat. Edit. 10. pag. 724. sp. 318.
— — Edit. 12. pag. 1180. no. 360. *Cypraea stolida*, testa marginata, cinerea, testaceo quadrato variegata.
— — Muf. Reg. L. V. pag. 580. n. 207. Testa ovato-oblonga, magnitudine ovi passerini, cinerascens seu glauca, maculis quinque testaceis inaequalibus quadrangularibus adspersis punctis albidis, subtus albida, margine exteriore gibbo postice producto, truncata, utrinque impressa. Spira nulla, locus retusus, rima producta. Rima utrinque dentata dentibus luteis. Labii exterioris dentes transversi. Labii interioris dentes transversi non modo interne sed et subtus per basin. Noscitur maculis quadratis testaceis difformibus.

v. BORN Iedex rerum naturalium Muf. Caef. p. 177. Das Rostfleckchen.
— — Testacea Muf. Caef. pag. 191. tab. 8. fig. 15. *Cypraea stolida*, testa marginata pallida, dorso maculis quadrangularibus testaceis picto. Testa ovato-oblonga; spirae locus umbilicatus; rima flexuosa utrinque dentata; latus externum marginatum; dorsum carinis duabus transversis obsoletis; color pallide glaucus, maculis in dorso pluribus quadratis testaceis. Patria ignota.

Die wahre ächte Cypraea stolida Linnaei scheinet den mehresten Conchyliologen gänzlich unbekannt zu seyn. Einer der neuesten Schriftsteller, der über den Linne geschrieben, und bey dem man die größte Zuverlässigkeit erwarten sollte, hat bey dieser Gattung 17 Figuren aus Conchyliologischen Schriften citiret, die insgesamt falsch sind. Nur die einzige ist richtig, welche aus Borns Testac. Caef. tab. 8. fig. 15. angeführet worden, deren Richtigkeit jedoch bezweifelt wird, weil ein Fragezeichen dabey stehet. Die mehresten pflegen jene ganz gemeine Porzellane, welche beym Linne Caurica heißt, alsdann sogleich für Stolidam Linnaei auszugeben, wenn etwa der gewöhnliche Rostflecken ihres Rückens eine ungewöhnliche Form

42 Porzellanschnecken. Tab. 180. Fig. 1743. 1744.

Form erhalten, und man daraus, mit Beyhülfe einer lebhaften Einbildungskraft, das Bild eines Drachens oder dergleichen Etwas herauszudeuten im Stande ist. Die so genau angegebenen Kennzeichen des Linne, es müsse der Flecken des Rückens eine viereckigte Gestalt, ferner colorem testaceum maculis albidis conspersum, endlich noch andere maculas quadrangulares zur Gesellschaft haben, werden dabey gänzlich übersehen. Auch mein liebster Martini hat im ersten Theil des Syst. Conchyl. Werkes bey Fig. 292. 293. diesen Fehler begangen, und eine sonderbar gefleckte Cauricam für Stolidam Linnae ausgegeben. Hingegen auf der folgenden Kupfertafel, bey Fig. 305., hat er die ächte Cypraeam stolidam Linnaei mit ihren weißen Flecken im Quadrate des Rückens abbilden laßen, und unter den Namen des Roßfleckchens sehr gut und lobenswerth beschrieben. Nur darinnen bestehet der Fehler des guten sel. Mannes, er hat es nicht gewußt, daß er Cypraeam stolidam Linnaei vor sich habe. Daher es mir ja wohl kein vernünftiger und billiger Leser verdenken wird, daß ich sie hier abermals und genauer abzeichnen laßen, um dabey Gelegenheit zu haben, diese von den meisten verkannte Linneische Gattung den Conchylienfreunden bekannter zu machen.

Dem Herrn Hofrath von Born muß ich es noch in der Erde nachrühmen, daß er uns von der Cypraea stolida Linnaei die getreueste Abbildung und richtigste Beschreibung gegeben, und dabey auch ganz recht die von Martini gelieferte Abbildung bey Fig. 305. citiret. Bey meinen vorangesetzten Citationen habe ich mich dahero nur alleine mit Sicherheit auf den Herrn von Born berufen und beziehen können.

Die Grundfarbe bey dieser niedlichen, länglicht eyförmigen, genabelten, mit einem merklichen Rande und Saume eingefaßten seltenen Porzellane ist grauweiß. Auf dem Rücken stehet ein lichtgelblicher, viereckigter, mit kleinen weißen Puncten wie besprützter Flecken. Man siehet auf der rechten Seite, nahe beym Rande, noch ein paar fast viereckigte Flecken, welche durch eine feine Ader mit den beyden äußersten Enden des Hauptfleckens zusammenhängen. Die Flecken der linken Seite bilden gleichsam einen Zaun oder eine Mauer, in deren Mitte eine Oefnung, die einer Thüre gleichet, und zum Vorhofe des Hauptfleckens hinführet, befindlich ist. Die Mündung ist enge, und sitzet auf beyden Seiten voller Zähne, die bis über die Hälfte der Grundfläche hinüberlaufen. Es sind, wie Linne schreibet, dentes transversi, die nicht nur innerlich bey der Mündung, sondern auch subtus per basin bemerket werden. Es wohnet diese seltene Schnecke in ostindischen Meeren.

Einleitung
zum Geschlecht der Kegelschnecken.

Zu dem Vorberichte, welchen ich im zehnten Bande dieses Conchylienwerkes den Kegelschnecken vorgesetzet, will ich allhier nur noch einige Anmerkungen hinzufügen:

Das Geschlecht der Kegel ist eines der reichsten und beliebtesten in der Conchyliologie. Zu demselben gehören die vorzüglich theuren und kostbaren Arten der Admirale und Oberadmirale, welche in den vorigen Zeiten zum öftern mit einigen hundert Reichsthalern bezahlet worden, und noch von Conchylienfreunden gar sehr gesuchet und geachtet werden. Jenes unwürdige, in einer üblen Laune dahin geschriebene Urtheil des sonst so hochachtungswürdigen Linne: „Ammiralium varietates „nitidas nobilitavit docta ignorantia„ sollte man billig der Vergeßenheit übergeben, und durchaus nicht weiter als gegründet wiederholen und fortpflanzen. Wer die wahren Admirale und Oberadmirale unter den Kegelschnecken kennet, der wird es längst wißen, daß besonders in den Queerbinden, damit sie umwunden werden, eine solche äußerst feine netzförmige Zeichnung befindlich sey, darüber jeder aufmerksame Beobachter als über das größte und unnachahmlichste Meisterstück erstaunen müße. Wie würde sich doch der Besitzer einer großen Gemähldesammlung geberden, und was würde er von unserm Verstande und von unserer Beurtheilungskraft denken, wenn wir von seinen Lieblingsstücken, die der Pinsel eines Raphael, Rembrandt, Guido Reni, Michael Angelo, Rubens, van Dyks, van der Werfts, Philipp Wouvermans und andere gezichnet, das beleidigende Urtheil fällen wollten: Haec Artificia nobilitavit docta ignorantia, pretiavit luxuria, omtitavit luxuria. Und darf man es nun wohl ohne Erröthung und Versündigung wagen, ein solch übereiltes Urtheil von Kunststücken weiter als gegründete Wahrheit zu verbreiten, welche durch die Hand des größesten Kunstmeisters auf die unnachahmlichste

Weise in den tiefsten Tiefen des Meeres gebildet und gezeichnet worden. Ich bin und bleibe ein grosser Verehrer des Linne, allein ich bin weit entfernt, ein blinder Nachbeter deselben zu werden, und alle seine Meinungen und Aussagen als Orakelsprüche anzunehmen. Ich mißbillige also jene oben angeführten Aussprüche, und stimme dagegen desto williger in das Bekenntniß Davids, welches im 139sten Psalm V. 14. gelesen wird, mit ein, wenn er also redet: Ich danke dir Gott, daß du vieles so wunderbar gemacht hast. Wunderbar sind alle deine Werke, (auch im Reiche der Conchylien), und das erkennet meine Seele wohl.

Die Mitglieder dieses Geschlechtes sind so kenntlich gebildet, daß man bey einigen conchyliologischen Kenntnißen nicht leichte Gefahr laufen wird, sie mit andern Gattungen der Geschlechter zu verwechseln. Durch ihrem innern Wunderbau, wo bey den eingerollten Windungen sich lauter durchsichtige, dem feinsten Marienglase gleichende Wände zeigen, werden sie vollends auf das merklichste von den Gattungen anderer Geschlechter unterschieden. Die sogenannten Oliven, welche Linne den Voluten beygesellet, haben freylich innerlich, wenn von der Wände Durchsichtigkeit die Rede ist, etwas ähnliches mit den Kegelschnecken, aber nichts gleichförmiges. Daher ich das viele unterscheidende nicht erst bemerkbar machen will.

Kegelschnecken suchet man vergebens unter allen Land- und Flußschnecken. Die kalten Meerufer bey Norwegen, Ißland, Spitzbergen und Grönland, werden sie auch nie zu ihrer Wohnstelle erwählen, ja fast auf allen Stranden europäischer Länder wird man nicht leicht Kegelschnecken antreffen. Aber an der afrikanischen Küste und in Westindien findet man sie desto häufiger, und vollends sind sie im ostindischen Meere gleichsam zu Hause. Doch ist es auffallend, daß bey den Cookischen Reisen um die Welt, dabey insonderheit die Inseln der Südsee besuchet, und doch so viele neue Gattungen von Conchylien entdeckt worden, die mehresten anderen Geschlechter eine weit reichere Ausbeute davon getragen, als die Kegelschnecken.

Unter den Kennzeichen, welche Linne von den Kegelschnecken angiebet, stehet auch folgendes, sie hätten basin integram. Und doch bemerket er es selbst bey einigen Gattungen, z. Ex. beym Cono glauco, figulino und einigen andern, sie hätten basin emarginatam. Folglich muß dieß angegebene Unterscheidungsmerkmal nicht als allgemein angesehen werden.

Daß

zum Geschlechte der Kegelschnecken.

Daß man keine linksgewundene, auch keine perlemutterartige, ferner auch keine mit Stacheln, Klammern, Dornen, Knobbeln, Knoten, Leisten, und an der Spindelsäule mit Falten und Zähnen besetzte, oder an der äußern Lippe mit einem Saume oder labro duplicato, marginato, fimbriato eingefaßte, unter den Kegelschnecken finde, werde ich als etwas bekanntes nicht erst anmerken noch erinnern dürfen.

Da der lederartige Deckel bey den Kegelschnecken so klein ist, daß er kaum den achten Theil der Mundöfnung bedecket, so wünschte ich näher davon belehret und unterrichtet zu werden, wozu doch wohl dem Bewohner ein so kleines operculum dienen und nutzen möge? Das Thier, so in den Kegelschnecken wohnet, soll giftig und ungenießbar seyn. Durch diesen Umstand ist denn auch für seine Sicherheit gegen feindliche Angriffe gesorget worden, dazu denn auch der äußerst schmahle Eingang bey der Mündung und die Härte und Vestigkeit der Oberschale sehr behülflich seyn mag.

So enge auch die Mundöfnung bey den mehresten Kegelschnecken ist, so weiß doch jener Urian unter den Krebsen, welcher Bernhard, der Eremit, auch wohl der Soldat genannt wird, sich daselbst einzudrängen und einzuquartieren. Daß seine Gegenwart bey den zarten Wänden der innern Kammern, die dem allerfeinsten Glase gleichen, lauter Schaden und Zerstörung anrichten werde, kann man leichte gedenken.

Die mehresten Kegelschnecken haben zehen bis zwölf Umläufe oder Windungen. In Favannens Conchyliologie Tom. 2. pag. 504. lese ich diese Bemerkung: Le nombre des Spires varie suivant l'age de la coquille et dans la famille des Cornets ce nombre ne va guère au dessous de huit, ni au de la de seize. Einige haben jedoch weniger als acht Windungen, und können kaum fünf bis sechse aufweisen. Die recht großen und alten Coni haben selten ein recht frisches unabgebleichtes Farbenkleid.

Die Unterabtheilungen, welche Linne bey diesem Geschlechte gemacht, sind mir sehr wohl bekannt. Ich habe aber keinen Gebrauch davon machen können, weil ich die hier abgebildeten aus allen Ecken und Enden zusammengeliehenen, die man bald wieder zurück haben wollen, nur eiligst in der Ordnung abzeichnen laßen, wie sie mir nach einander vorgekommen. Jedoch werde ich es nicht unterlaßen, bey der Beschreibung derselben auf die Unterabtheilung des Linne Rücksicht zu nehmen.

Verzeichnis der hier abgebildeten Kegelschnecken.

Tab. 181. Fig. 1745. 1747. Der geribte Kegel *Conus costatus.*
Fig. 1748. 1749. Der ausgerandete Kegel. *Conus canaliculatus.*
Fig. 1750. 1751. Die Hyänenhaut. Conus Pellis Hyaenae.
Fig. 1752. 1753. Die linnirte Butterwecke. Conus Betulinus lineatus.
Fig. 1754. 1755. Der Lorenzische Kegel. Conus Lorenzianus.
Fig. 1756. 1757. Der rosenrothe Kegel. Conus rosaceus.
Tab. 182. Fig. 1758. 1759. Der veränderliche Kegel. Conus mutabilis.
Fig. 1760. 1761. Der characteristische Kegel. Conus characteristicus.
Fig. 1762. 1763. Der Blaubart. Conus coerulescens.
Fig. 1764. 1765. Die weißpunktirte grüne Käsetute. Conus Capitaneus punctatus.
Fig. 1766. 1767. Der hochzeitliche Kegel. Conus sponsalis.
Fig. 1768. 1769. Der rauhe Kegel. Conus scabriusculus.
Fig. 1770. 1771. Der festliche Kegel. Conus festivus.
Fig. 1772. 1773. Der Spitzkegel. Conus acutangulus.
Tab. 183. Fig. 1774. 1775. Der südseeische Kegel. Conus Australis.
Fig. 1776. 1777. Der bleyfärbige Kegel. Conus lividus.
Fig. 1778. 1779. Die Zauberin. Conus Circae seu Sagae.
Fig. 1780. 1781. Der molukische Kegel. Conus Moluccensis.
Fig. 1782. 1783. Der zärtliche Kegel. Conus tenellus.
Fig. 1784. 1785. Der Sperber. Conus Nisus.
Fig. 1786. 1787. Der alte Kegel. Conus Capitaneus Senex.
Fig. 1788. 1789. Der kleine Kegel. Conus pusillus.

Kegelschnecken. Tab. 181. Fig. 1745—1747. 47
Tab. 181. Fig. 1745—1747.
Ex Museo nostro.

Der geribte Kegel.
Conus costatus,

testa conica, transversim costata, et sulcata, costis flavido-albis, saepius scabris, crenatis, granulosis, spira exserta acuta, anfractibus spirae canaliculatis, striatis, nodulosis, coronatis; labro subtilissime denticulato.

Diese Gattung von Kegelschnecken ist ganz neu und erst seit wenig Jahren unter uns bekannt worden. Daher man ihre Abbildung und Beschreibung umsonst in den Schriften der älteren und neueren Conchyliologen suchen wird. Die mehresten Kegel pflegen spiegelglatt zu seyn. Es ist daher eine sehr richtige und wohlgegründete Bemerkung, welche Herr von Born in den Testaceis Mus. Caes. pag. 144. bey seiner Einleitung in die Kegelschnecken mit einfließen laßen, wenn er also schreibet: Superficies externa apud Conos plerumque laevis, rarius transversim striata aut sulcata. Diese gegenwärtige aber wird durch starke breite Querstreifen, die den Ribben gleichen, zwischen welchen Furchen und feine Streifen stehen, unter allen ihren Mitbrüdern auf das kennbarste herausgezeichnet. Bey einigen sind diese Ribben bis zum Glanze glatt; bey andern werden sie durch senkrechte Streifen etwas rauh gemacht. Die Grundfarbe ist weiß, und wird von einem dünnen, gelblichen Ueberzuge, wie mit einem Flor und Schleyer umgeben. Der Wirbel tritt ansehnlich hervor. Die zehen Stockwercke desselben erheben sich stuffenweise bis zur scharfen Spitze. Zarte Streifen laufen um dieselben herum. Sie erscheinen wie ausgehöhlet, (anfractus quasi canaliculati et fossula excavati apparent) und werden von einem erhobenen Rande umgeben und eingefaßet, auch bey einigen wie mit Knoten bekrönet. An der äußeren Lippe bemerket man feine Einkerbungen, die von den dort auslaufenden Furchen oder Ribben entstehen, dadurch also die Lippe auf das zarteste wie gezähnelt gemacht wird. Mir fielen von dieser Gattung so frische Stücke in die Hände, daß ich darinnen bey der Reinigung noch die Ueberreste vom Fleische des ehemaligen Bewohners und seinen Deckel zu finden das Glück hatte. Was Adanson in seiner Histoire naturelle de Coquillages du Senegal pag. 90. vom operculo der Kegelschnecken angemerket, fand ich nunmehr augenscheinlich bestättiget. So lauten hievon seine Worte: A l'extremité posterieure du pied on appercoit un petit opercule. C'eſt une lame de Corne fort mince de figure elliptique deux fois plus longe que large, et cinq fois plus courte que l'overture de la coquille.

Eine merkwürdige Abänderung von dieſer Gattung erblicken wir bey Fig. 1747. Ich muß ſie mehr geſtreift und gefurcht, als geribt nennen. Alle ihre Queerſtreifen ſind wie eingekerbet, dadurch ſie denn granulirt, körnicht und rauh gemacht werden.

Ich habe dieſe Gattung mit ihren Abänderungen aus China erhalten, ich zweifle aber ſehr, daß ſie in den Chineſiſchen Meeren zu Hauſe gehöre, weil ſonſt längſtens einer oder der andere von uns ſie mit den zurückkehrenden Chinaſchiffen müßte bekommen haben. Meiner Vermuthung nach wohnet dieſe Gattung bey Südwallis, ohnweit Botanybay, und den Hafen Jackſon. Vor einigen Jahren, wie ſich ein paar däniſche Chinafahrer im Chineſiſchen Hafen Canton aufgehalten, ſind auch Engliſche von Botanybay kommende Schiffe daſelbſt eingelaufen, deren Schiffsleute mit den unſrigen einen ſtarken Verkehr getrieben, und ihnen auch unter andern Conchylien verkauft. Da war ich nun ſo glücklich, ein paar Kiſtchen voller Südſeeiſchen und Chineſiſchen Conchylien, die größtentheils neu und ſelten waren, zu erkaufen. Darunter befand ſich denn auch dieſe Gattung geribter und zum Theil granulirter Kegel, dergleichen wir hieſelbſt noch nie geſehen hatten. Sie haben eine anſehnliche Größe, indem ſie dritthalb Zoll lang und anderthalb Zoll breit ſind.

Tab. 181. Fig. 1748. 1749.
Ex Muſeo noſtro.
Der ausgerandete Kegel.
Conus canaliculatus,
teſta conica, in fundo albo faſciis longitudinalibus et maculis flavido fuſcis variegata, ſpirae anfractibus planiuſculis caniculatis et marginatis, baſi ſtriis transverſis ſcabra.

Der allerſchönſte Kegel von dieſer Gattung befand ſich ehemals hieſelbſt in der Conchylienſammlung des Herrn Suters, vorigen Agentens der hieſigen Brüdergemeinde. Er nannte denſelben Conum Amicitiae, weil weil er ihn durch die Freundſchaft eines ſich zu Tranquebar aufhaltenden Mitbruders der Gemeinde, bekommen hatte. Ich nenne dieſen Kegel den

Kegelschnecken. Tab. 181. Fig. 1748—1751.   49

den ausgerandeten und scharf gerandeten, Conum canaliculatum et marginatum, weil seine Umläufe beym Wirbel als wie mit einer Hohlkehle ausgerandet erscheinen, und von einem merklich erhobenen scharfen Rande zierlichst eingefaßet werden. Es ist mir wohlbekannt, daß man unter den Kegelschnecken mehrere Gattungen antreffe, die einen ausgerandeten Wirbel haben. Es ist ja dergleichen auch bey der vorigen, bey Fig. 1745 bis 1747. beschriebenen Gattung angemerket worden. Allein da diese jetzige hierinnen etwas vorzügliches und unterscheidendes aufweisen kan, so vermuthe ich es, daß man den ihr beygelegten Namen sehr bequem und ihr angemeßen finden werde. Sie gehöret übrigens ganz und gar nicht zur Zahl der schmahlen, cylindrischen, langgestreckten, sondern zum Haufen der breiten Kegel, die oberwärts sehr breit und beym Wirbel mehr niedergedrückt, als erhaben sind. Ihr Farbenkleid ist sehr verschieden, je nachdem etwa ihre Wohnstelle mehr südlich oder nördlich, mehr auf einem tiefen oder flachen Grunde des Meeres, und ihre Nahrung kärglicher oder reichlicher mag gewesen seyn. Die Farben ihrer gelblich bräunlichen Flecken, länglichten Streifen und Adern sind nur sehr dünne auf dem weißen Grunde aufgetragen worden, daher sie denn auch leichte können verwischet und abgescheuert werden. In der Mitte des ersten Stockwerks wird diese Kegelschnecke von einer weißen, hie und da roth und gelbbräunlich gefleckten Queerbinde umgeben. Auch hat der Herr Spengler vor kurzen ein Stück dieser Art bekommen, darauf sowohl über als unter der Queerbinde lineirte, durch zarte unterbrochene Linien bezeichnete Reihen gesehen werden. Es wohnet diese Gattung in den ostindischen Meeren bey Ceylon und den Nicobarischen Eylanden. Wenn ihre Länge sich auf drey Zoll erstrecket, so pfleget sie auf der dicksten Stelle anderthalb Zoll breit zu seyn.

Tab. 181. Fig. 1750. 1751.
Ex Muſ. Acad. Hafnienſis.

Die Hyänenhaut.
Conus Pellis Hyaenae,
teſta conica, albida, faſciis longitudinalibus fuſcis flammeis diſtincta, ſpira parum exſerta, baſi integra.

Die Hyäne, welche an Grausamkeit fast alle andere Thiere übertreffen soll, kenne ich nur aus der Abbildung, die von ihr unter den Schreberis berischen Säugethieren im dritten Bande tab. 96. gesehen wird. Ich kann es daher nicht gewiß bestimmen, ob das Farbenkleid unserer gegenwärtigen Kegelschnecke dem Felle einer Hyäne gleichförmig sey oder nicht. Indeßen, da sie doch nun einmal im Cabinette der hiesigen Universität den Namen des Hyauenfelles davon getragen, so mag sie ihn immerhin ungestört behalten. So viel weiß ich, daß von den französischen Conchyliologen eine gewiße Gattung von Kegelschnecken, La Peau d'Hyenne genannt, und in der Conchyliologie des Favanne Tom. 2. pag. 453. folgendermaßen beschrieben werde: La Peau d'Hyenne flambée à clavicule saillante, à larges flammes longitudinales asfez regulieres d'un marron cramoisi foncé nué de violatre sur un fond nué de blanchâtre et de gris-roufsatre. Cornet très rare de la Nouvelle Zelande. Ob nun die hier vorgestellte eben dieselbige sey, wie man solches aus Favannens Beschreibung fast vermuthen sollte; und ob etwa derjenige, welcher im akademischen Museo diesen Namen beygeschrieben, seiner Sache gewiß gewesen, daß er jene von den Franzosen gemeinte vor sich habe? das kann ich mit keiner Gewißheit behaupten, da Favanne keine Abbildung der so genannten Hyänenhaut geliefert, und auch keinen Schriftsteller zu nennen gewußt, der davon eine Abzeichnung gegeben. Es wird dieser seltene Kegel auf einem weißlichen Grunde, der überall hindurchschimmert, durch braunröthlich linirte, flammicht gebildete, vom Wirbel herablaufende Bänder ganz bunt gemacht. Auch legen sich ein paar weiße braungefleckte Queerbinden um ihn herum. Es ist diese Schnecke im rothen Meere gefunden, und von der gelehrten Gesellschaft, welche unter dem Hochseligen Könige, Friedrich den Fünften, Arabien durchreiset, und sich eine Zeitlang beym rothen Meere aufgehalten, hieher gesandt worden.

Tab. 181. Fig. 1752. 1753.
Ex Museo Lorenziano et nostro.
Die lineirte Butterwecke.
Conus Betulinus lineatus,

testa conica, crassa, flavescente, lineolis fuscentibus seriatim dispositis circumscripta, spira truncata. maculis fuscis majoribus et dilutioribus picta, basi subemarginata transversim striata.

SEBA Thesaurus locuplet. Tom. 3. tab. 45. fig. 10. 11. Voluta crassa ex Indiis orientalibus, pallide albicans, maculis fuscis oblongis more catenarum dispositis dense circulata.

FAVAN-

Kegelschnecken. Tab. 181. Fig. 1752 — 1755.

FAVANNE Conchyl. Tom. 2. pag. 455. La *Tine de beurre blanche nuée* de couleur de paille et comme fasciée par un grand nombre de suites circulaires, de taches brunes &c.

Im zehnten Bande dieses Conchylienwerkes suchte ich meine Leser auf eine mit sehr großen und dicken Flecken bezeichnete seltene Varietät der Butterwecken aufmerksam zu machen. Hier aber habe ich aus meinen und dem Lorenzischen Cabinette eine ganz verschiedene abzeichnen laßen, die auf einem blaß weißigelblichen Grunde von unzählichen braunröthlichen, gleichsam mit einer spitzigen Feder oder geleckten Pinsel lineirten, reihenweise zusammengestellten Flecken zierlichst umgeben wird. Die Schale dieses Kegels ist sonderlich bey großen und alten Exemplaren sehr stark, schwer und dicke. Auf dem flachen und stumpfen Wirbel siehet man hin und wieder sehr große braunrothe Flecken. Die Basis ist etwas ausgeschnitten. Nahe bey derselben laufen feine Queerstreifen über die Schale hinüber. Es wohnet dieser Kegel in den ostindischen Meeren.

Tab. 181. Fig. 1754. 1755.
Ex Museo Lorenziano.
Der Lorenzische Kegel.
Conus Lorenzianus,
testa pyramidata, subcylindrica, flavida, lineis longitudinalibus rufescentibus notata, spira exserta, et basi punctis rubicundis punctata.

Dieser Kegel ist ziemlich schmal pyramidenförmig und fast cylindrisch. Er wird auf einem gelblichen Grunde durch senkrecht herablaufende, blaßröthliche Bänder oder Linien bezeichnet. Auf dem hervortretenden Wirbel stehen viele röthliche Punkte. Eben dergleichen siehet man auch über den Queerstreifen bey der Basi. Es wohnet dieser nicht gemeine Kegel in den ostindischen Meeren.

Kegelschnecken. Tab. 181. Fig. 1756—1759.

Tab. 181. Fig. 1756. 1757.
Ex Museo Lorenziano.
Der rosenrothe Kegel.
Conus rosaceus,
testa pyramidata, laxius convoluta, colore roseo nitidissime tincta, fasciis duabus albis redimita, spira exserta, basi integra.

Ganz einfärbige unvermischte Farbenkleider siehet man seltener bey den Kegelschnecken, als bey den Mitgliedern anderer Geschlechter. Favanne hat solches schon im zweyten Bande seiner Conchyliologie pag. 519. angemerket. So lauten davon seine Worte: On trouve très rarement dans cette famille, des coquilles d'une seule couleur. Im zehnten Bande dieses Conchylienwerkes haben wir schon einen orangefarbichten röthlichen Kegel kennen gelernet, der bey den westindischen Zuckerinseln ziemlich häufig gefunden wird. Hier sehen wir nun einen rosenroth gefärbten, pyramidalisch geformten, mit ein paar weißen Queerbinden zierlichst umwundenen, und gleichsam umgürteten Kegel, der nicht gemein ist, und in ostindischen Meeren gefunden wird.

Tab. 182. Fig. 1758. 1759.
Ex Museo nostro.
Der veränderliche Kegel.
Conus mutabilis,
testa conica, flavida, fasciata, diversimode in juventute, in adultiore aetate et in senectute vestita, basi transverse striata.

Es liegen sieben Exemplare von dieser Gattung in meiner Conchyliensammlung, davon einige bey Tutucoryn, ohnweit des Vorgebürges Comorin, auf Choromandel, andere bey Ceylon, und noch andere bey der Insel Maria, die nicht weit von Madagascar lieget, gefunden worden. Alle gehören ohnstreitig zu einer Art und Gattung, aber ihre Farbenkleider sind sehr verschieden. Daher habe ich diesen Kegel den veränderlichen (Conum mutabilem) genannt, und dabey das Linneische Buccinum mutabile, davon bey den Kinkhörnern (Buccinis) das weitere wird geredet werden, im Gesichte gehabt. Es haben diese Kegel in der Form ihres schalichten Wohngebäudes eine unläugbare Gleichförmigkeit mit jenen

Kegelschnecken. Tab. 182. Fig. 1758. 1759.

nen Kegel, der bey Fig. 1750 und 1751. unter den Namen des Hyänenfelles beschrieben worden, daß ich mich beynahe überzeugt halte, es sey im Grunde einerley und eben dieselbige Gattung, und nur das Farbenkleid sey nach der gehabten wärmern oder kälteren Lage und Wohnstelle, nach der genoßenen beßeren und reichlicheren oder schlechteren und dürftigeren Nahrung, und nach dem jugendlicheren oder höheren Alter, so sehr verschieden, und im rothen Meere, woher jene bey Fig. 1750. herstammet, und hernach bey der Insul Maria ganz anders ausgefallen und schattieret worden, als auf Ceylon, uud bey Tuticoryn. Der Gedanke des Herrn Favanne ist längstens schon der meinige gewesen, wenn er im zweyten Bande seiner Conchyliologie in der Einleitung zu den Cornets coniques, oder zu den Kegelschnecken, pag. 530 also schreibet: Il n'est pas douteux que les animaux n'ayent à raison du Climat qu'ils habitent des differences très marquées avec les animaux de la même race dans un autre Climat.

Einige dieser Kegel gleichen gar sehr den sogenannten Eichenholztuten, den Conis Figulinis Linnaei, nur haben sie ein ungleich lichteres, frischeres, hellgelbliches Farbenkleid, und ganz und gar keine schwarzen Queerstreifen. Andere nähern sich durch die vielen schwarzbräunlichen Flecken, Bänder und flammichten Streifen, so auf ihrer Oberfläche und Wirbel gesehen werden, gar sehr jener bey Fig. 1750. vorgestellten Hyänenhaut.

Der hier bey Fig. 1758. und 1759. abgebildete Kegel ist sehr groß und ansehnlich. Er hat eine braungelbliche Farbe, die auf manchen Stellen dünner und lichter, auf manchen Stellen dicker und etwas dunkler aufgetragen worden, dabey denn hie und da der weiße Hintergrund hervorschimmert. Sowohl oben nahe beym Wirbel, als auch in der Mitte, wird dieser Kegel von breiten Queerbinden, darauf weiße und dunkelbraune Flecken zierlichst abwechseln, wie umgürtet; auch laufen einige Furchen über ihn hinüber, die sogar bey der Lippe feine Einkerbungen hinterlaßen. Auf dem merklich hervortretenden Wirbel zählet man zehen Stockwerke. Es wohnet diese Art an den Ufern der Insel Ceylon.

Tab. 182. Fig. 1760. 1761.
Ex Museo nostro.
Der characteristische Kegel.
Conus characteristicus,
testa conica, alba, characteribus rufescentibus in triplici fascia inscriptis et venis subtilissimis insignita, spira truncata, obtusissima, alba, ex fusco maculata, basi striis exaratis cincta.

Diesen netten Kegel verdanke ich der Freundschaft des Herrn Ingenieur Berggreens zu Gothenburg in Schweden. Da derselbe westindisch ist, so hat er ihn vermuthlich von der kleinen Insul Barthelemi, welche unter den Antillischen Inseln der Krone Schweden zugehört, empfangen. Er wird auf einem glänzend weißen Grunde durch sonderbar gebildete rothbräunliche Charactere, welche durch ihre Zusammenstellung drey Bänder bilden, wie beschrieben und bezeichnet. Man siehet auch hin und wieder zarte rothbräunliche Abern. Auf dem stumpfen platten Wirbel stehen einige starke rothbraune Flecken, welche mit den Characterzügen der obersten, zunächst beym Wirbel stehenden Binde zusammenhängen. Ich zähle bey diesem Kegel acht Stockwerke. Die Schale selbst ist glatt, aber die Basis wird durch einige Queerstreifen rauh gemacht. Die inneren Wände sind schneeweiß. Man pfleget von manchen Menschen das Urtheil zu fällen, er habe in seinem Gesichte etwas characteristisches. Da ich nun auch viel auszeichnendes bey diesem Kegel entdecke, so wird man es desto eher verzeihen, daß ich ihm obigen Namen beygeleget.

Tab. 182. Fig. 1762. 1763.
Ex Museo nostro.
Der Blaubart.
Conus coerulescens,
testa conica, glauca, maculis fuscentibus dissimilibus aut difformibus notata, transversim striata, striis subtilissime granulatis, spira parum exserta, basi exasperata, fauce coerulescente.

Weil dieser Kegel am Strande der Westindischen Zuckerinsul, die St. Thomas heißt, und dem Könige von Dännemark gehöret, gefunden worden, so war ich anfangs Willens, ihn den Thomaskegel zu nennen.

Kegelschnecken. Tab. 182. Fig. 1762—1765.

nen. Weil wir aber schon ostindische falsche und ächte Thomastuten haben, so ließ ich diesen Namen fahren, und ertheilte ihm dagegen den Namen des Blaubarts. Es hat der hier vorgestellte Kegel eine hellbläulichte Grundfarbe, dergleichen bey wenig Kegelschnecken gesehen wird. Man siehet bey ihm sonderbar gebildete, schwarzbräunliche Flecken, welche zum Theil zauberischen Characterzügen gleichen, und durch ihre Zusammenstellung Bänder bilden. Seine, mit kaum sichtbaren erhobenen Puncten besetzte, und dadurch ein wenig körnig und granulirt gemachte Streifen, legen sich um ihn herum. Die Streifen sind bey der Basi stärker und dicker, welche folglich dadurch etwas rauher wird. Der Wirbel tritt ein wenig hervor. Man bemerket darauf einige rothbraune Flecken. Es hat diese Schnecke acht Umläufe oder Windungen. Die innern Wände sind lichtblau gefärbet, und nahe bey der äußern Lippe läuft ein breites bläulicht braunes Band von oben bis unten herab.

Tab. 182. Fig. 1764. 1765.
Ex Museo nostro.
Die weißpunktirte grüne Käsetute.
Conus Capitaneus punctatus,
testa conica, viride-fusca, cingulis duobus albidis altero penes spiram, altero in medio cincta, maculis innumeris niveis adspersa, spira obtusa, planiuscula, maculata, basi et fauce coerulescente.

Vom Cono Capitaneo Linnaei, welcher von den Holländern groene Kaas-Toot, von den Franzosen l'Hermine, auch wohl Fromage verd genannt wird, hat man viele sonderbare Varietäten, die sich nicht sowohl durch einen verschiedenen Bau ihrer Schale, als durch ihr verschiedenes Farbenkleid auf das sichtbarste von den übrigen unterscheiden. Wer ein kurzes Verzeichnis solcher Varietäten lesen will, darf nur das vom Linne verfaßte Museum Reginae Lud. Ulr. pag 552. bey no. 155. nachschlagen. Wem mit einem längern gedienet ist, dem will ich Favannens Conchyliologie Tom. 2. pag. 453. seq. empfehlen, wo dreyzehn Abänderungen beschrieben werden. Und dennoch bedarf auch dieses lange Register zu seiner Vollständigkeit noch mancher erheblichen Zusätze. Eine neue, eben nicht gemeine Varietät derselben, die bey Ceylon wohnet, habe ich hier abbilden laßen. Es träget dieser Kegel ein sehr dunkles grünlicht braunes

nes Farbenkleid, welches auf der untern Hälfte von unzähligen weißen Punkten wie beschneiet oder besprützet erscheinet, und deßen mittlere Queerbinde von weißen Punkten wie besäet wird. Die Basis deßelben ist wie bey den mehresten Kegeln gestreift, und ebenfalls wie die inneren Wände blau gefärbet.

Tab. 182. Fig. 1766. 1767.
Ex Museo Spengleriano.
Der hochzeitliche Kegel.
Conus sponsalis,
testa conica, glabra, alba, characteribus roseis inscripta, spira exserta, basi et fauce coerulea.

Dieser niedliche Kegel soll seinen obenangeführten Namen vom D. Solander bekommen haben. Er wird auf weißem Grunde von einigen wenigen rosenrothen Charakteren, die hebräischen Buchstaben gleichen, bezeichnet. Sowohl auf dem etwas hervortrettenden Wirbel als auch unten bey der Basi, siehet man rosenrothe Punkte. Die Basis und die inneren Wände haben eine himmelblaue Farbe. Es wohnet dieser kleine Kegel in der Südsee.

Tab. 182. Fig. 1768. 1769.
Ex Museo nostro.
Der rauhe Kegel.
Conus scabriusculus.
testa conica alba, fasciis quinque rufescentibus insignita, spira obtusa maculata, striis transversis elevatis scabriuscula.

Die mehresten Kegelschnecken sind spiegelglatt. Dieser kleine macht hievon mit einigen andern eine Ausnahme. Er wird durch erhobene Queerstreifen, welche der Mahler bey dieser kleinen Creatur übersehen, und die nun jeder sich dabey hinzudenken muß, umgeben, und dadurch rauh gemacht. Die Grundfarbe ist weiß. Man siehet auf der ersten Windung fünf senkrecht herablaufende, länglichte rothe Bänder, die in gleicher Entfernung von einander stehen, und über welche ein rother Flecken wie ein Tüttel gesehen wird. Auf dem stumpfen Wirbel befinden sich
gleich-

Kegelschnecken. Tab. 182. Fig. 1770. 1771.

gleichfalls fünf rothe Flecken. Es wohnet dieser Kegel bey der Guineischen Küste, vornemlich bey jener Gegend derselben, welche Sierra Liona heißt.

Tab. 182. Fig. 1770. 1771.
Ex Museo Spengleriano.
Der festliche Kegel.

Conus festivus seu solemnis,

testa conica, rubicunda, transversim striata, duabus fasciis maculis albis et rubicundis alternis cincta, spira exserta, anfractibus rotundatis convexiusculis.

VALENTYN Verhandling der Zee-Horenkens Tab. 3. fig. 21. pag. 68. Een zeldzam geel Tootje met groote witte Vlekken als een Hert van een Mensch.

Schröters Einleitung in die Conchylienkenntniß Tom. I. p. 36. Tab. I. fig. 4. item dessen Litteratur der Conchylien Tom. 4. pag. 302. seq.

Von dem hier gemeinten festlichen Kegel, fället der Herr Superintendent Schröder in den oben angeführten Stellen, das Urtheil; es sey Conus nobilis Linnaei. Auch Herr Gmelin scheinet ihm hierinnen beyzupflichten, weil er Schröters Citationen in der neuesten Ausgabe des Linneischen Natursystems Tom. 1. P. 6. pag. 3381. no. 13. als gegründet aufgenommen. Der wahre Conus nobilis Linnaei, welcher im lehrreichen Catal. Muf. Portland. no. 184. 1478. 3496. immer Yellow Tyger Cone genannt wird, ist im zehnten Bande dieses Syst. Conchylienwerkes bey Fig. 1312. vorzüglich schön abgebildet und von mir umständlich beschrieben worden. Nun müssen wir doch eine kleine Prüfung anstellen, ob der jetzige diesen Namen verdiene? weil Herr Schröter meinet, er habe alle Kennzeichen und Eigenschaften des Linneischen. Die genaue und recht meisterhafte Beschreibung, welche uns Linne in der zwölften Ausgabe seines Natursystems pag. 1168. sp. 301. und im Museo Reg. L. Ulr. pag. 554. no. 158. vom Cono nobili geliefert, kan die ganze Streitfrage sehr bald entscheiden. Nach derselben soll dessen Schale cylindrisch, ferner gelb, spiegelglatt, und überall mit weißen eyförmigen Flecken wie besäet seyn. Linne braucht vier Worte, um uns auf die Glätte der Schale recht aufmerksam zu machen. Er behauptet es, die Testa deßelben sey glabra, laevis, nitida, ja nitidissima. Nun aber hat der hier dargestelte festliche

Kegelschnecken. Tab. 182. Fig. 1770. 1771.

Kegel nicht einmal testam subcylindricam, sondern conicam; er hat nicht testam flavam, sondern roseam araufiacam, aut rubicundam; er hat nicht testam glabram, laevem, nitidam, und am wenigsten nitidissimam, sondern eine mit Queerfurchen umwundene Schale, in welcher noch dazu vertiefte Puncte stehen, die zwar bey großen Exemplaren meist verwachsen sind; aber bey kleineren mit einem wohlbewafneten Auge sogleich bemerket werden. Auch siehet man auf der gegenwärtigen nicht überall weiße eyförmige Flecken (maculas albas undique sparsas), sondern man bemerket dergleichen nur allein in den beyden Queerbinden. Der Conus nobilis muß weder sulcatus noch fasciatus seyn. Der Wirbel soll bey demselben flach, bey den Umläufen ausgerandet, und diese letzteren mit einem scharfen Rande eingefaßet seyn. Kurz, er muß spiram planam, anfractus concavos, canaliculatos, margino acuto cinctos haben. Und unser festlicher Kegel hat spiram valde convexam, exsertam, anfractus rotundatos, und keine Spur von einer spira plana, und von anfractibus concavis et marginatis. Endlich wo sind die gelben punktirten Adern, welche in den gelblichen Feldern stehen, nie die weißen Flecken berühren, oder jemals die Gränzlinie der gelben überschreiten? Die merkwürdigen Worte des Linne, welche von seinen die kleinsten Kennzeichen bemerkenden Adlersblicken ein abermaliges unverwerfliches Zeugniß ablegen, lauten hievon im Muf. Reg. an der oben angeführten Stelle folgendermaßen: Saepe cingitur testa punctis itidem flavis in flavo, quae non tangunt albas maculas. Nimmermehr kan also unser Conus festivus zugleich Conus nobilis Linnaei seyn. Wollte man einwenden, bey seiner Spira truncata müße ja Conus nobilis unter der ersten Unterabtheilung Linneischer Kegel stehen; so antworte ich, darunter würde er auch stehen, wenn er, wie alle dort befindliche Mitglieder, testam conicam hätte. Er hat aber testam cylindricam pyriformem. Allein ohnerachtet unser Festlicher Kegel auf jenem Linneischen Namen keinen Anspruch machen kan, so ist es dennoch ein sehr schöner und seltener Kegel, deßen Farbenkleid sehr reitzend und vortreflich ist. Er wohnet in den Ostindischen Gewäßern, vornemlich bey den Molukischen Inseln, wo ihn auch Valentyn gefunden. Wenn der ihn als gelb beschreibet, so meynet er das Orangegelb, welches mit dem Röthlichen in naher Verwandschaft stehet.

Tab. 182.

Kegelschnecken. Tab. 182. 183. Fig. 1772–1775.   59

Tab. 182. Fig. 1772. 1773.
Ex Museo nostro.

Der Spitzkegel.

Conus acutangulus,

testa conica, transversim sulcata et sulcis excavatis quasi pertusa, spira elongata, acuminata, acutissima.

Anfänglich war ich es Willens, diesen Kegel, den durchstochenen (Conum pertusum) zu nennen, weil in seinen vielen Querfurchen lauter vertiefte Punkte angetroffen werden. Weil aber ein wohlbewafnetes Auge dazu gehöret, um diese feinen vertieften Punkte genau zu bemerken, dagegen aber die vorzügliche Spitze seines weit hinausgestreckten Wirbels alsogleich jedem ins Auge fällt; so habe ich ihm den Namen eines Spitzkegels mit gutem Vorbedachte zugeeignet, und ihn Conum acutangulum genannt. Freylich stehet schon im fünften Theile dieses Syst. Conchylienwerkes ein Trochus acutangulus bey Fig. 1638. Allein es hat keine Noth, daß man darüber diesen Kegel mit jenem Kreusel verwechseln werde. Die Grundfarbe dieses feinen Kegels ist weiß. Doch siehet man hin und wieder einige sehr sparsam vertheilte gelbe Flecken. Er wohnet bey Ceylon, bey diesem Wohnplatze der herrlichsten Conchylien. Ich habe ihn erst vor einigen Monaten von meinem seit einigen zwanzig Jahren treuer wie Gold erfundenem ostindischen Freunde, dem Herrn Mißionarius John, aus Tranquebar empfangen.

Tab. 183. Fig. 1774. 1775.
Ex Museo nostro.

Der Südseeische Kegel.

Conus Australis,

testa elongata, scabra, cylindrica, sulcis transversis exarata, ex flavido et fusco maculata, venosa, maculis in tribus quibus circumvolatur fasciis saturatioribus punctata, spira exquisita, elongata, cylindro testae triplo longiore quam spira, labro suberenato.

Naturforscher 26stes Stück pag. 33. tab. 1. fig. 2. Der queergestreifte, braungeflammte und gestippelte Böttichersbohrer.

Wer den Conum Clavum Linnaei kennet, der wird es gestehen müßen, daß dieser südserische Kegel mit ihm die gröste Verwandschaft und

Aehnlichkeit habe. Er zeichnet sich durch seine schmahle cylindrische langgestreckte Form und Bildung unter den Mitgliedern seines Geschlechtes aufs kennbarste heraus. Von lauter parallel laufenden Queerfurchen, die bey großen halbverwitterten und veralteten Exemplaren wie gestippelt erscheinen, wird er umgeben, und dadurch ganz rauh gemacht. Auch bemerket man bey der äußern Lippe feine Einkerbungen, welche durch daselbst hinauslaufende Queerfurchen verursacht werden. Die erste Windung ist dreymal länger als der durch Flecken gezierte, gestreckte und ziemlich weit hervortretende Wirbel. Die Grundfarbe ist weiß, sie wird aber bey einigen durch braunröthliche Flecken, Puncte und Adern ganz bunt gemacht. Diese Flecken sind mit stärkeren Farben aufgetragen und in dreyen Queerbinden, welche mit drey weißeren und lichteren abwechseln, dichter zusammengestellet worden. Ich zähle bey jüngeren von dieser Gattung 10, bey älteren 12 Stockwerke. Die inneren Wände sind bey den mehresten weiß, bey andern etwas violet. Es wohnet dieser Kegel in der Südsee, vornemlich bey Südwallis. Er ist durch Englische Schiffe die von Botanybay hergekommen, in China, an Dänische Seefahrer verkauft worden.

Tab. 183. Fig. 1776. 1777.
Ex Museo Spengleriano.
Der bleyfärbige Kegel.
Conus lividus,
testa cylindrica, oblonga, laxe convoluta, livida, maculis flavidis lentiginibus simillimis adspersa, obsoleta fascieta, transversim infra sulcata, sulcis penes basin profundioribus, spira exquisita.

Wo ich mich nicht gänzlich irre, so sehen wir hier das wahre Ebenbild jenes schneeweißen Kegels, der im 10ten Bande dieses Conchylienwerkes bey Fig. 1304 abgebildet und beschrieben worden. Jenes war ein glanzend weißes Exemplar welches vermuhtlich aus einer großen Tiefe des Meeres heraufgezogen worden, und eben um deßwillen wie so viel andere aus dem Abgrunde etwa durch die längsten Angelschnuren mit heraufgezogenen Schnecken, keine Farben gehabt. Dieses jetzige aber pranget in seinem frischesten natürlichen Farbenkleide. Linne würde ohne Zweifel diesen Kegel, wenn er ihn gekannt, jener Unterabtheilung, welche die laxe convolutos Conos in sich faßet, beygesellet haben, weil seine Umläufe nicht

nicht so an einander gränzen, und seine Mundöfnung weder so schmahl noch so enge ist, als bey den meisten andern Kegeln. Er wird auf seinem etwas bläulichten bleyfärbichten Grunde durch sehr viele solcher gelblichen Flecken, welche den Sommersprossen (lentiginibus) gleichen, wie besäet. Die obere Hälfte der ersten Windung ist glänzend glatt, aber die andere Hälfte wird von zwölf Queerfurchen umgeben, welche, je mehr sie sich der Basi nähern, immer tiefer werden. Ein wohlbewafnetes Auge entdecket in den Furchen viele den Einkerbungen gleichende Runzeln. Ein paar weiße Queerbinden legen sich auch um die Schale herum. Es befinden sich bey diesem Cono, wie bey den meisten Kegelschnecken, zehen Umläufe; auch bemerket man an der innern Wand ein nahe bey der Mündungslippe herablaufendes breites bräunliches Band. Der hervortretende Wirbel endiget sich in eine scharfe Spitze. Es wohnet dieser Kegel in den Ostindischen Meeren bey den Moluckischen Insuln.

Tab. 183. Fig. 1778. 1779.
Ex Museo Spengleriano et nostro.

Die Zauberin.
Conus Circae, seu Sagae,
testa cylindrica, oblonga, transversim lineis subtilissimis nigricantibus et albis alternis cincta, fasciis tribus ex albo et spadiceo maculatis circumdata, spira lineis et maculis fuscentibus et albis nitida, basi
striata.

Knorrs Vergnügen der Augen, Tom. 6. tab. 16. fig. 5.

Der eigentliche wahre Conus Magus Linnaei scheinet vielen gänzlich unbekannt zu seyn. Man erfahret solches sogleich aus den grundfalschen Citationen, welche von jenen angeführet werden, die uns den Linne erklären und das Studium der Conchyliologie erleichtern wollen, welches doch durch dergleichen unrichtige Citationen äußerst erschweret, und mehr als labyrinthisch verwirret wird. Welcher verdrießlichen, undankbaren, herkulischen Arbeit würde man sich unterziehen müssen, und welch Stabulum Augiae würde man auszuräumen haben, wenn man die conchyliologischen Sünden mancher Schriftsteller aufdecken, ihre Erklärungen des Linne kritisch beleuchten, und dabey ihre Unachtsamkeit auf die so genau bestimmten Kennzeichen des Linne und ihre seichten Kenntnisse ins Licht vor ihren und anderer Leute Angesicht darstellen wollte?

Kegelschnecken. Tab. 183. Fig. 1779—1780.

Die meisten, wie ich es beym Nachschlagen erfahren, halten jenen schönen Kegel, welcher im zweyten Bande dieses Syst. Conchylienwerkes bey Fig. 641. und am besten in Knorrs Vergnügen der Augen Tom. 6. tab. 13. fig. 6. abgebildet worden, und beym Solander Conus Augur, Angl. dotted Cone heißt, für den eigentlichen Conum Magum Linnaei. Daran kehren sie sich im geringsten nicht, daß der Conus Magus nicht wie Conus Augur, testam conicam arcte convolutam, sondern testam cylindricam laxiorem minus arcte convolutam; nicht spiram truncatam, sondern anfractus rotundatos; nicht fascias transversas, sondern longitudinales; nicht puncta rubicunda, sondern grisea et alba, und bey seiner forma oblonga eine nahe Verwandschaft mit dem sogleich im System auf ihn folgenden Cono striato haben müße. Was soll man also von der greulichen Unachtsamkeit und Uebereilung solcher Leute denken, die dergleichen charakteristische, im Muf. Reg. Lud. Vlr., so Linne verfaßet, stehende Beschreibungen, weder achten noch merken, und doch unsere Lehrer und Handleiter seyn wollen?

Wer den eigentlichen Conum Magum Linnaei will kennen lernen, der betrachte nur genau jenen Kegel, den ich im zehnten Bande dieses Syst. Conchylienwerkes bey Fig. 1295. habe abbilden laßen, und der ohne alles weitere Bedenken dafür sicher angenommen werden kann, ob er gleich damals, vor sieben Jahren, nur für eine Varietät und nahen Verwandten deßelben angesehen, und sein Linneischer Name deßwegen verschwiegen worden. Es liegen anjetzt mehrere und noch bestimmtere Exemplare vom Cono Mago in meiner Sammlung, die einmal künftig, wenn Gott ferner Leben und Gesundheit verleihet, abgebildet und dargeleget werden können. Indeßen wird es jedem schon sogleich bey jenen im zehnten Bande bey Fig. 1295. befindlichen einleuchten, daß er eine sonderbare Aehnlichkeit mit dem Cono striato Linnaei habe, und nun wird man es desto eher erklären und begreifen können, warum uns Linne im Muf. Reg. Lud. Vlr. warne, den Conum Magum und striatum nicht zu verwechseln.

Derjenige Kegel, welchen ich hier zu beschreiben habe, wird ebenfalls zum öftern mit dem Cono, der beym Linne Magus heißt, verwechselt. Soviel ist nicht zu läugnen, er ist demselben nahe verwandt. Ich habe ihm daher den Namen der Zauberin, oder der Circe beygeleget. Es hat dieser seltene Kegel eine länglichte cylindrische Form. Er wird von sehr vielen Linien, darauf weiße und schwarze Striche abwechseln, überdem auch von drey weiß- und braungeflecten Queerbinden umwunden.

Das

Das braungelbliche Farbenkleid, welches aus herablaufenden Flammen und Binden zu bestehen scheinet, und dabey hie und da wieder der weiße Hintergrund hervorblicket, kan ein jeder aus der Abbildung ungleich besser kennen lernen, als es meine Feder zu beschreiben vermag. Der hervortretende Wirbel wird durch weiße und braune Flecken und Linien zierlich bezeichnet. An der innern Seite der äußern Lippe zeiget sich eine breite schwarzbraune Einfaßung. Es wohnet diese Schnecke bey den Moluckischen Insuln.

Tab. 183. Fig. 1780. 1781.
Der Moluckische Kegel.
Conus Moluccensis,
testa conica, crassa, alba, maculis rufescentibus longitudinalibus nubeculata, transversim dense sulcata, sulcis pertusis, striis subgranulatis, spirae anfractibus septem striatis, maculatis, coronatis.

Bey diesem Kegel, der selten vorzukommen pfleget, läßet sich manches eigenthümliche anmerken. Er hat eine dicke starke Schale, und ist im Grunde weiß. Er wird aber von vielen dunkelröthlichen, kleineren und größeren Flecken umwickelt. Auf den ziemlich tiefen Queerfurchen, die ihn umgeben, stehen unzählige vertiefte Punkte, die ein bewafnetes Auge sogleich bemerken wird. Die Queerstreifen, welche auf der Oberfläche bey den vielen Queerfurchen nothwendig entstehen müßen, sind zum Theil granuliret und geförnet. Zwischen den Knoten siehet man röthliche Flecken. Der hervortretende Wirbel wird von concentrischen Streifen umgeben. Die innern Wände sind weiß. Ich habe diesen Kegel den Moluckischen genannt, weil er bey den Moluckischen Insuln gefunden wird.

Kegelschnecken. Tab. 183. Fig. 1782—1785.

Tab. 183. Fig. 1782. 1783.
Ex Museo Spengleriano.
Der zarte Kegel.
Conus tenellus,
testa cylindrica, transverse subtilissime et densissime striata, ex flavido, rubicundo, et badio in fundo albo punctata, maculata, nebulata, spira planiuscula, anfractibus subcanaliculatis.

Bey diesem cylindrischen Kegel ist alles fein und zart. Man findet bey ihm in Vergleichung mit dem vorigen dickschalichten, eine zarte Schale, welche von den feinsten Queerstreifen und Furchen, die sehr dichte beysammen stehen, umgeben wird. Der Grund ist weiß, wird aber durch allerhand vermischte Farben, die auf lichteren und dunkleren Bändern, und auf unzählige Puncte und Linien wunderbar vertheilt und nur sehr dünne aufgetragen worden, bunt gemacht. Auf dem hervortretenden rothbräunlich gefleckten Wirbel zeigen sich etwas ausgekehlte Stockwerke. Auf den innern Wänden erblicket man eine blaßröthliche zarte Farbenmischung. Es wohnet auch dieser zierliche Kegel, wie der vorige, bey den Moluckischen Inseln.

Tab. 183. Fig. 1784. 1785.
Ex Museo Spengleriano.
Der Sperber.
Conus Nisus,
testa subcylindrica, minus arcte convoluta, ex cinerascente et albo nebulata, punctata, fasciata, transversim sulcata, spira exserta, fauce brunnea.

Dieser Kegel ist cylindrisch und dabey sehr dünnschalicht. Er hat ein aschfärbig weiß bewölktes und punctirtes Farbenkleid. Der größte Theil seiner ersten Windung wird von Queerfurchen umgeben. Der hervortretende Wirbel endiget sich in eine scharfe Spitze. Die innern Wände sind dunkelbraun gefärbet. Es wohnet dieser zierliche Kegel, welcher in der Form und Bildung mit jenem bey Fig. 1776. abgebildeten gar sehr übereinkommt, ob er gleich weit kleiner ist, und ganz anders gefärbt erscheint, in den ostindischen Meeren.

Tab. 183. Fig. 1786. 1787.
Ex Muſeo noſtro.
Der Abgedankte.
Conus Capitaneus Senex,
teſta conica, ſpadicea, cingulo albido cincta, ſpirae anfractibus ſubcanali-
culatis, marginatis.

Von der Gattung, welche beym Linne Conus Capitaneus genannt wird, giebt es gar viele Varietäten. Wir haben ſchon einige derſelben kennen gelernt, und hier ſehen wir wieder eine neue Abänderung. Man findet bey dieſem Kegel ein braunes einfärbiges Kleid, welches von einer breiten braungefleckten weißen Queerbinde umgeben wird. Hin und wieder blicket hinter dem weißen Ueberzuge der weiße Grund beym Wirbel, und in der Nähe deſſelben auf einigen andern Stellen hervor. Bey den Umläufen des Wirbels bemerket man einige Auskehlung und einen etwas erhobenen Rand. Die inneren Wände ſind ſchmutzig braun. Der weiße Queergürtel iſt auch an den innern Wänden ſichtbar. Es wohnet dieſer Kegel in den Oſtindiſchen Meeren.

Tab. 183. Fig. 1788. 1789.
Ex Muſeo noſtro.
Der kleine Kegel.
Conus puſillus,
teſta conica, faſciis longitudinalibus et punctis rufeſcentibus in fundo
albo ornata, ſpira planiuſcula ſubcoronata, baſi et fauce
violacea.

Ich würde dieſen Kegel Minimum genannt haben, weil er unter allen, die ich in dieſem Bande abbilden laßen, der kleinſte iſt. Allein vom Linne wird ſchon ein ziemlich gemeiner Weſtindiſcher Kegel, von welchen eine ſehr undeutlich und ſchlecht gerathene Abbildung im 2ten Bande dieſes Syſtematiſchen Conchyliencabinets bey Fig. 703 und 704. befindlich iſt, um deßwillen Minimus genannt, weil er bey den Franzoſen Le Minime heißt. Wer die Mönchsorden der katholiſchen Kirche ein wenig kennen gelernet, den werde ich nicht erſt belehren dürfen, daß die Mitglieder eines gewißen wohlbekannten Mönchsordens, welchen Franziſcus de Paula gestiftet, Minimi heißen. Daher hat nun Linne den französischen Namen, Le Minime, der Minorit, sehr richtig in Minimus verwandelt. Manche haben daraus sehr unrichtig den kleinsten gemacht, und alsdann hinterher den von ihnen ganz mißverstandenen Linne getadelt, daß er einen Kegel, der doch nicht unter die kleinsten gehöre, dennoch Minimum genannt. In der vom Herrn Gmelin besorgten neuesten Ausgabe des Linneischen Natursystems stehen beym Cono Minimo lauter falsche Citationen. Man vergleiche nur das Mus. Reg. Lud. Vlr. bey no. 162. pag. 556, so wird man es mit Händen greifen, daß Linne eine ganz andere Gattung vor dem Auge und im Gesichte gehabt, als diejenige, darauf man durch solche Citationen gewiesen wird.

Jedoch alles obige habe ich nur im Vorbeygehen, um einen Linneischen Namen von einer verkehrten Auslegung zu retten, erinnern wollen. Der hier vorgestellte kleine Kegel wird auf weißem Grunde von länglichten braunröthlichen Bändern, und bey der Basi auf den Queerstreifen abwechselnd durch rothe und weiße Punkte bezeichnet. Der ziemlich flache Wirbel wird durch kleine Knoten wie bekrönet. An der Basi und auf den innern Wänden siehet man eine violetne Farbenmischung. Es wohnet dieser kleine Kegel an der Guineischen Küste.

Einleitung
zum Geschlecht der Kinkhörner
welche
beym Linne Buccina heißen.

Wenn ich die vielen sonderbaren Begriffe, welche sich ältere und neuere Conchyliologen von einem Buccino gemacht, und mit diesem Geschlechtsnamen verbunden, sammlen, und die unübersehbare Menge conchyliologischer Sünden und Verirrungen, so bey diesem Geschlechte vormals begangen worden, und noch fast täglich begangen werden, aufrechnen und darlegen wollte, so würde ich keine kurze Einleitung zu diesem Geschlechte, sondern einen weitläuftigen Tractat zusammen schreiben müssen. Bey den Alten wurden insonderheit die Tritonshörner, nebst einigen andern größeren Gattungen, deren man sich als Trompeten, Posaunen und zu Blasehörnern zu bedienen pflegte, Buccina genannt. Allein dergleichen Tritonshörner und mehrere mit ihnen verwandte Arten sind längstens durch den Linne aus diesem Geschlechte herausgemustert, und ganz andern Geschlechtern, insonderheit den Spindelförmigen oder Muricibus beygesellet worden.

In der Historia Conchyliorum des sonst so achtungswerthen Listers werden beynahe alle Gattungen der Schnecken Buccina genannt. Kaum trauet man anfänglich seinen eigenen Augen, wenn man es daselbst lieset, wie selbst Patellen und Dentalia, Buccina minime tortilia, wie selbst Nautili Buccina compressa, wie so gar Porzellanschnecken Buccina cum rima strictiore utrinque dentata genannt werden. Nun dem übrigens um die Conchyliologie unsterblich verdienten Lister, vergiebt man bereitwilligst solche Verirrungen, die er, wenn er länger gelebt, gewiß selber würde zurückgenommen und verbeßert haben (denn wer weise ist, der beßert sich Proverb. I, 5.); aber wenn heut zu Tage jemand dergleichen zur methodischen bischen Eintheilung der Conchylien abermals aufwärmen, und als nachahmungswerth anrathen wollte, er würde damit übel ankommen, und von der ganzen conchyliologischen Welt ausgepfiffen werden.

Bey den Buccinis des Gualtieri, die er in seinem schönen Indice Conchyliorum in parva, majora et maxima abgetheilet, und den ersteren os apertum et mucronem mediocriter elongatum, und den letzteren os magis apertum et mucronem valde elongatum zugeeignet, wäre auch gar vieles zu erinnern. Wer sie mit einem durchs Linneische System erleuchteten Auge ansiehet, und darunter Bullas, Helices, Turbines, Volutas und sehr viele Murices mit ihren sehr verlängerten Schnabel erblicket, der siehet es sogleich, daß die Buccina des Gualtieri einer großen Reinigung und Ausmusterung bedürfen.

Beym Klein wird man sogleich stutzig und wie versteinert, wenn man in seinem sonst so lehrreichen Tentamine methodi ostracologicae §. 122. 123. folgende Worte lieset: *Buccina sunt strombi* in ventrem ultimae spirae globosum et vastum dilatati, ore subrotundo, breviter caniculato. Sunt ergo verorum Buccinorum, circa quae hallucinationes innumerae apud auctores, characteres; 1) Venter globosus. 2) os subrotundum. 3) canaliculus brevis. 4) Mucro seu apex strombiformis.

Von den Kennzeichen, welche Dargenville bey seinen Buccinis angegeben, habe ich im vierten Bande dieses Syst. Conchylienwerkes pag. 50. umständlich geredet, und finde es sehr unnöthig und überflüßig, ein Wort weiter davon hinzuzuthun. Allein von seinem Verbeßerer, dem Herrn de Favanne, hätte man es mit Zuversicht erwarten können, und sollen, er werde unter seinen Buccinis eine beßere Auswahl getroffen, und darunter solche Gattungen nimmermehr aufgenommen haben, die keinesweges dazu gehören. Allein wenn man auf den fünf Kupferplatten, die er von tab. 31. bis 35. in seiner Conchyliologie den Buccinis gewidmet, eine große Menge von Voluten als Mitram Papalem und Episcopalem, Volutam Arausiacam, Lapponicam, Plicariam und selbst das Opferhorn Volutam PyrumLinn. erblicket, und wohl siehet, daß niemals auf Columellam plicatam Rücksicht genommen worden; wenn man ferner unter seinen vermeinten Buccinis, Spindeln mit den längsten Schnäbeln und einen ganzen Haufen anderer Arten von Schnecken antrifft, die bisher niemand Buccina genannt, und auch künftig niemand so nennen wird: so wünschet man es zu erfahren, welchen Hauptbegriff der sonst mit den Conchylien bestens bekannte

Herr

zum Geschlechte der Kinkhörner.

Herr Favanne bey diesem Geschlechte möge angenommen und welche Kennzeichen er möge vestgesezt haben, und wie er sichs getraue solche unendlich verschiedene Körper und Conchylien gleichsam unter einen Hut zu bringen und unter seinem Hauptbegriff zu vereinigen.

Nach den Kennzeichen, welche Linne von seinen Buccinis angegeben, müßen sie bey der ersten Windung eine gewölbte bauchichte Schale (testam gibbam), alsdann eine eyförmige, unterwärts rinnenartige, abgestumpfte, zur rechten Seite ausgeschnittene, oder herüber gebogene Mündung, und eine glatte ausgebreitete Spindellippe haben. Allein wenn man nun die Mitglieder, welche Linne in die Gesellschaft der buccinorum aufgenommen, ein wenig näher und genauer betrachtet, und selbst die langgestreckten thurm- und pyramidenförmigen, welche Nadeln, Pfriemen, Marlpriemen, Pennen, heißen, in der letzten Unterabtheilung dieses Geschlechtes erblicket, wo ist da eine bauchichte und gewölbte Form, und testa gibbosa bey der ersten Windung anzutreffen? Wenn wir ferner die Buccina cassidea caudata des Linne, die helmförmigen Schnecken oder Sturmhauben, vor uns nehmen, wo ist den labium explanatum an der Spindel zu sehen? Die mehresten derselben haben ja labium plicatum, dentatum, rugosum, scaberrimum. Endlich so soll ja die Vertheilung der Schnecken in Geschlechter vornemlich auch dazu dienen, um die Conchyliencabinetter beßer zu ordnen, um die Schnecken symmetrischer zu rangiren und aufzustellen. Allein es versuche nur jemand, die Buccina nach Linneischer Ordnung einzurangiren und aufzustellen. Er wird bald müde werden, und anstatt der erwarteten Harmonie die größte Disharmonie wahrnehmen.

Jedoch da ich mich nicht berufen fühle, den Linne zu tadeln, und seine Einrichtungen und Anordnungen, welche dennoch unter allen übrigen die klügsten und besten bey allen Mängeln sind, zu meistern, so will ich hier abbrechen, und selbst den Wunsch unterdrücken, er möge doch wenigstens aus den helmförmigen oder Sturmhauben ein eigenes Geschlecht errichtet, und auch den langgestreckten Nadel- Thurm- und Pfriemenförmigen, den turritis, subulatis, elongatis, welche bey den Franzosen unter den Namen Vis begriffen, und bey den Holländern Pennen, Priemen, Naalden heißen, und für welche sich der Name Buccinum gar nicht zu schicken scheinet, die Ehre unter einem besondern Geschlechte zu stehen, erwiesen haben.

Ich habe mich in jüngern Jahren sehr ernstlich mit dem Aufschleifen der Schnecken beschäftiget, um die innere höchst wunderbare Structur derselben

Einleitung zum Geschlechte der Kinkhörner.

selben beßer kennen zu lernen. Sobald man aber das innere der Nadeln, und noch weit mehr den gar sonderbaren Bau der Sturmhauben siehet und näher betrachtet, so wird man vollends überzeugt, daß sie unter den Buccinis am unrechten Orte stehen und eine ganz verschiedene Gesellschaft ausmachen, daher auch Klein, in seinen Tentamine meth. oſtrac. pag. 91 ſeq. und viele andere mit ihm die Casſides zu einer Gesellschaft versammlet und vereiniget.

Verzeichnis der hier abgebildeten Kinkhörner.

Tab. 184. und 185. Fig. 1790. 1791. Die breitlippige Sturmhaube. *Buccinum casſideum labiatum. Casſis labiata.*

Tab. 186. Fig. 1792. 1793. Die gewürfelte Sturmhaube. Buccinum casſideum tesſellatum.

Fig. 1794. 1795. Die gewässerte Sturmhaube. Buccinum casſideum undulatum.

Tab. 187. Fig. 1796. 1797. Der blutige Mund. Buccinum haemaſtoma Linnaei.

Fig. 1798. 1799. Der Waffenträger. Buccinum Armigerum, ſive Armiger.

Fig. 1800. 1801. Der Gelbmund. Buccinum luteoſtoma.

Fig. 1802. 1803. Das gekräuſelte Kinkhorn. Buccinum criſpatum.

Tab. 188. Fig. 1804. 1805. Das Südſeeiſche oder Chineſiſche Weinfaß. Buccinum Dolium Auſtrale ſeu Chinenſe.

Fig. 1806. 1807. Das bleyerne oder bleyſchwere kaſtanienbraune Kinkhorn. *Buccinum plumbeum ſeu caſtaneum.*

Fig. 1808. 1809. Die Feile oder das ausgefeilte Kinkhorn. *Buccinum Lima ſeu limatum.*

Fig. 1810. 1811. Das veränderliche Kinkhorn. Buccinum mutabile Linnaei.

Fig. 1812. 1813. Das geringelte Kinkhorn. Buccinum annulatum.

Fig. 1814. 1815. Der Caffeelöffel. Buccinum vittatum Linnaei.

Fig. 1816. Varietät der vorigen Gattung. Varietas notabilis Buccini vittati.

Fig. 1817. 1818. Das hectiſche Kinkhorn. Die eingedrückte Nadel. *Buccinum hecticum Linnaei.*

Kinkhörner. Tab. 184. 185. Fig. 1790. 1791.

Tab. 184. 185. Fig. 1790. 1791.
Ex Museo nostro.
Die breitlippichte Sturmhaube.
Cassis labiata,

testa triangulari, magnitudine capitis humani, tuberosa, umbilicata, spinis conicis seu obtusis cornubus coronata, in dorso cingulis tribus nodosis circumdata, spira obtusa futuris aliquot oblique positis distincta; labro lato, incrassato, fimbriato, dentibus sex in medietate instructo; labio interiori insigniter dentato, seu sextuplicato, repando, dilatato, latissimo; apertura postice in sinum angustum et rostrum recurvatum terminata, area labiorum flavescente, fauce ex arausiaco colorata.

LISTER Histor. Conchyl. tab. 1008. fig. 71. lit. b. (Er scheinet diese Sturmhaube für eine Varietät vom *Buccino cornuto* zu halten, welches bey ihm tab. 1006. fig. 71. lit. a. gesehen und als Buccinum recurvirostrum, ventricosum, maximum, fasciatum clavicula muricata beschrieben wird.)

KLEIN Tentamen meth. ostrac. §. 239. lit. b. pag. 93. *Cassis muricata*, cornuta, tuberosa major et antiquior quantitate humani capitis quinque saltim muricibus in trochi et dorsi concursu, reliquis in testa sepultis, labio crasso, lato, fimbriato, fasciato. Testa exterior alba minus elegans.

RUMPH Amboin. Tab. 23. fig. A. *Cassis tuberosa prima* seu *cornuta*. Gehoorende Stormhoeden of Ossekoppen.

DAVILA Catal. rais. No. 303. pag. 178. Casque triangulaire très grande, à deux rangs de tubercules, sur le milieu du Corps, et un de clouds très-saillans à l'extremitè, à lévres applaties et extremement saillantes sur tout du coté de la tête qui est peu elevée à coque très epaisse et bouche dentée de deux cotés.

FAVANNE Catal. rais. No. 755. pag. 159. Casque triangulaire remarquble sur tout par la prolongation de l'appendice de sa columelle, laquelle produit exactament un triangle allongé.

Eine Zeitlang bin ich sehr geneigt gewesen, diese vorliegende breitlippige Sturmhaube für eine merkwürdige Varietät jener gehörnten zu halten, welche vom Randeletius Murex triangularis, vom Bonnani in seiner Recreat. mentis - - Cl. 3. fig. 155. Turbo auritus et tuberosus, von vielen

Kinkhörner. Tab. 184. 185. Fig. 1790. 1791.

vielen das Jägernetz und die gestrickte Sturmhaube, Buccinum Textile, vom sel. Martini im zweyten Bande dieses Syst. Conchyliencabinets bey Fig. 348—349. die gestippelte punctirte gekieperte Sturmhaube, von den Holländern de Osse Kop, gebreide Kasket, von den Engeländern Triangular Whelk, von den Franzosen Casque tricotté triangulaire, und vom Linne Buccinum cornutum genannt wird. Allein nachdem ich beyde Arten näher und genauer betrachtet, untersuchet und verglichen, so habe ich bey der gegenwärtigen breitlippigen so viel eigenthümliches und unterscheidendes angetroffen, daß ich nun vollkommen überzeugt bin, es sey eine ganz eigene Gattung. Der ganze Bau ihrer Schale ist bey weiten nicht so bauchig und hochgewölbet, als bey jener, sondern hat eine mehr dreiseitige Form und Bildung. Bey jener zählet man neun bis eilf Umläufe, da ich bey dieser kaum sechse zusammenbringen kan. Ihre Schale ist ungleich dicker, stärker, schwerer, ihr Wirbel flacher, stumpfer, zurückgedrückter, ihre Hörner auf der höchsten Wölbung ihres ersten Stockwerkes größer, dicker, länger als beym Buccino cornuto Linnaei.

Jene ist wie gestrickt, gestippelt, netzartig gekiepert, auch wird sie durch unzählige vertiefte Punkte rauh gemacht. Auf dieser aber kan ich von dem allen wenig Spuren entdecken. Beym Buccino cornuto stehen öfters, vornemlich bey jüngeren Exemplaren, wohl zehen bis zwölf Zähne an der äußern, und wohl zehen bis funfzehen Falten bey der innern Lippe. Hingegen unsere dreyseitige hat nur sechs Zähne in der Mitte ihrer äußern, und gerade gegen über nur sechs Falten bey der innern Lippe. Nehmen wir dazu die Farbe der Lippen und der innern Wände, so ist solche beym Buccino cornuto blaßgelblich und braungefleckt, bey unserer Breitlippe aber lichtgelb, und auf den innern Wänden orange= oder pomeranzenfärbig. Durch die ungewöhnlich dicke breite Lippe, welche sich weit über den ganzen Bauch der Schnecke verbreitet, oberwärts mit der äußern Lippe vereiniget, und fast dritthalb Zoll über die Höhe des Wirbels hinausreichet, und auf ihrer Außenseite mit einem besondern Rande versehen ist, wird sie vollends aufs deutlichste von andern Sturmhauben unterschieden, und als ein vorzüglich bemerkungswürdiges Mitglied unter allen helmförmigen Schnecken herausgezeichnet. Ich habe sie wegen dieses vornehmsten Unterscheidungszeichens die Breitlippe genannt, ob es mir gleich wohl bekannt ist, daß schon eine seltene Gattung von Flügelschnecken, deren Abbildung in diesem Werke Tom. 3. bey fig. 832—835 gesehen wird, den Namen der Breitlippe führe, weil ich versichert bin, daß
niemand

Kinkhörner. Tab. 184. 185. Fig. 1790. 1791.

niemand leichte unser Buccinum casfideum labro et labio latisſimo praeditum, mit jenem Strombo latisſime alato verwechſeln werde. Einige meiner Freunde haben es mir gerathen, ich möchte dieſer Schnecke den Namen des Aegeiſchen Schildes beylegen, oder ſie ſchlechthin das Schild, Buccinum casſideum ſcutatum nennen, weil doch ihre breite Lippe den ganzen Bauch, ja den ganzen Bau ihres ſchalichten Wohngebäudes dergeſtalt bedecke, daß man es kaum vor dieſem hervorſtehenden Schilde ſehen könne. Allein wer darf es wagen, eine helmförmige Schnecke, welche ohne alle Widerrede zur Familie der Sturmhauben gehöret, nun wieder mit dem Namen eines Schildes zu belegen, und dabey die höchſtverſchiedenen Begriffe Helm und Schild in einen Namen zu vereinigen? Vom Rumph, der auf Amboina, alſo in der Nachbarſchaft jener Inſuln gelebet, wo man dieſe Gattung am erſten und häufigſten zu finden pfleget, wird uns von dieſer Schnecke und ihrem Bewohner noch manche leſenswerthe Nachricht ertheilet. Von ihm erfahren wir es, daß ihre Schale beym Wachsthum zum öftern die Größe des Kopfes eines erwachſenen Mannes erreiche; daß dieſe Schnecke ſich nicht, wie ſo viele andere, an Steine, Felſen und Klippen anhänge, ſondern im Sande und auf flachen Stranden wohne; daß der Bewohner durch den krummgebogenen, zur rechten Seite ſich hinüberbeugenden Schwanz oder Schnobel ſeine Zunge herausſtrecke; daß er ein zwar eßbares,[1] aber ſehr zähes Fleiſch habe; daß es bey den dortigen Indianern gebräuchlich ſey, die Schale auf Kohlen zu legen, das Fleiſch auf ſolche Weiſe in der Schale zu kochen und zu braten, alsdann dieſelbe zu zerſchlagen, und ſo das Fleiſch zu verzehren; daß dieſe Schnecke mit einem dünnen, länglichten, honigfärbigen, gezähnelten Operculo verſehen ſey, welches der Kralle eines großen Vogels gleiche ꝛc.

Ich wünſchte ſehr, daß der aufmerkſame brave alte Rumph auch darauf möge geachtet und uns davon näher möchte belehret haben, wozu ihr die ungewöhnlich große, ausgebreitete, dickſchalichte, ſpadenförmige Lippe diene und nutze? ob ſie ſich etwa durch die Beyhülfe derſelben deſto eher im naßen Sande einzugraben wiſſe? was ihr ferner ein ſo kleines Operculum helfe? weil ſie doch damit ihre Mündung ganz und gar nicht zu bedecken noch zu verſchließen im Stande ſey. Ob es beym Herauskriechen des Bewohners vielleicht die Stelle einer ledernen Fußſohle vertrete? ob bey kleinen jugendlichen Exemplaren von dieſer Gattung, auch ſchon eine gleichförmige breite Lippe bemerket werde?

74 Kinkhörner. Tab 184. 185. Fig. 1790. 1791.

oder ob dergleichen (wie die grauen Silberhaare bey den Menschen) ein eigenthümliches Vorrecht und ein eigenthümlicher Vorzug der alten Hochbejahrten, und ein gewisses Kennzeichen sey, daß sie ihren Wachsthum vollendet? und im letzteren Falle, wie alt eine solche Schnecke erst werden, wie viele Jahre sie erst zählen und erleben müße, ehe sie dergleichen außerordentliche breite Lippe zum Schmucke ihres Alters erhalte? ob dergleichen nicht erst alsdann geschehe, wenn der Anbau mehrerer Stockwerke und Windungen bey ihr gänzlich aufgehöret, und sie daher jene Materialien ihres Korpers, welche sonst zur Vergrößerung ihrer Schale und Erweiterung ihres Wohnhaußes gebrauchet, nun alleine dazu anwenden könne, um ihre breite Lippe anzulegen, und sie immer stärker, breiter und dickschalichter zu machen? welche Höhe des Alters und welche Zahl der Jahre eine solche Schnecke, nebst mehreren anderen, gewöhnlich erreiche? ob ihr Alter das höchste Menschenalter übertreffe, oder viel geringer sey? Endlich wünschte ich, daß Rumph uns auch davon unterrichtet hätte, womit sie sich ernähre? wie sie sich fortpflanze? ob sie sich auch wohl mit andern Gattungen von Sturmhauben paare und verheirathe, oder alleine bey ihrer Art bleibe? warum man auf jugendlichen Exemplaren von dieser und der nahe mit ihr verwandten Gattung des Buccini cornuti, wohl zwölf stumpfe Knoten auf der höchsten Höhe ihrer Schale und ersten Windung erblicke? und daselbst bey alten, völlig ausgewachsenen, nur sechs hervorgetretene Knoten zähle? warum die Zahl derselben also im Alter sich verringere und abnehme, da man es vermuthen sollen, die Zahl derselben werde nach der Analogie des Wachsthums anderer Schnecken, im Alter und bey der Erweiterung der Schale, auf dem größeßten Stockwerke eher zu= als abnehmen.

Was soll man doch von den vielen hohen Knoten denken, welche auf ihrer Höhe, nach Rumphs Aussage, als Bockshörner hervortreten? Sind es gleichsam Verwahrungsmittel und Pallisaden, um gegen feindselige Angriffe vieler im Meere befindlichen Raubthiere desto eher geschützet und gesichert zu seyn? Sollte auch nicht die steinharte, dicke, nicht leichte zu durchdringende Schale, hiezu das ihrige beytragen, und die Stelle einer Vestung vertreten.

Wozu dienet wohl dieser Schnecke der Nabel? Sollte er nur als ein unnützer durch die besondere Bauart ihres schalichten Wohngebäudes entstandener Winkel anzusehen seyn? oder da Gott und die Natur nichts umsonst zu machen pflegen, sollte er nicht seinen besondern Zweck und Nutzen für dem Bewohner haben? Und nun welchen?

Es

Kinkhörner. Tab. 184. 185. Fig. 1790. 1791.

Es sind zwo Kupfertafeln, nemlich tab. 184 und 185 dazu hergegeben worden, um diese breitlippige Sturmhaube theils von der Seite ihrer Mündung, theils von der Seite ihres Rückens vorzustellen. Sie ist achthalb Zoll hoch, sechs Zoll neun Linien breit, zehen Zoll und einige Linien lang. Ihr gröstes Horn oder ihr längster Zacken hat eine Länge von zween Zoll. Der krumgebogene Schnabel ist zween Zoll fünf Linien hoch *).

Durch die Güte des verdienstvollen Herrn Mißionarii John zu Tranquebar, dem ich so viele Bereicherungen meiner Conchylien Sammlung verdanke, habe ich diese jetzt beschriebene Schnecke empfangen. Zwar hat er es mir nicht dabey gemeldet, woher er sie bekommen. Soviel aber bleibt allemal gewiß, daß sie im Ostindischen Meere wohne.

Ich besitze noch mehrere in diesen Werke unbeschrieben gebliebene Gattungen von Sturmhauben. Allein ihre Abbildung und Beschreibung ist mit so vielen Schwierigkeiten verknüpft, daß ich noch immer dadurch zurückgeschrecket worden. Eine derselben ist fast noch einmal so groß als die zuvor beschriebene. Es treten bey ihrer runden gewaltigen Wölbung nur einige kleine Knoten aus der Höhe ihres Rückens hervor. Sie kan daher durchaus nicht Cassis cornuta heissen, noch mit ihr verwechselt werden. Sie hat gleichfals eine sehr breite Lippe, welche sich aber nicht wie bey unserer Breitlippe über den Wirbel hinaus ausdehnet, sondern nur über den Bauch der Schale verbreitet. Es stehen auf der dicken breiten äußern Lippe zehen Zähne, davon die mehresten in der Mitte wie getheilt, oder wie gedoppelt erscheinen, und deren schneeweisse Farbe durch eine schwarzbraune Einfaßung sehr erhöhet wird. Die vielen Falten der innern Lippe, deren ich mehr als 40 zähle, sind gleichfals weiß, und der Grund darauf sie hervortreten, ist glänzend schwarzbräunlich. Sie hat 12 Zoll in der Länge, 8 Zoll in der Breite, und 10 Zoll in der Höhe. Nun solche große ausnehmende Exemplare verdienten es ja wohl vor vielen andern abgebildet und bekannter gemacht zu werden. Allein dazu wären viele Folioblätter erforderlich. Wie viele Unkosten würde es nun nicht verursachen, wenn man anfangen wolte die grösesten Conchylien (ohne sie zu verkleinern und nach dem verjüngten Maaßstabe en miniatur zu mahlen) vorzustellen? Allerdings ist dies eine von den Hauptursachen, warum uns die Abbildungen der grösten Stücke, welche Riesen im Rei-

*) Der Gleichförmigkeit der Tafeln wegen, wurden diese beyde, an die Verlagshandlung vorläufig eingesendete Abbildungen, von den Künstlern verkleinert vorgestellt, und zwar nach dem beygefügten verjüngten Rheinländischen Maas.

che der Conchylien heißen können, davon eine gute Anzahl hieselbst in der Königlichen, Gräflich Moltkischen, Spenglerischen, in der Meinigen und andern Conchylien Sammlungen befindlich ist, vorenthalten werden, und vermuthlich auch künftig wird vorenthalten werden.

Tab. 186. Fig. 1792. 1793.
Ex Museo nostro.
Die gewürfelte Sturmhaube.
Buccinum Casfideum tessellatum,

testa ovata, umbilicata, tumida, transversim late sulcata, in fundo albido quadratulis rufescentibus et albis alternantibus seriatim stratis tessellata et fasciata, spira exserta, anfractibus rotundatis, penes apicem decussatim striatis, subgranulatis, labio interiori dilatato membranaceo, rugoso, verrucoso; labro fimbriato, viginti dentibus dentato; apertura ovali; rostro reflexo ad latus et emarginato.

Diese Sturmhaube kan mit vollem Rechte die gewürfelte heißen, weil ihre rundgewölbte Schale von viereckigten weißen und röthlichen reihenweise geordneten Flecken bezeichnet, dadurch ihre Oberfläche wie gewürfelt dargestellet, und einem gepflasterten mit viereckigten Steinen ausgelegten Boden ähnlich gemacht wird. Die Schale ist glänzend glatt, obgleich Queerfurchen über sie hinüber laufen, und breite Streifen bilden, die oben und unten merklicher und stärker als in der Mitte sind. Ich finde bey ihr acht wohlgerundete Stockwerke, die näher bey der Wirbelspitze, wo sich Queerstreifen und länglichte Streifen durchcreuzen, fein geförnt und granulirt gemacht werden. Die Mündung ist eyförmig. An der äußern stark gesäumten und verdickten Lippe stehen zwanzig Zähne, und hinter dem Lippensaum bemerket man auf solchen Stellen, wo sich die Queerfurchen endigen, weit tiefere, durch röthliche Flecken bemerkte Einschnitte und Eindrücke, als man es beym Ausgange so flacher und feiner Furchen erwartet hätte. Die innere Lippe leget sich wie ein pergamentartiges breites Blat über den sogleich dahinter liegenden Nabel hinüber, und wird durch sehr viele warzenartige erhobene Punkte, und an der innern Seite durch Runzeln rauh gemacht. Der herumgebogene Schnabel hat einen tiefen Ausschnitt. Auch bey dieser Sturmhaube und bey mehreren anderen Arten bemerket man einen doppelten Nabel. Auf den meisten Gattungen helmförmiger Schnecken stehen Klammern und Leisten, welche

als

Kinkhörner. Tab. 186. Fig. 1792. 1793.

als die Ueberbleibsel ehemaliger Mündungslippen anzusehen sind. Allein bey der jetzigen ist von solchen Leisten auch nicht das geringste Merkmal anzutreffen.

Nachdem alles vorhergehende niedergeschrieben war, ersahe ich es aus Gmelins neuesten Ausgabe des Linneischen Natursystems Tom. 1. P. 6. daß daselbst pag. 3476. no. 20. schon eine gewiße Gattung von Sturmhauben, Buccinum tessellatum genannt worden. Es ist eben dieselbe, welche im Lister Tab. 997. fig. 62. in Seba Tom 3. Tab. 73. fig. 1. 12. 13., in diesem Syst. Conchylienwerke Tom. 2. fig. 369. 374, und in Favannens Conchyliologie Tab. 26. B. 1. B. 2. stehet. Sie heißt beym Solander mit einem ihr bestens angemeßenen Nahmen, Buccinum granosum, und bey den Engeländern Peacok Helmet from Guinea, wobey nur der Catal. Mus. Portland. no: 1293. nachgelesen werden darf. Die Aussage des Davila in seinen Cat. rais. Tom. 1. no. 293. pag. 176, welche Favanne in seinem Catal. rais. no. 740. 741. wiederholet, es sey Casque coloré connu sous le nom Casque ovale ou Tête de Crocodile, de la mer du Sud, ist grundfalsch, obgleich im Martini und im Gmelin an den vorhin angeführten Stellen das nemliche bezeuget wird. Sie wohnet an der Guineischen Küste, daher ich sie einigemal bekommen habe. Es ist, welches ich nebenher anmerken muß, eine sehr üble Gewohnheit mancher Conchyliologen bey raren Conchylien, wenn sie das eigentliche Vaterland nicht mit Gewißheit anzugeben wißen, sogleich das Südmeer oder den Oceanum australem zu nennen. Niemand muß es daher mir und andern verdenken, wenn wir bey solchen Schriftstellern, die wir schon mehrmalen betreten, daß sie uns die Wohnstellen der Conchylien falsch angegeben, und uns durch offenbar unrichtige Nachrichten hinters Licht geführet, endlich ganz mißtrauisch geworden. Nach diesen nun von mir gelieferten Erklärungen und Erläuterungen, überlaße ich es nun gänzlich den Conchlienfreunden, ob sie jene im Syst. Conchylienkabinette abgebildete längliche Sturmhaube mit dem Solander, Buccinum granosum, (denn sie hat spiram granosam) oder mit den Engeländern Peacok Helmet, das ist den Pfauenhahn, oder mit dem Favanne, Casque ovale coloré, Tete de Crocodile, oder mit dem Herrn Gmelin,) der bald nachher Tom. 1. P. 6. des neuesten Linneischen Natur Syst. pag. 3479. no. 37 wieder von einem buccino tessulato redet, und fast in jedem Geschlechte verschiedene Gattungen hat, die einerley Namen führen, davon in Schreibers Conchylien Kenntniß Tom. 2 gleich nach der Vorrede ein sehr langes Verzeichniß dargeleget wird, welches ich, wenn es gefordert werden solte, noch gar ansehnlich vermehren könnte) Buccinum tessellatum nennen, oder die ersten Solandrischen und Englischen Namen für jene beybehalten, und mir es erlauben wol-

Kinkhörner. Tab. 186. Fig. 1794. 1795.

ten für die allhier bey Fig. 1792 beschriebene Sturmhaube den Namen der gewürfelten, oder des Buccini casfidei tesfellati beyzubehalten.

Tab. 186. Fig. 1794. 1795.
Ex Museo nostro.
Die gewässerte Sturmhaube.
Buccinum casfideum undulatum,

testa ovali, umbilicata, transversim rarius sulcata, maculis rufescentibus undulata, spirae anfractibus decusfatim striatis, labro lato, crasso, duplicato, valido, extus fasciato, intus dentato, subplicato, labio interiori dilatato verrucoso, rugoso, fauce nitide fusca.

LISTER Hist. Conchyl. Tab. 996. fig. 61. Buccinum recurvirostrum, ventricosum variegatum, striis rarioribus exasperatum. Barbad.

BONANNI Recreat. Cl. 3. fig. 159. pag. 132.

— — Muf. Kirch. Cl. 3. fig. 159. pag. 458.

— — Edit. nov. Tom. 2. Cl. 3. fig. 159. pag. 79. Cochlea pariter aurita et fasciata. Os habet orbium maximo aequale et labrum valde crassum, ac validum, ita reflexum ut canaliculum satis profundum efficiat. Colore tingitur ravo, ubique crispatur sulcis transversis, quos octo fasciae albescentes comitantur, et binae binae in plures veluti classes dividunt.

GUALTIERI Index Conchyl. Tab. 39. fig. B. Cochlea casfidiformis umbilicata, striata, lineata, labio sinistro verrucoso, ex albido et fusco nebulata.

SEBA Thes. Tom. 3. Tab. 68. fig. 14. 15. Perdix tesfellata. Ore amplo patet haec cochlis et ventricosa per varias spiras subito in apicem acuminatum terminatur. Subtus labium monstrat replicatum ac veluti dentatum: explanata oris fimbria plurimis quasi ocellis est interpuncta.

DAVILA Catal. rais. no. 287. pag. 173. Casque de la Mediterranée. Les taches s'y joignent en forme de bandes logitudinales. Ses cannelures transversales sont très grandes et sa coque est epaisse.

GMELIN Nov. Edit. Syst. Nat. Linn. Tom. 1. P. 6. pag. 3475. no. 18. *Buccinum undulatum*, testa rarius transversim striata, undatim maculata, spira

Kinkhörner. Tab. 186. Fig. 1794. 1795.

spira obtusa, labroque interiori glaberrimis. Areolae affine at testa magis producta.

Das Beywort gewäßert, schicket sich nicht recht wohl für eine Sturmhaube, und scheinet also der Name, Buccinum undulatum, nicht gut gewahlet zu seyn, besonders da wir schon ein Buccinum undatum und undosum in diesem Geschlechte des Linneischen Systems haben, und nun auch ein undulatum annehmen sollen. Wäre es nicht rathsamer, diese Schnecke nach ihrer Wohnstelle, mit dem Davila die Mittelländische Sturmhaube zu heißen, oder von ihrer ungewöhnlich dicken Lippe die Benennung herzunehmen. Indeßen da Herr Gmelin in der neuesten Ausgabe des Linneischen Natursystems an der oben angeführten Stelle ihr den Namen eines Buccini undulati beygeleget, und sie auch würklich auf ihrer Oberfläche durch schwache braunröthliche Flecken wie gewäßert wird; so ist es nun das beste diesen Namen unverändert beyzubehalten, um die unendliche Menge conchyliologischer Namen ohne Noth nicht noch weiter zu vervielfältigen.

Es wird diese eyförmig gebildete Sturmhaube von breiten Queerstreifen und Furchen umgeben. Die obersten vier Streifen der ersten Windung, und die sämtlichen Streifen der übrigen sechs Umläufe des ziemlich weit hervortretenden Wirbels, werden von senkrecht herablaufenden feineren Streifen durchcreuzet, wie eingekerbet und rauh gemacht. Auf dem aschgrauen schmutzig weißlichen Grunde stehen bey frischen Stücken braunröthliche Flecken. Die Mündungslippe ist außerordentlich dicke, dabey abwechselnd weiß und lichtbräunlich bandiret, und gleichsam in acht ungleiche Felder abgetheilet, worauf sich die letzten Worte in der Beschreibung des Bonanni weit beßer als auf die Oberfläche der Schnecke zu paßen scheinen. Hinter den breiten Saum der Lippe siehet man wiederum so tiefe Einschnitte beym Ausgange der Furchen, als bey der vorigen Gattung. Die innere weiße Seite der äußern Lippe sitzet voller Zähne und Runzeln. Die weiße verdickte Spindellippe leget sich über den Bauch der Schnecke hinüber, und wird durch Warzen und Falten ganz rauh gemacht. Desto unerklärbarer sind mir in der oben angezogenen Stelle, des Herrn Gmelins Worte von einem labro interiori glaberrimo. Ich vermuthe es wird ein Schreib- und Druckfehler seyn, und so heißen sollen: labro exteriori et labio interiori scaberrimis. Auch bey dieser Sturmhaube ist keine Spur von Seitenleisten zu finden, dagegen aber finde ich einen eben so krummgebogenen ausgeschnittenen Schnabel, und

Doppel=

Kinkhörner. Tab. 187. Fig. 1796. 1797.

doppelten Nabel wie bey der vorigen Gattung. Ich habe diese Schnecke aus dem Mittelländischen Meere von den Ufern bey Marseille und Cette bekommen. Lister nennet Barbados als ihre Wohnstelle. Es ist also sehr glaublich — denn Listers Angaben der Wohnstellen sind zuverläßig — daß sie auch dort gefunden werde.

Tab. 187. Fig. 196. 1797.
Ex Museo nostro.

Der blutige Mund.
Buccinum Haemastoma Linnaei,

testa ovata, cinereo grisea, transversim striata, cingulis tuberculatis obtuse nodosis circumdata, labro intus croceo striis exarato, in margine subtilissime denticulato seu spinoso; labio planiusculo glabro croceo; cavitate interna pallida seu carnea.

LISTER Histor. Conchyl. tab. 988. fig. 48. Buccinum breviroftrum, labrosum, asperum crassum, ore croceo, labro leviter dentato.

KLEIN Tent. meth. ostrac. §. 237. pag. 93. Cassis striata labrosa, aspera, crassa, ore croceo.

BONANNI Recreat. Cl. 3. no. 346. pag. 163.

— — Muf. Kircher. Cl. 3. no. 345. pag. 472.

— — Nov. Edit. Tom. 2. Cl. 3. n. 345. pag. 66. Turbo mucronibus asper, qui binos circulos in maximo orbe effingunt. Caeteri spirarum ductus brevem conum formant: circa os valde producitur labro aeque crasso et aperto. Carneo colore facies interna pingitur, helvaceo externa.

GUALTIERI Index Conchyl. Tab. 51. fig. A. Buccinum majus canaliculatum et sulcatum, crassum, striatum, primis striis majoribus tuberosis; labio externo rugoso, colore cinereo depictum, intus croceum.

ADANSON Hist. de Coquillages du Senegal Tab. 7. fig. 1. *Sakem.* Les Vieilles font cendrées au dehors, blanches en dedans, et fauves tout autour de l'ouverture.

LINNAEI Syst. Nat. Edit. 12. pag. 1202. no. 466. *Buccinum Haemastoma,* testa submuricata, labro intus striato, columella planiuscula, fauce fulva. Habitat in Oceano Europaeo. Testa ovata, rudis, cincta duplici fascia nodosa anfractuum. Faux crocea. Labrum intus crenulatum et striatum.

GME-

Kinkhörner. Tab. 187. Fig. 1796. 1797.

GMELIN Nov. Edit. Syst. Nat. Linn. Tom. I. P. 6. pag. 3483. no. 52. *Buccinum Haemastoma*. Habitat in mari Mediterraneo et Aethiopico, testa ad 2 pollices longa, ovata, rudi, transversim striata, fusca vel cinerea, interdum fusco lineata; labro intus crenulato, spira obtusa, anfractibus fascia duplici nodosa cinctis.

v. BORN Index rerum naturalium. pag. 248. Der Rothmund.

— — Testacea Mus. Caes. pag. 254. *Buccinum Haemastoma*, testa ovata, solida, tuberculis seriatim digestis muricata; spirae brevis acuminatae anfractus quinque; labrum acutum intus striatum; columella elabiata explanata, laevis, notata antice plica solitaria, introrsum continuata; basis oblique marginata, subtus effusa; color testae cinereus, fauce crocea.

Kleinere Exemplare von dieser Gattung sind schon vom seel. Martini im dritten Bande dieses Syst. Conchyl. Werkes bey Fig. 964—966. beschrieben worden. Doch hat es der liebe Mann damals nicht gewußt, daß er dabey dasjenige Buccinum, welches beym Linné Haemastoma heißt, vor sich gehabt habe. Er würde es sonst nicht verschwiegen, den Namen Blutiger Mund, beybehalten, und ihn nicht in Carneolmund umgeändert haben. Man findet diese bekannte Schnecke fast in allen Meeren. Ich habe dergleichen aus Ost- und Westindien, von der Guineischen Küste, aus dem mittelländischen Meere, aus Frankreich, von den Ufern der Provinz Gascogne, und da ich in Wien als Legationsprediger stand, einige sehr schöne aus Constantinopel, vom Strande des schwarzen Meeres, bekommen. Freylich bemerket man unter diesen Schnecken nach der Verschiedenheit ihres gehabten Climatis und Wohnortes einen so großen Unterschied, daß mancher zweifeln würde, sie für Kinder einer und eben derselben Gattung anzusehen. Man betrachte nur die Figuren in den Schriftstellern, welche oben citiret worden, so wird man hievon keiner weiteren Beweise und Zeugnisse bedürfen. Darinnen aber kommen sie doch alle überein, sie haben eine aschgraue Farbe und werden von Queerstreifen umgeben. Man siehet auf ihrem Rücken einige Reihen stumpfer Knoten. Linné redet von einer gedoppelten Reihe derselben. Aber bey größeren werden oft vier bis fünf Reihen solcher Knoten angetroffen. Die äußere Lippe wird an der innern Seite durch lauter merklich erhobene Streifen rauh gemacht. Dabey ist sie blutroth, und auf dem Rande der äußern Lippe voller kleinen Zähne, oder kleinen spitzigen Dornen. Die innere flache und glatte Lippe bey der

Spindel ist gleichfalls blutroth. Oberwärts siehet man daselbst einen erhobenen Wulst, der ins innere hineinläuft. Linné, und viele seiner Nachbeter, reden in ihren Beschreibungen von einer fauce fulva seu crocea. Allein durch den Schlund (faucem) verstehe ich die inneren Wände. (cavitatem interiorem) Die sind aber bey dieser Gattung weißlich oder auch fleischfarbig; dagegen aber ist nur die Gegend bey der äußern und innern Lippe bluthroth gefärbet, welches auch Adanson bezeuget, wenn er schreibet: ils sont blanches en dedans et sauves tout autour de l'ouverture.

Jene ansehnlichen Stücke dieser Gattung, welche ich hier abzeichnen laßen, sind vier Zoll lang, zween Zoll drey Linien breit. Ich habe sie vor einigen Jahren einem aus der Barbarey zurückgekommenen Manne abgekauft, der sie an den Ufern von Tanger und Tunis gefunden. Die erste Windung hat fünf Knotenreihen, deren stumpfe Knoten immer kleiner werden, je mehr sich die knotenvollen Gürtel der Basi nähern. Auf den höheren Umläufen stehet nur eine Reihe stumpfer Knoten. Nach Adansons Außage wird das Buccinum haemastoma sehr häufig bey der Insul Gorne ohnweit der Afrikanischen und Senegallischen Küste angetroffen. Der Bewohner hat ein weißes und sehr weiches Fleisch. Die Neger pflegen diese Schnecken auf Kohlen zu legen, und also das Fleisch derselben in ihren Safte zu kochen. Es soll hernach sehr wohlschmeckend seyn.

Tab. 187. Fig. 1798. 1799.
Ex Museo Spengleriano.
Der Waffenträger.

Buccinum Armigerum seu Armiger dictum,
testa turbinata ex albo et obscure flavo varia, spinis seu tuberculis conicis seriatim locatis circumstipata, spira exserta tuberculato nodosa, apertura ampla, alba, basi parum emarginata, ecaudata.

Fast solte man es glauben daß diese Schnecke auch wohl eine Abänderung von dem eben beschriebenen Kinkhorn welches den Namen des blutigen Mundes führet, und Haemastoma hieß, seyn könne. Allein bey einer näheren und genaueren Vergleichung zeiget sich eine weit größere Verschiedenheit, als man es beym ersten flüchtigen Anblick vermuthet hätte. Jene hat ja eine blutrothe, diese aber eine weiße Mündung. Bey jener

Kinkhörner. Tab. 187. Fig. 1798—1801.

jener siehet man auf ihren knotenvollen Gürteln lauter stumpfe, kugelförmige, vest verschloßene Knoten. Bey dieser dagegen stärker erhobene, mehr zugespitzte, an der einen Seite einigermaßen geöfnete und wie ausgehölte Knoten. Man siehet spinas conicas semiexplicatas. Bey jener fanden wir lauter starke Streifen und Runzeln an der innern Mündungslippe, die sich endlich in kleine Zähne und Dornenspitzen endigten. Bey dieser ist innerlich alles glatt, man findet weder Streifen noch Runzeln, doch wird die Mündungslippe durch die daselbst stehenden offenen Knoten eckig und winkelhaft gemacht. Die Knotenreihen haben eine weiße, und die darneben und darzwischen liegende Vertiefungen eine dunkelgelbliche lichtbräunliche Farbe. Es laufen auch einige feine Streifen über die Schale hinüber. Auf der ersten Hauptwindung erblicket man drey Knotenreihen, aber auf jedem Stockwerke des Wirbels nur eine einige. Es ist diese Schnecke gewiß nicht gemein, sondern rar und selten. Denn sie wohnet im Südmeere, deßen conchyliologische Reichthümer nur selten nach Europa gebracht und alsdann sehr vertheuret werden. Da ich ihre vielen Knoten als Waffen betrachte, die ihr vom gütigen Schöpfer zum Schutze ihres schalichten Wohngebäudes verliehen worden, so habe ich ihr, da sie meines Wißens noch keinen Namen hat, den Namen des bewafneten Kinkhorns oder des Waffenträgers beygeleget.

Tab. 187. Fig. 1800. 1801.
Ex Museo nostro.
Der Gelbmund.
Buccinum luteostoma,

testa tuberculata, cingulis quatuor muricato nodosis in primo anfractu, duobus in spirae gyrationibus armata, transversim dense sulcata, striata; apertura ovali, ore lutescente, labro intus striato, labio planiusculo.

Diese Schnecke wird auf ihrem ersten Stockwerke von vier Reihen stumpfer Knoten umgeben. Auf den beyden obersten Reihen stehen die größten, und auf der dritten und vierten Reihe viel kleinere Knoten. Auf jedem der höheren Umläufe des gestreckten Wirbels siehet man nur zwo Knotenreihen. Ihre Farbe ist aschgrau. Ich zähle bey ihr acht Windungen, um welche sich viele sehr dichte beysammenstehende Queerfurchen und Streifen herumlegen. Die Mundöfnung ist eyförmig und auf

Kinkhörner. Tab. 187. Fig. 1800—1803.

beyden Seiten blaßgelblich gefärbet. Die innere Seite der äußern Lippe wird durch viele erhobene Streifen, die sich zuletzt in sehr feine Spitzen endigen, rauh gemacht. Die innere Lippe bey der Spindel ist glatt und flach. Es wohnet diese Schnecke in der Südsee und im Chinesischen Meere. Es hat diese Schnecke viele Gleichförmigkeit mit jenen Exemplaren vom Buccino Haemastoma Linnaei, welche ich ehemals aus dem schwarzen Meere erhalten. Sie würde für eine bloße Südseeische Varietät jener Gattung angesehen werden können und müßen, wenn sie in der Mündung anstatt der blaßgelblichen eine blutrothe Farbe hätte. Jener kleine Unterschied, daß bey den höhern Stockwerken des Blutigen Mundes nur eine Knotenreihe stehet, hingegen beym Gelbmunde zwo Knotenreihen gefunden werden, auch ihr Bau schmähler und ihr Wirbel gestreckter sey, würde uns alsdann nicht abschrecken, sie dennoch für eine nahe Verwandte jener Gattung zu erklären.

Tab. 187. Fig. 1802. 1803.
Ex Museo nostro.
Das gekräuselte Kinkhorn.
Buccinum crispatum,
testa turbinata brunneo flava, transverse costulata, rugis longitudinalibus membranaceis imbricatis crispata, apertura ovata, labio planiusculo.

Aus London ist mir diese Conchylie unter dem Namen The furbelowed Whelk, die beblätterte, gleichsam mit Falblättern und Bändern behängte Schnecke, zugesandt worden. Weil aber dieser Name schon längstens andern, ungleich mehr beblätterten Schnecken mit größeren Rechte zugehöret: so habe ich billig Bedenken gehabt, dieses Kinkhorn das beblätterte, (Buccinum frondosum seu foliaceum) zu nennen, sondern es lieber unter den Namen des gekräuselten, des Buccini crispati, darstellen wollen. Es wird von ribbenartigen Queerstreifen umgeben, und durch viele länglicht herablaufende, dünne, pergamentartige, bey jeder Queerstreife sich wie Hohlziegeln erhebende Runzeln, krauß und gefräuselt gemacht. Es hat diese ziemlich gestreckte Schnecke acht Stockwerke. Ich besitze drey Exemplare von dieser Gattung, die in der Größe einander völlig gleichen, aber im Farbenkleide verschieden sind. Die erste, welche ich hier abzeichnen laßen, ist einfärbig lichtbraun, die andere dunkelbraun, die

dritte

dritte grauweiß und auf den letzten Windungen hellbraun. Die Mündung ist eyförmig, die Spindellippe glatt und flach, die äußere Lippe etwas eckigt und eingekerbet. Mehrere dieser gekräuselten Schnecken sind in König Georgens Sund, dadurch Neuseeland in zween Theile abgesondert wird, bey den Cookischen Reisen gefunden worden. Vielleicht werden manche geneigter seyn, diese Gattung den Muricibus beyzuzählen, weil unten bey der Mündung kein zurückgebogener Schnabel, (keine cauda retusa) sondern ein gerader rinnenartiger Canal (canalis integer rectus) gesehen wird. Weil sie aber bey den Englischen Conchyliologen schon das Bürgerrecht unter den Buccinis erlanget, so habe ich sie von diesem Platze nicht verdrängen wollen.

Tab. 188. Fig. 1804. 1805.
Ex Museo nostro.

Das Südseeische oder Chinesische Weinfaß.

Buccinum Dolium Australe seu Chinense,
testa globosa, umbilicata striis numerosissimis laevibus quasi circulis seu cingulis doliaribus circumdata, in fundo flavide albido maculis seu flammis fuscentibus longitudinaliter undulatis nitidissime coloratis; spira exserta, apertura patula, labro in adultioribus dentato, labio membranaceo replicato, fauce striata.

Von der allgemein bekannten Tonnenschnecke, welche den Namen des Weinfaßes führt, und vom Linne Buccinum Dolium, von den Engeländern Spotted Ton, von den Franzosen Tonne cannelée, la tête de Singe dentée et mouchetée, von den Holländern de geplekte en geribde Belhooren genannt wird, bekommen wir hieselbst fast mit allen von Tranquebar zurückkehrenden Schiffen einen so reichen Vorrath, daß wir alle Conchyliensammler damit im Ueberfluß versehen können. Nur pflegen die größten gemeiniglich nicht mehr die frische Farbe und eine so unversehrte Schale, als die jugendlichen und jüngsten, zu haben. Doch wurde mir einst von der Insul Java durch den Schmidt eines aus China zurückkehrenden Schiffes, der auf Java eine Zeitlang seine Werkstätte aufgeschlagen, um manche zerbrochene Schiffsgeräthschaften wieder zusammen zu schmieden, ein völlig frisches, unversehrtes Exemplar mitgebracht, welches sieben Zoll lang, fünf Zoll breit, vier Zoll hoch ist, und nun als ein wahres Prachtstück in meiner Sammlung lieget. In Java müßen also die größesten und schönsten von dieser Gattung befindlich seyn.

Kinkhörner. Tab. 188. Fig. 1804—1807.

Nun solche gewöhnlichen gefleckten und bandirten Weinfäßer sind im dritten Bande dieses Syst. Conchyliencabinets bey Fig. 1073—1075. item 1081—1082. abgebildet und beschrieben worden. Davon will ich also kein Wort hinzuthun.

Hier aber habe ich eine sehr feine Gattung der sogenannten Weinfäßer, die in der Südsee und im Chinesischen Meere zu wohnen pfleget, abzeichnen laßen. Sie wird, wie eine Weintonne, von vielen Reifen umgeben, oder von sehr vielen glatten breiten Queerstreifen, in deren Zwischenfurchen immer ein kleiner Streif, wie ein Zwirnsfaden, gesehen wird, umwunden. Ihre Grundfarbe bestehet aus einer solchen Mischung des weißen, gelblichen, fleischfarbigten, die sich nicht wohl beschreiben läßet. Farbenmischungen laßen sich eben so wenig, als der Geschmack, durch Worte recht beschreiben und begreiflich machen. Der Geschmack muß durchs Gefühl und die Farbe durchs Auge erkannt, jener geschmecket, diese gesehen werden. Durch braunröthliche flammicht und wellenförmig herablaufende, sehr weitschichtig gezeichnete Adern und Flecken wird diese Schnecke ungemein verschönert und bunt gemacht. Sie hat sechs Stockwerke. Der Wirbel tritt merklich hervor. Bey der gedrehten Spindel siehet man einen engen Nabel. Die Spindel und inneren Wände sind eben also als die Oberfläche voller Streifen und Furchen. Die äußere Lippe hat bey solchen die ein höheres Alter erreichet, einen Saum, der voller Zähne und Einkerbungen sitzet. Es liegen mehrere von dieser Gattung in meiner Sammlung, die zwar einerley Form und Bau haben, aber im Farbenkleide verschieden sind, auch zum Theil der feineren Linie in den Zwischenfurchen gänzlich ermangeln.

Tab. 188. Fig. 1806. 1807.
Ex Museo Spengleriano.

Das bleyschwere, oder bleyerne, kastanienbraun gefärbte Kinkhorn.

Buccinum plumbeum, seu castaneum,
testa ponderosa, subglobosa, ecaudata, emarginata, glabra, ex badio seu castaneo infecta, spira obtusiuscula parum exserta; basi sulcis duobus exaratis notata, apertura ovali patula, labro acuto, labio valde crasso, fauce alba.

Diese kugelförmig gewölbte sehr dickschalichte ungewöhnlich schwere Schnecke habe ich mit gutem Vorbedacht das Bleyerne oder bleyschwere Kink

Kinkhorn genannt. Daßelbe ist dem Herrn Kunstverwalter Spengler aus London unter dem Namen eines Buccini castanei, eines Castanienbraunen Kinkhorns, zugeschicket worden. Es gehöret offenbar zur Zahl der neuentdeckten, deren Abbildung und Beschreibung in den Schriften der ältern und neueren Conchyliologen niemand finden wird. Die Schale ist spiegelglatt und ermangelt aller Queerstreifen und Queerfurchen. Nur alleine unten bey der Basi stehen zwo tief einschneidende Furchen, dadurch ein zwiefacher Wulst verursachet, und gewißermaßen von dem übrigen Bau der Schale abgesondert wird. Weil diese Schnecke ein einfärbig castanienbraunes Farbenkleid träget, so haben davon die Englischen Conchyliologen die Veranlaßung genommen, sie Buccinum castaneum zu nennen. Ich zähle bey dieser Schnecke fünf Stockwerke, die aber beym Wirbel sich wenig erheben. Die äußere Lippe ist scharf und schneidend; auch zeiget sich daselbst beym Ausgange der tief einschneidenden Furche ein kleiner Zahn. Die innere Lippe ist sehr dicke und wulstig. Die inneren Wände sind weiß und glatt. Die weite eyförmige Mündung endiget sich unterwärts in einen merklichen Ausschnitt. Es ist diese nagelneue Gattung an den Ufern einer Insul, ohnweit Californien, entdeckt worden. Wie selten pflegen Europäische Schiffe Californien zu besuchen. Daher ist wenig Hofnung vorhanden, daß wir oftmals Exemplare dieser bleyschweren Schnecke, die in London sehr theuer verkauft worden, erhalten werden.

Tab. 188. Fig. 1808. 1809.
Ex Museo Spengleriano.

Die Feile oder das ausgefeilte Kinkhorn.

Buccinum Lima, seu limatum,

testa ovali, ventricosa, tenui, alba, ex ravo fasciata, longitudinaliter plicata, striis transversis decussata, cancellata, crenulata, exasperata; spira exquisita, anfractibus octo rotundatis contiguis; apertura subrotunda effusa, rostro recurvo abbreviato; labro acuto; labio membranaceo replicato.

Beym ersten Anblick scheinet dieses zarte und feine Kinkhorn mit dem Netzhorn oder Buccino clathrato, welches der Herr Hofrath von Born in den Testaceis Musei Caesarei Vindob. Tab. 9. fig. 17. 18. abbilden laßen, und daselbst pag. 261. umständlich beschrieben, sehr viele Gleichförmigkeit zu haben. Allein da sich bey jenem Netzhorn auf der ersten

erſten Windung eine weit größere Wölbung als bey dem unsrigen zeiget; da es ferner nach Borns Beſchreibung genabelt und bläulicht ſeyn, voll ſtarker Knoten ſitzen, mit ſchief laufenden Falten und einer ſutura canaliculata verſehen ſeyn ſoll; welches alles Eigenſchaften ſind, die man bey der jetzigen Schnecke vergebens ſucht: ſo kan das gegenwärtige Kinkhorn nicht von Borns Buccinum clathratum ſeyn. Dagegen gleichet daßelbe in ſeiner Rauhigkeit einer Feile. Es hat auf jeder Windung einige zwanzig ſenkrecht herablaufende Falten, welche von ſehr vielen Queerſtreifen durchkreuzet, und dadurch ganz rauh gemacht werden. Eben dadurch bin ich veranlaßt worden, ihm den Namen einer Feile, oder des ausgefeilten Kinkhorns zu ertheilen, welchen Namen Kenner ganz bequem und der Schnecke angemeßen finden werden. Wenn man in des Bonanni Recreat. mentis et oculi, Cl.3. die Fig. 62. betrachtet, ſo ſcheinet es, daß Bonanni dieſe Gattung ſchon gekannt habe. Ich zähle bey ihr acht rundgewölbte Stockwerke. Ihre Schale iſt im Grunde weiß, dünne und durchſichtig. Einige ſehr zarte lichtbräunliche Bänder legen ſich um ſie herum. Ihre faſt runde Mündung endiget ſich unterwärts in einen rinnenartigen Canal, und kurz zurückgebogenen Schnabel. Die äußere Lippe iſt ſcharf. Die innere weiße Lippe gleichet einem dünnen Pergament.

  Es wohnet dieſe ſeltene Schnecke in den oſtindiſchen Gewäßern. Unter den Foßilien, welche bey Crignon und Courtagnon in Champagne gefunden werden, beſitzet der Herr Spengler auch ein ſolches Exemplar, welches dem hier abgebildeten und beſchriebenen völlig gleichet. Wie muß doch dieſes, nebſt ſo vielen andern ſonderbaren Conchylien, in die Sandgruben von Champagne hingekommen ſeyn? Gewiß durch eine ſolche Revolution der Erde und des Meers, welche ungleich größer geweſen, als die jetzige, ſo Frankreich in ſeiner Regierung erfahren, das durch das ganze Land zerrüttet, und an den Rand ſeines Verderbens und Unterganges gebracht worden.

Kinkhörner. Tab. 188. Fig. 1810. 1811.

Tab. 188. Fig. 1810. 1811.
Ex Museo nostro.

Das veränderliche Kinkhorn.

Buccinum mutabile Linnaei,
testa ovali, laevi, diversimode colorata, spira exserta, apice longitudinaliter striato, basi transversaliter sulcata, labro in adultis incrasfato, intus striis exarato; labio replicato.

LISTER Hist. Conchyl. Tab. 975. Fig. 30. Buccinum breviroftrum parvum, laeve, undatim sive nebulatim depictum, imo ad imum quemque orbem lacinia vermiculata. Mar. Mediterr.

BONANNI Recreat. mentis. Cl. 3. fig. 60. et 63. pag. 120.

— — Muf. Kircher. Cl. 3. fig. 60. et 63. pag. 453.

— — Nov. Edit. Tom. 2. Cl. 3. fig. 60. et 63. pag. 83. Hujus *Turbinis* praecipua diftinctionis nota eft macularum candidarum et fanguinearum difpofitio. Modo enim colore flavo et cianeo diluto quo tefta pingitur confunduntur, modo ab eo omnino diftinctae apparent. Ut plurimum in Neapolitano littore colligitur, colore osfeo tectus cum candidis notis.

GUALTIERI Index Conchyl. Tab. 44. Fig. B. Buccinum parvum fulcatum et canaliculatum, in fummitate lineis punctatis circumdatum, labio interno coftulato, externo fimbriato.

LINNAEI Syft. Nat. Edit. 10. fp. 398. pag. 738.

— — Edit. 12. fp. 460. pag. 1201. *Buccinum mutabile*, testa laevi, adultiore rugofa, spira exferta, labio interiore fubexplanato. Tefta tenera, laevis, pallida, anfractibus margine fuperiore obfolete albis rufisque. Spira exquifita, anfractibus diftinctisfima longitudine teftae. Adultior vero longitudinaliter rugofa evadit cinerea opaca; labium interius antice extenditur crasfiusculum.

GMELIN Nov. Edit. Syft. Nat. Linn. Tom. I. P. 6. pag. 3481. no. 45.

V. BORN Index rerum Nat. pag. 245. Die Afterfturmhaube.

— — — Teftacea Muf. Caef. pag. 252. tab. 9. fig. 13. *Buccinum mutabile*, tefta ovata, longitudinaliter plicata, ftriis rarioribus transverfis incifa; spira conica, anfractus fex diftincti; apertura ovata; Labrum incrasfatum; Labium replicatum, expanfum; bafeos subtus effufae canalis reflexus,

Kinkhörner. Tab. 188. Fig. 1810. 1811.

flexus, extus oblique marginatus; Color pallidus albo luteoque varius. Pro aetate testae superficies variat.

FAVANNE Conchyl. Tab. 33. fig. S. 2.

— — Catal. rais. no. 823. La *Mauviette jaspée*. Die Jaspisfärbige Ackerlerche.

Man würde sehr viele Schnecken, veränderliche, nennen müßen, wenn sie nach der Verschiedenheit ihres Alters, Wohnortes, Farbenkleides sollten benannt werden. Viele der jüngeren, (ich rede von Schnecken einer und eben derselbigen Gattung,) sind dünnschalicht, spiegelglatt, ohne Lippensaum, und bey den Strombis ohne Flügel und Finger. Aber ältere ausgewachsene sind dickschalicht, sitzen wie alte Leute voller Runzeln und Falten, und haben einen starken Lippensaum, und bey Strombis einen weit ausgedehnten Flügel und sehr lange Finger. Bey vielen der jüngern bemerket man ein frisches jugendliches Farbenkleid und einen tiefen Nabel, aber dagegen bey vielen alten und bejahrten ein verbleichtes abgetragenes Farbenkleid und einen verwachsenen und verschlossenen Nabel. Das sind ja lauter erhebliche Veränderungen. Aber bey dieser Gattung, von der wir hier reden, muß doch wohl das Veränderliche dem Linne besonders aufgefallen seyn, weil er ihr deßwegen den Namen der Veränderlichen beygeleget, und sie Buccinum mutabile genannt.

Ich habe dergleichen schon im vierten Bande dieses Syst. Conchyliencabinets beschrieben, bey Fig. 1194. und 1195. aber es zu der Zeit nicht gewußt, daß ich das wahre Buccinum mutabile Linnaei in der Hand gehabt. Meine damalige Vermuthung, es könne jene Schnecke wohl das Buccinum nitidulum Linnaei seyn, war desto irriger und unwahrscheinlicher, da ich es sogleich hätte vermuthen und errathen sollen, Linne müße nothwendig bey seinem diminutivo, Buccinum nitidulum eine ungleich kleinere Schnecke gemeinet haben. Ich will daher meine Leser ersuchen, jene Worte im vierten Bande zu durchstreichen, und dafür Buccinum mutabile hinzuzusetzen. Das Vaterland habe ich sehr richtig angegeben. Es wohnet die dort vorgestellte Varietät des Buccini mutabilis in ziemlicher Anzahl an den Tranquebarischen Ufern.

Die hier abgebildete, wird beym obersten Rande ihrer Umläufe wie von einer Halsbinde, darauf weiße und rothbräunliche Flecken abwechseln, umgeben. Die Schale ist glatt, allein auf den letzteren Stockwerken des gestreckten Wirbels siehet man viele senkrechte, und bey der Basi viele queer-

queergezogene Streifen. Völlig ausgewachsene Stücke haben eine verdickte Mündungslippe, welche innerlich durch starke Streifen rauh gemacht, und unten, nahe beym zurückgebogenen kurzen Schnabel, sogar fein gezähnelt wird. Bey manchen mehr bejahrten, pflegen auch wohl vom Wirbel bis zur Basi herablaufende Falten und Runzeln zu stehen. Bey zunehmenden Jahren leget sich auch wohl über die Spindellippe ein labium album crassiusculum hinüber.

Linne, Lister, Bonanni und andere behaupten es einstimmig, das Mittelländische Meer sey das Vaterland dieser Gattung, wiewohl man sie auch in andern Meeren zu finden, und beydes aus Ost = und Westindien uns zuzuführen pfleget.

Tab. 188. Fig. 1812. 1813.
Ex Museo Spengleriano.
Das geringelte Kinkhorn.
Buccinum annulatum,

testa subcylindrica, alba, annulis seu cingulis valde elevatis circumdata; labro acuto, sub cingulis parum sinuato; labio incrassato.

Das Gürtel=Kinkhorn, dessen Abbildung im Catal. des Davila Tom. l. tab. 8. fig. 5., in Knorrs Vergnügen der Augen Tom. 3. tab. 7. fig. 2., im Systematischen Conchylienwerke Tom. 3. fig. 1089., in Schröters Einleitung zur Conchylienkenntniß Tom. l. tab. 2. fig. 8., und am größesten und deutlichsten in Favannens Conchyliologie Tab. 34. fig. E. gesehen wird, heißet bey den Franzosen, je nachdem es mit einem, zween, drey oder vier Gürtel umgeben ist, Cabestan simple, double, triple, quadruple. Vom Martini wird es sehr unrichtig, die Vortreppe, im dritten Bande des Syst. Conchyliencabinets Fig. 1089., und vom Gmelin in der neuesten Ausgabe des Linneischen Natursystems Buccinum Scala (cf. Tom. I. P. 6. pag. 3485. no. 61.) und vom Linne in der Mantissa Buccinum cingulatum genannt. Eben dieses Buccinum cingulatum wird vom Gmelin, ob es gleich schon unter dem Buccino, das bey ihm Scala heißt, stecket, abermals loco supra citato pag. 3506. no. 171. und noch dazu an einem Orte, wo man es nimmer gesuchet, nemlich in der Unterabtheilung, welche Buccina turrita, laevia, subulata enthält, aufgeführet. Linne muß ein gerechtes Bedenken gehabt haben, ob diese Schnecke nicht vielmehr

mehr den Muricibus als den Buccinis beygezählet werden müße, weil er beym Worte Buccinum ein Fragezeichen beygesetzet. Linne nennet aufs Vorgeben des D. Königs, Island; und Martini, Ostindien; als Wohnstelle dieser Schnecke. Lister will sie von Maryland in Nordamerika, nach Tab. 1059. seiner Histor. Conchyliorum; und das Museum Portland. nach no. 3516. sie eben daher als ein Foßil; Favart d' Herbigny aber dieselbe von Südamerika aus der Magellanischen Straße, nach der Außage seines Diction. Tom. I. pag. 156. bekommen haben. Ich besitze ein Dutzend derselben, die mir insgesamt vom Vorgebürge der guten Hofnung zugeschicket worden. Einige höchst seltene Varietäten habe ich unter den Muricibus des zehnten Bandes abzeichnen laßen.

Nun alles obige habe ich nur beyläufig zur näheren Bekanntmachung des Buccini cingulati Linnaei um deßwillen bey dieser Gelegenheit anführen wollen, weil jenes mit unserm jetzigen geringelten Kinkhorn, oder Buccino annulato, in sehr naher Verwandschaft stehet. Auf der ersten Windung erblicket man drey Ringe, oder drey starke, merklich erhobene, wohlgerundete Gürtel oder Ribben, und dazwischen tief ausgekählte Furchen. Auf den höheren Stockwerken leget nur ein einiger Ring sich um die Schnecke herum. Die Form derselben ist cylindrisch. Sie hat, so klein sie ist, doch sechs Umläufe. Ihre Grundfarbe ist weiß. Die äußere Lippe ist scharf und schneidend, und bey den Ringen ein wenig ausgebogen. Die Spindellippe ist dicke und wulstig. Es gehöret dieses Kinkhorn zur Zahl der neuentdeckten, welche man bey den Cookischen Reisen um die Welt kennen gelernet. Es wohnet in der Südsee.

Tab. 188. Fig. 1814. 1815.
Ex Museo nostro.
Der Kaffee-Löffel.
Buccinum vittatum, Linnaei,
testa ovato, turrita, livida, emarginata, nitida, unica tantum serie crenularum in sutura anfractuum cincta, apertura ovata, subtus effusa, marginata, labro albo fimbriato.

Gall. La Cuilliere à Caffé.

Das bekannte bewundene Kinkhorn, Buccinum vittatum Linnaei, welches gemeiniglich auf seinen Umläufen, wie mit einer doppelt geferbten

Binde

Kinkhörner. Tab. 188. Fig. 1814. 1815.

Binde (in futura anfractuum duplici vitta crenulata) umgeben wird, habe ich schon im vierten Bande dieses Conchylienwerkes bey Fig. 1461—1463. ferner bey Fig. 1468—1471. beschrieben. Den ihr damals ertheilten unrichtigen Namen einer gekerbten Schraubschnecke, daraus andere eine gekerbte Nadel gemacht, wünschte ich völlig ausgemerzet zu sehen, da er sich auf viele ihrer Varietäten, die aller Einkerbungen ermangeln, und doch unläugbar zu dieser Gattung gehören, ganz und gar nicht anwenden läßet. Die Franzosen nennen das Buccinum vittatum Linnaei den Kaffee-Löffel, (wie man solches aus des Favanne Catal. raisf. no. 1383. pag. 272. ersehen kan.) Möchte doch dieser Name, da er sich für alle Abänderungen deßelben bestens schicket, angenommen und allgemeiner gemacht werden. Die gewöhnliche Gattung des Buccini vittati Linnaei bekommen wir hieselbst überreichlich von Tranquebar. Wer ihren inneren Bau kennen lernen will, dem empfehle ich des Superintendent Schröters nützliches Werk vom innern Bau der Schnecken Tab. 3. Fig. 8. pag. 52. nachzuschlagen. Dasjenige Buccinum vittatum, welches ich hier abbilden laßen, und nun mit wenig Worten bekannter machen will, werden die mehresten vergebens in ihrer Sammlung suchen. Vor einigen Jahren erkaufte ich eine ziemliche Parthie vorzüglich guter Schnecken, die insgesamt bey den Ufern der Insul Ceylon waren aufgesammlet worden. Darunter fand ich zu meiner Freude mehrere Exemplare von dieser feinen Schnecke. Ich überreichte einige derselben meinem hiesigen ältesten und bewährtesten Freunde, dem Herrn Kunstverwalter Spengler. Er glaubte anfänglich unter den vielen, die er vom Buccino vittato besitze, müßten doch wohl einige ihnen völlig gleichende befindlich seyn. Allein all sein Nachsuchen war vergebens, und nun waren ihm diejenigen, so ich ihm überreichet, desto lieber und willkommener.

Worinnen ist denn, werden manche fragen, die hier abgezeichnete, von dem gemeinen Buccino vittato eigentlich unterschieden? Sie hat ja ebenfalls acht Stockwerke, eine gleichmäßige thurmförmige Bildung, ein grauweißliches, und auf den höheren Windungen bläulichtes Farbenkleid u. s. w. Worinnen bestehet nun der Unterschied? Die Schale der jetzigen ist ungleich dünner, zarter, glatter, niedlicher und glänzender. Die Queerfurchen sind so fein, daß man sie kaum mit bloßen Augen sehen kan. Bey den Absätzen der Windungen, in futura anfractuum, stehet keine verdoppelte, sondern nur eine einfache, aus den feinsten, regelmäßigsten, weißlichen Einkerbungen zusammengereihete Halsbinde, die durch keine Queerfurchen unterbrochen wird. Endlich so wird die Lippe, und gleichfalls unten bey der Mündung, der Ausschnitt auf das zierlichste von einem schönen weißen Saume eingefaßet. Es ist da keine scharfe und schneidende Mündungslippe, wie bey den andern Exemplaren des Buccini vittati zu finden, sondern ein labrum fimbriatum marginatum, oft gar duplicatum. Daß bey Ceylon ihre eigentliche Wohnstelle und das wahre Vaterland dieser Gattung sey, habe ich schon oben angemerket.

Tab. 188. Fig. 1816.
Ex Museo nostro.
Varietät der vorigen Gatttung.
Varietas notabilis Buccini vittati, testa turrita; diversimode fasciata, spirae anfractibus decussatim striatis.

Hier sehen wir wiederum eine merkwürdige Abänderung vom Buccino vittato Linnaei, von der es gleichfalls wieder viele Nebenarten giebt. Denn die Natur, oder besser, der Herr der Natur, ist unerschöpflich in seinen Erfindungen und in der Verzierung und Verschönerung seiner Geschöpfe. Die zuvor beschriebenen Arten des gleichsam mit einer Haarbinde umwundenen Kinkhorns, des Buccini vittati, waren glatt; sie wurden nur von einigen parallel laufenden weitschichtigen Queerstreifen umgeben, und nahe bey der Nath ihrer Umläufe bald nur mit einer einfach gekerbten Binde, bey den mehresten mit einer doppelt gekerbten Binde umzingelt. Bey dieser Varietät befindet sich zwar auch die doppelt gekerbte Queerbinde, aber ein ganz anderes Farbenkleid. Auch ist sie schmähler, dünnschalichter, thurmförmiger. Einige dieser Art haben ein einfärbiges dunkel- oder lichtbraunes, andere ein gelbliches, wieder andere ein weißes oder auch aschgraues und bläulichtes Farbenkleid; wieder andere werden von weißen, gelblichen, bläulichten und andern Bändern umwunden. Hernach so laufen von der Spitze viele senkrechte Streifen herab, die von vielen Queerstreifen durchkreuzet werden, dadurch denn die Schnecke ganz rauh und granuliret gemacht wird. Jedoch machen hievon die beyden untersten Windungen, als welche größtentheils glatt sind, eine merkliche Ausnahme.

Mir sind mit den letzteren, im vorigen 1794sten Jahre allhier zurückgekommenen ostindischen Schiffen, gar sehr viele von dieser Art zugesandt

sandt worden, welche man bey Tutucoryn, nahe beym Vorgebürge Comorin, auf der Malabarischen Küste, gefunden. Ich habe mich sorgfältig darnach umgesehen, ob ich bey keiner einigen eine Mündungslippe, wie bey der Fig. 1814. und 1819. beschriebenen Gattung, oder, da sie frisch gefangen worden, ihren Deckel oder Operculum entdecken möchte? Allein alles Nachforschen war vergebens. Ich fand nirgends eine umgelegte Lippe noch einen Deckel.

Tab. 188. Fig. 1817. 1818.
Ex Museo nostro.
Das hektische Kinkhorn. Die eingedrückte Nabel.
Buccinum Hecticum Linnaei,

testa turrita, emarginata, laevi, alba, maculis quadratis rufescentibus pallidis, quasi decoloratis, seriatim positis, notata, margine superiore gyrationum depresso seu attenuato, inferiore incrassato, apertura ovali, labro acuto, labio planiusculo torto.

LINNAEI Syst. Nat. Edit. 10. sp. 417 pag. 741.

— — — — Edit. 12. sp. 482. pag. 1206. Buccinum hecticum, anfractibus bifidis margine superiore compresso attenuatis. Habitat in Oceano Africano.

Es kostet würklich nicht wenig Mühe und Arbeit, um sich durch den Wust der vielen grundfalschen Erklärungen und Widersprüche solcher Conchyliologen, die sich mit der Auslegung und Erläuterung des Linneischen Natursystems abgeben, hindurch zu arbeiten. Ein gründlicher Retzius zu Lund in Schonen, ein vortreflicher Thunberg zu Upsal, ein würdiger Schüler des Linne, Solander, der so viel tausend Conchylien im Museo Britanico und im Museo der Herzogin von Portland unter Händen gehabt, benannt und geordnet, ein D. Schmidt zu London, welcher die ganze Naturalien- und Conchyliensammlung des Linne, zum größten Schaden und zur Schande für Schweden, an sich gekauft, ein einsichtsvoller Hwaß zu Paris, und dergleichen Männer, würden uns weit sicherer führen können, als viele verblendete Leiter, die wenige Conchylien haben und kennen, selber im Finstern herumtappen, und doch andern Blinden den Weg zeigen wollen. Insonderheit herrschet bey der letzten Unterabtheilung Linneischer Kinkhörner darinnen von Buccinis turritis

ritis et subulatis die Rede ist, eine solche Verwirrung bey vielen Auslegern des Linne, daß ein mit Luthers Geist beseelter Feuerkopf und Reformator nöthig wäre, um die Conchyliologie einmal von den schrecklich überhand genommenen Sauerteige der Irrthümer und falschen Citationen zu reinigen. Ich rathe es einem jeden, den Linne selber zu studieren, sich genau an die vom Linne angegebenen Kennzeichen zu halten, und sich auch selbst in seinem Natursystem an die vielen falsch citirten Abbildungen, die uns öfters nur auf ähnliche Stücke hinweisen sollen, nicht zu kehren, weil solche bey manchen Gattungen nicht von ihm selbst, sondern von seinen Schülern herrühren.

Linne hat anfänglich, da er das Museum Reg. Lud. Ulr. ausgearbeitet, viele thurm- und nabelförmige Kinkhörner unter vier Gattungen zusammengefaßet, und gewiß damals das Buccinum subulatum, hecticum und dimidiatum unter der Gattung des Buccini maculati mitbegriffen. Wären die ersteren, daraus er erst hernach eigene Gattungen gemacht, von ihm so genau und umständlich, wie er alles im Museo Reginae zu beschreiben pfleget, (denn er mußte allemal des Abends der Königin und ihren Damen vorlesen, was er den Tag hindurch aus ihrem Cabinette zu Drottningholm beschrieben,) characterisiret, und auch die kleinsten Unterscheidungsmerkmale mit angegeben worden; so würde alles leichter zu erkennen seyn, und wir uns weit eher zurecht finden können.

Unter den thurm- und nabelförmigen Buccinis des Linne hat nun vollends das Buccinum hecticum das Unglück gehabt, fast von allen verkannt, und fast von niemanden recht erkannt zu werden. Es ist auch würklich weit seltener, als jene anderen Gattungen. Man findet bey demselben keine unabgetheilten Stockwerke, wie beym Buccino subulato, sondern es hat getheilte Stockwerke, die in zwey ungleiche Felder, in ein breiteres und schmahleres, abgesondert werden. Diese Abtheilung wird durch keine tiefe Furche, wie beym Buccino duplicato et dimidiato Linnaei unterschieden, sondern bloß dadurch verursacht, daß der obere Rand nahe bey der Nath oder Sutura wie eingedrückt erscheinet, und dadurch etwas niedriger, vermuthlich auch etwas dünner gemacht wird, als der vorhergehende Rand. Dergleichen meinet nun Linne, wenn er von einem margine superiore compresso attenuato redet. In der Zeichnung und Abbildung, hat sich bey aller Aufmerksamkeit, die Sache nicht so deutlich, einleuchtend und augenscheinlich vorstellen laßen, als

ich

Kinkhörner. Tab. 188. Fig. 1817. 1818.

ich es wohl gewünschet. Dergleichen läßt sich auch beßer am Originale sehen und wahrnehmen, als beschreiben und in der Abbildung darstellen. Warum hat aber wohl Linne dieses Kinkhorn das hectische genannt? Vermuthlich um deßwillen, weil dessen blaßröthliche, viereckigte, reihen- und bänderweise auf weißlichem Grunde dahingestellten Flecken nie lebhaft, sondern stets wie verbleicht, als habe der Bewohner die Auszehrung oder Hectic gehabt, gesehen werden. Auch die dünne Farbe, dadurch der niedergedrückte verdünnete Rand wie bandirt wird, erscheinet eben so verbleicht. Ich besitze von dieser Gattung ein ganz frisches glänzendes Exemplar, welches fünftehalb Zoll lang und mit zwanzig Stockwerken versehen ist. Allein die sämtlichen Flecken sind darauf eben so blaßröthlich, als die Wangen eines hectischen Menschen. Linne nennet die afrikanische Küste als die Wohnstelle des Buccini hectici. Ich habe mein Exemplar aus Ostindien bekommen.

Obs. 1. Oftmals bekommt man das Buccinum dimidiatum ebenfalls mit sehr hectischen blaßrothen Flecken. Da muß man nun nicht unbedachtsam zufahren, und sogleich glauben, das rare Buccinum hecticum Linnaei zu besitzen. Erst müssen die andern weit zuverläßigern Kennzeichen vorhanden seyn, ehe man sich aus Farbenkleid kehren kan.

Obs. 2. Der Herr Hofrath von Born redet in seinen Testaceis Mus. Caes. Vindob. pag. 263. von einem Buccino candido, dessen Abbildung daselbst Tab. 10. Fig. 8. gesehen wird. Es ist das Gegenbild von unserm Buccino Hectico. Das unsrige hat anfractus bifidos prope suturam diminuatos, depressos, attenuatos, jenes aber anfractus integerrimos indivisos, prope suturam incrassatos. Doch vermuthe ich, daß ihr color niveus nicht natürlich sey, sondern durch die starke Sonnenhitze ihr wahrer eigentlicher Farbenschmuck ausgebleichet worden. Es ist also wahrscheinlich keine neue Gattung, sondern ein abgebleichtes Buccinum dimidiatum Linnaei.

Einleitung
zum Geschlecht der Stachelschnecken
welche
beym Linne Murices heißen.

Nach der Ordnung des Linneischen Natursystems sollten nunmehro auf die Kinkhörner (Buccina), die Flügelschnecken (Strombi) folgen. Allein da ich nur vier neue Gattungen aus diesem Geschlechte darzulegen habe, und der Mahler noch dazu diese wenigen den Muricibus anhangsweise beygesetzet: so werden sich meine Leser bis dahin gedulden, und diese Versündigung gegen die chonchyliologische Rangordnung gütigst verzeihen und übersehen. Die Murices haben unter allen Geschlechtern der Conchylien die meisten Kinder und Mitglieder. Stachlichte Fußangeln werden von den Lateinern Murices genannt. Da nun die mehresten, welche man unter die Mitglieder dieses Geschlechts aufgenommen, ebenfalls rauh, uneben, blätterich, dornicht und stachlicht sind, voller Furchen, Streifen, Ribben, Falten, Wulste, Leisten und Knoten sitzen, so hat man diesen den Namen der Fußangeln beygeleget, und sie insgesamt Murices genannt. Daß sich Linne bey seinen Claßificationen und Unterabtheilungen an den Farbenschmuck der Schnecken wenig, ja gar nicht gekehret, weil derselbe gar zu oft variiret und verschieden ist, und daher also kein sicherer und beständiger Character hergenommen werden kann, solches wißen alle, die den Linne näher kennen gelernet, und auf seine Art zu verfahren oder auf seine Handelsweise gemerket. Daß sich auch Linne durch keine Auctoritäten der ältern und neuern Conchyliologen, (welche selbst Voluten, Sturmhauben, Flügelschnecken und eine Menge von Kinkhörnern ihren Muricibus beygesellet, und es zuletzt selber nicht mehr gewußt, welche sie nach ihren schwankenden Begriffen und elenden Charakteren in dies Geschlecht mit hineinnehmen und davon ausschließen sollen) im geringsten

Einleitung zum Geschlecht der Stachelschnecken.

sten verführen und blenden laßen, sondern seinen eigenen Weg fortgegangen, und solche Leute weit übersehen, werde ich als etwas allgemein bekanntes nicht erst beweisen, und durch viele Zeugniße außer Zweifel setzen dürfen. Wer die vom Linne angegebenen und genau bestimmten Kennzeichen bey diesem Geschlechte recht merket und kennen lernet, dem wird es hernach desto leichter fallen, die Murices zu erkennen, und sie von den Gattungen anderer Geschlechter zu unterscheiden. Murray in seinen lehrreichen Fundamentis Testaceologiae schreibet pag. 37. bey Fig. 15. Character Muricis petitur e cauda recta. Bey diesen Hauptkennzeichen wird man sich nicht leichte verirren. Doch kan und will ich es nicht läugnen, es giebt allerdings Fälle, dabey es schwer hält, bey manchen Gattungen die Gränzlinie zwischen Kinkhörnern und Muricibus zu bestimmen. Auch verfallen Anfänger gar zu leichte in den Fehler, daß sie unausgewachsene Flügelschnecken für Murices ansehen. Desto mehr muß ihnen Aufmerksamkeit und Behutsamkeit empfohlen werden.

Von den Muricibus sind in diesem Bande folgende abgebildet und beschrieben worden.

Tab. 189. Fig. 1819. 1820. Die größte Art der Spinnenköpfe. *Murex Tribulus maximus.*

Tab. 190. Fig. 1821. Fig. 1822. } Der doppelte Spinnenkopf. *Murex Tribulus duplicatus.*

Fig. 1823. 1824. Das kleine Falblatt. Der kleine blätterichte Murex. *Murex foliaceus minor.*

Fig. 1825. 1826. Der Keulenträger. *Murex Clavator.*

Fig. 1827. 1828. Der Südseeische oder Chinesische Thurm. *Murex Turris Australis seu Chinensis.*

Fig. 1829. 1830. item 1833. 1834. } Die höckerichte Stachelnadel. Murex gibbosus.

Fig. 1831. 1832. Der gecrönte Thurm. Murex Turris coronata.

Fig. 1835. 1836. Der Jungfernthurm. Murex Turris virginea.

Tab. 191. Fig. 1837. 1838. Der Oelkuchen. Murex Pileare Linnaei.

Fig. 1839. 1840. Der Spenglerische Murex. *Murex Spengleri.*

100 Einleitung zum Geschlechte der Stachelschnecken.

Tab. 191. Fig. 1841. 1842. Der Schiffswimpel. *Murex Ampluftre.*
Tab. 192. Fig. 1843—1846. Die wahre Kröte. Murex Bufonius.
Fig. 1847. 1848. Die knotige Holzbirne. Murex Pyrum nodofum fylveftre.
Fig. 1849. 1850. Der Capuzinermönch. Murex Monachus Capucinus.
Fig. 1851. 1852. Der wellenförmige Murex. Murex undatus.
Tab. 193. Fig. 1853. Die Feige des rothen Meeres. *Murex Ficus Maris Erythraei.*
Fig. 1854. 1855. Eine jüngere Feigenschnecke des rothen Meers. *Murex Ficus junior Maris Erythraei.*
Fig. 1856. 1857. Der heimliche Murex. Murex clandeftinus.
Fig. 1858. 1859. Der Dreyfuß. Murex Tripus.
Fig. 1860. 1861. Neue Art von Kaulfröschen. Varietas notabilis Muricis Gyrini.
Fig. 1862. 1863. Der Saitenspieler oder Harffenspieler. Murex Citharoedus.
Fig. 1864—1866. Das Diftelhorn. Murex Senticofus Linnaei.
Tab. 194. Fig. 1867. 1868. Das Südseeische Tritonshorn. *Murex Tritonis, Tritonium auftrale.*

Stachelschnecken. Tab. 189. Fig. 1819. 1820.

Tab. 189. Fig. 1819. 1820.
Ex Muf. Acad. Hafnienfis et noftro.

Der größte Spinnenkopf.

Murex Tribulus maximus,
tefta ovali, transverfim ftriis elevatis rufefcentibus in fundo exalbido inftructa, aculeis latis, fisfis, longisfimis, interdum curvatis, ordine triplici difpofitis armata et circumftipata, roftro canaliculato, recto, elongato, fimiliter fpinofo; labro aculeato et penes aculeos disfecto et quafi dentato; labio membranaceo glaberrimo fupra partem ventris dilatato et explanato, fauce brunnea.

Angl. Great thorny Woodcock. *Belg.* Spinnekop. *Gall.* La grande Becaſſe epineuſe.

Bey den Spinneköpfen muß man drey verschiedene nicht untereinander vermischen, sondern sorgfältig unterscheiden, nemlich den einfachen, den gedoppelten, und den ausnehmend großen. Der einfache ist sehr gemein. Wir bekommen ihn hieselbst in Menge von den Tranquebarischen Ufern. Auch Rumph bezeuget es in seiner Amboinischen Raritätkammer bey Tab. 26. Fig. G: man finde diese Gattung sehr häufig auf allen flachen sandichten Stranden bey Amboina. Sie gereichten den Fischern beym Aufziehen der Netze zur größten Plage, indem sie durch die Spitzen derselben an ihren Füßen verwundet würden. Ich besitze einige derselben mit ihren horn- und lederartigen, eyförmigen, mit feinen concentrischen Streifen und Falten gezierten Deckeln, dergleichen nach Rumphs Zeugniß in Ostindien zum Rauchwerk gebrauchet wird. Der sehr große, mit den längsten Stacheln versehene Spinnenkopf, welchen ich hier zu beschreiben habe, ist desto seltener. Und der doppelte, wenn man vollends so glücklich ist, ihn ganz unbeschädiget und unversehrt zu bekommen, das ist der allerrareste und seltenste.

Den vorzüglich großen Spinnenkopf hat zwar schon mein Vorgänger, der seelige Martini, im dritten Theile dieses Systematischen Conchylienwerkes bey Fig. 1052. abbilden laßen, und ein wenig beschrieben. Allein der hier abgebildete, welchen ich aus der Naturaliensammlung der Copenhagener Universität, in der mehrere Exemplare von dieser großen Gattung liegen, entlehnet, läßet jenen aufs weiteste hinter sich zurücke. Er ist im rothen Meere, wo es viele derselben geben soll, herausgefischet, und von der gelehrten Geſellſchaft, die unſer höchſtſeliger König Friedrich der Fünfte nach Arabien geſandt, hieher geſchicket worden. Er iſt ſieben Zoll lang, drey und einen halben Zoll breit, (wenn nemlich die Stacheln mitgemeßen werden) und mit dem oberſten Stachel des Rückens drey Zoll hoch. Einige ſeiner geſpaltenen, etwas gekrümmten und gebogenen Stacheln haben die Länge von zween Zollen. Nur wenig Conchylienſammlungen werden ſo ausnehmend große, ſo unverſehrt erhaltene, und ſo vollkommen friſche Exemplare aufweiſen können, als hier davon in der Univerſitäts-Naturalienſammlung befindlich ſind. Ich zähle bey dieſer Schnecke acht Stockwerke, davon beſonders das erſte hochgewölbet und bauchigt iſt. Ueber die Windungen laufen ſtarke Queerſtreifen hinüber, welche genau mit den hervortretenden Stacheln einerlei Richtung nehmen, oder einerlei Linie halten, daher man die Stacheln als eine verlängerte Ausdehnung der Streifen anſehen möchte. Dieſe erhabenen Queerſtreifen erſcheinen als rothbraun gefärbte Binden. Ihre dick aufgetragene Farbe ſchimmert auch bey den inneren, bis zum Glanze glatten, bräunlich gefärbten Wänden ſehr deutlich hindurch. Man erblicket auf dieſer anſehnlichen Schnecke drey ſenkrecht herablaufende Hauptreihen oder Abtheilungen von Stacheln, darauf Linne zielet, wenn er bey der Gattung, die in ſeinem Syſtem Murex Tribulus heißt, im Muſeo Reg. Lud. Ulr. pag. 626. no. 292. von ſpinis ſetaceis trifariis, oder von ſuturis tribus longitudinalibus adglutinatis incraſſatis, oder von ſpinis ſerie triplici ſpiram, ventrem caudamque armantibus redet. Einige dieſer Stacheln ſind länger, andere kürzer. Einige ſind gerade, andere gekrümmet, alle aber ſind etwas geſpalten und ausgehöhlet. Warum aber dieſer Gattung ſo ſehr viele, dazu ſo lange, geſpaltene und gekrümmte Stacheln zugetheilet worden? was hierbey die Abſicht und Endurſache des allerweiſeſten, nichts ohne hinreichenden Grund und Urſache veranſtaltenden Schöpfers ſeyn möge? das will ich andern zu erforſchen und zu beſtimmen überlaßen. Ich habe davon allerhand Gedanken und Vermuthungen, wage es aber nicht, meine Leſer damit aufzuhalten. Die ungewöhnliche Länge des rinnenförmigen, dreyeckigten, etwas geöfneten, auf allen Seiten mit langen und kurzen Stacheln, wie mit Palliſaden, beſetzten Schnabels oder Schwanzes, wird die getreue wohlgerathene Abbildung anſchauender darſtellen, als es meine Feder zu thun im Stande iſt. Wozu derſelbe diene? Ob der Bewohner darinnen, nach einiger Vorgeben, ſeine ſonderbare Zunge, wie in einer Degenſcheide, verberge? davon weiß ich nichts gewißes zu melden. Bey der faſt rundartigen Mund-

öfnung

öfnung zeigen sich an der äußeren Lippe manche Stacheln, und bey derselben tiefe Ausschnitte und Einkerbungen, als wäre die Lippe mit Zähnen versehen worden. Die innere Lippe leget sich wie ein pergamentartiges Blatt über einen Theil des Bauches hinüber. In meiner Sammlung lieget zwar eben diese Gattung der größten Spinnenköpfe; allein sie ist weit kleiner, als die hier abgebildete; auch pranget sie mit keinem so frischen Farbenschmucke. Sie ermangelt auch auf ihrem weißen Grunde der rothbraunen Queerbinden, dadurch jene nicht wenig verschönert werden.

Tab. 189. Fig. 1821. Tab. 190. Fig. 1822.
Ex Museo Spengleriano et nostro.
Der doppelte Spinnenkopf.
Murex Tribulus duplicatus.

testa ovata, spinosissima, striis transversis nodulosis cincta, trifariam divisa, spinis fere parallelis, acutissimis, longissimis, inaequalibus, majoribus et minoribus curvatis et rectis multo pluribus et longioribus quam in Murice Tribulo simplici munita et muricata; cauda elongata, recta, triquetra, parum fissa, utrinque valde spinosa, labro aculeato crenato; labio explanato; apertura ovali in caudae canalem desinente.

Belg. Een dubbelde Spinnekop. *Angl.* Double spined thorny Woodcock. *Gall.* La grande Becasse epineuse. Chausse Trape Pourpre. L'Araignée.

RUMPH Amboin. Tab. 26. no. 3. De *dubbelde Spinnekop.* Het *Neeten Kammetje.* (Der Nißkamm.) Een heel zeltzaam Stuk waardig om te beschouwen.

GUALTIERI Index Conchyliorum Tab. 31. fig. B. (Es ist die 4te in der obersten Reihe, oder A. 4. Man muß zur 4ten Figur das B. beysetzen, denn so erfordert es der dabey stehende Text. Folglich haben sowohl Linne als Martini ganz recht citiret.) Purpura rectirostra striata, mucronata, muricata, aculeis spissioribus acutis, longis, rectis, nonnullisque incurvis; canaliculo longissimo similiter insigniter muricato: nam in hac Purpura septem sunt aculeorum ordines, adeo ut difficillimum sit eos omnes prouti sunt exactissime delineare; tota est subalbida.

104 Stachelschnecken. Tab. 189. 190. Fig. 1821. 1822.

HEBENSTREIT Muſ. Richterianum pag. 316. Tribulus major duplici ſpinarum ſerie horridus.

KLEIN Tentamen meth. oſtrac. §. 183. Sp. 2. pag. 64. Tribulus roſtratus duplex. Cochlis globoſa, longiroſtra muricibus longis acutis denſisque hiſpida, ſpinis longioribus cum minoribus ſuper buccino grandiusculo roſtrato in tribus ſeriebus alternantibus.

D' ARGENVILLE Conchyl. tab. 16. Fig. A. La Pourpre A. eſt extrêmement belle; ſa couleur eſt jaunâtre et ſa queue très-longue, garnie de grandes pointes dont on diſtingue quatre rangées avec quelques étages de petites pointes entre deux; ſon corps canelé et ſa clavicule ſont elevés et garnis de longues pointes, qui ſuivent les rangées de ſa queuë: on l'appelle la grande Becaſſe epineuſe.

SEBA Theſ. locuplet. Tab. 78. fig. 1—3. Specimen ejus generis quod ab *Aranea* nomen habet hic exhibeo duplicata ſpinarum ſerie conſpicuum, ac inſolitae magnitudinis, cui par aliud rarisſime invenitur. Corpore eſt exiguo, ſi ſpinas valde exporrectas et nonnihil aduncas conſideres. Utraque facie depictum eſt. No. 3. ſimile aliud minus tamen et ceterum a priore non discrepans. Dilute flavi utrumque coloris eſt.

Knorrs Vergnügen der Augen Tom. 5. Tab. 27. fig. 1. pag. 42. Die doppelt gezackte Spinne, deren Stacheln nicht nur in der Zahl weit ſtärker, ſondern auch länger und dünner ſind. Vollſtändige Exemplare ſind keſibar und ſelten. Da dieſe Stacheln nicht hohl ſind, ſo ſiehet man es nicht, warum der Einwohner mit einer ſolchen ſtachlichten Schale bewaſnet worden.

DAVILA Catal. rais. Tom. I. no. 379. pag. 202. Une Pourpre des Indes blanche veinée de fauve, à trois côtes longitudinales chargées dans toute leur longueur d'epines fines ou arretes longues, pointues, et recourbées, à queue longue creuſée interieurement en canal, eſpéce nommée en France la grande Becaſſe epineuſe, et en Hollande l'Araignée.

FAVART d'HERMIGNY Dictionaire d'Hiſtoire naturelle Tom. I. pag. 66. *Grande Becaſſe epineuſe*. Purpura magna ſpinoſa, ſeu Purpura transverſim canaliculata et ſtriata; in ſpiris, in corpore ſubrotundo, et in canali roſtrato, maxime elongato, tenui, longisſimis aculeis vel ſpinis per ſeriem et longitudinem in triplici vel quadruplici ordine regulariter armata et ſingulariter inſtructa, apertura elliptica et colore ſubalbido. Item pag. 209. Chauſſe Trape Pourpre. Purpura ſpinoſa canali tenui

Stachelschnecken. Tab. 189. 190. Fig. 1821—1822.

tenui maxime elongato, aculeis acutissimis in tribus ordinibus dispositis armata, canaliculata, ex colore cinereo purpurascente nebulata, Tribulus specifice dicta.

Regenfuß Conchylienwerk Tom. 2. tab. XI. fig. 46.

v. BORN Testacea Mus. Caes. Vindob. pag. 288. Murex Tribulus spinis subaequalibus duplicatis.

FAVANNE Conchyl. Tab. 38. lit: A. 2.

—— Catal. rais no. 1110. Une Pourpre très rare appellée la *grande Becasse epineuse*, ou la *Becasse epineuse double*, ou le *Squelette de Poisson*, ou le *Peigne*: elle est de quatre pouces et demi de longueur. Tout le monde connoit le merite de cette Coquille l'orsqu' elle est assez bien conservée.

MUSEUM Portland. no. 3366. A fine Specimen of a scarce variety of *Murex Tribulus* Linnaei the *Venus's Comb*, or *double spined thorny Woodcock* from China, rare.

Mein Vorgänger, der gute Martini, bekennet es mit der größten Aufrichtigkeit im dritten Bande dieses Systematischen Conchylienwerkes pag. 367. er sey nicht so glücklich gewesen, ein Original des doppelten Spinnenkopfes in Berlin zu sehen und zu finden, sonst würde er dergleichen sehr gerne nach der Natur haben zeichnen laßen. Nun aber sey er genöthiget worden, sich mit solchen zu behelfen, die dem Doppelten ziemlich nahe kämen. Er stand in der Meinung, es bestehe aller Unterschied zwischen einem einfachen und gedoppelten Spinnenkopf bloß und allein in einer vorzüglicheren Größe, höherem Alter, ausgestreckteren Länge, und weit stärkeren Anzahl der Stacheln. Dieses letzte Unterscheidungszeichen ist das beste und richtigste. Wenn man bey dem einfachen Spinnenkopf auf einer herabgehenden Leiste oder Saume der Schalen nur vierzehn bis sechzehn Stacheln antrift, da wird man bey einem doppelten, vornemlich auf der Leiste, die neben der Mündung herabläuft, einige dreyßig zählen, und wenn man die Nebenstacheln, die bey den Wurzeln der größern, als kleine Auswüchse und Ableger stehen, mitrechnet, einige vierzig zusammenbringen können. Allein weder die Größe noch das Alter verursachen diesen gewaltigen Unterschied. Aus dem einfachen Spinnenkopfe kan und wird auch beym höchsten Alter nie ein doppelter werden, und die Größe kan vollends dazu ganz und gar nichts beytragen. Jener ansehnliche, bey der vorigen Figur beschriebene, aus dem rothen Meere daher stam-

stammende, den man wegen seiner vorzüglichen Größe den Riesen oder Flügelmann unter den Spinnenköpfen nennen möchte, wird dennoch wegen seiner Größe niemals auf den Namen des doppelten Spinnenkopfes einen rechtsbeständigen Anspruch machen können. Linne will den doppelten auch nur für eine mehr veredelte Varietät des einfachen gehalten wißen. So lautet seine davon ausgestellte Erklärung in der zwölften Ausgabe des Natursystems, bey der spec. 519. pag. 1214. *Nobilior Varietas* spinis longissimis integris parallelis pectinata. Allein es ist weit rathsamer, sie für eine eigene, wesentlich von jener einfachen unterschiedene Gattung zu halten.

Der doppelte Spinnenkopf wird durch die Menge seiner größtentheils parallel laufenden, dichte beysammenstehenden Stacheln und Dornen, davon einige kürzer, andere länger, einige gerade, andere gekrümmt, einige gespalten, andere ungespalten sind, auf das deutlichste und sichtbarste vom einfachen, und auch vom größten Spinnenkopf unterschieden. Linne urtheilet vollkommen recht, wenn er schreibet: (vid. Mul. Reg. Lud. Ulr. no. 292. pag. 626.) Nobilitant hanc testam spinarum longitudo, aequalitas, integritas. Was den letzteren Punkt, nemlich die integritatem anbetrift, so zweifelt Gersaint in seinem Catal. raisf. de Coquilles Tom. I. pag. 77. daß man jemals ein völlig unversehrtes Exemplar mit gänzlich unbeschädigten Stacheln finden werde. So lauten davon seine eigenen Worte: „La Becasse epineuse avec une grande quantité de pointes est beau-„coup plus rare que les autres, et il est extrêmement difficile de la trou-„ver avec quelques pointes conservées et totalement impossible de les „trouver toutes entieres.„

Ich wünschte, daß er das eben vor mir liegende Exemplar meines theuersten Freundes, des Herrn Spenglers, gesehen hätte, welches in Holland mit vierzig Gulden erkauft worden, er würde es mit vollständigen Spitzen und völlig unversehrt gefunden, und alsdann seine vorige Aussage zurückgenommen haben.

Es ist ein gar sonderbarer Einfall den ich oben aus dem Knorrischen Buche angeführet, wenn es daselbst heißt: „da diese Stacheln nicht hohl sind, so siehet man es nicht ein, warum der Bewohner mit einer so stachlichten Schale bewafnet worden.„ Sobald also nur die Stacheln hohl wären, so getrauet es sich jener Schriftsteller alsogleich einzusehen und zu erklären, warum die Schale dergestalt mit Dornen und Stacheln besetzet worden. Davon wünschte ich doch den Grund und die nähere Ursache zu wißen, wie und warum doch die Aushöhlung der Stacheln diese Einsicht

Stachelschnecken. Tab. 189. 190. Fig. 1821. 1822.

sicht und Entdeckung befördern, und Das nicht hohl seyn, dergleichen verhindern könne. Zugleich wäre ich sehr begierig, mich über folgende Frage von einem einsichtsvollen Naturkündiger belehren zu laßen, wie eine solche Schnecke mit der Menge ihrer zarten, langen, kammartig gestelten, gekrümmten, zerbrechlichen Dornen und Stacheln im Meere leben, sich auf flachen Sandstranden, darauf sie sich aufzuhalten pfleget, eingraben, und es verhüten könne, gleichsam bey jedem Schritte und Augenblicke, im Seeschlamme, im Meergrase und so vielen andern Meergewächsen verwickelt, oder vom Sande und eingeklemmten Steinen in den kleinen Zwischenräumen ihrer kammartigen Stacheln beschweret, oder von überhinrauschenden Wellen, oder bey starker Brandung mit daher rollenden Steinen zerschmettert zu werden? Wer will und wird mir doch auch das Räthsel auflösen, wie der Wachsthum ihrer Stacheln geschehen möge? Sollte derselbe etwa dem Wachsthume der Haare unseres Hauptes und der Nägel unserer Finger gleichen?

Wie soll ich aber das verstehen, wenn in den vielen oben angeführten Nachrichten der Conchyliologen, welche den doppelten Spinnenkopf beschreiben, Hebenstreit und Seba von einer duplici spinarum serie; Klein dagegen von tribus seriebus alternantibus; ingleichen Linne von spinis setaceis trifariis serie triplici ventrem caudamque armantibus; d'Argenville und Favart d'Herbigny von einer quadruplici serie spinarum reden, und Gualtieri gar septem aculeorum ordines bey ihr finden will? Ich glaube Seba und Hebenstreit wollen mit ihrer duplici spinarum serie nur soviel andeuten, daß bey jeder Leiste eine gedoppelte Reihe der Stacheln bemerket werde. Klein dagegen und Linne reden von den drey Hauptabtheilungen, dadurch die ganze Schnecke in drey Felder abgesondert wird. Dazu rechnet nun noch d'Argenville und Favart eine der vornemsten Reihen von Nebenstacheln die bey den Wurzeln der übrigen auf der Leiste hervortreten. Da kommen denn vier Reihen der Stacheln heraus. Gualtieri aber nimmt vollends alle und jede zusammen, und da er bey jenem Absatze der zunächst bey der Mündung lieget, drey Reihen von Stacheln, und bey jeder der andern beyden, zwo Reihen von Stacheln erblicket, so siehet er, was vor ihm keiner will gesehen haben, septem ordines aculeorum.

Es wohnet diese seltene Schnecke im Chinesischen Meere und beym Strande der Moluckischen Insuln. Eben habe ich ein gutes Exemplar derselben erhalten, so bey Cochin, auf der Malabarischen Küste, gefunden worden. Ihre Farbe ist grauweiß, die Mündung

108 Stacheischnecken. Tab. 189. 190. Fig. 1821—1824.

bung etwas eyförmig, und an den innern Wänden hellbraun. Der lange, auf beyden Seiten reichlich mit Dornen und Stacheln besetzte rinnenförmige Schnabel, ist ein wenig gespalten. Die äußere Lippe erscheinet wie eingeschnitten und gekerbet. Die Einschnitte haben eine rothbraune Farbe, und behalten mit den dahinter befindlichen Stacheln einerley Richtung. Auch die etwas körnichten, gleichsam aus nodulis concatenat's zusammengesetzten Queerstreifen des eigentlichen Cörpers, Rückens und Bauches dieser Schnecke stehen immer mit den Stacheln in gleicher Linie. Es ist diese Schnecke vier Zoll neun Linien lang, zween Zoll fünf Linien mit den Stacheln breit. Hieselbst sind mir nur noch ein Paar Cabinetter bekannt, darinnen ebenfalls der doppelte Spinnenkopf befindlich ist. Er lieget nemlich in der gräflich Moltkischen Sammlung und unter den Conchylien des Herrn Kaufmann Lorenzens.

Tab. 190. Fig. 1823. 1824.
Ex Museo nostro.
Das kleine Falblat. Der kleine blätterichte Murex.
Murex foliaceus minor,

testa tenui, frondosa, ovato-oblonga, caudata, subumbilicata, albida, excrescentiis seu plicis longitudinalibus membranaceis circa spiram in auriculas eductis lamellata seu multifariam lanciniata, cauda brevi canaliculata, apertura ovali.

Angl. The furbelowed Murex. The pleated Buccinum from the strait of Magellan. *Gall.* Buccin feuilleté papyracé.

FAVART d'Herbigny Tom. I. pag. 135. *Buccinum foliaceum Magellanicum minori specie*, valde ventricosum, septem spiris rotundis in acumine gradatim et regulariter desinentibus volutatum, viginti lamellis foliaceis perpendiculariter instructum, testa tenui et fragili distinctum, candore niveo intus et extus et undique praeditum. Ses feuillages sont unis et non interrompus.

Neue Sammlung von Versuchen und Abhandlungen der Danziger Naturforschenden Gesellschaft. Tom. I. Tab. 3. fig. no. 111. A. B. Die Beschreibung, welche der mit der Conchyliologie bestens bekannte, nun selige Baron von Zorn verfertiget, stehet daselbst pag. 256 bis 259.

DE FAVANNE Conchyl. Tab. 79. fig. I.

Stachelschnecken. Tab. 180. Fig. 1823. 1824.

DE FAVANNE Catal. rais. no. 1109. pag. 225. La *Pourpre d' Hollande à vives arrêtes.* Nous n' avons vu que deux de ces Pourpres dans Paris.

THOMAS MARTYN Univerſal Conchol. Tom. 2. fig. 42. Flounced Buccinum. Buccinum laciniatum from Falklands Islands.

Muſeum Portland. No. 2284. pag. 104. *Murex plicatus* or plicated Murex, from Falkland's Islands, undescribed.

— — item No. 279. A non descript pleated Murex from Falkland's Islands rare.

GMELIN Nov. Edit. Syſt. Nat. Linn. Tom. I. P. 6. pag. 3536. *Murex lamelloſus,* teſta varicibus membranaceis per ſpiram continuatis ſpina terminatis. Habitat ad Inſulas Falkland.

Diejenige blättervolle Schnecke, welche von den Engeländern The furbelowed Murex; von den Franzoſen Pourpre feuilletée ou Pourpre à vives arrêtes de Magellan genannt wird, habe ich umſtändlich im vierten Bande dieſes Syſtematiſchen Conchylienwerkes bey Fig. 1297. pag. 130. ſeq. beſchrieben. Die ſchönſte Abbildung derſelben ſtehet in Thomas Martyns Univerſal Conchologie Tom. I. Fig. 6.

Die hier abgebildete iſt eine ganz eigene, von jener ſehr verſchiedene Gattung. In einigen Stücken kommen freylich beyde überein. Sie haben einerley Wohnſtelle, denn man findet ſowohl die eine als die andere in der Magellaniſchen Straße und bey den Falklands Inſuln, welche letztere ja auch nicht weit von der Magellaniſchen Straße entfernt liegen, wie ſolches allen bekannt ſeyn wird, die ſich nur ein wenig in der Geographie umgeſehen haben. Beyde Arten ſitzen voller länglichten, pergamentartigen Blätter; ihre Windungen ſind oben etwas flach, und ſetzen ſtark von einander ab. Oberwärts endigen ſie ſich in eine feine Spitze, und unterwärts in einen kurzen rinnenartigen Schwanz oder Schnabel. Aber bey dem allen befindet ſich zwiſchen beyden ein gar groſſer Unterſchied. Jene im vierten Bande bey Fig. 1297. vorgeſtellte, iſt ſehr bauchig und rund gewölbt; dieſe dagegen ungleich ſchmahler und länglichter. Jene iſt zwiſchen den Blättern rauh, geſtreift, gegittert; bey dieſer befinden ſich zwiſchen den Blättern weder Streifen noch gitterförmige Anlagen. Jene hat eine weißgelbliche Farbe; bey dieſer ſind die Blätter ſchneeweiß, und die Zwiſchenräume derſelben faſt bläulicht und braunröthlich. Jene hat wohl zwanzig Blätter auf der erſten Windung; dieſe daſelbſt nur zwölf länglichte Blätter. Die eyförmige, an den inneren glatten Wänden braun braunröthlich gefärbte Mündung, endiget sich in einen etwas gebogenen, rinnenartigen Schnabel. Ich habe diese seltene Schnecke aus der Sammlung des Doct. Solanders, welcher nebst Herrn Banks den Capitain Cook auf seiner zwoten Reise um die Welt begleitet, empfangen. Sie ist zween Zoll zwo Linien lang, und einen Zoll breit.

Tab. 190. Fig. 1825. 1826.
Ex Museo Lorenziano et nostro.

Der Keulenträger.
Murex Clavator,

testa ovali, albida, longitudinaliter plicata, (plicis ex flavido coloratis) varicibus oppositis donata, transversim striis elevatis nodosis exarata, simulque striis intermediis longitudinalibus minoribus quasi cancellata; rostro elongato, canaliculato, flexuoso; apertura ovali in canalem exeunte; labro duplicato dentato, labio dilatato.

Einige mit der jetzigen Schnecke nahe verwandte Gattungen sind zwar schon im dritten Bande dieses Systematischen Conchylienwerkes bey Fig. 745. und 746. und bey Fig. 1044 bis 1049 abgebildet und mit den Namen der Hochsterze beleget und kürzlich beschrieben worden. Allein deßwegen wird die jetzige Abbildung, dadurch eine wesentlich verschiedene Gattung dargestellet wird, gewiß nicht unnöthig und überflüßig gemacht: daß sie in ihrer Form und Bauart einige Aehnlichkeit mit einer Keule habe, und daher den ihr mitgetheilten Namen verdiene, wird niemand in Abrede seyn. Durch viele vom Wirbel herablaufende Ribben oder Falten, welche auf der Höhe des Rückens von gelblichen Bändern gezieret und dadurch sehr verschönert werden, wird diese Schnecke rauh, winkelhaft und uneben gemacht. Dazu kommen nun noch einige starke abwechselnd weiß und gelblich gefärbte Wülste oder Leisten; welche als die Ueberbleibsel des vorigen Lippensaumes anzusehen sind. Ueber die länglichten Falten gehen dicke Queerstreifen, welche auf dem Rücken der Falten, Knoten bilden, hinüber. Die Zwischenräume und Furchen werden durch feine länglichte Streifen wie gegittert gemacht. Es hat diese Schnecke sechs Stockwerke die merklich von einander absetzen. Die eyförmige Mundöfnung endiget sich in einen verlängerten etwas gedrehten, queergestreiften, krummgebogenen, rinnenartigen Schnabel. Die äußere Lippe hat einen dicken gezähnelten Saum, daran sowohl auf der inneren als äuße-

äußeren Seite, sieben Zähne sitzen. Die innere Lippe leget sich wie ein Blatt über einen Theil des Bauches dieser Schnecke hinüber. Sie wohnet bey den Stranden der Insul Ceylon.

Tab. 190. Fig. 1827. 1828.
Ex Museo nostro.
Der Südseeische oder Chinesische Thurm.
Murex Turris Australis seu Chinensis,
testa turrita, fusiformi, crassiuscula, albida, striis transversis subtiliter granulatis cincta, anfractibus rotundatis, subventricosis, rostro valde elongato, recto, labro exciso seu sinu separato.

Da Linné eine von den Ufern der Insul Java dahergekommene thurmförmige Schnecke, Muricem javanum genannt, so wird es mir desto eher vergeben werden, daß ich diese in der Südsee und im Chinesischen Meere gefundene Schnecke mit dem Namen des Südseeischen oder Chinesischen Thurmes beleget. Es befinden sich bey dieser ziemlich dickschalichten weißgelblichen Schnecke, zehen rundgewölbte etwas bauchichte Umläufe, welche von feingekörnten Queerstreifen umgeben werden. Bey der gleichsam ausgekehlten Nath, oder dichte bey den Absätzen aller Gewinde, stehen immer zween etwas feinere Queerstreifen nahe beysammen. Auch bemerket man sehr viele zarte länglicht herablaufende Streifen, welche die Queerstreifen durchcreuzen und feingekörnt machen. Der offene rinnenartige Schnabel hat eine ansehnliche Länge. Den sonderbaren Ausschnitt der äußern Lippe, welcher vielen Gattungen thurmförmiger Schnecken gleichsam eigenthümlich ist, vermißet man auch bey dieser Schnecke nicht. Sie ist drey Zoll und sieben Linien lang, einen Zoll drey Linien breit.

Mir ist aus der Südsee noch eine andere Art von Thürmen zu Theil worden, die dem zuvor beschriebenen in der Form und Bildung gleichet, allein eine dünnere gelblicher gefärbte Schale hat, und von zarteren braunröthlich gefärbten Perlenschnüren, oder von fein gekörnten Streifen umwunden wird. Auch hat mir ein Freund aus jenen entlegenen Meeren eine so genannte Babylonische Thurmschnecke mitgebracht, die vier Zoll lang, und einen Zoll drey Linien breit ist, und anstatt der auf weißem Grunde stehenden schwarzen viereckigten Flecken mit länglicht herablaufenden Flammen auf grauweißem Grunde bezeichnet wird. Auf der Mitte eines jeden

den Stockwerkes tritt eine scharfe, merklich erhobene, weiß und braungefleckte Kante hervor, und bey der Mündungslippe siehet man einen sehr tiefen, regelmäßigen Einschnitt, so wie ihn die Babylonischen Thurmschnecken zu haben pflegen.

Mir sind auch andere Nebenarten Babylonischer Thurmschnecken bekannt worden, deren ich hier nur mit ein paar Worten gedenken will. Einige, die den bekannten und gewöhnlichen in der Form völlig gleichen, haben statt der viereckigten schwarzen, röthliche Flecken. Wiederum andere werden von unzähligen kleinen und großen schwarzbraunen Puncten auf ihren Streifen bezeichnet. Noch andere haben einen ganz kurzen, gleichsam abgestumpften Schnabel; ferner stehen dichte bey der Nath oder Gränze ihrer Umläufe, zween genau verbundene erhöhete Streifen, auf welchen schwarze und weiße Striche kettenförmig, wie Gelenke, abwechseln. Alle diese in meiner Sammlung liegende Nebenarten haben bey der äußern Lippe den bekannten Spalt, oder das labrum fissum des Muricis Babylonii.

Tab. 190. Fig. 1829. 1830. item Fig. 1833. 1834.
Ex Museo Academiae Hafniensis et nostro.

Die höckerichte Stachelnabel.
Murex gibbosus,

testa turrita, longitudinaliter plicata, angulata, transversim sulcata, striata, cauda abbreviata, subumbilicata, apertura oblonga desinente in canalem rostri; labro subalato supra exciso, infra sinuato, labio reflexo.

v. born Index rerum naturalium Mus. Caes. pag. 325. Die höckerichte Stachelnabel.

—— —— Testacea Mus. Caes. pag. 321. Tab. XI. fig. 12. 13. *Murex gibbosus*, testa turrita; anfractus circiter novem transversim striati, plicis longitudinalibus decussati et supra prope suturam compresso-marginati: Venter gibbus, apertura oblonga; labrum supra sinu transverso lato fissum, margine denticulato; columella replicata laevis; rostrum rectum breve; color albus maculis pallide rubris. Patria ignota.

Obgleich schon im vierten Bande dieses Systematischen Conchylienwerkes, bey Fig. 1503. eine nahe Verwandtin der hier abgebildeten Gattungen, unter dem schlecht genug gewählten weitläuftigen Namen, der gefü-

Stachelschnecken Tab. 190. Fig. 1829. 1830. it. 1833. 1834.

geflügelten Bandspindel-Schraube, pag. 344. beschrieben worden: so habe ich mich dennoch dadurch nicht abhalten laßen, die getreue Abzeichnung jener vortreflichen Exemplare, die wir nun vor uns sehen, zu veranstalten. Sie liegen hieselbst in dem Museo der Copenhagener Universität, und sind desto merkwürdiger, da sie von den Ufern des rothen Meeres durch die ehemals nach Arabien gesandte gelehrte Gesellschaft hieher geschicket worden. Den Namen eines Muricis gibbosi, oder höckerichten Stachelnadel, welchen der Herr Hofrath von Born in dem oben angeführten Orte, dieser Gattung, davon sich ein verbleichtes Stück in Kayserlichen Kabinette zu Wien befunden, ertheilet; werden viele weder loben noch billigen wollen. Nachdem aber dieser Name schon durch die Schriften eines durch seine Verdienste unsterblich und unvergeßlich gewordenen Mannes auctorisiret worden, so wage ich es nicht, denselben abzuändern.

Daß jene bey Fig. 1829. und 1830. vorgestellte langgestreckte thurmförmige Schnecke durch länglichte Falten winkelhaft gemacht, von merklich erhobenen Queerstreifen umgeben, und bey der Nath ihrer Umläufe ein wenig eingebogen werde, dieses alles wird ein jeder beym ersten Anblick sogleich erkennen. Sie hat öfters zehen bis zwölf Stockwerke. Herr von Born giebt ihr bey der ziemlich schmahlen Form dennoch ventrem gibbosum, und scheinet daher auch die Veranlaßung zu dem ihr ertheilten Namen genommen zu haben. Ihre Farbe ist gelblich; der Schnabel kurz und stumpf; die äußere Lippe, welche fast einen kleinen Flügel bildet, ist oben eingeschnitten, unten ausgebogen. Die innere Lippe ist glatt, und hat bey großen Exemplaren hinter sich einen kleinen Nabel. Von Tranquebar bekommen wir diese Gattung unter allerhand Abänderungen; aber allemal viel kleiner und schmahler, als jene, deren eigentliche Wohnstelle das rothe Meer ist.

Diejenige, welche bey Fig. 1833. und 1834. gesehen wird, ist weit seltener, als die vorhergehende. Man findet auch bey ihr länglichte Falten, die von Queerfurchen durchschnitten werden. Ihre neun Stockwerke setzen stark von einander ab, sind oberwärts wie ausgekehlt, und werden bey der Nath von einem schneeweißen wulstigen Bande umwunden. Die äußere Lippe bildet einen kleinen, oben eingeschnittenen, unten eingebogenen Flügel. Ihre Farbe ist bläulicht. Die faltigen Knoten sind hie und da weiß. Der Schnabel ist kurz, unten abgestumpft, und hat einen kleinen Nabel. Sie wohnet im rothen Meere.

Tab. 190. Fig. 1831. 1832.
Ex Museo nostro.

Der gekrönte Thurm.

Murex Turris coronata,
testa turbinata, subturrita, spadicea, anfractibus octo decussatim striatis, coronatis, aculeato nodosis, in sutura excavatis, rostro brevi obtuso, subumbilicato, labro sinuato.

Diese Gattung ist zwar schon im vierten Bande dieses Conchylien-Werkes pag. 176. und 177. beschrieben, aber daselbst auf der 39sten Vignette bey Lit. C. so äußerst elend, verbleicht und unkenntlich nachgestochen und abgebildet worden, daß es unmöglich ist, ihre eigentliche Form und Gestalt aus einer so elenden Abzeichnung zu errathen. Weil ich nun seit der Zeit einige dieser gecrönten Thürme von der Guineischen Küste, wo sie eigentlich zu Hause gehören, in ihrem natürlichen braunen Farbenkleide bekommen: so habe ich es für Pflicht gehalten, eine beßere und genauere Abbildung zu veranstalten. Zu der ehemals gelieferten Beschreibung will ich nur folgendes anmerken. Die letzteren Worte, wenn es daselbst heißt: Ihre Farbe sey weiß, (damals kannten wir davon keine andern als weiße Exemplare,) und das Vaterland ist vermuthlich Ostindien — müßen zurückgenommen, und dafür folgende Worte hinzugesetzet werden: Ihre eigentliche Farbe ist lichtbraun, und ihr wahres Vaterland die Guineische Küste.

Vom Herrn Justitzrath Hwaß, den ich bereitwilligst für meinen Lehrer und Rathgeber im Conchyliologischen Fache erkenne, bin ich durch einem Brief belehret worden, daß der von mir im zehnten Bande bey Fig. 1550. beschriebene Murex Taxus, bey den Franzosen nicht Buccin d' If oder le Baton d' Epine genannt werde, sondern dieser Name dem gecrönten Thurme zugehöre, deßen beßer wie vormals gerathene Abbildung ich jetzt zu liefern bemüht gewesen.

Tab. 190.

Stachelschnecken. Tab. 190. 191. Fig. 1835—1838.

Tab. 190. Fig. 1835. 1836.
Ex Museo nostro.
Der Jungfern-Thurm.
Murex Thurris Virginea,

testa turrita, longitudinaliter plicata, sulcata, transversim striata, nodulis concatenatis cincta, fasciis albis et subcoeruleis alternantibus zonata, spira exquisita, sutura carinata seu annulata, rostro brevi, labro sinuato.

Dieses artig gebildete und bezeichnete Thürmchen verdient es wegen seiner Schönheit, den ihr oben beygelegten Namen zu führen. Es wird durch länglichte Furchen und Falten, welche wiederum von Queerstreifen durchschnitten werden, ganz rauh und körnicht gemacht. Kleine Knotenreihen legen sich wie Perlenschnüre um diese kleine Schnecke herum. Weiße und bläulichte Queerbinden wechseln darauf mit einander ab. Ihre acht Stockwerke sind oberwärts wie ausgekehlet, und werden bey der Nath von einer erhabenen Kante umgeben. Der Schnabel ist kurz und die äußere Lippe eingeschnitten. Es wohnet diese Schnecke bey der Guineischen Küste.

Tab. 191. Fig. 1837. 1838.
Ex Museo nostro.
Der Oelkuchen.
Murex Pileare Linnaei,

testa ventricosa, plicaturis decussatis reticulato nodosa, rugosa; labro duplicato, dentato; labio striato; rostro brevi subelevato.

SEBA Thesaurus Tom. 3. Tab. 57. fig. 29. Buccinum fastigiatum dilute flavum, cujus rufi gyri crassis elatisque annulis et tuberibus inaequales sunt; filamenta graciliora annularia reliquam superficiem totam exornant. Clavicula longa est, labia late plicata atque alternatim ex albo et fusco maculantur.

LINNAEI Syst. Nat. Edit. 10. sp. 458. pag. 794. *Murex Pileare* testa suturis varicosis decussatis &c.

116 Stachelschnecken. Tab. 191. Fig. 1837. 1838.

LINNAEI Syst. Nat. Edit. 12. sp. 534. pag. 1217. *Murex Pileare*, testa varicibus decussatis subnodoso-rugosa, apertura dentata, cauda subascendente. Habitat in Mari Mediterraneo.

GMELIN Nov. Edit. Syst. Nat. Linn. Tom. I. P. 6. pag. 3534. no. 31.

Von derjenigen Gattung welche vom Houttuyn in seinem Catalogo Musei pag. 160., und in seiner Hist. natur. pag. 297. gedroogde Peeren, von den Franzosen grand Marsoin sauve, (vid. Favanne Catal. rais. no. 936.) und von andern der Oelkuchen genannt wird, weil ihre Schale, sobald der haarichte Ueberzug behutsam abgenommen worden, dergestalt glänzet, als wäre sie mit Oel bestrichen worden, giebt es gar sehr viele Abänderungen. Einige sind leichte und dünnschalicht, andere schwer und dickschalicht. Einige haben nur wenig länglichte wulstige Leisten, (varices) andere dagegen sind desto reichlicher damit versehen. Bey einigen siehet man nur einige hervortretende netzförmig durchflochtene Knoten, Streifen und Ribben, bey andern wiederum desto mehrere. Denn da diese Gattung unter verschiedenen Himmelsstrichen, nemlich im Mittelländischen Meere, an den Westindischen und Africanischen Stranden, und vornemlich im Ostindischen Meere wohnet, nun im jugendlichen dünnschalichten, unausgewachsenen Zustande, nun von mittleren Alter, nun im völlig ausgewachsenen Stande, nachdem sie schon viele Jahre erreichet, uns zugebracht wird: so muß daraus nothwendig eine große Mannichfaltigkeit entstehen. Einige von dieser Gattung sind schon im vierten Bande dieses Conchylienwerkes bey Fig. 1242—1250. vorgestellet und beschrieben worden, woselbst man auch die Citationen anderer Schriftsteller, welche dergleichen ebenfalls abgebildet und beschrieben, in Menge angeführet finden wird. Aber es würde mir ein leichtes seyn, noch weit mehrere Varietäten von dieser Gattung darzustellen, wenn ich mich und andere damit aufhalten möchte.

Vormals, da ich den vierten Theil dieses Conchylien-Werkes ausarbeitete, konnte ich mich lange nicht überzeugen, daß Linne unter der Gattung, die bey ihm Murex pileare heißt, die verschiedenen Arten und Abänderungen der Oelkuchen gleichfalls mitgemeinet und begriffen habe. Allein bald nachher bin ich davon völlig überzeuget worden. Sobald man die vom Linne citirten deutlichen Figuren im Gualtieri Tab. 49. fig. G. und im Seba Tab. 57. fig. 23. 24. 29. 31. ansiehet, und solche mit seiner characteristischen Beschreibung vergleichet, so merket man
es

Stachelschnecke. Tab. 191. Fig. 1837—1840.

es bald, daß er bey seinen Murice Pileari keine andere Schnecke, als die bekannte Gattung der Oelkuchen, gemeinet habe.

Es hat die hier vorgestellte Schnecke bey ihrem langgestreckten Bau acht Stockwerke, welche von vielen breiten, starken Queerribben umgeben, von senkrecht herablaufenden Streifen und Linien durchkreuzet, auf den Puncten des Durchschnitts knotig, und auf den höheren Stockwerken ganz netzförmig gemacht werden. Weiße und braune Queerbinden wechseln untereinander ab. Außer dem dicken Wulste der Mündungslippe, findet man bey ihr nur eine einzige, länglicht herabgehende, geribbte und gestreifte, weiß und braun gefleckte, dicke Leiste, welche der Mündungslippe gegen über stehet. Die doppelte, stark gesäumte Leiste der Mündung sitzet innerlich voller weißlichen Zähne, davon immer zween und zween auf braunem Grunde beyeinander stehen. Die innere braune Lippe hat weiße Streifen und Runzeln. Die Mundöfnung ist eyförmig, der Schnabel kurz, und wird am Ende ein wenig in die Höhe gebogen. Daher redet Linne von einer cauda subascendente. Die Länge dieser Schnecke beträgt vier Zoll drey Linien; die Breite fast zween Zoll. Sie wohnet in den ostindischen Meeren.

Tab. 191. Fig. 1839. 1740.
Ex Museo Spengleriano.
Der Spenglerische Murex.
Murex Spengleri,
testa ovato-oblonga, crassa, subumbilicata, flavescente, varicibus decussatis angulata, costis validis crenatis seu intersectis, superioribus nodosis seu tuberculatis cincta et nodulis seu punctis eminentibus concatenatis in sulcorum medietate circumligata, anfractuum sutura quasi agglutinata, apertura ovali ampla, rostro brevi recto, labro varicato, dentato, sulcato, nodoso, columellae sinuatae labio explanato, fauce candida.

Weil diese nagelneue Gattung sich hier zu Lande nirgends als alleine in der an Conchylien so ausnehmend reichen Spenglerischen Sammlung befindet: so wird es jeder leichte begreifen können, warum ich solche zur Ehre und Andenken meines liebsten Freundes, die Spenglerische genannt. Da solche bißher den Conchylienfreunden und Sammlern gänzlich unbekannt gewesen, so würde es umsonst und vergebens seyn, ihre Abbildung und Beschreibung in conchyliologischen Schriften mühsam aufzusuchen. Seitdem in den neuern Zeiten die Schiffarth nach der Südsee zugenommen und gewöhnlicher worden, so hat man vor kurzen diese Gattung am Strande von Neusüdwallis entdecket und nach Europa gebracht. Sie ist dem Herrn Spengler unter den Namen eines gestreiften knotenreichen Buccini aus Engeland zugesandt, und zu dem hohen Preise einiger Guineen angerechnet worden. Alleine es ist kein Buccinum, sondern ganz ohnstreitig ein Murex, der mit jenem, welcher beym Linne Pileare heißt, in einiger Verwandschaft zu stehen scheinet, und ebenfalls mit solchen Klammern und wülstigen knotenvollen Leisten, vermuthlich ehemaligen Mündungslippen, als jener, besetzet und versehen ist. Das helle strohgelbliche Farbenkleid, welches beym Murice Femorali, Lotorio und Pyriformi gesehen wird, erblicken wir auch bey diesem Murice Australi. Die Furchen haben eine weit dunklere braungelbliche Farbe als die Ribben. Ueber den ganzen Schalenbau, deßen sonderbare Form am besten aus der getreuen Abbildung erlernet werden kan, laufen viele hundertmal gekerbte, ganz rauh gemachte, zum theil stark geknobbelte und knotenvolle Ribben hinüber. In einer jeden der braunen vertieften Zwischenfurchen siehet man in der Mitte einen viel tausendmal eingekerbten erhöheten Streif, oder vielmehr eine aus kleinen Knoten zusammengereihete Schnur, dadurch diese Schnecke wie von kleinen Stricken eingeschnüret erscheinet. Die Ribben sind bey der Nath, wo sich die etwas eingebogene und wie niedergedrückte Schale an die nächstfolgenden Windungen sehr genau anschließet und anleget, ungleich breiter, aber die Queerfurchen daselbst flacher. Die weite eyförmige Mundöfnung endiget sich in einen kurzen geraden rinnenartigen Schnabel. Die innere Lippe ist glatt und hat hinter sich einen Nabel. Oben siehet man an derselben einen getheilten kleinen Wulst, als wenn ein paar Zähne daselbst befindlich wären. Der äußere dicke Lippensaum, welcher von einer wulstigen Leiste begränzet und eingefaßet wird, sitzet voller Zähne, Furchen, Einschnitte und Knoten. Die inneren Wände sind schneeweiß. An denselben erblicket man die Spuren und Eindrücke der äußern Ribben und Furchen, jedoch im umgekehrten Verhältniße. Wo äußerlich Ribben, sind innerlich Furchen; wo äußerlich Furchen, sind innerlich ribbenartige Erhöhungen. Es ist diese äußerst rare Schnecke drey Zoll neun Linien lang, und auf der dicksten und breitesten Stelle zween Zoll breit.

Stachelschnecken. Tab. 191. Fig. 1841. 1842.   119

Tab. 191. Fig. 1841. 1842.
Ex Muſeo Spengleriano.
Der Schiffswimpel.
Murex Ampluſtre,

teſta ſubcaudata, nitida, transverſim ex obscure coeruleo flavido et candido
faſciata, fascia ſuperiore anfractuum alba tuberculato nodoſa, cauda brevi
recta, obtuſa; columella alba leviter triplicata, labro acuto intus ex
albo et coeruleo alternatim lineato, fauce nitide
alba.

TH. MARTYN Univerſ. Conchol. Tom. I. Tab. 3. *Buccinum Ampluſtre*. *Flag Buccinum* from Friendly Isles.
Catal. Muſei Portland. No. 944. The American *Flag Buccinum* from The N. W. Coaſt of America, extremely ſcarce.

Welchem Geschlechte der Conchylien wird doch wohl diese neue höchſtſeltene Gattung zugeeignet und beygeſellet werden müßen? Daß ſie bey ihrem gerade ausgehenden Schnabel kein Buccinum ſeyn könne, ob ſie gleich in des Th. Martyns mehr prächtigen und koſtbaren als nutzbaren und belehrenden Werke dafür ausgegeben und von dem durch Th. Martyn verführten Verfaßer des Catal. Portl. gleichfalls dafür ausgerufen wird, werde ich nicht erſt weitläuftig beweiſen dürfen. Aber ſollte das Geschlecht der Voluten nicht den nächſten und gerechteſten Anspruch auf ihre Gesellschaft machen können? Sie hat ja auf der Mitte ihrer schneeweißen inneren Lippe drey Falten. Freylich ſind dieſe nur ſehr klein und kaum merklich, auch ſiehet man überdem bey ihr einen geraden länglichten Schwanz. Linné aber verlanget von ſeinen Voluten teſtam ecaudatam. Will aber jemand ſie dennoch unter die Voluten aufnehmen, ſo will ich mit niemanden darüber rechten, indem ich mich überzeugt halte, daß allerdings ein ſcheinbares Recht dazu vorhanden ſey. Allhier iſt ſie unter die Murices um deßwillen hingeſtellet worden, weil ſich ihre Mundöfnung in einen gerade auslaufenden Schnabel endiget. Sie wird auf das zierlichſte von breiten weißen und blauen Bändern, und auf den höheren Stockwerken von gelben und weißen Bändern abwechſelnd umwunden. Die Schale iſt mehr glatt als rauh. Die weißen Streifen ſind etwas höher als die blauen. Auf der Höhe des Rückens bey der erſten, anderen und dritten Windung findet man dieſe Bänder etwas knotig und zackig. Sie hat ſieben Stockwerke. Die innern Wände ſind nebſt der Spindellippe schneeweiß, ſpiegelglatt und glänzend. Bey Gelegenheit der Cookiſchen

120 Stachelschnecken. Tab. 191. 192. Fig. 1841—1846.

Seereisen ist diese Schnecke deren Bänder einer Flagge gleichen, zuerst von den freundschaftlichen Inseln der Südsee nach Europa gebracht worden. Nachher hat man sie auch auf der Nordwestlichen Küste von America angetroffen. In dem Verzeichniße der zu Paris gehaltenen Auction von Nanteuil's Conchylien wird sie daher Le Pavillon Americain genannt. Sie ist zu einem sehr hohen Preiße verkauft worden. Beym Gmelin in der neuesten Ausgabe des Linneischen Natur. Systems pag. 3545. Tom. 1. P. 6. wird sie als eine Nebenart vom Murex Argus angeführet. Weil aber ein Fragezeichen dabey stehet, so merket man es bald, daß Herr Gmelin ein gerechtes Bedenken gehabt, sie im Ernste für eine Varietät jener Gattung — die weit davon unterschieden ist — auszugeben.

Tab. 192. Fig. 1843—1846.
Ex Muſ. Spengleriano et noſtro.

Die Kröte.
Murex Bufonius,
teſta difformi, horrida, varicibus nodoſis oppoſitis validisſimis marginata, tubulis canaliculatis apertis ſtillicidio ſimilibus in anfractuum lateribus inſtructa, nodis tuberculatis ſtriis granulatis transverſis exaſperatis cingulata, apertura ampla ſubrotunda definente in canalem dextrum; labro fimbriato, ſcrobiculato, varicato, ſupra ſinu ſeparato; labio rugoſo.

SEBA Theſ. locuplet. Tom. 3. Tab. 60. fig. 14. 20. Buccinum bufonium tuberoſum.

D'ARGENVILLE Conchyl. Tab. 9. fig. R. pag. 220. Buccinum aſperum tubulis circulatim elatis donatum.

DAVILA Catal. raiſſ. Tom. 3. pag. 170. no. 277. Rocher des Indes rare.

MUS. GOTTWALDIANUM Tab. 36. fig. 234. b.

FAVART D'HERBIGNY Dict. Tom. 2. pag. 92. *Buccin Crapaud en Gouttiere.* Buccinum depreſſum canali brevi recurvo diſtinctum ſtriis transverſis granulatis et tuberoſis ſtriatum, ex utroque latere coſtatum, et tubulis apertis in quinque vel ſex ſpiris ſingulariter inſtructum, ſtillicidium appellatum. Les bourrelets lateraux ſont munis dans chaque ſpire de deux tuyaux ouverts, élevés, qui ont fait appeller ce Buccin la Gouttiere.

FAVANNE Conchyl. Tab. 32. fig. B. 1.

FAVANNE

Stachelschnecken. Tab. 192. Fig. 1843–1846.

FAVANNE Catal. rais. pag. 191. no. 931. 932. Buccin. Le Crapaud violet à Gouttiere trés rare, a cause de sa bouche violette.

— — item No. 934. Un Crapaud à Gouttiere d'un Volume extraordinaire. Il est trois pouces deux lignes de longueur.

GMELIN Nov. Edit. Syst. Nat. Linn. Tom. I. P. 6. pag. 3534. no. 32. *Murex bufonius*, testa varicibus sex oppositis continuatis fornicatis, cingulis nodosis cauda obliqua.

Woferne nur etwa ein einziges Exemplar von dieser unförmlich gebildeten Schnecke bekannt wäre, so würde man daßelbe längstens schon für eine Mißgeburt oder für eine monströse in der Geburt verunglückte Schnecke erkläret haben. Allein da man viele von eben dieser Form, Bauart und Bildung kennet, so ist es mehr wie zu gewiß, daß es eine eigene Gattung sey. Von den meisten Conchyliologen wird sie den Buccinis beygesellet, und da sich der rinnenartige Ausgang ihrer Mündung zur rechten Seite hinüber kehret, so scheinen sie dazu Grund und Ursache zu haben. Jedoch da sie in naher Verwandschaft mit jenen Muricibus stehet, welche beym Linne den Namen Rana, Gyrinus, Lampas, führen, so werden andere es lieber sehen und wünschen, sie in der Nachbarschaft der eben genannten Gattungen zu behalten, und also den Muricibus beygefügt zu finden.

Das Original von dem bey Fig. 1843. und 1844. vorgestellten Murice Bufonio lieget in der Spenglerischen Sammlung. Wir erkennen daraus das eigentliche Farbenkleid dieser den Kröten so ähnlichen Schnecke. Es wechseln bey ihr lauter weiße und dunkelbraune Flecken mit einander ab. Die starken Knoten sind größtentheils weiß, und werden höchstens nur von einigen braunen Punkten besprützet. Dahingegen ist die schwarzbraune Farbe in den Furchen und Vertiefungen desto merklicher. Bey der Spindellefze siehet man weißliche Runzeln auf einem schwarzbraunen Grunde. Sie wohnet in der Südsee. Weil ihre Schale auch noch sehr dünne und durchsichtig ist, so merket man es bald, daß sie von einer jungen Krötenschnecke herkomme. Bey bejahrten und veralteten, wird man schwerlich die frischen braunschwarzen Farben antreffen.

Von Fig. 1845 — 1846. liegen ein paar Stücke in meiner Sammlung. Sie zeichnen sich durch eine vorzügliche Größe, unter den übrigen Mitgliedern ihrer Gattung vortheilhaft heraus. Sie sind ebenfalls wie jene, die Favanne in der oben angeführten Stelle seines Catal. rais.

122 Stachelschnecken. Tab. 192. Fig. 1845—1848.

als Stücke von ungewöhnlicher Größe beschrieben, drey Zoll lang und zween Zoll breit. Die sonderbaren offenen Rinnen ihrer Seitenleisten, welche viele Aehnlichkeit mit einer Dachrinne haben, und ihr daher auch den oben bemerkten französischen Namen erworben, wird man bey diesen sehr großen desto deutlicher wahrnehmen können. Wozu mögen ihr wohl diese rinnenartigen Ausgänge nützen? Warum sind sie ihr von dem weisen Schöpfer der Natur, der auch das geringste nicht ohne weise Absichten und Ursachen veranstaltet, verliehen worden? Das sind Räthsel, die ich nicht auflösen kan. Das sind Fragen, die ich nicht zu beantworten weiß.

Tab. 192. Fig. 1847. 1848.
Ex Muſ. Spengleriano et noſtro.
Die knotige Holzbirne.
Murex Pyrum nodoſum ſilveſtre,

teſta ovata, albida, transverſim ſtriata, anfractibus contiguis, quinque ſeriebus noduloſis, muricatis rubicundis in primo anfractu, duabus in reliquis circumſtipata, apertura ovali, labro angulato, labio explanato, fauce lineata flava, baſi obtuſa brevi.

Von der erwähnten Schiffahrt nach der Südsee haben mehrere Wissenschaften, und nebenher auch die Conchyliologie, gar ansehnliche Vortheile gehabt. Viele neue Gattungen sind entdecket, und andere, vormals äußerst seltene Gattungen, in mehreren Umlauf gebracht worden. Hier sehen wir wiederum eine zierlich gebildete Schnecke, deren eigentliche Wohnstelle in der Südsee zu finden ist. Sie hat in ihrer Bildung etwas birnförmiges, daher man es desto eher genehmigen wird, daß ich ihr den Namen der knotigen Holzbirne gegeben. Sie wird auf ihrer ersten queergestreiften rundgewölbten Windung, bey kleineren Stücken von vier, und bey der hier abgebildeten größeren, von fünf Knotenreihen umgeben. In jeder Reihe stehen zwölf stachlichte Knoten in gleicher Entfernung, oder im genauesten Ebenmaaße von einander. Diese Knoten sind etwas röthlich, und auf den obersten Stockwerken ganz roth gefärbet. Die Stockwerke schließen sich so genau aneinander, daß man kaum dazwischen ihre Nath oder Gränze erkennen kan. Wenn der gelbliche Ueberzug hinweggenommen worden, so ist die Grundfarbe weiß. Die eyförmige Mundöfnung endiget sich in einen geraden rinnenartigen Ausgang und sehr kurzen

zen Schnabel, der auf der Seite des Rückens von einem runzelvollen knotigen Wulste umgeben wird. Der Schlund ist bey einigen schneeweiß, bey der hier abgebildeten fein liniirt, und dabey fast so gelb, wie beym Gelbmunde, der im Linne Turbo Chrysostomus heißt. Exemplare von der Größe, wie dasjenige, so ich hier aus der Spenglerischen Sammlung abbilden laßen, sind große Seltenheiten.

Tab. 192. Fig. 1849. 1850.
Ex Museo nostro.

Der Capuzinermönch.
Murex Monachus Capucinus,
testa triangulari, striis transversis rugosa, suturis seu varicibus tribus validis continuatis crispatis, spirae anfractibus septem pyramidatis; colore nigricante; apertura elliptica desinente in canalem brevem rectum parum fissum; labro duplicato, crispato, dentato; labio explanato, fauce subalbida.

FAVANNE Catal. rais. pag. 218. no. 1073. Tab. 4. fig. 1073. Une grande Pourpre de toute rareté à laquelle j'ai donné le nom de Moine ou de Capucin à cause de sa couleur brune: sa figure a quelque ressemblance à celle du Buccin Marsoin: elle est effilée composée de neuf orbes renflés et arrondis, chargée de cordelettes circulaires; trois côtes extremement saillantes fort epaissés et denticulées parcourent longitudinalement tous les orbes; son interieur est blanchatre et sa lévre terminée par une côte, est dentée.

Favanne hat dieser Gattung von Purpurschnecken in der oben angeführten Stelle den Namen des Capuziner-Mönches wegen ihres oftmals bräunlichen Farbenkleides ertheilet, welchen Namen ich sehr gerne beybehalten habe. In Frankreich muß diese Schnecke weit seltener seyn, als an unserm Orte, theils weil so viel Aufhebens von ihr gemacht wird, theils weil man sie zum öftern von hier zu verschreiben pfleget. Sie wird bey den Stranden von Choromandel und Ceylon gefunden. Daß sie mit den allgemein bekannten Brandhörnern, nemlich mit dem Murice ramoso, saxatili, frondoso des Linne, sehr viele Gleichheit habe und ihnen gar nahe verwandt sey, wird niemand leugnen wollen noch können. Indeßen ist sie doch in vielen Stücken sehr kennbar und merklich von jenen

nen unterschieden. Sie wird durch drey starke, länglichte, wulstige Leisten wie eingefaßet und in drey Felder abgetheilet. Diese drey Leisten sind dreyeckig, sehr rauh und runzelvoll und wie gekräuselt, aber sie haben weder Blätter noch hervortretende Aeste und Zweige. Ueber alle sieben Stockwerke laufen feinere und gröbere Queerstreifen und Furchen hinüber. Der Wirbel erhebet sich wie eine Pyramide. Die eyförmige Mundöfnung endiget sich in einen kurzen rinnenartigen, gerade ausgehenden fast gänzlich verschloßenen Schnabel, bey welchem nur allein auf der rechten Seite eine kleine Spalte gesehen wird. Die äußere Lippe wird durch eine dicke starke Leiste wie eingesäumet und umgeben. Die innere Seite derselben sitzet voller Zähne und Einkerbungen. Die Spindellippe ist glatt und nicht wie bey den Brandhörnern röthlich, sondern weiß. Die innern Wände sind grauweiß. Meine grösten Exemplare sind zween Zoll und einige Linien lang, einen Zoll und drey Linien breit.

Tab. 192. Fig. 1851. 1852.
Ex Museo nostro.

Der wellenförmige Murex.

Murex undatus,

testa ovata, longitudinaliter undatim plicato-costata, angulata, nodosa; transversim sulcis et striis exarata; cauda recta brevi, labro duplicato, denticulato, crenato; colore nigricante, fauce alba.

LISTER Histor. Conchyl. tab. 939. fig. 34. lit. a.

Diese Schnecke muß mit jener Südseeischen von der ohnweit China liegenden Insul Pulo Condore daherstammenden, welche ich im zehnten Bande bey Fig. 1524—1525. beschrieben, nicht verwechselt, noch für einerley gehalten werden; denn sie ist gar sehr von ihr unterschieden. Jene wird von zackigten, gekörnten und gekräuselten Falten, wie auch von erhobenen weißgelblichen Reifen umgeben und umwunden, auch scheinet sie bey ihren vielen Vertiefungen wie gegittert und gleichsam mit Fenstern versehen zu seyn. Auch ihr grauweißliches Farbenkleid ist ganz verschieden, und der Schlund violet. Hingegen die hier abgebildete ist schwarz, nur in den Zwischenfurchen schimmert ein weißer Hintergrund hindurch, auch sind einige der obersten Stockwerke weiß. Man findet bey ihr viele
läng-

Stachelschnecken. Tab. 192. Fig. 1851—1853.

länglicht herablaufende, wellenförmig gebildete, oberwärts knotige Falten, über welche Queerstreifen und Furchen hinübergehen. Durch die Falten wird ihre Schale eckigt, und durch die vielen Streifen und Furchen sehr rauh und runzelvoll gemacht. Die eyförmige Mundöfnung endiget sich in einen kurzen gerade ausgehenden rinnenartigen Schnabel. Die äußere Lippe wird von einer Falte wie eingefaßet und eingesäumet, sie hat das bey kleine Zähne und Einkerbungen. Die innere leget sich wie ein glattes Blat an die Spindelsäule hinan. Die innern Wände sind weiß. Ich zähle bey ihr sechs bis sieben Stockwerke. Wir bekommen sie hieselbst in guter Anzahl von Tranquebar. Ob sie aber an den dortigen Strande gefunden werde? davon weiß ich nichts gewißes. So viel bleibt denn doch allemal gewiß, sie wohnet in Ostindischen Gewäßern, und bey solchen Meernfern, die nicht gar weit von Tanquebar entfernt sind.

Ich habe im vorigen Jahre von dieser Gattung eine artige Abänderung bekommen, die auf der Höhe eines jeden Stockwerkes durch eine schneeweiße Knotenreihe beym schwarzen Hintergrunde wie bekrönet, und sehr vortheilhaft herausgezeichnet wird. Diese ist bey Tutucorin gefunden worden, woselbst auch vermuthlich die zuvor beschriebenen ihre Wohnstelle haben werden.

Tab. 193. Fig. 1853.
Ex Muf. Acad. Hafnienfis et noftro.

Die Feige des rothen Meeres.
Murex Ficus Maris Erythraei,
testa pyriformi, ponderosa, rotundato ventricosa, umbilicata, laevi, supra nodosa, transversim fasciis pallide violaceis redimita, spira obtusa, basi attenuata, caudata, striata, labro sinuato crasso dentato; labio albo dilatato, fauce sulcata.

Aufmerksame Beobachter haben es längstens bemerket, daß viele Schnecken wenn sie ein hohes Alter erreichet, viel schwerer und dickschalichter, auch rauher runzelvoller und knotenreicher zu seyn pflegen als die jüngeren von eben der Art und Gattung. Den frischen jugendlichen Farbenreiz und Schmuck muß man auch bey den veralteten und wohlbetagten nicht mehr suchen. Diese hier abgebildete Feige des rothen Meeres, deren Original im Naturalienkabinette der Copenhagener Universität lieget, kan uns hierinnen zu einem neuen Beweise und Zeugniße dienen. Sie muß gewiß ein hohes Alter unter ihren Mitgenoßen erreichet haben.

re Schale ist sehr stark, schwer und dicke. Auf ihrem verbleichten Gesichte sieht man nur noch die lezten Reste und Ueberbleibsel ihrer ehemaligen Schönheit, nemlich die Spuren ihrer weißen und bläulichten Bänder, damit sie umgürtet gewesen. Ihre Windungen werden von einer Knotenreihe wie becrönet. Der Wirbel ist stumpf und wenig erhaben. Die queergestreiften Umläufe schließen sich genau aneinander. Die eyförmige weite Mundöfnung endiget sich unterwärts in einen kurzen, offenen, rinnenartigen etwas abgestumpften Schnabel. Hinter der dicken, glatten, sich weit über den Bauch der Schnecke hinüberlegenden innern Lippe siehet man einen tiefen Nabel. Die äußere verdickte oberwärts etwas ausgebogene Lippe sitzet voller starken Zähne. Im Schlunde siehet man Furchen und Streifen. Es wohnet diese Gattung im rothen Meere. Ein paar Exemplare derselben sind nebst ihrem hornartigen Deckel von der oftmals erwehnten gelehrten Gesellschaft, welche der König Friedrich der Fünfte nach Arabien gesandt, hieher geschickt worden. Wenige Sammlungen werden eine völlig gleichförmige aufweisen können.

Tab. 193. Fig. 1854—1855.
Ex Museo Spengleriano.
Eine jüngere Feigenschnecke des rothen Meeres.
Murex Ficus junior Maris Erythraei,

testa pyriformi glabra, rotundato ventricosa, subperforata, transversim ex coeruleo et albo nitide fasciata, basi attenuata, caudata, striis exarata; spira subtilissime striata, obtusiuscula; apertura ovali desinente in canalem patulum rectum; rostro abbreviato, truncato; labro sinuato, striato et maculato; (striis albis maculis fuscis alternantibus) fauce leviter sulcata; labio tenui explanato.

Diese jugendliche Feigenschnecke unterscheidet sich auf mancherley Weise von der zuvor beschriebenen uralten und hochbetagten. Jene verbleichte, hatte ihren Farbenschmuck verlohren und dagegenan Runzeln desto mehr zugenommen. Diese, pranget dagegen im frischesten Farbenkleide. Sie ist bis zum Glanze glatt, und wird abwechselnd von bläulichten und weißen Bändern zierlichst umwunden. Jene, ist dickschalicht und schwer, und sitzet oberwärts voll starker Knoten. Diese, ist dünnschalicht und leichte, und ermangelt aller Knoten. Nur soviel bemerket man auf der Höhe ihrer Windungen, daß solche Knotenreihen beym weiteren Wachs-

Wachsthum würden hervorgekommen seyn, weil schon die Knospen dazu im Kleinen vorhanden sind. Die Umläufe des weiß und bläulicht gefärbten Wirbels, werden von feinen concentrischen Streifen umgeben. Beym stumpfen Schnabel, stehet man weit stärkere Queerstreifen. Die äußere Lippe sitzet an der inneren Seite voll weißer merklich erhobenen Streifen die feinen Zähnen gleichen, und in den Zwischenräumen braunrothe Flecken haben. Hinter der glatten, dünnen, weißen Spindellippe befindet sich ein wenig geöfneter Nabel. Es ist diese Schnecke ebenfalls wie die vorige im rothen Meere gefunden werden. Sie ist beynahe drey Zoll lang, einen Zoll neun Linien breit, und einen Zoll drey Linien hoch.

Eine gelbliche Feigenschnecke des rothen Meeres, dergleichen ich auch mit einer grauweißen Schale besitze, hat mit der jetzigen einige Aehnlichkeit. Ich habe sie im zehnten Bande bey Fig. 1564. abbilden lassen, und da kürzlich beschrieben. Diejenige, welche Martini im dritten Bande sowohl auf der 32sten Vignette, als auch bey 910. und 915. abzeichnen lassen, kommen der dießmal von mir dargestellten etwas näher. Doch wird die jetzige Abbildung dadurch weder unnöthig noch überflüßig gemacht.

Tab. 193. Fig. 1856. 1857.
Ex Museo nostro.

Der heimliche Murex.
Murex clandestinus,
testa caudata, anfractibus sex rotundato globosis, striis transversis exaratis flavescentibus intersectis et cancellatis lineis longitudinalibus clandestinis aut subtilissimis, labro fimbriato duplicato, decussatim striato, dentato; apertura semilunari desinente in canalem rectum; labio crenato.

LISTER Histor. Conchyl. Tab. 940. fig. 36. Buccinum rostratum, labro duplicato.

Knorrs Vergnügen der Augen Tom. 6. Tab. 29. fig. S. Das gefurchte Kinkhorn. (Es stehet dabey, d'Argenville rechne diese Schnecke auch unter die Kinkhörner, da doch bey demselben keine Spur von ihr zu finden ist.

FAVANNE Catal. rais. no. 947. pag. 197. Buccin fort rare dit la *Pelotte de Ficelle* (der Knaul von einem Bindfaden) il a un Pouce dix lignes de long sur quinze lignes de large; fort Volume pour cette espèce.

Daß Linne einer gewißen Porcellanschnecke den Namen der heimlichen ertheilet, und solche Cypraeam clandestinam genannt, weil bey ihr äußerst

äußerst feine faſt unſichtbare und geheime Queerlinien gefunden werden, ſolches wiſſen alle diejenigen, welche mit dem Linneiſchen Naturſyſtem eine vertrauliche Bekantſchaft gemacht. Weil nun bey dem gegenwärtigen Murice, ſehr feine dem bloßen Auge kaum ſichtbare Linien gefunden werden, welche die gelben Queerſtreifen und blaßgelblichen Furchen durchkreuzen; ſo bin ich dadurch veranlaßet worden, dieſen Muricem, den heimlichen oder clandeſtinum zu nennen. Es hat dieſe Schnecke fünf bis ſechs kugelrund gewölbte, von rothgelblichen ſtarken Queerſtreifen und blaßgelblich gefärbten Furchen umwundene Stockwerke. Die halbrunde Mundöfnung endiget ſich in einen gerade ausgehenden rinnenartigen Canal. Der verlängerte Schnabel wird von granulirten Streifen umgeben. Ein dicker wulſtiger, knotenvoller gezähnelter Saum dienet der äußeren Lippe zur Einfaſſung. An der inneren Lippe, bemerket man unterwärts nahe beym Schnabel lauter Einkerbungen. Das eigentliche Vaterland dieſer Schnecke kan ich nicht genau beſtimmen, indem ich es leider vergeßen, ob ich ſie aus Oſt- oder Weſtindien erhalten.

Tab. 193. Fig. 1858. 1859.
Ex Muſeo noſtro.
Der Dreyfuß.
Murex Tripus,
teſta triformi, ex albo flaveſcente colorata, coſtis ſimulac ſtriis transverſis decuſſatis et crenatis cincta, ſeriebus nodoſis et ſuturis varicoſis angulata, anfractibus canaliculo explanato et excavato penes ſuturam diſtinctis; labro ſutura varicoſa latiore terminato, intus dentato; labio ſtriato rugoſo; apertura deſinente in canalem rectum; roſtro elongato; fauce ſulcata nitide candida.

Niemand muß dieſe Schnecke mit der bey Fig. 1039 im dritten Bande dieſes Werkes beſchriebenen, welche daſelbſt den Namen der getrockneten Birnen führet, und beym Linne, Murex femorale heißt, verwechſeln. Denn ſie iſt in ihrer ganzen Form und Bauart ſowohl von ihr, als von andern, die daſelbſt bey Fig. 1040 bis 1043. geſehen werden, weit unterſchieden. Eines ihrer deutlichſten Unterſcheidungszeichen, dadurch ſie auf das ſichtbarſte herausgezeichnet wird, finden wir bey der Nath und Gränze ihrer Umläufe. Ihre Stockwerke werden durch einem vertieften wie durch eine Hohlkehle ausgehöhlten glatten Canal, welcher in etwas jenen gleichet

Stachelschnecken. Tab. 193. Fig. 1858—1861.

chet der beym Murice canaliculato Linnaei befindlich ist, von einander getrennet und abgesondert. Länglicht oder senkrecht herablaufende Furchen durchschneiden die vielen Ribben und Streifen dieser dreyseitigen, weißgelblich gefärbten Schnecke, welche dadurch wie eingekerbet und fein gekörnt gemacht werden. Da man nun auch viele Seitenleisten und Knotenreihen bey ihr wahrnimmt, so wird sich niemand wundern dürfen, wenn ich sie in der vorangesetzten 'charakteristischen Beschreibung als sehr vieleckigt angegeben. Sie hat sieben bis acht Windungen, welche eine dreyseitige Pyramide bilden und stark von einander absetzen. Unterwärts siehet man einen breiten, mit starken Streifen und Ribben belegten, etwas gebogenen Schnabel. Die eyförmige Mundöfnung endiget sich in einen fast geraden, auslaufenden Canal. Die äußere Lippe wird von einem breiten gezahnten Saume eingefaßt, oder von einer sutura latiore costato nodosa umgeben. Die innere Lippe sitzet voller Streifen und Runzeln. Auf den glänzendweißen Wänden des Schlundes bemerket man einige Furchen. Es wird diese Gattung bey Tutucoryn, welches auf der äußersten mittäglichen Seite von Choromandel, Ceylon gegen über, lieget, und eine Tagereise von Cabo Comorin entfernet ist, gefunden. Dorten ist eine stillere See, und keine so heftige Brandung, als bey Tranquebar. Daselbst wohnen die schönsten Schnecken und Muscheln. Dahin pfleget nun mein seit einigen zwanzig Jahren treuer wie Gold erfundene Herzensfreund, der Herr Mißionarius John aus Tranquebar seine Emißarien und Schneckenfischer auszusenden, um für mich und andere, conchyliologische Reichthümer zu hohlen. Oftmals ist ihr Fischzug sehr ergiebig gewesen, aber vielmals hat er auch nur wenig eingebracht, und die darauf verwandten Unkosten nicht ersetzet.

Tab. 193. Fig. 1860. 1861.
Ex Museo nostro.
Neue Art von Kaulfröschen.
Varietas notabilis, Muricis Gyrini,
testa supra et infra attenuata, subcompressa, varicibus oppositis latioribus instructa, solitaria serie nodulosa in anfractuum dorso cingulata simulque transversim striata et sulcata, striis subcrenatis; labro sutura varicosa valde lata circumscripta; apertura orbiculari dentata; rostro recto,
brevi, acuto.

Die Kaulfroschschnecken, Murices Gyrini Linnaei, welche bey den Holländern Vorschen Poppen, und bey den Franzosen Grenouilletes, ou les Pattes

130 Stachelschnecken. Tab. 193. Fig. 1860. 1861.

Pattes à bandes heißen, sind schon längstens im vierten Bande dieses Conchylienwerkes bey Fig. 1233—1235. abgebildet und beschrieben worden. Linne muß davon sehr junge und kleine Exemplare gehabt haben, weil er es behauptet, diese Gattung habe keine gezähnelte Mündungslippe, dergleichen man doch bey allen, etwas größeren, aus dem Stande der Kindheit herausgetretenen antrift. Ich habe bey der Ausarbeitung des vierten Bandes, die zunächst damit verwandten daselbst bey Fig. 1224 bis 1227, und 1229, ja bis 1230, stehenden unter dieser einigen Gattung mitbegriffen. Da nun auch Herr Superintendent Schröter in seiner brauchbaren Einleitung Tom. I. pag. 488, und Herr Gmelin in der neuesten Ausgabe des Linneischen Natursystems Tom. I. P. 6. pag. 3531. no. 24. eben dergleichen gethan, wie solches aus ihren Citationen erhellet, so muß ich es glauben, daß sie meinen Schritt, der mir vormals schon als sehr gewagt vorgekommen, gebilliget und genehmiget. Nachdem ich aber von dieser letzteren Art zu dem eigentlichen Besitz eines eben so großen Exemplares gelanget, als dergleichen in Knorrs Vergnügen der Augen Tom. 6. Tab. 24. fig. 6, abgebildet gesehen wird, so bin ich ganz zweifelhaft und unentschloßen gemacht worden, und glaube nun, daß der Linneische Name Murex Gyrinus alleine auf Fig. 1233—1235. des vierten Bandes eingeschränket werden müßte; denn es wollen sich die vom Linne angegebenen Kennzeichen nicht allesamt bey der andern Art antreffen laßen. Daher sich auch der einsichtsvolle Herr von Born wohl gehütet, solche bey seinem Murice Gyrino mit einzuschieben. Dabey will ich es mir überhaupt recht dringend ausgebeten haben, den vierten Theil dieses Werkes, welchen ich mit einer in der conchyliologischen Schriftstellerey noch ganz ungeübten Feder niedergeschrieben, mit großer Geduld, Nachsicht und Barmherzigkeit zu lesen, und mir niemals blindlings zu folgen, sondern die güldene Regel allemal sorgfältig zu beobachten: Prüfet Alles, und das Beste behaltet. Auch bey allen übrigen Bänden dieses großen und weitläuftigen Werkes habe ich auf die Güte und Nachsicht der Leser sichere Rechnung gemacht, und mich bisher in meiner Hofnung nicht getäuscht gefunden. Wißentlich werde ich freilich nichts falsches und unrichtiges sagen, auch mich für Unbedachtsamkeit und Uebereilung sorgfältig hüten. Sed homo sum et humani nihil a me alienum esse puto.

Die hier vorgestellte Schnecke gehöret ohnstreitig zu der Gattung, welche beym Linne Murex Gyrinus heißt, wiewohl sie von der gewöhnlichen in vielen Stücken unterschieden ist. Sie wird auf der Höhe des Rückens ihrer Stockwerke nur von einer stark hervortretenden Knotenreihe,

über

Stachelschnecken. Tab. 193. Fig. 1862—1863.

über deren Mitte eine Furche hinübergehet, umgeben. Auf den übrigen Queerstreifen stehen keine Knoten, doch scheinen sie feingekerbet zu seyn. Die Seitenleisten schließen nicht aneinander, (es sind also keine Varices continuatae), sondern sie stehen in einiger Entfernung von einander, auch sind sie flacher, gepreßter, breiter, und auf ihrer scharfen Höhe knotenreicher als jene beym Murice Gyrino Linnaei. Die äußere Lippe wird von einem breiten, gezähnelten Saume (von einer sutura varicosa latiore) eingefaßet. Die runde Mundöfnung endiget sich in einen kurzen, gerade auslaufenden, spitzigen Schnabel. Das eigentliche Vaterland dieser sonderbaren Schnecke weiß ich mit keiner Gewißheit zu bestimmen.

Tab. 193. Fig. 1862. 1863.
Ex Museo nostro.
Der Saiten- oder Harfenspieler.
Murex Citharoedus,
testa ecaudata, ovali, glabra, achatina, longitudinaliter plicato costata, lineis nudo oculo vix conspicuis transversim lineata, spira obtusa lucide coerulea; labro fimbriato denticulato, labio striato; apertura angusta desinente in canalem dextrum truncatum.

Einige werden denken, diese kleine niedliche Schnecke, welche den Harfen so nahe verwandt zu seyn scheinet, hätte billig unter die Kinkhörner mit dahingestellet, und bey dem Buccino, welches beym Linne Harpa heißt, mit untergebracht werden sollen. Allein da ich bey ihr keinen ausgeschnittenen, zur rechten Seite hingebogenen Schnabel (weder caudam emarginatam retusam, noch dextrorsum procedentem) finden kan, sondern bey ihr einen geraden Auslauf bemerke, so habe ich sie den Muricibus beygefüget. Da die innere Lippe derselben voller Falten sitzet, so hätte sie auch wohl bey den Voluten mit angebracht werden können. Sie hätte wenigstens dazu ein näheres Recht gehabt, wie Voluta mercatoria. Bey den bekannten gewöhnlichen Harfenschnecken setzen die sechs Windungen stark von einander ab, auch stehen oben beym Ende der ribbenartigen Falten, Dornen und Spitzen. Sie haben eine weite Mundöfnung, sind nur selten auf dem Rande ihrer äußeren Lippe gezähnelt, und wißen nichts von einer Spindellippe, (Labium interius nullum heißt es davon im Mus. Reg. L. Ulr. pag. 609.). Von dem allen befindet sich bey unserem kleinen Harfenisten das gerade Wiederspiel. Denn bey diesem setzen die vier spiegelglatten Windungen, unmerklich von einander ab. Die Mundöfnung ist sehr schmahl und enge. Die verdickte äußere Lippe sitzet an der inneren Seite voller Zähne, und die Spindellippe voller Runzeln und Falten. Es hat diese Schnecke ein achatfarbiges Kleid, und, was nur selten gefunden wird, einen hellblauen Wirbel. Glatte, länglichte, feinen Ribben gleichende Falten laufen vom Wirbel bis zur Basi herab, und werden von so feinen Queerlinien umwunden, die ich mit bloßen Augen gar nicht, und mit einem bewafneten Auge nur schwach erkennen kan. Ihr eigentliches Vaterland weiß ich nicht zu bestimmen. So viel weiß ich, daß ich sie durch den geschickten Gothenburgischen Ingenieur, Herrn Berggreen, bekommen, der sie vermuthlich von der kleinen Schwedisch-Westindischen Insul Barthelemi erhalten.

Tab. 193. Fig. 1864—1866.
Ex Museo nostro.

Das Distelhorn.
Murex senticosus Linnaei,

testa turrita, alba aut sublutea, saepius ex fusco fasciata, longitudinaliter plicato costata, muricata, transversim striis elevatis validis exarata, decussata; cauda obtusa emarginata; fauce intus striata.

LINNAEI Syst. Nat. Edit. 12. sp. 546. pag. 1120. *Murex senticosus*, testa ecaudata, subturrita, longitudinaliter costata, transversim cancellata, apertura striata. Columellae plica una alterave.

GMELIN Nov. Edit. Syst. Nat. Linn. Tom. I. P. 6. pag. 3539—3540. no. 49. *Murex senticosus*. Habitat in Oceano Indico, testa ad 2 pollices usque longa flavicante, anfractibus singulis fascia fusca cinctis, costis aculeatis, apertura oblonga, columellae plica solitaria, spira acuminata anfractibus distantibus.

v. BORN Index rerum naturalium, pag. 304. Die Distelschnecke.

— — Testacea Mus. Caes. pag. 306. *Murex senticosus*, testa ovato-turrita, cancellata; anfractus decem connati, longitudinaliter costati, striis elevatis membranaceis, transversim decussati, punctis decussationum muricatis; apertura ovato-oblonga; labrum crenulatum, intus transversim sulcatum; basis oblique marginata torta; canalis deflexus brevis, effusus; color pallide luteus.

FAVAN-

Stachelschnecke. Tab. 193. Fig. 1864—1866.

FAVANNE Conchyl. Tab. 31. fig. L.
— — Catal. rais. no. 853. pag. 178. La Vrille ou le Villebrequin.
MUSEUM LESKEANUM descriptum a Clarisſimo D. GUST. DE KARSTEN. Vol. I. no. 1020. pag. 266. Tab. Helminth. fig. 6. *Murex cancellatus*, teſta turrita, pallida, fasciis transverſis fuscis; anfractus novem longitudinaliter plicati, gibbi, transverſim ſulcati, ſtriis ſubmembranaceis elevatis, unde facies cancellata; apertura ovata, ferrugineo maculata, ſtriata, columella fere elabiata, cauda ſubascendente. Patria ignota.

Der Murex ſenticoſus Linnaei, welcher bey den Engländern, nach Petivers Ausſage, Small Prikle Whelk, von den Franzoſen Buccin epineux, Chardon, la Vrille ou le Villebrequin (der Windelbohrer, deßen ſich die Tiſchler zu bedienen pflegen) genannt wird, und bey den Holländern Diſtelhoorentje heißt, iſt zwar ſchon unter ſeinem rechten Namen im vierten Bande dieſes Syſtematiſchen Conchylienwerkes bey Fig. 1466. 1467 hinlänglich beſchrieben, und dabey ein ganzer Haufe conchyliologiſcher Schriftſteller, welche von dieſer Schnecke Zeichnungen und Nachrichten geliefert, angeführet, auch ſelbſt der Umſtand nicht dabey vergeßen worden, daß dieſe Schnecke öfters von einer roſtfärbigen Binde umwunden geſehen werde. Weil doch aber jene Abbildungen im vierten Bande nicht recht deutlich und glücklich ausgefallen, und es gar in der Vorrede des vom Herrn D. Karſtens meiſterhaft beſchriebenen Musei Leskeani behauptet wird, daß dieſe Gattung in unſern Werke vermißet werde; welches, wenn es Grund hätte, bey einer ſo wohlbekannten Schnecke allerdings eine große conchyliologiſche Verſchuldung ſeyn würde, ſo finde ich mich dadurch bewogen, ſolche in einer getreueren Abbildung und mit einigen Abänderungen darzuſtellen. Im Leskeſchen Muſeo heißt dieſer Murex, der gegitterte oder cancellatus, welcher Name ſehr gerne beybehalten werden könnte, wenn dieſe Schnecke nicht ſchon ihren anderweitigen auctoriſirten Namen führete, und wenn ſie nicht längſtens im Linneiſchen Naturſyſtem unter dem Namen eines Muricis ſenticoſi ihren Platz bekommen. Dieſer Umſtand iſt vom gelehrten Herrn D. Karſtens überſehen worden, oder ihm vielleicht unbekannt geweſen. Ueberdem ſo wird vom Herrn Gmelin in der neueſten Ausgabe des Lineiſchen Naturſyſtems Tom. I. P. 6. pag. 3548. no. 81, der Name eines Muricis cancellati ſchon einer andern in Knorrs Vergnügen Tom. 2. Tab. 27. Fig. 3. ſtehenden Gattung, die ofte Gitterförmig geſehen wird, zugeeignet, daher er nicht wohl aufs neue adoptiret werden kan.

134 Stachelschnecken. Tab. 193. 194. Fig. 1864—1868.

Es liegen eben aus meiner Sammlung, neun Exemplare dieses nicht gemeinen thurmförmig und pyramidalisch gebildeten Muricis fenticofi vor mir, und ich bemerke unter ihnen dreyerley Abänderungen. Einige haben so wie jene im vierten Bande bey Fig. 1466. stehende, bey ihren länglicht herablaufenden ribbenartigen Falten, dadurch die Schale eckigt gemacht wird, nur einen sehr engen und schmahlen Zwischenraum, und sie erscheinen auf dem Rücken der Falten im Punkte des Durchschnittes der Queerstreifen, wie granulirt oder gekörnet. Andere haben, wie die hier bey Fig. 1864. vorgestellte, bey den Falten einen weiteren Zwischenraum, auch ist ihr Gitter merklicher und deutlicher. Jedoch werden sie nur alleine durch die länglichten ribbenartigen Falten und durch die über sie hinlaufenden Queerstreifen und Queerfurchen gitterförmig gemacht. Denn deutliche, senkrechte, die Queerstreifen durchschneidende Streifen, dadurch erst wahre und eigentliche Gitter gebildet werden, siehet man nicht. Von dieser Art sind manche gelblich, andere schneeweiß. Endlich so werden einige bey der weißesten Grundfarbe von breiten braunröthlichen und rostfarbenen Bändern umgeben, wie bey Fig. 1865. und 1866., auch treten auf der Höhe ihrer Falten starke Dornenspitzen hervor, weßwegen sie denn desto mehr den Namen der Distelhörner verdienen. Ich zähle bey diesen Schnecken neun bis zehen Stockwerke, und finde bey ihnen einen stumpfen Schnabel, eine eyförmige Mundöfnung, eine eingekerbte und eingesäumte Mündungslippe, einen tiefgefurchten, hie und da mit braunrothen Flecken bezeichneten Schlund, und zwo Falten unten bey der Spindellefze. Sie wohnen bey den Nicobarischen Eilanden, im Chinesischen Meere und in der Südsee. Ihr Vaterland ist also ganz bekannt.

Tab. 194. Fig. 1867. 1868.
Ex Museo nostro.
Das Südseeische Tritonshorn.
Murex Tritonium Australe,

testa ovato oblonga, ventricosa, anfractibus contiguis rotundatis, striis transversis valde elevatis et costis nodosis ex fusco flavido et albo maculatis ac variegatis circumdatis; striis atque costis densissime decussatis; crenatis, exasperatis et interfectis varicibus longitudinalibus distinctis; spira pyramidata, rostro brevi, apertura ampla ovali intus alba, sulcata; labro dentato, maculis fuscis et albis alternis notato; labio adnato, supra callo albo,

infra

Stachelschnecken Tab. 194. Fig. 1867. 1868.

infra denticulis quibusdam distincto; apice fere in omnibus truncato, mutilato, eroso.

Von den Tritonshörnern, welche bey den Engländern Trumpet Shells, bey den Holländern Trompet of Tritons Hoorens, bey den Franzosen Conques de Triton, Trompes marines, Trompettes Tritoniennes heißen, habe ich umständlich im vierten Bande dieses Syst. Conchylienwerkes bey Fig. 1281 bis 1285 gehandelt. Sie werden von den meisten Conchyliologen, und was mir am meisten auffallend ist, selbst vom Solander diesem ächten Schüler des Linne, den Buccinis oder Kinkhörnern beygesellet, aber vom Linne selber den Muricibus zugeeignet. Sie erreichen oftmals eine bewundernswürdige Größe. In meiner Sammlung liegen ein paar solcher vorzüglich großen Exemplare, davon ist jedes 15 Zoll und sechs Linien lang, acht Zoll drey Linien breit, und fünf Zoll hoch. Es sind ohnstreitig die wahren Enackskinder oder Riesen unter den Familien der Schnecken. Man findet die Tritonshörner im Mittelländischen Meere, an der Africanischen Küste, in den Westindischen und Ostindischen Gewäßern, in der Südsee, und so weiter. Allein sie sind nach der Verschiedenheit ihrer gehabten Wohnstellen gar sehr von einander unterschieden. Im Catal. Mus. Portl. wird es daher bey den Tritonsschnecken immer genau angemerket, ob sie aus West- oder Ostindien hergekommen. Die ersteren werden Occidental die anderen Oriental Trumpet Shells genannt, cfer. daselbst pag. XI. no. 222. Die Westindischen sind gemeiniglich dickschalicht und schwer, im Schlunde weiß, beym Wirbel röthlich, und haben ein weiß und braun auch fast bläulicht geflammtes und gewäßertes Farbenkleid (colorem undulatum.) Die Ostindischen sind ungleich feiner, gestreckter, schöner und reitzender. Im Schlunde sind sie orangefarbig und werden auf den höheren Windungen mit körnichten oder knotenvollen Schnüren umwunden. Sie haben Vestem pennatam, darauf die abwechselnden Flecken einen Pfauenschwanze gleichen. In beyden Arten zeigen sich auf den breiteren und schmahleren Streifen nahe bey der Nath der Gewinde und unten bey der Basi, starke Einkerbungen, dadurch sie rauh und gekörnt gemacht werden. Bey jeder Windung erblicket man auch eine ja wohl zwo länglichte wulstige Leisten, als übrig gebliebene Rudera ehemaliger Mündungslippen. Bey den Mittelländischen, auch bey einigen Ostindischen, treten starke Knoten auf der Höhe ihrer Stockwerke hervor. Die Zahl der Stockwerke steiget bey den Ostindischen bis auf zehen, ja bis auf zwölfe hinan.

Linne

136 Stachelschnecken. Tab. 194. Fig. 1867. 1868.

Linné muß ohnstreitig, da er das Musf. Reg. Lud. Ulr. geschrieben, ein Ostindisches vor sich liegend gehabt haben, weil er daselbst pag. 842. no. 324. schreibet: Spira anfractibus duodecim. Apertura intus flava. Color pallidus undulatus luteo ferrugineoque. Anfractuum margo superior contractus plerisque moniliformis. Große Exemplare haben auch einen Nabel, dergleichen man bey kleineren vergeblich suchet. Das Operculum coriaceum gleichet einem eyförmig gebildeten, mit starken Streifen besetzten Schilde. Sonderbar genug ist es, daß man diese Gattung fast niemals mit einer vollständigen Spitze zu sehen bekommt, daher es auch der Herr Gmelin in der neuesten Ausgabe des Linneischen Natursystems Tom. I. P. 6. p. 3550. bey dieser Gattung no. 89. sehr richtig anmerket, sie werde apice utplurimum laeso gefunden. Ich besitze sechzehn Stücke dieser Gattung, wenn ich die größeren, mittleren und kleineren zusammenzähle, in meiner Sammlung; allein kein einiges derselben hat eine ganz unverfehrte Spitze. Alle gleichen hierinnen der Helici decollatae, auch zeiget es sich, daß ihre abgestoßene Spitze mit einem gleichförmigen Schnirkel, oder mit einem schneckenartigen Emplastro testaceo wieder zugeheilet und gleichsam zugeleimet worden. Worinnen die eigentliche Ursache dieses bey der jetzigen Gattung so allgemeinen und gewöhnlichen Fehlers zu suchen und zu finden sey, mögen andere erforschen und bestimmen.

Nachdem ich nun diese allgemeinen Anmerkungen über die Tritonshörner vorangeschicket: so will ich nun noch insbesondere von der seltenen Nebenart reden, welche hier bey Fig. 1867. und 1868, abgebildet und sehr gut getroffen worden. Sie gehöret, wie es sogleich einem jeden beym ersten Anblicke einleuchten wird, nicht zur Zahl der schmahlen und langgestreckten, sondern zur Zahl der kurzen, dicken, untersätzigen, hochgewölbten und bauchichten Tritonshörner. Bey ihrer glatten Spindellefze (bey ihrem labio adnato), vermiße ich die vielen erhobenen schneeweißen Runzeln oder Streifen, und die glänzend schwarzen darzwischen stehenden Furchen, welche sonst den Ost- und Westindischen Tritonshörnern zur Zierde gereichen und solche aufs vortheilhafteste herauszeichnen. Dagegen aber tritt oben bey der Spindellippe ein starker weißer Wulst hervor, der einem dicken Zahne gleichet, auch stehen daselbst unterwärts beym Canal des Schnabels einige kleine Zähne. Die rundgewölbten Windungen werden von dicken Queerstreifen und Furchen wie auch von solchen Ribben umgeben, darauf Knoten oder Knobbeln hervortreten. Das Farbenkleid ist dunkelgelb, doch wechseln auf den Ribben weiße und braunröthliche Flecken zierlichst miteinander ab. Die Stockwerke schließen bey der Nath

genau

Stachelschnecken. Tab. 194. Fig. 1867. 1868.

genau und enge aneinander. Aber das Hauptunterscheidungszeichen, dadurch sich dieser Südseeische Triton von allen seinen Mitgenoßen auf das kennbarste unterscheidet, ist folgendes: Alle Queerribben und Streifen desselben werden unzähligemal von senkrechten feinen Streifen durchkreuzet, eingekerbet, durchschnitten, und auf solche Weise ganz rauh gemacht. Auf der äußern eingesäumten und gezähnelten Mündungslippe wechseln braune und weiße Flecken mit einander ab. Der Schlund ist weiß, hat einige Furchen, und da kleine Vertiefungen wo auf dem Rücken Knoten stehen. Es wohnet diese Schnecke, welche unter die neuentdeckten gehöret, an den Stranden der Insul Neuholland, oder wie sie von den Engeländern genannt wird, Neusüdwallis. Sie ist in China durch einen Dänischen Freund von einem aus Botanybay dort eingelaufenen Englischen Schiffe für meine Rechnung erkauft worden. Im Catal. des Musei der Herzogin von Portland wird sie pag. 152. no. 3341, folgendermaßen beschrieben: A large and finely-coloured specimen of Buccinum Tritonis Solandri, Murex Tritonis Linnaei from New Holland, rare. Im Verzeichnis der Seltenheiten, die im October 1794. der Herr Humphrey aus London in Hamburg verkaufen laßen, wird diese Schnecke ein paarmal angeführet, als pag 8. no. 72, zwey vortrefliche Tritonshörner, das eine violet und braungefleckt, das andere ganz fleischfarbicht von New South Wales. Es hat auch der Herr Spengler ein paar Exemplare dieser Gattung aus London mit folgender Beyschrift bekommen: The red and brown clouded Trompet from New South Wales, das heißt: die roth und braun bewölkte Trompete von Südwallis.

Von
den Strombis oder Flügelschnecken.

Weil ich nur wenig neue Gattungen von Strombis auftreiben können, so scheinet mir eine weitere Einleitung zu diesem Geschlechte fast unnöthig und überflüßig zu seyn. Allein da doch allen übrigen Geschlechtern eine kleine Einleitung vorgesetzet worden; so würde mir es verdacht und verarget werden, wenn ich die Strombos ohne alle weitere Einleitung entliesse. Hier sind also einige Bemerkungen, die ich dem Nachdenken der Conchylienfreunde empfehle.

1. Bey den Strombis ist es sogleich ein sehr bemerkungswerther Umstand, sie bilden größtentheils nicht eher ihre Zacken, Finger, Flügel, Lippensäume, ihre lobos, digitos, alas, ihr labrum incrassatum, dilatatum, amplicatum, als bis sie mannbar werden, zu reiferen Jahren und höherem Alter gekommen, völlig ausgewachsen sind, und ihren Schalenbau und die ganze Aufführung ihrer Stockwerke vollendet haben. Die Murices verfertigen gleichsam bey jedem Jahrgange einen neuen Lippensaum, oder eine neue Thürschwelle. Sie sitzen um deßwillen voller wulstigen Seitenleisten. Ueberall, wo man hinsiehet, erblicket man Varices oder Ueberbleibsel vorjähriger Lippensäume. Wiewohl dergleichen Anomalien, welche bey den Muricibus so häufig vorkommen, werden bey den Strombis nicht geduldet noch gut geheißen. Vielleicht könnte daher durch dieses Unterscheidungszeichen die Gränze zwischen beyden Geschlechtern um desto leichter bestimmet werden.

2. Ob ich gleich nur wenig neue Recruten zum Geschlechte der Flügelschnecken anwerben können, so verdienen doch diese wenigen auch schon um deßwillen unsere Aufmerksamkeit, weil sie in gar weit entfernten Meeren zu Hause gehören. Die beyden ersteren, nemlich der Strombus fissus aculeatus und der Strombus sulcatus haben ihre Wohnstelle im Japanischen und

Einleitung zum Geschlecht der Flügelschnecken.

und Chinesischen Meere; der große Strombus Oniscus kömmt von den Westindischen Meerufern, und der Strombus Erythrinus ist beym rothen Meere gefunden worden. Dazu kömmt nun noch auf einer eigenen Kupfertafel der Strombus Goliath, deßen Abbildung alleine in Listers Hist. Conchyl. gesehen wird. Am Ende dieses eilften Bandes werde ich unter den gegrabenen, bestens erhaltenen Schnecken, noch den Strombum spinosum Linnaei darstellen. Allein in welchem Meere und Welttheile das Original deßelben wohnen möge, getraue ich mir nicht zu bestimmen.

3) So wie überall beym Linne einige Ausnahmen von denen durch ihn angegebenen Characteren und Kennzeichen vorkommen, so ist es auch bey diesem Geschlechte. Es gilt auch hier der wohlbekannte Satz: Nulla regula sine exceptione. Da ist zum Exempel beym Fuso dentato, bey dieser seiner ersten Gattung, die er in der zehnten Ausgabe des Natursystems und im Museo Reginae den Muricibus beygesellet, und ihre testam als distinctissimam beschrieben, hernach aber in der zwölften Ausgabe den Strombis zugeeignet — kein solcher Schnabel, der sich zur linken Seite hinüber wendet, kein rostrum desinens in canalem sinistrum, sondern cauda recta elongata. Ferner so ist bey ihr keine testa latere ampliata, sondern blos labrum dilatatum et dentatum. Und doch ist es ein wahrer Strombus, welches alles nun auch auf unsern Strombum fissum aculeatum mit hingedeutet werden muß. Eben also wäre bey dem Strombo, welcher den Namen des Kellerwurms führet, gar sehr vieles zu erinnern. Denn ihm fehlt der in die Höhe gewundene Wirbel, die erweiterte Seite, der zur linken Hand sich hinüberkehrende Schnabel und Ausschnitt. Kurz, man findet bey ihm keine testam spiralem, kein latus ampliatum, kein labrum desinens in canalem sinistrum, sondern caudam retusam, wie bey den Buccinis. Dennoch ist der dem Strombo Onisco angewiesene Platz der bequemste. Eben so wäre auch gar vieles beym Strombo tuberculato Linnaei und vielen andern im Geschlechte der Flügelschnecken zu erinnern.

4) Wer will, sagt die Schrift, einen Reinen finden, wo keiner rein ist? Und wer will doch bey menschlichen Eintheilungen und Veranstaltungen die Vollkommenheit finden, wo immer Unvollkommenheit ist? Der Zweck, warum man Gerüste bey einem Gebäude aufstellet, ist ja nur dieser, um bequemer hinanzukommen, um es desto leichter aufbauen, abputzen, anmahlen, verschönern zu können. Dahin geht nun

auch die Absicht unserer Abtheilungen in Claßen, Ordnungen, Geschlechter, Gattungen, Arten, Nebenarten. Daran kehret sich niemand, wenn hie und da ein Bret oder Balke bey einem Gerüste nicht am gehörigen Orte zu stehen scheinet, wenn nur die Hauptabsicht erreichet wird. Und daran wollen wir uns nun auch nicht kehren, wenn eine und die andere Schnecke in ein unrechtes Geschlecht versetzt zu seyn scheinet. Sie würde vielleicht bey jedem anderen Geschlechte an einem noch viel unbequemeren Orte stehen. Darum so schäme man sich doch einmal, über dergleichen Kleinigkeiten ein zu großes Aufheben zu machen, und einen Lermen um Nichts anzufangen.

Verzeichnis der hier abgebildeten und beschriebenen Flügelschnecken.

Tab. 195. A. Fig. 1869. Die stachlichte gespaltene Flügelschnecke. *Strombus Fusus fissus aculeatus.*

Fig. 1870. 1871. Die gefurchte Flügelschnecke. *Strombus* sulcatus.

Fig. 1872. 1873. Der Kellerwurm. *Strombus* Oniscus Linnaei.

Fig. 1874. 1875. Der Rothbart. *Strombus* Erythrinus.

Tab. 195. B. Fig. Lit. A. Der Goliath. *Strombus Goliath.*

Flügelschnecken. Tab. 195. A. Fig. 1869.

Tab. 195. A. Fig. 1869.
Die ſtachlichte geſpaltene Flügelſchnecke.
Strombus Fuſus fisſus aculeatus,
teſta turrita, laevi, ex albo-flaveſcente, recto-caudata (ſimillima Strombo qui Fuſus dentatus et alatus appellatur) apertura oblongiuscula ſubovata; Labio reflexo, albo, adnato, incraſſato, ſinuato, ad apicem usque diducto et protenſo; Labro ſubalato, fimbriato, dentato, ſerrato, aculeato, continuato, lacuna ſeu fiſſura longitudinali ſoluto a ventre et ſpira; roſtro recto elongato; baſi ſtriata; cavitate ſeu fauce candida.

FAVANNE Conchyl. Tab. 79. Lit. Y.

Dieſe wunderbare Schnecke habe ich in dieſem Werke nicht übergehen wollen, ohnerachtet ich ſie nur alleine aus der Abbildung kenne, die von ihr in Favannens Conchyliologie an der oben angeführten Stelle gegeben worden. Das ſeltene Original derſelben habe ich nie geſehen, und werde es auch wohl nie zu ſehen Gelegenheit haben. Ich befinde mich, da ich ſie beſchreiben ſoll, in einiger Verlegenheit, indem ich weder das Cabinet zu nennen weiß, darinnen ſie befindlich iſt, noch den Namen melden kan, der ihr in Frankreich ertheilet worden; noch mich im Stande ſehe, das Meer oder die Wohnſtelle, wo ſie ſich aufzuhalten pflege, anzugeben. Weil Favanne dieſe ſtachelvolle Flügelſchnecke bey der Ausarbeitung ſeiner Conchyliologie noch nicht gekannt, ſondern ſolche erſt auf der einen von den beyden Supplementstafeln, die er ſeinem Buche angehänget, abgezeichnet; ſo ſchließe ich es daraus, daß ſie erſt in den neueren Zeiten, etwa bey den vielen Reiſen in die Südſee, entdecket worden. Vergeblich habe ich mich bemühet, in des Favanne Catalogue raiſonné, und in den lehrreichen Nachrichten, welche uns derſelbe von den beſten Cabinetsſtücken großer Conchylienſammlungen Frankreichs und anderer Länder gegeben, etwas näheres von dieſer höchſt ſonderbaren Schnecke anzutreffen; allein alles mein Nachforſchen iſt bisher umſonſt und unnütz geweſen. Sobald die jetzigen unſeligen und verderblichen Kriegsunruhen, dadurch aller gelehrte Briefwechſel ſchwer und unſicher gemacht wird, ſich werden geleget haben, ſo will ich bald von de Favanne, und von meinem Hochachtungswerthen Gönner, den ſich zu Paris aufhaltenden Königl. Däniſchen Herrn Juſtitzrath Hwaß, das gewißere von dieſer Schnecke erfahren und erfragen. Bis dahin aber

142 Flügelschnecken. Tab. 195. A. Fig. 1869—1871.

wird man sich mit einer mangelhaften und unvollständigen Beschreibung dieser Schnecke behelfen müßen. Soviel lehret schon der erste Anblick und Augenschein, daß diese Gattung, obgleich die Murices wegen ihres verlängerten Schnabels auf sie Anspruch machen könnten, dennoch wegen ihrer geflügelten und stark gezahnten Lippe den Strombis zugeeignet werden müße. Hernach so wird es niemand läugnen wollen und können, daß sie die größte Aehnlichkeit mit der feinen Zahn- und Sternspindel, mit dem Fuso dentato Linn. habe, welcher von den Engeländern Long back Spindle, von den Franzosen Fuseau denté, ailé et etoile, von den Holländern Staare Pen genannt wird, deßen Abbildung man im Beschluß des vierten Bandes auf der 41sten Vignette sehen, und die umständliche Beschreibung daselbst bey Fig. 1500. pag. 338. nachlesen kan. Und da nun die feine Sternspindel bey Japan und in der Südsee wohnet, so ist es sehr wahrscheinlich, daß auch diese gar nahe mit ihr verwandte stachlichte Spindel eben daselbst wohnen werde. Bey ihrer bis zur schärfsten Spitze des Wirbels verlängerten gespaltenen Lippe, kömmt sie mit dem Strombo, der beym Linne Fissurella heißt, und im Systematischen Conchylien-Cabinet Tom. 4. bey Fig. 1498. 1499. gesehen und beschrieben wird, genau überein. Allein durch ihre spiegelglatte Schale, darauf nur bey der Basi einige Queerstreifen gesehen werden, und durch ihre sonderbare, mit Dornen und Zähnen von oben bis unten sägeförmig besetzten Lippe wird sie aufs weiteste von ihr und andern Schnecken unterschieden.

Tab. 195. A. Fig. 1870. 1871.
Ex Museo nostro.
Die gefurchte Flügelschnecke.
Strombus sulcatus,

testa turrita, lutescente, transversim sulcata, anfractibus rotundatis sulco disjunctis; spira pyramidata labro dilatato, subalato, sinuato, intus dense striato; labio reflexo crassiusculo; basi sulcata; apertura oblonga; rostro brevi.

Wer es etwa beym ersten Anblick dieser Schnecke glauben möchte, nur eine Abänderung vom bekannten Strombo vittato Linnaei zu sehen, der würde sich sehr irren. Sie ist gar merklich von ihm unterschieden. Sie wird bey der Nath ihrer Umläufe von keiner erhöheten Queerbinde, von keiner solchen Sutura elevata oder Vitta umgeben, welche doch eben den Linne veranlaßet, jene

Flügelschnecken. Tab. 195. A. Fig. 1870—1873.

jene in diesem Werke Tom. 3. Fig. 822. 823.; ferner Tom. 10. bey Fig. 1481. 1482. und Fig. 1496, beschriebene Gattung Strombum Vittatum zu nennen. Sie ermangelt ferner aller länglichten Falten, welche jene Flügelschnecken so kenntlich herauszeichnen. Auch vermißet man bey ihrem einfachen, weißgelblichen Kleide den bandirten Farbenschmuck, damit jene gezieret und verschönert wird. Bey der hier abgezeichneten findet man keine eckigten und faltenvollen Umläufe, sondern wohlgerundete Stockwerke. Ich habe ihr den Namen der gefurchten Flügelschnecke beygeleget, weil ihre Windungen bey der Nath durch eine sehr vertiefte Furche deutlich von einander abgesondert werden. Es sind also bey ihr nicht, wie beym Strombo vittato anfractus contigui, sondern anfractus fossula et sulco distincti vorhanden. Ueberdem wird sie von feinen Queerfurchen umgeben, die nur auf den obersten Windungen von einigen senkrechten Streifen durchkreuzet werden. Endlich so wird sie auch noch unten bey der Basi von Queerfurchen umgeben. Ich zähle bey ihr zehen Stockwerke, die sich in eine scharfe Spitze endigen. Auf dem ersten Stockwerke ist die Schale sowohl auf dem Rücken als auf dem Bauche glatt, ohne alle Furchen, die nur erst unterwärts gesehen werden. Die innere weiße Spindellippe ist etwas wulstig. Die äußere bildet einen kleinen, auf der inneren Seite dichte gestreiften Flügel. Die länglichte Mündung endiget sich unterwärts in einen kurzen Schnabel. Es wohnet diese Schnecke im Chinesischen Meere. Ich habe ihr wahres Ebenbild noch bey keinem conchyliologischen Schriftsteller gefunden. Denn durch jene im Lister Tab. 852. befindliche, ihr ziemlich nahe kommende Zeichnung wird ohnstreitig der Strombus vittatus Linnaei angedeutet.

Tab. 195. A. Fig. 1872. 1873.
Ex Museo Spengleriano.
Der Kellerwurm. Die Aßelschnecke.
Strombus Oniscus Linnaei,
testa obovata, ecaudata, maculis lentiginosis nigricantibus in fundo albido infecta, seriebus sex nodosis geminatim positis et striis transversis cincta, spira valde obtusa; labro incrassato, duplicato, dentato; labio calloso, rugoso, verrucoso, quasi fistulariis obsito; apertura oblonga, fauce alba, basi vix emarginata obtusa, apice et labiis rubicundis.

LINNAEI Syst. Nat. sp. 502. pag. 1210. *Strombus Oniscus*. Magnitudine coryli, obovata, cingulis tribus subnodosis, nodis ordine longitudinali itidem dispo-

144 Flügelschnecken. Tab. 195. A. Fig. 1872—1873.

sitis, pallida, maculis nigricantibus sparsis contaminata. Spira obtusissima, cingulo solitario noduloso; apice tenuissimo albo. Apertura alba longitudinalis, columella laevi. Labro exteriore vix repando. Cauda nulla et basis vix manifeste emarginata.

GMELIN Nov. Edit. Syst. Nat. Linnaei Tom. I. P. 6. pag. 3514. *Strombus Oniscus*. Habitat in Oceano Americam auftralem alluente. Testa vix ultra pollicem longa, nodis trifariam longitudinaliter dispositis, columella laevi. An hujus generis?

MUS. GOTTWALD. Tab. 26. fig. 179. b. fig. 180.

Martini allgemeine Geschichte der Natur Tom. 3. pag. 402. Tab. 99. fig. 4. 5.

DE FAVANNE Conchyl. Tab. 26. fig. K.

— — Catal. rais. No. 737. Le Casque Bourgeonné.

Knorrs Vergnügen der Augen Tom. 6. Tab. 15. fig. 6.

V. BORN Index rerum naturalium Muf. Caef. pag. 276 Die Aßelschnecke.

— — Testacea Muf. Caef. pag. 279. *Strombus Ouiscus*, testa obovata; anfractus sex; spira obtusa, cingulo solitario noduloso tuberculata, apice tenuissimo albo; Dorsum cinctum serie triplici nodorum; apertura angusta longitudinalis; labrum denticulatum vix repandum; labium reflexum, adnatum, papillosum; columella laevis; Basis haud manifeste emarginata; color pallidus, maculis nigricantibus sparsis.

Schröter vom innern Bau der Conchylien Tab. 4. fig. 8. pag. 12. no. 10.

Da schon mein würdiger Vorgänger, Martini, im zweyten Bande dieses Systematischen Conchylienwerkes bey Fig. 357. und 358. von dieser Gattung umständlich geredet, so würde ich mich nimmer zu einer abermaligen Abbildung und Beschreibung entschloßen haben, wenn ich nicht ein vorzüglich großes und merkwürdiges Exemplar aus der Spenglerischen Sammlung bekannt zu machen hatte, und manches von dieser Gattung genauer zu bestimmen und zu berichtigen wüßte. Auf jene conchyliologischen Schriftsteller, nemlich auf den Lister, Petiver, Valentyn, Gualtieri, Seba, Davila, Knorrs 4ten Theil ꝛc. welche alle Martini schon citiret, verlange ich mich hier nicht aufs neue zu berufen. Aber die Stellen aus dem Linne und aus den Schriften der neueren und neuesten Conchyliologen, welche von dieser Gattung handeln, habe ich hier nicht hinweglaßen wollen noch können. Der liebe Martini hat es bey der Ausarbeitung seines zweyten Bandes von diesem

Flügelschnecken. Tab. 195. A. Fig. 1872. 1873.

Conchylienwerke noch nicht gewußt, daß er in dieser Schnecke Strombum Oniscum Linnaei vor sich habe. Aber bey der Ausgabe des dritten Bandes seiner Naturgeschichte oder Lexicons ist er davon schon überzeugt gewesen, wie man solches aus der oben angezogenen Stelle derselben erfahren kan. Diese Gattung hat übrigens das Schicksal gehabt, bald hie bald da hingeworfen, und sehr verschiedenen Geschlechtern beygezählet zu werden. Vom Martini wird sie zur Sturmhaube, vom Favanne zur Casque Bourgeonné, vom Seba zum Rhombo, vom Davila zur Volute enchancrée, und endlich vom Linne zum Strombo gemacht. Jedoch scheinet Herr Gmelin, der neueste Editor des Linneischen Natursystems, noch daran zu zweifeln, ob sie bey den Strombis auf der rechten Stelle stehe, weil er am Ende seiner Beschreibung die Frage anhänget: an hujus generis? Das wahre eigentliche Vaterland dieser Conchylie ist dem Linne unbekannt gewesen, aber Gmelin nennet Americam australem. Dieselbst, bekommen wir sie im Ueberfluß von den Westindischen Zuckerinsuln. Seba will uns überreden, daß sie rar wären, wenn er schreibt: rarae admodum species, und es sind die allergemeinsten Schnecken, die man leichte Scheffelweise bekommen kan. Jenes Vorgeben des Seba, Pumilionum instar nunquam majores evadunt, sie würden, wie Zwerge, nie größer; ist eben so ungegründet. Statt aller weiteren Widerlegung darf man nur die hier abgebildete ansehen.

Die vom Linne und Gmelin gegebene characteristische Beschreibung will sich auf das gegenwärtige Exemplar nicht recht paßen und anwenden laßen, und stimmet daher auch mit der oben von mir entworfenen nicht völlig überein. Beyde reden nur von drey Knotenreihen, von cingulis tribus subnodosis trifariam dispositis, und diese hier abgebildete hat sechs solcher Knotenreihen. Beyde zeugen von einer glatten Spindel, von einer columella laevi; das mag sie innerlich auf den höheren Stockwerken seyn, bey der ersten Windung ist sie es gewiß nicht. Ich finde eine wulstige, warzenvolle Spindellefze, labium columellae callosum, rugosum, verrucosum, papillosum, quasi fistulariis obsitum. Hernach so muß ich mich wundern, wie keiner von beyden, und selbst auch nicht Von Born in seiner sonst so treffend gerathenen Beschreibung, der Queerstreifen gedenke, die bey allen unabgeriebenen, ja selbst bey den kleinsten, so sichtbar sind, und über die Knotenreihen hinüber laufen, sie zertheilen und rauh machen. Der weiße Hintergrund wird bey einigen von schwärzlichen, bey anderen von röthlichen und gelblichen Flecken, die den Sommers merflecken ähnlich sind, wie besäet und besprützet. Die Knotenreihen stehen gedoppelt bey einander, und werden durch tiefe breite Furchen von einander geschieden und abgesondert. Die sehr verdickte äußere Lippe, welche fast einen kleinen Flügel bildet, ist bey den mehresten dieser Gattung schneeweiß, aber bey der hier vorgestellten hellroth, und sitzet bey allen nur etwas ausgewachsenen, voller Zähne. Auf der inneren, gleichfalls verdickten Lippe, erblicket man viele weiße, erhobene, warzenartige Puncte. Da die Spindellefze bey den mehresten weiß zu seyn pfleget, so ist sie bey dieser röthlich. Der Schlund und die inneren Wände sind weiß. So gemein auch die kleinen von dieser Gattung sind, so selten wird man dagegen in den Conchyliensammlungen Stücke von so ansehnlicher Größe antreffen, als das hier abgebildete. Jenes Vorgeben des Linne, daß sie nur die Größe einer Haselnuß erreiche, und jene Aussage im Knorr, daß sie nur zum Speculationsgut gehöre, fällt also nun gänzlich hinweg.

Tab. 195. A. Fig. 1874. 1875.
Ex Muf. Acad. Hafnienfis.
Der Rothbart.
Strombus Erythrinus,
testa lucide rubicunda, quasi ex roseo infecta, dorso spiraque plicato nodulosis, labro fimbriato, intus et extus striato infra attenuato; labio adnato reflexo albido, basi striata.

Wer jenen Strombum, der beym Linne Urceus heißt, ferner auch jenen, der von ihm dentatus genannt wird, kennen gelernet, der wird es gestehen müssen, daß diese hier vorgestellte kleine niedliche Schnecke in ihrer Form, Bildung und ganzen Bauart viele Gleichförmigkeit mit jenen habe, und ihnen nahe verwandt sey. Sie empfiehlt sich insonderheit durch ihr schönes, frisches, jugendliches, rosenrothes Farbenkleid, bey welchem doch hie und da ein weißer Hintergrund hervorblicket. Auf ihren sieben Stockwerken treten einige faltenartige Knotenreihen hervor. Die äußerliche Lippe hat einen breiten, beydes innerlich und äußerlich gestreiften und wie gerieffelten Lippensaum. Die innere Spindellippe ist glatt und weiß. Der Bauch ist glatt und ermangelt aller Falten. Es wohnet diese rothe Schnecke am Strande des rothen Meeres. Sie scheinet freylich auf den Namen eines Strombi oder einer Flügelschnecke, keinen recht starken Anspruch

Anspruch machen zu können. Aber da doch ein in die Höhe gewundener Schalenbau, eine erweiterte Mündungslippe, und ein zur linken Seite hinüber gekehrter Canal, also testa spiralis, labrum ampliatum und canalis sinister bey ihr gesehen wird, so darf ihr niemand den ihr angewiesenen Standort streitig machen.

Tab. 195. B. Fig. Lit. A.
Ex Museo Spengleriano.
Der Goliath.
Strombus Goliath,

testa alata, praegrandi, crassa, valde ponderosa, albida, transversim striata, sulcata, plicata, sulcis duplicatis, plicis planiusculis latis; anfractibus decem conglutinatis, subnodulosis excepto maximo nodis obtusis validioribus in summitate coronato; labro latissimo rotundato circulari supra spiram et verticem expanso et dilatato, penes apicem soluto, subtus complanato et in attenuato margine integerrimo. Testa rarissima duodecim pollices longa, novem pollices lata.

LISTER Histor. Conchyl. Tab. 862. fig. 18. a.

Die Abbildung dieser sonderbaren, vorzüglich großen und äußerst seltenen Flügelschnecke stehet nur alleine in des Listers vortreflichen Historia Conchyliorum, und sonst meines Wißens in keinem einigen conchyliologischen Schriftsteller. Desto mehr ist es zu beklagen, daß Lister, der doch sonst den allermeisten Figuren seiner Conchylien eine kleine Beschreibung beyzufügen, und uns ihre Wohnstelle zu melden pfleget, bey dieser so ansehnlichen Schnecke ein so tiefes und trauriges Stillschweigen beobachtet, und uns doch auch kein Wörtlein zur nähern Erkenntniß derselben sagen mag. Soviel bemerket man freylich aus dem ihr angewiesenen Standorte, daß sie vom Lister den Buccinis bilinguibus asperis et muricatis beygesellet worden; allein dadurch werden wir nicht klüger gemacht. Ich besorgte es anfänglich, viele würden wohl in ihren Schriften diese rare Listerische Flügelschnecke mit dem gemeinen und bekannten Westindischen Strombo, der beym Linne Gigas heißt, und im dritten Bande dieses Systematischen Conchylienwerkes bey Fig. 824. gesehen wird, verwechselt haben. Jedoch diese Vermuthung und Besorgniß war ungegründet. Denn ich fand keinen Schriftsteller, der sich beym Strombo giganteo Linnaei, von welchem es Bonanni sehr unrichtig behauptet, er sey fortasse mole et

148　Flügelschnecken. Tab. 195. B. Fig. Lit. A.

pondere maximus inter testacea, auf die obige Listerische Figur sollte berufen haben. Der Unterschied zwischen beyden Gattungen ist auch würklich zu groß und zu sichtbar, als daß so leichte bey einiger Aufmerksamkeit dergleichen Verwechselung statt finden könnte.

Bey der riesenmäßigen Flügelschnecke oder dem Strombo giganteo Linnaei sitzen alle zehen Stockwerke des langestreckten pyramidalischen Wirbels voller spitzigen kegelförmigen Zacken, welche zwar nicht allemal äußerlich, aber wohl innerlich hohl und offen sind. Daher Linne von spinis conicis patentibus redet. Lister schreibet, es sey diese testa muricibus acutis horrida. Man findet auf ihrer Oberfläche stark erhobene faltenartige Ribben und breite vertiefte Furchen, und im äußern Rande der Lippe allerhand Einschnitte. Der breite Flügel, welcher beym Wirbel sich veste anschließet, nimmt keine gleichförmige sondern eine gekrümmte und ausgebogene Richtung. Kurz es ist Ala valde sinuosa. Dazu kömmt innerlich das lebhafteste und frischeste Rosenroth, darauf Linne zielet wenn er von einem colore interno vividissimo redet.

Hingegen bey unserer jetzigen Flügelschnecke stehen nur alleine auf dem ersten und größesten Stockwerke einige dicke, merklich erhabene, stumpfe Knoten; aber auf den sieben übrigen, wenig gestreckten, flachen, wie zurückgedrängten, nahe aneinander gränzenden, fast unmerklich von einander absetzenden Stockwerken, die zusammen eine Pyramide oder Trochum bilden; sind entweder gar keine, oder doch nur ganz unbedeutende Knoten (nodi obsoleti et obliterati) zu sehen. Ueber die Oberfläche laufen breite, flache, glatte, faltenartige Queerribben und darzwischen verdoppelte Furchen hinüber. Gualtieri glaubt beym Strombo Gigas oder giganteo, der bey ihm Tab. 33. und 34. gesehen wird, den größesten uud breitesten Flügel (aurem omnium longissimam et latissimam) zu erblicken. Ich wünschte, daß er die gegenwärtige Gattung gekannt und gesehen, er würde seine Superlativos nicht bey jener verschwendet, sondern für diese versparet haben. Der außerordentlich große und breite Flügel dieses wahren Goliaths unter den Flügelschnecken, bildet einen vollkommenen halben Cirkul, und gehet weit über die Spitze des Wirbels hinaus. Derselbe hat am äußersten etwas mehr verdünneten Rande, weder Ausschnitte noch Einkerbungen, und auf der inneren Seite ist er ganz ungewöhnlich breit und flach. Die untere flache breite Lippe beträget auf den mehresten Stellen, drey Zoll in der Breite. Wo
will

will man doch unter allen übrigen Flügelschnecken eine Gattung finden, deren Lippensaum eine flache Breite von drey Zoll aufweisen könne? Ich bewundre schon die wunderbare flache innere Lippe, welche im Lister bey der Figur 856. 12. c. gesehen wird. Aber der Lippensaum bey der jetzigen ist ungleich bewundernswürdiger.

Es hat diese Flügelschnecke eine sehr schwere und dicke Schale. Sie ist beydes innerlich und äußerlich weiß, ohne weitere Farbenmischung. Die sehr schmahle verengerte Mundöfnung gleichet einem länglichten Viereck.

Hieselbst lieget diese Gattung nur alleine in dem großen Conchylienvorrathe des Herrn Kunstverwalters Spengler, der die Freundschaft gehabt, die getreue Abbildung derselben zu besorgen, und mir damit ein angenehmes Geschenk zu machen. Jedoch ist sie etwas verkleinert vorgestellet worden, weil man sonst eine viel größere Kupferplatte dazu hätte nehmen müßen. Das herrliche Listerische Exemplar ist vierzehn Zoll lang und zehn Zoll breit. Das Spenglerische ist zwölf Zoll lang und neun Zoll breit. Da Herr Spengler diese Flügelschnecke einstmals unter einer Sammlung anderer Conchylien mit erkauft, so weiß er mit keiner Gewißheit die Wohnstelle derselben anzugeben. Er vermuthet es aber, daß sie in Westindien zu Hause gehören werde.

Viele conchyliologische Schriftsteller glauben, in dieser Flügelschnecke die Breitlippe des Rumphs (Alatam latam Rumphii; oder den Strombum latissimum Linnaei spec. 505. zu erblicken. Daher wird von ihnen immer zuerst Rumphs Tab. 36. fig. L, und alsdann Listers Tab. 862. fig 18. a. citiret, als wenn beyde Figuren eine und eben dieselbe Gattung andeuteten. Diese conchyliologische Sünde begehet Klein in seinem Tentamine methodi ostracol. pag. 100. §. 261. sp. 1. Bey ihm ist es Species costosa Trocho-Coni labio rotundo effuso insignis. In eben diesen Fehler ist auch Martini im dritten Bande dieses Systematischen Conchylienwerkes pag. 124. bey Fig. 832. und 835. verfallen. Ihm folgt auf gleichem Irrwege nach, Schröter im ersten Bande seiner Einleitung zur Conchylienkenntniß pag. 438. no. 18. und Gmelin in der neuesten Ausgabe des Linneischen Natursystems Tom. 1. P. 6. pag. 3516. no. 21. Auch Listers Tab. 856. fig. 12. c, gehöret gar nicht hieher, sondern ist eine ganz verschiedene Gattung.

Flügelschnecken. Tab. 195. B. Fig. Lit. A.

Der Strombus latissimus des Linné ist ja eine zarte, dünne, leichte, mit dem schönsten und reizendsten Farbenkleide gezierte, auf der ersten Windung aller Ribben, Knoten, Furchen beynahe gänzlich ermangelnde Schnecke, deren Wirbel im Flügel hinein versenket und verwachsen ist, und deren Lippe sich in der Mitte umleget, und einen sehr verdickten, bestens mit Farben gezierten Lippensaum bildet. Von dem allen ist ja bey unserer jetzigen dicken, bleyschweren, starkgefurchten, schneeweißen, faltenvollen Schnecke, deren Flügel sich beym äußersten Rande nicht verdicket, sondern verdünnet, und deren Wirbel und Spitze sich gar weit vom Flügel entfernet, keine Spur zu finden. Wie will man denn beyde zu einer Gattung vereinigen können? Beyde haben auch gewiß ein ganz verschiedenes Vaterland. Der Strombus latissimus wohnet bey den Moluckischen Inseln, und häufiger bey der Insul Pulo Condore; aber unsere hier beschriebene Flügelschnecke nach aller Wahrscheinlichkeit in den Westindischen Meeren.

Zuletzt sollte ich billig noch davon reden, wie dieser Strombus in der Form seines Wirbels viele Aehnlichkeit mit dem vom Martini so benannten Adlersflügel, Ala accipitrina, habe, welcher im dritten Bande dieses Werkes bey Fig. 829. gesehen wird; aber dennoch in der übrigen Form seines schalichten Wohngebäudes, und insonderheit durch den breiten, unten flachen, oben sehr weit über den Wirbel hinausreichenden Flügel auf das stärkste von jener Gattung verschieden sey. Weil ich aber befürchte, schon zu weitläuftig geworden zu seyn, will ich hier abbrechen. Das mehrere wird sich aus der wohlgerathenen Abbildung beßer, als aus wörtlichen Umschreibungen erkennen laßen.

Einleitung
zum Geschlechte der Mondschnecken
die
beym Linne Turbines heißen.

Die völlig gerundete Mundöfnung, apertura rotunda, orbicularis, integra, ist und bleibet unläugbar das sicherste Kennzeichen aller Mondschnecken. Im zweyten Bande der vom Herrn Superintendenten Schröter verfaßten gemeinnützigen Einleitung in die Conchylienkenntniß finde ich hievon folgende Worte pag. 2, denen ich meinen ganzen Beyfall schenke.

„Man kan sich in den mehresten Fällen kaum einen Zirkul so rund
„und regelmäßig denken, als die Mundöfnung, und bey vielen
„auch die Mündungslippe dieses Geschlechtes. Daher ist bey den-
„selben die runde Mundöfnung das sicherste und gewisseste Kenn-
„zeichen.„

Ob der weitere Schalenbau kurz zusammengedrängt oder langgestreckt, schraubenartig und thurmförmig ausgefallen, darauf hat Linne nicht geachtet, und davon darf und muß man sich nun auch, wenn man sein treuer Nachfolger seyn will, nicht kehren, noch dadurch irre machen laßen. Durch die runde Mundöfnung werden die Turbines hinlänglich von den Neriten, die eine halbrunde Mündung (aperturam semilunarem) haben, und von den Kräuseln, die mit einer plattgedrückten Mündung versehen sind, und daher vom d'Argenville Limacons à bouche applatie genannt werden, unterschieden. Weil aber beyde Geschlechter sehr nahe an einander gränzen, so fehlet es auch hier nicht an Exempeln, daß

manche

152 Einleitung zum Geschlechte der Mondschnecken.

manche Gattungen den Kräuseln beygesellet worden, die sich besser zur Gesellschaft der Mondschnecken schicken würden; und ebenfalls manche den Mondschnecken beygesellet worden, die andere für Kräusel erklären. Ich stimme dem völlig bey, was Herr von Born hievon in seinen Testaceis Mus. Caes. Vind. pag. 339. geschrieben.

„Adeo affine sibi est utrumque genus Turbinum et Trochorum ut „non raro species confundant autores, et in Systemate Linnaeano „quoque Turbines plures majori jure ad Trochos et vicissim refe„rendi videantur.

Ich habe leider, so sehr ich mich darnach umgesehen, nur vier Arten von Mondschnecken diesmal zusammenbringen können, davon ich hier das kleine Verzeichniß darlege.

Tab. 195. A. Fig. 1876. 1877. Die vorzügliche Mondschnecke. *Turbo Principalis.*

    Fig. 1878. 1879. Die Grönländische unächte Wendeltreppe. Turbo Clathrus Groenlandicus.

    Fig. 1880. 1881. Die eingekerbte Mondschnecke. Turbo crenatus Linnaei.

    Fig. 1882. 1883. Der Krummfuß. *Turbo tortuosus pede torto.*

Monbschnecken. Tab. 195. A. Fig. 1876. 1877.

Tab. 195. A. Fig. 1876. 1877.
Ex Museo Spengleriano.
Die vornehme oder vorzügliche Monbschnecke.
Turbo Principalis,
testa turrita, alba, subdiaphana, imperforata, striis transversis exasperata, et longitudinalibus subtilioribus cancellata, anfractibus decem rotundatis, contiguis, varicibus quibusdam membranaceis in quovis anfractu obviis, apertura rotunda, basi carinula distincta, labro reflexo in annulum.

PALLAS Specilegium Zoologicum Fasc. 10. pag. 33. tab. 3. fig. 5. 6. *Turbo Principalis*, affinis Turbini Scalari, *e curiosorum ditiorum dementia famoso facto*. Ipse rarior et carior habetur solito a quo nisi minori crassitie et suturis longitudinalibus plus duplo numerosioribus vix differt. Color etiam ut illi albus, testa tenera, et anfractibus solutis per solas futuras cohaerentibus notabilis.

MUSEUM GEVERSIANUM pag. 260. no. 203. *Cornet du Postillon*. Scalaris seu Varietas rarissima, alba, tenuis, elongata, plurimis costis contiguis.

GMELIN Linnaei Syst. Nat. Edit. Nov. Tom. I. P. 6. pag. 3603. no. 62. lit. B. Turbo principalis testa imperforata, anfractibus decem rotundatis.

Von dieser seltenen Schnecke habe ich schon Ao. 1780. im vierten Bande dieses Systematischen Conchyliencabinets, bey Fig. 1428. und 1429. pag. 273. geredet, und mich dabey nach der Abbildung gerichtet, welche der selige Martini von ihr hinterlaßen. Das Original hatte ich nicht gesehen; auch meinem Vorgänger war es nie vor Augen gekommen. Nachdem aber der Herr Spengler Ao. 1787. aus der Auction des Geverischen Cabinets zu Rotterdam diese rare Mondschnecke für einen hohen Preiß erkauft, so bin ich nun im Stande, eine getreuere Abbildung und zuverläßigere Beschreibung von derselben zu liefern. Jene, hievon im vierten Bande stehende Abbildung, muß als unrichtig ausgestrichen, und der nach einer so grundfalschen Zeichnung abgefaßten Beschreibung weder Glauben noch Beyfall geschenket werden. Auch halte ich mich davon völlig überzeuget, daß der um die Naturgeschichte so hochverdiente Kayserl. Rußische Staatsrath, Ritter Pallas, seine Characteristik von dieser Schnecke viel genauer, richtiger und treffender werde entworfen haben, wenn er sie damals verfertiget, als er einst zu Rotterdam gewesen, sie im Geverischen

schen Cabinette gesehen, und das Original vor Augen und in Händen gehabt. Er meldet es aber selber, daß ihm die Zeichnung nachgeschicket worden, und er sich nun bloß nach derselben richten mußte.

So viel bleibt einmal gewiß, weder auf den Namen einer ächten Wendeltreppe, (die ihren wohlverdienten Ruhm nicht nach dem obigen, viel zu hart ausgefallenem Urtheile des Herrn Pallas, dem Unsinne und der Narrheit reicher Sammler zu verdanken hat, sondern wegen der unnachahmlichen Einrichtung ihres kunstvollen Wohngebäudes, die größte Achtung, Bewunderung und Aufmerksamkeit verdienet,) noch auf den Titul einer nahen Verwandtin von ihr, oder einer würklichen Varietät von derselben, kan und darf diese Schnecke, ob sie gleich seltener und weniger bekannt als die ächte Wendeltreppe ist, nicht den geringsten Anspruch machen. Dadurch wird sie noch lange nicht dazu berechtiget, wenn gleich Herr Pallas schreibet, sie sey affinis Turbini scalari, ja rarior und carior als derselbe, und wenn sie gleich im Museo Geversiano testa scalata und Scalaris genannt, oder doch wenigstens für eine höchst rare Varietät derselben ausgegeben wird. Ihr fehlen ja die hauptsächlichsten Unterscheidungszeichen der ächten Wendeltreppe, bey der sich ein tiefer, weiter, bis zur Endspitze hindurchgehender Nabel, eine auf den Zwischenräumen der Seitenclammern spiegelglatte Schale, und dergestalt von einander abstehende, hoch= und rundgewölbte Stockwerke befinden, darzwischen man überall hindurchsehen kan. (Turbo Scalaris differt a Turbine Principali umbilico profundo amplissimo, anfractibus tumidis totaliter disjunctis et distantibus, testa laevi glaberrima.) Beym Turbino Principali ist keine Spur von einem Nabel zu sehen; er hat keine glatte, sondern rauhe, gitterförmig gestreifte Schale, einen langgestreckten Wirbel und sehr genau an einander schließende Stockwerke.

Jener Nebengattung vom Turbo clathrus, welche im Ostindischen Meere wohnet, und Tom. 4. Fig. 1436. und 1437. in diesem Werke gesehen wird, kömmt sie freylich ungleich näher. Aber da sie sich über jene durch eine außerordentliche Größe, die bey der Gattung für riesenmäßig zu achten, erhebet, und auf ihrer Basi eine carinula gesehen wird, die bey jener fehlet, und sich auch überdem noch manche anderweitige Verschiedenheit wahrnehmen läßet: so wage ich es nicht, den Ausspruch zu thun, daß beyde für eine Gattung zu halten, und dieser Turbo Principalis nur durch seine vorzügliche Größe den Vorsprung behaupte.

Es hat diese langgestreckte thurmförmige Mondschnecke, welche weiß und halbdurchsichtig ist, einen thurmförmigen Bau, zehen rundgewölbte Stockwerke, welche von merklich erhobenen Queerstreifen umgeben werden. Feinere, senkrecht herablaufende Streifen durchschneiden die Queerstreifen, und machen sie dadurch gitterförmig. Hin und wieder treten feine pergamentartige Ringe oder Gürtel hervor, (cingula membranacea), welche als Ueberbleibsel ehemaliger Mündungslippen anzusehen sind. Die Mundöfnung ist cirkelrund. Ihr Lippensaum gleichet einem Ringe. Ihre Länge beträget zween Zoll drey Linien, und ihre Breite zehen Linien. Im Geverschen Catalogo wird davon ein ganz verschiedenes Maaß angegeben, vermuthlich weil man sich eines anderen Maasstabes bedienet. Das wahre Vaterland dieser Gattung, die man in den meisten Conchyliensammlungen vergebens suchet, weiß ich nicht anzugeben.

Tab. 195. A. Fig 1878. 1879.
Ex Museo nostro.

Die Grönländische unächte Wendeltreppe.
Turbo Clathrus Groenlandicus,
testa turrita, imperforata, albida, cingulis validis longitudinalibus, laevibus, numerosis in quovis anfractu cincta, transversim striis exaratis cancellata, apertura rotunda, labro annulato, basi vix manifeste carinata.

Die unächte Wendeltreppe, welche von den Franzosen la fausse Scalata, von den Engeländern The false Wenteltrap, von den Holländern Basterd Wenteltrapje genannt wird, wohnet fast in allen Meeren. Man findet deren schon unzählige an den Norwegischen, Englischen, Holländischen, Französischen und Spanischen Stranden. Aus dem Mittelländischen Meere habe ich mehrere langgestreckte, zierlichst gefärbte bekommen, dergleichen gewiß Favanne im Gesichte gehabt, wenn er in seinem Catal. rais. no. 1398. von solchen unächten Wendeltreppen redet, die er als grisâtres, veinées de lilas, et tachetées de brun sur leur côtes ou anneaux beschreibet. In den West- und Ostindischen Meeren sind vollends die unächten Wendeltreppen recht zu Hause. Einige haben unten bey der Basi einen scharfen Rand (marginem acutum sive carinulam,) andere ermangeln dieser Kante. Einige werden nur von einer kleinen, andere von einer großen Anzahl pergamentartiger Gürtel umgeben. Einige

Mondschnecken. Tab. 195. A. Fig. 1878—1881.

haben feine, zarte, dünne, andere starke, breite und dicke Seitenclammern. Einige sind weiß, andere bunt, noch andere bräunlich. Einige sind schmahler und gestreckter, andere bauchichter und gewölbter. Und wer kan alle Abänderungen dieser Gattung zählen?

Aus dem entfernten, rauhen, eißkalten Grönlande würden wir uns diese Gattung wohl nicht verschreiben, noch von den dortigen mit Eißschollen, ja Eißbergen, so ofte umlagerten Stranden so ansehnliche Exemplare derselben, als ich hier abbilden laßen, jemals erwartet haben. Von der Colonie Julianenshofnung, die im südlichen Grönlande an einem tief ins Land hineingehenden, mit Fischen und Seehunden (dieser liebsten Nahrung der Grönländer) reichlich besetzten Meerbusen lieget, dahinein sich aber nur ein wohl erfahrner Schiffer, wegen des engen, gemeiniglich mit Eißschollen fast völlig verstopften Einganges, hineinfinden kan, sind mir einige von dieser Gattung gesandt worden.

Ich zähle bey dieser Grönländischen, langgestreckten, unten weißen, oben gelblichen, thurmförmig gebauten Wendeltreppe, zehen Stockwerke, die von vielen dicken, glatten, Clammern und Gürteln, deren ich vierzehn auf den untersten Umläufen erblicke, wie eingefaßet und umspannet werden. Die in den Zwischenräumen stehende Furchen und Streifen machen sie gitterförmig. Ihre runde Mundöfnung wird von einem Ringe eingefaßet. Daß endlich bey dieser Grönländischen der ganze Schalenbau lange nicht so zärtlich, dünne und durchsichtig, als bey solchen Kindern dieser Gattung, die aus wärmern Meeren hergekommen, sondern viel gröber, dicker und maßiver ausgefallen, darüber wollen und dürfen wir uns nicht wundern.

Tab. 195. A. Fig. 1880. 1881.
Ex Museo nostro.
Die eingekerbte Mondschnecke.
Turbo crenatus Linnaei,
testa turrita, alba, margine superiore anfractuum crenato, noduloso; apertura rotunda annulo cincta, basi carinata.

LINNAEI Syst. Nat. Edit. 10. sp. 550. pag. 765.

— — Edit. 12. sp. 633. pag. 1238. *Turbo crenatus*, testa subcancellata, turrita, anfractibus contiguis supra crenatis.

LINNAEI

Mondschnecken. Tab. 195. A. Fig. 1880. 1881.

LINNAEI Muſ. Reg. Lud. Ulr. no. 353. pag. 659. —— —— teſta habitu Turbinis clathri, turrita, alba. Anfractus octo teretes, contigui, ubi cohaerentes crenati. Cingula ſaepe obtuſa, deſcendentia oblique in Phalanges duas. Apertura annularis, margine gibbo.

GMELIN Nov. Edit. Syſt. Nat. Linn. Tom. I. P. 6. pag. 3604. no. 65.

Da ich es mir zur Pflicht gemacht, die vormals zurück gebliebenen Linneiſchen Gattungen fleißig nachzuholen: ſo habe ich hier die eingekerbte Mondſchnecke, den Turbo crenatus Linnaei, abbilden laßen. Viele Conchyliologen ſcheinen ihn gar nicht zu kennen, warum hätten ſie uns ſonſt die genaue Abzeichnung deßelben, die in keinem Schriftſteller meines Wißens gefunden wird, vorenthalten? Im Muſeo Geversiano no. 196. pag. 260. wird jene Schnecke, deren Abbildung in Valentyns Verhandling der Zeehorenkens Tab. I. fig. 7. ſtehet, für den Turbo crenatus Linnaei ausgegeben. Daß ſie es nicht ſey, und nach allen vom Linne angegebenen Kennzeichen nimmer ſeyn könne, darf ich wohl nicht erſt umſtändlich beweiſen.

Von vielen wird es auch mit Recht geläugnet und bezweifelt, daß daß unſer Turbo crenatus mit der unächten Wendeltreppe, oder dem Turbo Clathrus in ſo naher Verwandſchaft ſtehe, als es vom Linne und Gmelin behauptet wird. Die wenigen Leiſten oder Gürtel (cingula) ſo man einzeln hin und wieder antrift, ſind ja bloße Ueberbleibſel vormaliger Mündungslippen. Da ſie bey einigen gänzlich fehlen, und bey den kleineren und jüngſten von dieſer Gattung gar nicht vorhanden ſind, ſo darf von ihrem zufälligen Daſeyn kein Merkmal und ſicheres Unterſcheidungszeichen hergenommen werden. Wie gehet es ferner zu, daß bloß der Einkerbungen, die auf dem obern Rande der Stockwerke dieſer artigen, weißen, thurmförmigen Schnecke befindlich ſind, gedacht wird, und dagegen der ſich neben den Einkerbungen und Vertiefungen erhebenden ſpitzigen Knotenreihen, welche ſich wie Palliſaden bey der Nath aller Gewinde herumſtellen, mit keiner Sylbe Erwehnung geſchiehet? da doch ihre Erhöhung eben ſo merkwürdig zu ſeyn ſcheinet, als jene Einkerbung und Vertiefung. Vermuthlich bleibet dieſe Gattung allemal klein und im niedrigen Stande, ohne ſich jemals zu einer anſehnlichen Größe zu erheben. Auf der Baſi ihrer ſonſt faſt völlig glatten Schale, tritt eine eben ſolche ſcharfe Kante oder Carinula hervor, dergleichen bey vielen der unächten Wendeltreppen geſehen wird. Die Mundöfnung iſt rund, und wird von einem weißen Saume wie von einem Ringe eingefaßet. Ich beſitze unter mehreren von dieſer Gattung ein ſo friſches Exemplar, in deßen Mündung noch der dünne durchſichtige, honigfarbigte Deckel lieget. Wo ich mich recht beſinne, ſo habe ich die ſämtlichen Mitglieder dieſer Gattung von den Weſtindiſchen Zuckerinſuln erhalten.

Tab. 195. A. Fig. 1882. 1883.
Ex Muſeo Spengleriano.
Der Krummfuß.
Turbo tortuoſus (pede torto ſeu tortuoſo),
teſta cylindrica, ſubumbilicata, alba, pellucida, anfractibus ſex rotundatis, roſtro ſeu anfractu infimo inſolite protenſo, exſerto, curvato, baſi carinata; apertura orbiculari annulata.

Wäre mir und anderen von dieſer ſonderbaren Schnecke nur ein einzelnes Stück bekannt worden, ſo würden wir ſie ohne langes Bedenken für eine Mißgeburt erkläret, und uns überredet haben, ihre ungewöhnlich verlängerte und herausgebogene unterſte Windung müßte etwa durch einem unglücklichen Zufall alſo verenkt und verdrehet worden ſeyn. Allein da in der reichen Spengleriſchen Conchylienſammlung ein paar gleichförmige, ſich einander völlig gleichende Exemplare von dieſem Sonderlinge, oder von dieſer ganz ungewöhnlich gebildeten Gattung, befindlich ſind: ſo fällt die obige argwöhniſche Vermuthung, als wenn wir eine Mißgeburt vor uns hätten, gänzlich hinweg.

Der Schalenbau dieſer Schnecke iſt etwas cylindriſch, und dabey dünne, weiß und durchſichtig. Sie hat vier Stockwerke, davon die vier größeſten ſich einander ziemlich gleichen, und die drey oberſten ſich allmählig verjüngen oder kleiner werden, bis ſie ſich zuletzt in eine zarte Spitze endigen.

Unterwärts zeiget ſich ein kleiner Nabel. Die Mundöfnung iſt cirkulrund, und wird von einem weißen Lippenſaume wie von einem Ringe eingefaßet. Man ſiehet bey der Baſi eine weiße, vom Nabel bis zur Mündung hingehende, ſchneeweiße erhabene Kante oder Carinulam.

Zur größeſten Sonderbarkeit dieſer Schnecke gehöret der gekrümmte Fuß, oder der herausgebogene hervorgeſtreckte Schnabel, dadurch ſich
die

die unterſte Windung von den andern abſondert, und eine ganz unerwartete Richtung nimmt.

Es iſt dieſe Schnecke auf den Nicobariſchen Eylanden, welche nach ihrem neuen Namen die Friedrichsinſuln heißen, gefunden worden. Ob man ſie für eine Land- und Baumſchnecke halten, oder ſie unter die Flußſchnecken rechnen, oder gar für eine Meerſchnecke erklären müße? darüber habe ich nichts gewißes.

Bey ihrer cirkulrunden Mundöfnung wird man es bald begreifen, warum ich ſie unter die Turbines mit dahin geſtellet. Ohnſtreitig wird dieſe ſeltene Schnecke hier zum erſtenmale bekannt gemacht, da gewiß die Conchyliologen bisher von ihrem Daſeyn keine Wißenſchaft gehabt. Es iſt leider wenig Hofnung da, daß wir ſie künftig öfter und häufiger bekommen werden, da die Nicobariſchen Eylande beynahe gänzlich aufgegeben und völlig verlaßen worden. Das Land, welches ſonſt ſehr erwünſcht und fruchtbar iſt, und von ſehr gutmüthigen Leuten bewohnet wird, frißet gleichſam die Fremden, welche ſich dort niederlaßen wollen. Die Coloniſten, welche man dahin geſchicket, haben größtentheils da ihr Grab gefunden. Ich zweifle daher, daß man vors erſte wieder eine neue Colonie daſelbſt anlegen, und ſich ſobald abermals zu neuen Aufopferungen entſchließen wird.

Einleitung
zum Geschlechte der Kräuselschnecken.

Die Kräuselschnecken werden von den Engeländern Top-Shells, von den Holländern Tollen, Bagyne-Drollen, Pyramiden, von den Franzosen Sabots, Toupies, Limaçons à bouche applatie, von den Italienern Troccoli oder Trottoli genannt. Die Kräusel laßen sich am natürlichsten in genabelte und ungenabelte abtheilen. Im fünften Bande dieses Conchylienwerkes habe ich diesen Eintheilungsgrund erwählet, und die Kräusel, Mondschnecken und Neriten in genabelte und ungenabelte abgetheilet. Ich werde auch künftig dabey bleiben, weil ich keine erhebliche Ursache finde, davon abzugehen. Soviel ist freylich nicht zu läugnen, daß manche Kräusel nur im jugendlichen Alter einen offenen Nabel haben, der aber vielmals im Alter verwächset, und kaum noch eine Spur zurückläßet. Allein diese Fälle sind nur als kleine Ausnahmen von der Regul zu betrachten, dadurch diese Abtheilung noch lange nicht verwerflich gemacht wird.

Eine gedrückte Mündung, die ein verschobenes Viereck bildet, sollte billig das Hauptunterscheidungszeichen der Kräusel bleiben. Allein Linne, dieser communis Doctor Naturae Curiosorum, redet, wenn er die Charaktere und Kennzeichen der Kräusel bestimmt, nicht nur von einer apertura subtetragona, sondern auch rotundata. Und nun müßen wir freylich es gut seyn laßen, und ein Auge zudrücken, wenn er viele mit einer wohlgerundeten Mundöfnung unter die Mitglieder seines Kräuselgeschlechtes mit dahin stellet, welche wir sonst den Mondschnecken würden zugewiesen haben.

Linne erfordert zu einem Kräusel Columellam obliquatam, eine schiefe Spindel; allein viele ermangeln derselben. Und doch wird es nicht leichte jemand wagen, sie bloß wegen eines solchen Mangels aus diesem Geschlechte zu verbannen.

Favart d'Herbigny will uns in seinem lehrreichen Dictionaire d'Histoire naturelle überreden, die Kräusel hätten insgesamt basin in ambitu

Einleitung zum Geschlechte der Kräuselschnecken.

bitu rotundam fere horizontaliter complanatam, **oder** une base longe et arrondie dans sa circonference avec une lévre et une ouverture applatie et presque parallele à cette base de manière que la coquille s' y tient posée sur un plan horizontal. Wiewohl das sind gleichfalls Kennzeichen, die zwar bey den meisten, aber nicht bey allen, vorhanden sind.

Der Herr Superintendent Schröter schreibet in seiner sonst so empfehlungswürdigen Einleitung zur Kenntniß der Conchylien, Tom. I. pag.645. „die Mundöfnungen der Kräusel haben keinen Einschnitt.„ Und dennoch hat ja Trochus perspectivus Linnaei bey der Mündung einen recht starken und merklichen Einschnitt. Selbst Linne behauptet es von der Dicklippe, die bey ihm Trochus Labeo heißt, labium interius postice sinu excisum. cf. Mus. Reg. Lud. Ulr. pag. 649. no. 335.

Eine gefaltete und gezahnte Spindel pfleget eine eigenthümliche Eigenschaft der Voluten zu seyn; wiewohl es giebt auch Kräusel, welche mit Falten und Zähnen versehen sind. Trochus Telescopium, dolabratus, Labeo und andere, können hierinnen zum Exempel dienen.

Verzeichnis der Kräusel, welche hier abgebildet worden.

A. Genabelte.

Tab. 196. Fig. 1884. 1885. Südseeische Perspectivschnecke. *Trochus perspectivus australis.*

Fig. 1886. 1887. Der Hexenkräusel. Trochus Magus.

Fig. 1888. 1889. Der Zwerg. Trochus Pumilio.

B. Ungenabelte.

Fig. 1890. 1891. Die Südseeische Dicklippe. *Trochus Labeo australis.*

Fig. 1892. 1893. Der vierfach gerandete oder gekielte Kräusel. Trochus quadricarinatus.

Fig. 1894. 1895. Der stumpfe Kräusel. Trochus obtusus.

Fig. 1896. 1897. Der auserlesene Kräusel. Trochus selectus.

Fig. 1898. 1899. Das gekrönte Wulstknöpfchen. Trochus vestiarius coronatus.

Fig. 1900. Das jungferliche Wulstknöpfchen. Trochus vestiarius virgineus.

Tab. 196. Fig. 1884. 1885.
Ex Museo nostro.

Die Südseeische Perspectivschnecke.

Trochus Perspectivus Australis,

testa praegrandi, circulari, umbilicata, convexa, anfractibus sulco disjunctis, supra infraque fasciatis, marginatis, costatis, carinis elevatis maculis fuscis et albis alternantibus nitidissime coloratis, superiobus crenatis, decusſatis, granulatis seunodulosis: umbilico pervio, amplissimo infundibiliformi, artificiosissime cincto cingulis tribus crenatis, maximo dense denticulato; apertura subtetragona.

Im fünften Bande dieses Conchylienwerkes, bey Fig. 1691—1696. pag. 121 bis 127, habe ich so umständlich von Perspectivschnecken geredet, und aus mehr wie vier und zwanzig Büchern die Nachrichten von denselben angeführet. Ich könnte daher, weil das nöthigste längstens schon von dieser Gattung gesaget worden, nunmehr gänzlich davon stille schweigen. Allein da mir aus Schiffen, die von Botanybay nach China gekommen, und einen Theil ihrer Conchylien Dänischen Chinafahrern verkauft, mehr als ein halbes Dutzend vorzüglich großer und frischer Südseeischer Perspectivschnecken in die Hände gefallen: so habe ich es nicht unterlaßen wollen, ein Exemplar derselben abbilden zu laßen, und davon eine weitere Nachricht zu geben. Soviel lehret sogleich der erste Anblick und Augenschein, daß sich dieser Trochus Perspectivus durch eine vorzügliche Größe unter den Mitgliedern seiner Gattung auf das vortheilhafteste herauszeichne. Er ist zween Zoll sieben Linien breit, aber nicht viel über einen Zoll hoch. Er gehöret zur Zahl der flachen, welche einen mehr zurückgedrückten, als stark erhobenen Wirbel haben. Er empfiehlt sich ferner auf das beste durch sein frisches lebhaftes Farbenkleid. Auf den vielen Ribben und scharfen Kanten, die sich sowohl um die Grundfläche als um alle Stockwerke herum legen, wechseln immer weiße und rothe Flecken zierlich mit einander ab, dadurch denn alles desto bunter gemacht wird. Auf den Kanten und Ribben der höheren Stockwerke bemerket man unzählige Einkerbungen. Der tiefe, weite, trichterförmige, perspectivisch eingerichtete Nabel mit seinen vielen Zähnen ist und bleibt, wie Linne schreibet, stupendum Naturae artificium. Dieses künstliche Stück läßet sich aber durch Worte nicht hinlänglich beschreiben; es muß gesehen, und wenn es vollends das größte Erstaunen erregen soll, gegen das Licht oder gegen

die

Kräuselschnecken. Tab. 196. Fig. 1884—1887.

die Sonne gehaltenn, und alsdann mit einem guten Vergrößerungsglase betrachtet werden.

Die Mündung ist fast viereckigt, und hat unterwärts einen tiefen Einschnitt. Der bernsteingelbliche, etwas durchsichtige Deckel hat auf dem Mittelpunkt seiner Spirallinien eine hervortretende merkliche Erhöhung, die einem kleinen Pfahle oder Stifte gleichet, dergleichen ich bey den Deckeln Tranquebarischer Perspectivschnecken nicht gefunden. So viel erfahren wir aus diesen Nachrichten, daß man die besten und größesten Perspectivschnecken in der Südsee suchen müße. Da es gar nicht glaublich ist, daß mir schon die größesten von dieser Gattung zu Theil worden; so ist alle Hofnung da, man werde mit der Zeit ungleich größere und herrlichere erhalten.

Tab. 196. Fig. 1886. 1887.
Ex Muf. Spengleriano et noftro.

Der Hexenkräufel.

Trochus Magus Linnaei,
testa umbilicata, diversimode colorata, anfractibus supra nodoso-plicatis, infra futura elevata vittatis et marginatis; basi convexiuscula, lineis roseis et albis undatis seu flexuosis notata; fauce argentea, umbilico sinuoso.

BONANNI Recreat. Cl. 3. no. 170.

GUALTIERI Index Conchyl. Tab. 62. fig. L. Cochlea trochiformis striata, umbilicata, gradatim mucronata, margine ipsorum graduum papillis coronato, ex roseo et albido colore punctata et maculata.

Viele Gattungen der schönsten Conchylien dürfen nicht erst in den Ostindischen Gewäßern und in der weit entlegenen Südsee aufgesuchet werden, denn sie liegen uns näher. Wir finden würklich schon viele recht große Schönheiten in den Europäischen Meeren. Vorzüglich liefert uns das Mittelländische Meer eine ansehnliche Anzahl der auserlesenen Schnecken und Muscheln. Den hier abgebildeten, vielfärbichten vortreflichen Kräusel haben wir dem Mittelmeere zu verdanken. Ich vermuthete es, sein Ebenbild bey solchen conchyliologischen Schriftstellern zu finden, die in der Nähe dieses Meeres gelebet, und ich fand es auch endlich im Bonanni und Gualtieri. Beyde eben genannte Schriftsteller scheinen es aber nicht einmal gewußt zu haben, daß dieser Kräusel in ihrer Nachbarschaft, besonders bey Malta und Sicilien wohne. Auf den breiten Absätzen seiner stuffenförmig abnehmenden Windungen stehen solche Knotenreihen, die etwas den Falten ähnliches an sich haben, und dabey weiße und rothe Flecken zierlichst unter einander abwechseln. Die Seitenwände der Stockwerke sind braun, und werden von zarten Streifen umwunden. Unten stehet bey jedem Umlaufe ein etwas erhobener, roth und weiß gefleckter, vielmals auch fein gekerbter Wulst, der sich wie eine Binde und Einfaßung um alle Windungen herumleget. Uebrigens so hat diese Schnecke sieben bis acht Stockwerke. Die etwas gewölbte Basis wird auf weißem Grunde durch rosenrothe, flammicht gezeichnete Linien bunt gemacht. Der schneckenförmig gewundene Nabel gehet durch alle Umläufe hindurch. Auf den inneren Wänden glänzet die schönste Silberfarbe des Perlemutters. Ich besitze von dieser Gattung noch mehrere Varietäten, bey deren ausführlichen Beschreibung ich mich anjetzt nicht aufhalten mag. Wer etwas weiteres von dem Kräusel, der beym Linne Magus heißt, wißen will, der beliebe den fünften Band dieses Conchylienwerkes bey Fig. 1658—1660. nachzusehen.

Tab. 196. Fig. 1888. 1889.
Ex Museo nostro.

Der Zwerg.
Trochus Pumilio,
testa conica, umbilicata, anfractibus acute marginatis, duplicatis, muricatis; basi scabra convexiuscula, apertura subtetragona.

Dieser kleine Kräusel hat manches eigenthümliche, auszeichnende und bemerkungswerthe an sich. Die sieben Stockwerke deßelben endigen sich unterwärts in einem scharfen Rande, der voller spitzigen Knoten sitzet. Ich würde daher diesen Trochum den dornichten oder muricatum genannt haben, woferne nicht Linne diesen Namen schon einer andern Gattung zugeeignet hätte. Die Umläufe des jetzigen Kräusels haben in der Mitte einen Absatz, und scheinen um deßwillen gedoppelt zu seyn. Sowohl die etwas gewölbte Basis, als auch der ganze Bau, sitzet voller Runzeln. Daher wird er durch Dornen, Knoten, Spitzen, Runzeln so rauh gemacht, daß keine glatte Stelle mehr bey ihm zu finden ist, ohne allein auf den inneren Wänden. Unten siehet man einen kleinen Nabel.

Ein

Kräuselschnecken. Tab. 196. Fig. 1890. 1891.

Ein guter Kenner der Conchylien, welcher vor einigen Jahren im Marokanischen Reiche gewesen, hat diese Gattung bey Mogador im Sande gefunden, und mir davon ein Duzend zukommen laßen. Alle diese sind von gleicher Größe. Da sie ganz frisch zu seyn scheinen, so wage ich es nicht, sie für Foßilien zu erklären. Sind es nun Fluß= oder Land= oder Meerschnecken? Ist es wahrscheinlich, daß sie etwa bey einer Ueberschwemmung zurückgelaßen worden? Ich kann es nicht entscheiden.

Tab. 196. Fig. 1890. 1891.
Ex Museo nostro.
Die Südseeische Dicklippe.
Trochus Labeo Australis,

testa imperforata, solida, laeviuscula, ex albo et viridi fasciata, transversim striata, anfractibus contiguis convexis collari maculis virescentibus et albidis alternis ornato cinctis, basi nitide variegata striis maculatis et punctatis moniliformibus; Labro duplicato, intus incrassato, subargenteo, dentato; Labio albo replicato sinuoso unidentato, supra et infra quasi exciso; fauce argentea.

Unter den Südseeischen Conchylien bin ich mit keiner Gattung reichlicher bedacht worden, als mit derjenigen, welche beym Linne Trochus Labeo heißt. Das größeste, schönste und vornehmste Exemplar dieser Dicklippen habe ich hier sorgfältigst abzeichnen laßen. Es dienet uns zu einem augenscheinlichen Beweise, daß die Mitglieder dieser Gattung oftmals zu einer gar ansehnlichen Größe heranwachsen können. Denn ohnstreitig wird es noch weit größere geben, als hier eben dargeleget worden.

Ob Trochus Labeo mit Recht unter den Kräuseln stehe? Ob nicht diese Dicklippe bey ihrer vorzüglichen Größe, und bey ihrer ganz und gar nicht gedrückten und viereckigten, sondern fast cirkulrunden und weiten Mundöfnung eher den Mondschnecken (Turbinibus) zugewiesen, als fernerhin bey den Kräuseln (Trochis) gelaßen werden müße? ja, ob es nicht rathsam sey, mit allen von dieser Gattung eine gleiche Ausmusterung vorzunehmen? darüber mag ich nicht Richter seyn. Genug, Linne hat den Trochus Labeo unter die Kräusel mit dahingestellet. Da mag er nun meinnetwegen ruhig stehen bleiben. Doch halte ich die Frage des Herrn

Kräuselschnecken Tab. 196. Fig. 1890. 1891.

Gmelins in der neuesten Ausgabe des Linneischen Natursystems Tom. I. P. 6. pag. 3578. no. 76. für sehr gegründet, wenn er schreibet: Nonne Trochus Labeo ad Turbines relegandus?

 Die mehresten Arten der Dicklippen werden von lauter Knotenreihen, wie von Perlenschnüren, umgeben, und daher von den Franzosen les bouches doubles granuleuses genannt. Allein die hier vorgestellte Grünbunte ist mehr glatt, als rauh, ob sie gleich von Queerstreifen umgeben wird, die unterwärts so gefleckt erscheinen, als wenn es Knotenreihen wären. Grüne und weiße Flecken wechseln auf ihren Bändern, und vornemlich auf dem Halsbande, welches sich bey der Nath ihrer dichte an einander gränzenden Stockwerke herum windet, zierlichst mit einander ab. Wie der Hofrath von Born bey seinen Dicklippen acht Stockwerke herausfinden können, (vide von BORN Testacea Mus. Caes. pag. 335.) begreife ich nicht, da ich bey meinen größesten Exemplaren kaum fünfe, aufs höchste sechse entdecken kan. Die äußere Lippe hat innerlich einen silberweißen, dickschalichten Ansatz, darauf Falten, die den Zähnen gleichen, gesehen werden. Bey der schnee= ja silberweißen, inneren, breiten, zweymal gleichsam ausgeschnittenen Lippe stehet ein einiger starker Zahn. Der Schlund ist perlenmutterartig. Daß diese Schnecke in der Südsee wohne, ist schon oben angemerkt worden.

 Bey Neuseeland sollen Dicklippen die gemeinsten Schnecken seyn. Da mir einige von dorther mit ihrem Deckel im frischesten Zustande zu Theil worden, so melde ich davon nur so viel: daß ihr gelber, cirkulrunder, mit concentrischen Linien bezeichneter Deckel äußerst zart und dünne sey, da doch ihr übriger Bau so dickschalicht ist. Wer etwas mehreres von den Dicklippen nachlesen will, den verweise ich auf den fünften Band dieses Conchylienwerkes, wo pag. 60 bis 62. bey Fig. 1579 bis 1581 davon gehandelt worden.

Tab. 196.

Kräuselschnecken. Tab. 196. Fig. 1892–1895.

Tab. 196. Fig. 1892. 1893.
Ex Muſeo noſtro.
Der vierfach gerandete oder gekielte Kräuſel.
Trochus quadricarinatus,
teſta imperforata, transverſim ſtriis noduloſis exaſperata, anfractibus marginatis quatuor carinis muricatis, ore ſubrotundo, labro crenato, labio unidentato, fauce ſulcata argentea.

Dieſer Kräuſel wird durch vier ausgezackte Kanten, die auf ſeinen Stockwerken hervortreten, ſehr kenntlich gemacht. Von dieſen vier Kanten ſind die beyden oberſten, in etwas ausgerandeten, die größten. Hernach ſo legen ſich viele gekörnte Queerſtreifen um die Schale herum. Durch vermiſchte Farben, nemlich durch weiße, ſchwarze, röthliche und aſchgraue Flecken, wird dieſer rauhe Kräuſel marmoriret. Die Mundöfnung iſt rund, und bey der äußeren, etwas verdickten Lippe wie eingeſchnitten oder eingekerbet. Auf der inneren Lippe ſtehet ein kleiner Zahn. Die inneren Wände ſind ſilberfärbig oder perlemutterartig. Es wohnet dieſe Schnecke im Mittelländiſchen Meere. Ich habe ſie von Trieſt bekommen. Meine Vermuthungen beym Ginanni, der uns die Schnecken des Adriatiſchen Meeres beſchreibet, und bey andern Italieniſchen Schriftſtellern, als beym Bonanni und Gualtieri, einige Nachrichten von ihr anzutreffen, ſind vergebens geweſen.

Tab. 196. Fig. 1894. 1895.
Ex Muſeo Spengleriano.
Der ſtumpfe Kräuſel.
Trochus obtuſus,
teſta lineis longitudinalibus undatis purpureis et albidis alternantibus picta, anfractibus ſupra marginatis, apice planiusculo, ore ſubrotundo, umbilico vix manifeſto, fauce plumbea.

Bey dieſem Kräuſel iſt wenig auszeichnendes zu finden. Er wird abwechſelnd von herablaufenden purpurfarbichten und weißen winkelhaft gebogenen Linien bezeichnet. Auf den Stockwerken tritt eine Kante hervor. Der Wirbel iſt ſtumpf, und der Nabel ſo klein, daß er kaum dieſen Namen verdienet. Auf den inneren Wänden ſiehet man ein ſo ſchlechtes Perlenmutter, welches eher bley- als ſilberfarbig heißen kan. Es wohnet dieſer Kräuſel in den Oſtindiſchen Meeren.

Tab. 196.

Kräuselschnecken. Tab. 196. Fig. 1896—1899.

Tab. 196. Fig. 1896. 1897.
Ex Muſeo Spengleriano.

Der auserleſene Kräuſel.
Trochus ſelectus,

teſta imperforata, conica, tenui, anfractibus octo contiguis, ſtriis transverſis concatenatis ex punctis albidis, rubris, granoſis; prima gyratione latisſima infra marginata; ſpira exquiſita, apice acuto; baſi convexa, concentrice ſtriata, punctata, ex albo et rufo articulata; apertura ſubtetragona, fauce argentea ſubtiliter ſulcata.

Dieſen ſeltenen ungenabelten Kräuſel haben wir wiederum der in den neueren Zeiten häufiger gewordenen Schiffahrt in die Südſee zu verdanken. Er iſt an den Ufern von Neuſeeland, die an Conchylien vorzüglich reich ſind, gefunden worden. Es winden ſich um ihn roth und weiß punctirte, feingekörnte Queerſtreifen wie Perlenſchnüre herum. Das erſte, ſehr weit ausgebreitete Stockwerk wird durch einen ſcharfen Rand von der Grundfläche unterſchieden. Die höheren, dichte an einander ſchließenden Umläufe des Wirbels ſind mehr flach als gewölbt, und endigen ſich in einer zarten Spitze. Die Grundfläche hat eine merkliche Wölbung, und wird von feinen concentriſchen, roth und weiß punctirten Streifen umgeben. Die weite, faſt viereckigte Mündung wird von einer ſcharfen, faſt ſchneidenden Lippe umgeben. Innerlich ſiehet man an den etwas gefurchten Wänden ein ſchönes Perlemutter, darauf die Farben des Regenbogens ſpielen und ſchimmern.

Tab. 196. Fig. 1898. 1899.
Ex Muſeo noſtro.

Das gekrönte Wulſtknöpfchen.
Trochus veſtiarius coronatus,

teſta convexiuscula, transverſim ſulcata, ex viridi et albo nitide punctata et lineata, nodis ſeriatim poſitis in margine ſuperiore anfractuum coronata, ſubtus callo convexo rubicundo valido notata, apertura ſubcordata.

item Fig. 1900. Trochus veſtiarius virgineus.

GUALTIERI Index Conchyl. Tab. 65. fig. E. Cochlea marina depreſſa, in prima ſpira papillis ſubrotundo coronata, reliquo dorſo ſtriato et punctis pullis

Kräuselschnecken. Tab. 196. Fig. 1898—1900.

lis et murrhinis alternis elegantissime signata, media basi leviter tumida, et ex albo et roseo muculata.

Schröters Einleitung in die Kenntniß der Conchylien Tom. I. Tab. 3. fig. 13.?

Das Wulstknöpfchen, Trochus vestiarius Linnaei, wird von Engeländern Button Shell, von den Holländern Bult-Slakje, von den Franzosen l'Oeil de Serpent, l'Oeil d'Autruche, l'Oeil de Faucon, l'Oeil Flambé genannt. Ich habe mich schon im fünften Bande dieses Syst. Conchylienwerkes dahin erkläret und geäußert, daß ich bey der erstaunlichen Verschiedenheit, so unter dieser Gattung herrschet, eine ganze Kupfertafel dazu hergeben müßte, wenn ich nur alle mir von derselben bekannt gewordene Varietäten, die sich von Tranquebar, Ceylon, Bengalen, China und aus der Südsee herschreiben, abbilden laßen wollte. Indeßen will ich doch ein paar Stücke hier darlegen, die nicht gemein sind.

Das gekrönte Wulstknöpfchen wird auf dem obern Rande seiner Umläufe von einer Knotenreihe zierlichst becrönet. Auf den glatten Queerfurchen und Streifen wechseln weiße und dunkelgrüne Flecken, und bey dem wohlgerundeten Rande grüne und weiße wellenförmig gezeichnete Linien unter einander ab. Anstatt des Nabels findet man einen dicken Wulst, der bey dieser purpurroth ist. Es wohnet dieser niedliche Kräusel in der Südsee und im Chinesischen Meere. Wo Gualtieri den seinigen mag herbekommen haben, weiß ich nicht, da er niemals den Wohnort der Conchylien, wenn er ihm gleich wohl bekannt gewesen, nennet; sondern es bey einer trocknen Beschreibung bewenden läßet. So viel aber merket man bald, daß er nur ein sehr kleines Exemplar gehabt, weil er es vergrößert vorstellen laßen, und er es dabey meldet, daß nur auf dem ersten Stockwerke deßelben Knoten befindlich wären, da sie bey dem hier abgebildeten auf allen Windungen gesehen werden.

Das glänzende spiegelglatte Wulstknöpfchen bey Fig. 1900. wird von schneeweißen und dazwischen von blaßröthlichen Bändern umwunden. Auf den weißen wechseln bläulichte und weiße Flecken zierlich unter einander ab. Die blaßröthlichen Bänder aber sind einfärbig blaßroth, ohne Beymischung einiger Flecken. An der Stelle des Nabels siehet man einen runden Wulst, der von einer grauweißen glänzenden Binde umgeben wird. Man könnte dieser Schnecke, wegen ihrer vorzüglichen Schönheit, den Namen des Jüngferlichen Wulstknöpfchens beylegen.

Einleitung
zum Geschlechte der Neriten.

Es ist wohl das beste und rathsamste, auf die mit einer gedrückten, fast viereckigten Mündung versehenen Kräusel, und auf die Mondschnecken, welche mit ihrer Mündung dem Vollmonde gleichen, und eine circulrunde Mundöfnung haben, die halbrundmaulichten oder die Neriten folgen zu laßen. Denn obgleich dem Linne eine andere Ordnung beliebet, und er die Helices oder Schnirkelschnecken dazwischen geschoben, so kan und muß man doch ihm auch nicht in allen Stücken blindlings folgen, so groß und unbegränzt übrigens unsere Hochachtung gegen diesen unvergeßlichen, verdienstvollen, hochachtungswürdigsten Mann immer seyn und bleiben wird.

Die Neriten werden von den Lateinern Cochleae semilunares, von den Franzosen Limaçons à bouche demi-ronde et ceintrée, Nerites, Bigournets, und wenn sie genabelt sind, Natices, von den Italienern Naridole, von den Holländern Halve Maan-hoorens, und wenn sie kleiner sind, Halve Maantjes genannt.

Linne hat eine gewiße Neritenschnecke den Patellen zugeeignet, nemlich spec. 750, Patellam porcellanam. Ich habe mich durch das Ansehen dieses großen Mannes nicht abhalten laßen, sie den Neriten im neunten Bande dieses Conchylienwerkes bey Fig. 1082. pag. 68, beyzugesellen. Von dem mit der Conchyliologie so sehr vertrauten Herrn Justitzrath Hwaß, ward dieses sehr gebilliget. Er meldete mir es schriftlich, daß er diese Schnecke mit ihrem Operculo besitze, wodurch es denn vollends außer allen Zweifel gesezt werde, daß es keine Patelle (denn die haben kein Operculum), sondern eine wahre Nerite sey. Herr Gmelin äußert eben diese Meinung in der neuesten Ausgabe des Linneischen Natursystems Tom. I. P. 6. pag. 3693. weil er daselbst bey der Patella porcellana die Frage aufwirft; ob es nicht rathsamer sey, solche zu

Einleitung zum Geschlecht der Neriten. 171

den Neriten zurückzuschicken? So lautet seine Frage: Nonne Patella Porcellana potius ad Neritas amandanda?

Es sind nur sechs neue Rekruten, die ich fürs Geschlecht der Neriten anwerben können, wobey ich um Vergebung bitten muß, daß ich bey den Meerneriten auch solche, die sich in süßen Waffern aufzuhalten pflegen, mit eingeschaltet. Ich werde in diesem Bande keine Gelegenheit haben, von den Neriten ein Wort weiter zu reden. Daher scheinet es mir das Beste zu seyn, die wenigen neuen Mitglieder, so ich in diesem Geschlechte vorzuführen habe, an einem und eben demselbigem Orte nach der Reihe mit darstellen, damit man sie sogleich mit einem Blicke übersehen könne.

Verzeichnis der hier abgebildeten Neriten.
A. Genabelte Neriten.

Tab. 197. Fig. 1901. 1902. Die Forskalische Nerite. Nerita Forskälii.

Fig. 1903. 1904. Die punctirte Nerite. Nerita punctata.

B. Ungenabelte Neriten.

Fig. 1905. 1906. Die Pfeffernerite. Nerita piperina.

Fig. 1907. 1908. Die gestirnte oder Sternnerite. Nerita Stella.

Fig. 1909. 1910. Die Südländische Dornenkrone. Nerita Corona Australis.

Fig. 1911. Die bengalische Dornenkrone. Nerita Corona Bengalensis.

Neriten. Tab. 197. Fig. 1901. 1902.

Tab. 197. Fig. 1901. 1902.

Ex Muf. Acad. Hafnienſis.

Die Forskålische Nerite.

Nerita Forskålii,

teſta globoſa, umbilicata, craſſa, laevi, ex albo zonata, faſciis rufeſcentibus et albis longitudinalibus alternis decorata, baſi alba, umbilico pervio, apertura ſemilunari.

Da dieſe Nerite von den Ufern des rothen Meeres durch den Profeßor Forskial hieher geſandt worden; so habe ich ihr den Namen dieſes verdienſtvollen, der Naturgeſchichte zu früh entrißenen Mannes, beygeleget. Sie hat in ihrer Form, Bildung und Bauart ſehr viele Gleichförmigkeit mit jener, welche beym Linne Vitellus heißt, und noch eine größere Aehnlichkeit mit jener, welche im fünften Bande dieſes Werkes bey Fig. 1896. ſtehet, und den Namen der kugelförmigen führet. Nur durchs Farbenkleid wird ſie gar ſehr unterſchieden. Schneeweiße, vom Wirbel herablaufende Linien oder Bänder theilen ihr rothbraunes Farbenkleid in lauter kleine Felder, welche größtentheils die Figur eines länglichten Viereckes, zum Theil auch, beſonders am Bauche, die Form eines faſt gleichſeitigen Quadrates haben. Ein paar weiße Queerbinden, davon die breiteſte unten ſtehet, legen ſich um die Schale herum. Auch bemerket man es, daß ſich noch eine kleine weiße Binde bey der Nath um alle Umläufe herumleget. Die Grundfläche iſt weiß, der Nabel tief, die Mundöfnung halbrund. Selbſt auf den inneren weißen Wänden erblicket man einige braunrothe Bänder. In dem hieſigen Univerſitätskabinette lieget gleichfalls ihr operculum teſtaceum, welches jenem, damit ſich Nerita Vitellus und globoſa zu verſchließen pfleget, völlig gleichet. Vermuthlich wohnet in dieſer eben derjenige Bewohner, wie in jenen eben genannten; aber die Verſchiedenheit des Wohnortes, der Nahrungsmittel, der gehabten größeren oder geringeren Tiefe des Meeres, verurſachet wohl den groſſen Unterſchied der Farbenmiſchungen bey ihren Kleidern. Denn jene wohnen bey Ceylon und Tranquebar, dieſe eben beſchriebene aber im rothen Meere.

Neriten. Tab. 197. Fig. 1903—1906.

Tab. 197. Fig. 1903. 1904.
Ex Muſeo Spengleriano.
Die punctirte Nerite.
Nerita punctata,

teſta globoſa, umbilicata, punctis flavescentibus numeroſisſimis in fundo albido punctata, et quaſi adſperſa, maculis rufeſcentibus interruptis difformibus ſeriatim locatis trifaſciata, umbilico pervio, labio calloſo, apertura ſemiorbiculari.

Die punctirte Nerite gleichet zwar in der Form und Bauart der zuvor beſchriebenen Gattung, aber ſie weichet im Farbenkleide deſto mehr von ihr ab. Man ſiehet auf ihrem weißen Grunde unzählige gelbliche kleine Flecken, als wäre ſie damit beſprützet worden. Auch erblicket man auf ihrer erſten Windung drey Reihen großer braungelblicher, wunderbar geformten und ſonderbar gebildeten Flecken, welche zwar immer durch weiße Zwiſchenräume unterbrochen werden, aber doch in ihrer Zuſammenſtellung drey Binden vorſtellen. Beym andern Stockwerke zeiget ſich ebenfalls eine Reihe dieſer ſeltſamen figurirten Flecken. Der Nabel iſt tief, und gehet durch alle Stockwerke hindurch. Bey der halbrunden Mundöfnung erſcheinet die innere weiße Lippe etwas wulſtig. Es wohnet dieſe Nerite im Mittelländiſchen Meere. Man ſollte glauben, ſolche Schriftſteller, die in der Nachbarſchaft des Mittelmeeres gelebet, als zum Exempel Bonanni, Gualtieri, Ginanni und andere, würden uns die richtigſten Abbildungen von ihr geliefert, und etwas näheres von ihr am umſtändlichſten gemeldet haben. Allein ich bin bey der ſchärfſten Nachforſchung nicht ſo glücklich geweſen, in ihren Schriften das geringſte davon anzutreffen. Vielmehr ſcheinet ſie ihnen ganz unbekannt geblieben zu ſeyn.

Tab. 197. Fig. 1905. 1906.
Ex Muſeo noſtro.
Die Pfeffernerite.
Nerita Piperina,

teſta ſubrotunda, laevi, tenui, extus obſcure flava, maculis triangularibus nigerrimis ſignata, intus albida, labio denticulato.

[1] Als einſt hieſelbſt eine große Ladung Pfeffers, den man auf der Malabariſchen Küſte eingekaufet hatte, gereiniget ward; ſo fand man dar-

darunter allerhand sonderbare Gattungen von Schnecken und Muscheln. Einige derselben wurden mir überbracht, und darunter war nun auch diese schöne Nerite, der ich um deßwillen den Namen der Pfeffernerite beygeleget, weil sie unter Pfefferbüschen mit aufgesammlet worden. Wie und auf welche Weise sie dahingekommen? Ob sie etwa bey einem ausgetretenen Flusse mit dahin gespület, oder bey einer sehr hohen Fluth des Meeres, welche die nahegelegenen Gegenden und Wälder überschwemmet, zurückgelaßen worden? muß ich unentschieden laßen. Die Grundfarbe ihrer glänzend glatten, halbdurchsichtigen Schale ist dunkelgelb. Sie wird von lauter pechschwarzen, dreyeckigten, spitzig zulaufenden Flecken bezeichnet. Die inneren Wände sind weiß. An der inneren Lippe sitzen viele kleine Zähne. Ein steinartiger Deckel bedecket die halbrunde Mundöfnung. Die äußere Lippe ist scharf und schneidend.

Tab. 197. Fig. 1907. 1908.
Ex Museo Societatis Naturae Curiosorum, et Spengleriano.

Die Sternnerite, oder die gestirnte Nerite.
Nerita Stella,
testa subrotunda, transversim sulcata et striis exarata, maculis nigricantibus seriatim positis in fundo rubescente furvo fasciata, vertice radiis seu maculis nigris et flavescentibus stellato, labro et labio denticulato, operculo testaceo punctis elevatis granulato.

Aus der Naturaliensammlung unserer hiesigen Naturhistorischen Gesellschaft, habe ich diese Nerite entlehnet, aber hernachmals eine ihr völlig gleichende in der Spenglerischen Sammlung angetroffen. Es wird diese Nerite bey ihrer rundgewölbten Form von starken Streifen und Furchen umgeben, und dadurch ganz rauh gemacht. Auf ihrem gelbröthlichen Grunde siehet man schwarze Flecken, welche reihenweise stehen, und eine breite Binde ausmachen. Beym flachen Wirbel bilden die schwarzen und rothgelben Flecken einen Stern. Dadurch bin ich veranlaßt worden, dieser Nerite den Namen der gestirnten, oder der Sternnerite beyzulegen. Die inneren Wände sind weiß. Sowohl die äußere als innere Lippe sitzet voller kleinen Zähne. Auf dem steinartigen Deckel siehet man viele erhabene Puncte, dadurch derselbe wie geförnet erscheinet. Es wohnet diese Nerite in den ostindischen Meeren.

Tab. 197. Fig. 1909. 1910.
Ex Museo Spengleriano.
Die Südländische Dornenkrone.
Nerita Corona Australis,
testa globosa, rugosa, subfasciata, anfractibus spinis quasi coronatis, spira planiuscula, labio subtilissime denticulato.

Von der Nerita Corona giebt es mancherley Abänderungen. Einige sind kohlschwarz, andere braun. Einige sind nur mit kurzen Dornenspitzen besetzet, andere dagegen haben sehr verlängerte Spitzen. Die Herzogin von Portland muß einen guten Vorrath dieser sonst nicht gemeinen Gattung gehabt haben, weil im Catalogo ihres Musei zum öftern derselben Erwehnung geschieht, und pag. 148. no. 3250. zugleich vier Varietäten mit folgenden Worten angemeldet werden; Five Varieties of Nerita Corona Linnaei — all fresh-water and from Asia — extremely rare, und abermals no. 3720, A very fine pair of Nerita Corona Linnaei, with very long spines, one of them having it's operculum from the Ganges extremely scarce.

Die hier vorgestellte Südländische Dornenkrone ist eine ganz neue Gattung, welche bisher den wenigsten Conchylienkennern wird bekannt geworden seyn. Sie gleichet einer kleinen Kugel, sitzet aber voller länglichten Runzeln, und wird bey ihrer silbergrauen Farbe von ein Paar etwas dunkleren Queerbinden umgeben. Auf der Höhe ihres ersten Stockwerkes erblicket man eine Kante, aus welcher sechs spitzige Dornen hervortreten. Der Wirbel ist platt und flach. Die Mundöfnung ist halbrund. An der inneren, in der Mitte etwas ausgeschnittenen Lippe stehen kleine dem bloßen Auge kaum sichtbare Zähne. Die äußere Lippe ist sehr dünne, und dabey scharf und schneidend. Es wohnet diese zwar nur kleine, aber sehr niedliche Schnecke auf der Insel Timor, die den Holländern zugehöret. Sie pflegt sich nie im salzigen Seewaßer, sondern immer in süßen Waßern aufzuhalten.

Neriten. Tab. 197. Fig. 1911.

Tab. 197. Fig. 1911.
Ex Muſeo noſtro.
Die Bengaliſche Dornenkrone.
Nerita Corona Bengalenſis,
teſta ſubgloboſa glaberrima, flaveſcente brunnea, anfractibus coronatis ſpinis.

So klein auch immerhin dieſe mit Dornen wie bekrönte Nerite ſeyn mag, ſo ſehr empfiehlt ſie ſich dennoch durch ihre Schönheit und Nettigkeit. Der Herr Profeſſor Rudolph zu Erlangen hat mir damit ein angenehmes Geſchenk gemacht. Sie kömmt von Bengalen, wo ſie auf einer Waßerpflanze gefunden worden. Ihre braungelblich gefärbte Schale iſt bis zum Glanze glatt. Bey der Nath ihrer wenigen Umläufe wird ſie von einer ſchwarzen Linie, wie von einer Halsſchnur, eingefaßet und umwunden. Ich zähle ſechs kurze Dornen auf der Höhe ihrer Stockwerke, und überlaße es andern, zu beurtheilen, ob ihr dieſe Dornen ſtatt der Waffen gegen feindſelige Angriffe oder zum anderweitigen Gebrauche verliehen worden. Die kleinen Zähne beym Ausſchnitt der inneren Lippe können kaum von einem bewafneten Auge wahrgenommen werden.

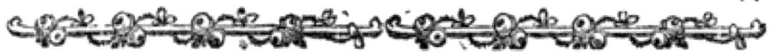

Einleitung
zum Geschlechte der Patellen.

Das Geschlecht der Patellen ist eins der weitläuftigsten. Die Zahl der Mitglieder deßelben ist erstaunlich groß, und wird noch immer größer, weil stets neue Arten und Gattungen entdecket werden. Bey aller seiner Weitläuftigkeit ist es aber bisher nie ein Lieblingsgeschlecht der Conchyliologen gewesen, denn man hat sich viel zu wenig mit der Sammlung und Beschreibung der Patellen beschäftiget, und sie gleichsam der genaueren Aufmerksamkeit nicht recht werth noch würdig gehalten. In dem Thesauro locupletissimo des Seba herrschet, wenn von Patellen und auch von Meerohren die Rede ist, die größte Armuth. Ist dergleichen aus Vorsatz, oder aus Vergeßenheit und Uebereilung geschehen, daß von Meerohren und Patellen auch kein Stück abgezeichnet worden? Weiß denn niemand uns über diese Frage einige Auskunft zu geben? Ohnstreitig wird doch Seba in seinem großen Conchylienvorrathe Patellen und Meerohren im Ueberfluß gehabt haben. Warum wurden sie denn nicht abgebildet und beschrieben? Viele andere, recht unnütze und kindische Zeichnungen hätten dagegen im Sebaischen Werke billig hinwegbleiben können und sollen.

Den wahren Character der Patellen hat Ginanni in seinem Opere posthumo kurz und richtig in der Italienischen Sprache ausgedrücket, wenn er sie als Testacei non contornati e non intorti darstellet. Auch Favart d' Herbigny scheinet es gar wohl zu treffen, wenn er in seinem Dictionaire Tom. 2. pag. 224. sich also wegen der Patellen erkläret: „Lepades seu Patellae sunt conchae spiris destitutae vel conum vel parvulum clypeum efformantes, apertura integra seu dentata et aliquando intus concamerata insignes.„ Von den Engeländern werden sie Limpets, Flithers

178 Einleitung zum Geschlechte der Patellen.

thers or Pap Shells, von den Franzosen Patelles, Ecailles de Rochers, von den Holländern Lampjes, Schotels, Klipklevers, und von den Deutschen Napf- und Schüßelmuscheln genannt. Sie pflegen sich am liebsten auf Steinen und Klippen aufzuhalten, und sich daselbst oft so genau und feste anzuschließen, daß es Kunst und Mühe kostet, sie davon loszumachen. Einige Gattungen erreichen eine sehr ansehnliche Größe, wie ich denn selbst eine Patellam impressam Linnaei besitze, die vier Zoll drey Linien lang, dabey über zween Zoll hoch, und über zween Zoll breit ist. Andere werden wohl noch größere Exemplare aufweisen können.

Verzeichnis der Patellen, die in diesem Bande abgebildet und beschrieben worden:

Tab. 197. Fig. 1912. 1913. Die Sattinpatelle. Patella Tramoserica.

Fig. 1914. 1915. Die geperlte Patelle. Patella margaritaria.

Fig. 1916. 1917. Die Strahlpatelle. Patella radiata.

Fig. 1918. Die zweifelhafte Patelle. Patella ambigua.

Fig. 1919. 1920. Die schneckenförmige Patelle. Patella cochleata.

Fig. 1921. Die zerbrechliche Patelle. Patella fragilis.

Fig. 1922. Die hutförmige Patelle, oder der kleine Hut. Patella pileata, seu Pileolus.

Fig. 1923. 1924. Die lange oder große Spalte. Patella Macroschisma.

Fig. 1925. 1926. Die netzförmige Spalte. Patella Fissura reticulata.

Fig. 1927. 1928. Die Ritzpatelle. Patella Noachina Linnaei. Fissurella.

Fig. 1929. 1930. Die kleine Spalte. Patella Fissurata.

Tab. 197.

Tab. 197. Fig. 1912. 1913.
Ex Muf. Spengleriano et noſtro.
Die Sattinpatelle.
Patella Tramoſerica.

teſta ovali, integra, tumida, radiis inaequalibus a vertice decurrentibus coſtata, ex aurantio fuſco et albo colorata, radiata, cavitate argenteo-
citrina, margine denticulato.

In des **Thomas Martyns** ſogenannten Univerſal Conchyliologie (welche mit weit größerm Rechte Particular Conchyliologie heißen könnte, weil ſie uns bloß die Abbildungen einiger neuen Gattungen der Südſee liefert, und der Text zum ganzen Werke nur ein paar Blätter beträget, darauf noch dazu größtentheils falſche Geſchlechtsnamen ſtehen) befindet ſich Tom. I. Tab. 16. eine Patelle, welche bey der Amerikaniſchen Nordweſtküſte gefunden, und, nach einer Art halbſeidener Zeuge, die Sattinpatelle, Patella Tramoſerica, genannt worden. Sie hat mit der hier vorgeſtellten, welche von Neuſüdwallis herſtammet, und dem Herrn **Spengler** unter den Namen der orangefarbig geſtreiften zugeſandt worden, die größte Aehnlichkeit, daher ich den vom Herrn **Thomas Martyn** beliebten Namen gerne beybehalten.

Es hat dieſe Patelle eine ſtarke Wölbung. Von ihrem Wirbel laufen ribbenartige orangegelbliche Streifen, wie Strahlen herab. Dazwiſchen ſtehen hin und wieder ſchwarzbraune und weiße ſonderbare Flammen, dadurch denn eine angenehme Abwechſelung verurſacht, und die Schönheit dieſer Patelle nicht wenig erhöhet wird. Innerlich ſiehet man den ſchönſten Silberglanz, eine citronengelbe Farbenmiſchung; und die hindurch ſchimmernden Strahlen der Oberfläche. Der ausgezackte äußere Rand ſitzet voller Zähne und Einkerbungen. Ich beſitze ein paar von dieſer Gattung, die mir aus London mit der Beyſchrift: Orange ſtriped Limpets from South Seas geſchickt worden, allein die Spengleriſchen von Neuſüdwallis ſind ungleich größer, friſcher, farbenreicher. Daher ich hier ein Exemplar davon abbilden laßen.

Patellen. Tab. 197. Fig. 1914—1917.

Tab. 197. Fig. 1914. 1915.
Ex Museo nostro.
Die geperlte Patelle.
Patella margaritaria,
testa ovali, vertice nigro, costis obscure viridescentibus, radiis nigris punctis albis elevatis unionum instar ornatis, cavitate ex nigro argenteo radiata, fornice macula spatulata nigra signato.

Diese Napfmuschel gehöret ohnstreitig zur Familie der Sternpatellen. Vom Wirbel laufen eilf dunkelgrüne Ribben und eilf pechschwarze Streifen wie Strahlen herab. Auf dem Rücken der schwarzen Strahlen treten erhobene weiße Punkte oder kleine Knoten hervor, als wären sie mit Perlen besetzet worden. Auf den inneren Wänden wechseln schmahle schwarze und silberfärbige Bänder zierlich mit einander ab. In der Tiefe stehet ein schwarzer, spadenförmig gebildeter Flecken, dergleichen bey den mehresten Patellen ebenfalls bemerket wird. Von den Engeländern wird diese Napfmuschel black and white beaded Auricula Limpet, die weiß und schwarz getörnte Oehrleinpatelle genannt. Sie wohnet in der Südsee, vornemlich bey Neuseeland.

Tab. 197. Fig. 1916. 1917.
Ex Museo nostro.
Die Strahlpatelle.
Patella radiata,
testa ovali, leviter striata, diaphana, radiis albis et subnigris stellata, cavitate argentea glabra, similiter radiata.

Hier sehen wir abermals eine Sternpatelle, deren Schale ziemlich dünne und durchsichtig ist. Sie hat nur eine geringe Wölbung und ganz feine Streifen. Vom Wirbel laufen weiße und schwarze Strahlen herab, die unter einander abwechseln, und immer breiter werden, je mehr sie sich dem äußern Rande nähern. Auf dem inneren, wie Silber glänzenden Grunde zeigen sich gleichfalls weiße und schwärzliche Strahlen. In der Tiefe stehet der spadenförmige, den Patellen eigenthümliche Flecken. Es wohnet diese Patelle bey den Nicobarischen und Moluckischen Stranden. Man bemerket auf ihren inneren Wänden den Schielerglanz, welcher dem Südseeischen Perlemutter eigen zu seyn pfleget.

Patellen. Tab. 197. Fig. 1918.

Tab. 197. Fig. 1918.

Ex Muſeo Domini Schumacher.

Die zweifelhafte Patelle.
Patella ambigua,

teſta alba, oblanga, ſcutiformi, planiuscula, margine poſtico rotundato, antico quaſi truncato, vertice ſubmucronata.

DA COSTA Conchology or Natural Hiſtory of Shells Tab. 5. fig. XI.

Dieſe ſonderbare Conchylie befindet ſich hieſelbſt nur alleine in der Naturalienſammlung des Regimentschirurgi vom Königl. Däniſchen Artilleriecorps, Herrn Schuhmachers. Ich habe ſie mit gutem Vorbedacht die zweifelhafte genannt, weil ich wirklich zweifelhaft und ungewiß bin, ob ich ſie für eine Patelle anſehen, oder für die einzelne Schale einer zwoſchalichten Muſchel halten ſoll. Der Herr da Coſta, dieſer in Engeland lebende geſchickte Conchyliologe, hat ſie an dem oben angeführten Orte ſeiner Conchyliologie unter die Patellen mit dahin geſtellet. Da aber leider mit dem Anfange der fünften Tafel alle ſeine Beſchreibungen aufhören, und der Text nicht weiter fortgedrucket worden, ſo fehlen mir alle weitere Nachrichten von derſelben. Denn andere Schriftſteller gedenken ihrer mit keiner Sylbe, und ſcheinen ſie gar nicht zu kennen. Ich beſorge, daß es ihr, ſobald man ſie genauer beſichtiget und näher kennen gelernet, nicht beßer ergehen wird, wie jener, die beym Linné Patella Unguis heißt. Denn dieſe wurde für eine zwoſchalichte Muſchel anerkannt, den Patellen entrißen, und ihr eine ganz andere Stelle angewieſen, davon das weitere im zehnten Bande dieſes Werkes bey Fig. 1675 — 1677. pag. 360 — 364. nachgeleſen werden kann. Der Herr Juſtizrath Hwaß hat davon ein neues Geſchlecht unter dem Namen Lingula errichtet, da hinnein dieſe jetzige gleichfalls wird verſetzet werden müßen, ſobald man das Glück erleben und ihre Gegenſchale entdecken wird.

Soviel lehret der Augenſchein, daß ſie eine weiße, ziemlich flache Schale habe, daß ſie länglicht und ſchildförmig gebildet ſey, daß ihr Wirbel ſich weit von der Vorderſeite entfernet halte; daß bey ihr der obere Rand wohlgerundet, der untere dagegen wie abgeſtumpft, und der Seitenrand ſenkrecht gebildet erſcheine. Aller Wahrſcheinlichkeit nach wohnet ſie ebenfalls, wie jene ſo nahe mit ihr vergeſchwiſterte Lingula in oſtindiſchen Meeren.

Patellen. Tab. 197. Fig. 1919—1921.

Tab. 197. Fig. 1919. 1920.
Ex Museo Spengleriano.
Die schneckenförmige Patelle.
Patella cochleata,
testa alba, costata, vertice adunco, recurvo, cochleato, apertura ovata, margine denticulato.

Daß die hier vorgestellte neue Gattung von Patellen eine der sonderbarsten und ungewöhnlichsten sey, werde ich nicht erst bemerkbar machen dürfen. Sie hat so viel ähnliches mit den Neriten, daß ich sie ohne langes Bedenken Patellam neritoideam würde genannt haben, woferne nicht dieser Name vom Linne schon längstens einer andern Gattung wäre zugeeignet worden, die freylich wegen ihrer innern Cammern darauf einen noch stärkeren Anspruch machen konnte. Weil sich aber viel schneckenförmiges bey dieser befindet, so kan sie mit allem Rechte Patella cochleata heißen. Ihre sehr gekrümmte Wirbelspitze kehret sich zur rechten Seite der Schale hinüber. Ribbenartige Streifen machen ihre weiße durchsichtige Schale rauh und uneben. Die Mündung ist eyrund und der äußere Rand wie ausgezackt und gezähnelt. Diese kleine Napfinuschel wohnet in der Südsee.

Tab. 197. Fig. 1921.
Ex Museo nostro.
Die zerbrechliche Patelle.
Patella fragilis,
testa ovali, pellucida, complanata, fasciis viridescentibus et albis nitidissime fasciata.

Was Forskäl von einer im rothen Meere gefundenen Pinna picta in Descriptione Animalium in itinere orientali observatorum pag. 125. no. 64. behauptet, sie sey omnium sui generis pulcherrima, verum ad moderandam quasi hanc superbiam, testaceorum omnium fragilissima: das muß ich auch von dieser Patelle bekennen. Sie ist bey ihrer vorzüglichen Schönheit so sehr dünne und zerbrechlich, daß man sich fürchten muß, sie anzugreifen und in die Hand zu nehmen. Ueberdem ist sie so flach, daß es kaum begreiflich ist, wie ein lebendiges Thier unter einer so flachen Schale leben und wohnen könne. Auf der durchsichtigen eyförmigen Schale siehet man
eyrunde,

eyrunde, sich zum Wirbel hinkehrende, meergrüne und weiße Bänder, welche auch an der innern Seite deutlich hindurch schimmern. Das kleine Auge des Wirbels stehet oben nahe beym äußern Rande. Es ist diese Art von Patellen bey den Cookischen Seereisen in der Südsee entdecket worden. Ob dies nur eine der jüngsten in ihrer Gattung sey? ob sie immer klein bleibe und niemals zu einer merklichen und ansehnlichen Größe heranwachse? diese Fragen muß ich, da mir die weiteren Nachrichten und Kenntniße von derselben fehlen gänzlich unbeantwortet laßen.

Tab. 197. Fig. 1922.
Die hutförmige Patelle, oder der kleine Hut.
Patella pileata seu Pileolus,
testa longitudinaliter striata flavescente, in lateribus compressa, vertice perforato, foramine rotundo, margine sinuato.

Nach dieser sonderbaren Patelle habe ich mich fleißig in den hiesigen Cabinettern umgesehen, aber sie nirgends angetroffen. In den Schriften der Conchyliologen suchet man sie auch vergeblich. Herr da Costa ist der einzige, welcher uns von ihr in seiner Conchology Tab. 7. fig. 2, eine gute Abbildung geliefert, die ich hier copiren laßen. Da sein Conchylienwerk das Schicksal so vieler andern gehabt, und unvollendet geblieben, so sind wir bey dem größesten Theile seiner meisterhaft gezeichneten und gut illuminirten Kupfertafeln ohne weiteren Unterricht gelaßen worden. So viel lehret aber doch schon die Zeichnung, daß diese Patelle einem Strohhute gleiche; daß sie auf beyden Seiten wie zusammengedruckt erscheine; daß ihre Farbe sich dem braungelblichen nähere; daß ihr Wirbel eine zirkulrunde Oefnung habe. Der äußere Rand ist auf beyden Seiten so merklich eingebogen, als sey er wie ausgeschnitten worden.

Herr da Costa und Humphrey, sein Verlrger, haben viele der Conchylien ihres Werkes aus dem Musco der Herzogin von Portland entlehnet. Sollte er auch diese daher erborget haben, so mache ich mir alle gute Hofnung, daß ich noch dereinst im lehrreichen Catal. des Mus. Portland. die Stelle, wo sie näher beschrieben worden, und man uns ihr Vaterland gemeldet, finden werde.

Tab. 197.

Patellen. Tab. 197. Fig. 1923. 1924.
Tab. 197. Fig. 1923. 1924.
Ex Muſeo Spengleriano.
Die lange oder große Spalte.
Patella Macroſchisma,

teſta ovato-oblonga, leviter ſtriata, in lateribus quaſi compreſſa, vertice late fisſo, et in margine ſuperiore exciſo, colore extus rufeſcente, intus ſubalbido.

DA COSTA Conchol. Tab. 7. fig. 3.

CATAL. MUS. PORTLAND. No. 1601. pag. 71. An extremely fine pair of a species of perforated Patella the only two that are known named Macroſchisma.

Nach aller Wahrſcheinlichkeit hat Solander den oben angeführten Namen dieſer ſeltenen Patelle beygeleget. Denn vom Solander iſt es bekannt, daß er ſich viele Jahre lang damit beſchäftiget, das Portlandiſche Cabinet zu claßificiren und zu beſchreiben, wie auch den neuen Gattungen angemeßene Namen zu geben. Eben dieſes Geſchäfte hat er nun auch beym Muſeo Britannico gehabt. Er wurde aber vom Tode übereilet, ehe er noch ſeine Arbeiten weder bey dem einen noch bey dem anderen Cabinette vollendet hatte. In der Vorrede zum Catal. Muſ. Portl. leſe ich folgende Nachricht: Woferne Solander nur noch fünf Jahre gelebet, ſo würde er ſein Verzeichniß von dieſem Cabinette vollendet haben. Beym Muſeo Britannico hätte er wohl noch funfzig Jahre leben müßen, ehe er mit dem Regiſter über den erſtaunlichen Reichthum deßelben wäre fertig worden.

Vormals ſind in Engeland nur allein ein paar Exemplare von dieſer ſonderbaren Patelle, die Macroſchisma heißt, befindlich geweſen. Vermuthlich wird daher da Coſta, und Humphrey der Verleger, das Original zu der in ihrer Conchology oder Natural Hiſtory of Shells ſtehenden Abbildung dieſer gegenwärtigen, höchſtſeltenen Napfmuſchel aus dem Portlandiſchen Conchyliencabinet entlehnet haben.

In ihrer Form gleichet dieſe Patelle einem Stroh- oder Sommerhut. Sie hat eine länglichte Bildung, ein röthliches Farbenkleid, eine feingeſtreifte, auf beyden Seiten etwas eingedrückte Schale. Die Oefnung in dem länglicht durchbohrten Wirbel ſiehet aus wie ein Schlüßelloch, und wird an der inneren Seite von einem milchweißen Rande eingefaßet.

Ober-

Oberwärts bemerket man an dem äußeren Rande einen Ausschnitt. Die inneren Wände sind schmutzig weiß. Es ist diese Patelle, davon sich ein paar schöne Stücke in der Spenglerischen Sammlung befinden, bey der Insul Japan gefunden worden.

Tab. 197. Fig. 1925. 1926.
Ex Museo nostro.
Die netzförmige Spalte.
Patella Fissura reticulata,
testa ovali, alba, longitudinaliter costata, transversaliter striata, cancellata, reticulata, vertice adunco, fissura notabili in margine.

Angl. The Slit.

DA COSTA Conchology Tab. 4. fig. 2. The cracked Limpet. Lepas entaillé.

Der Herr de Favanne, welcher sich durch die verbeßerte und sehr vermehrte Ausgabe der d'Argenvillischen Conchyliologie bekannt und berühmt gemacht, hat mir aus Paris vor einigen Jahren ein paar Stücke von dieser Gattung unter dem Namen Lepas à Entaille überschicket. Wenn ich die vom da Costa in seiner Conchology auf der oben bemerkten Stelle gelieferte Abbildung derjenigen Patelle, die bey ihm Fissura heißt, betrachte, so dünket es mir, er müßte die hier vorgestellte gemeinet haben. Allein wenn ich es in seiner davon gegebenen Beschreibung lese: sie habe einen conischen Bau und einen stark gekrümten Wirbel, und wenn ich weiter seine dabey angeführten Citationen anderer Schriftsteller nachschlage, so wird es je länger, je wahrscheinlicher, daß er von keiner andern, als von der gewöhnlichen Patelle handle, die vom Linne Fissura genannt wird. Linne irret sich, wenn er vorgiebt, es werde diese Gattung nur selten bey der Englischen Küste angetroffen. Da Costa, der es als ein in Engeland lebender, und auf die dort einheimischen Conchylien stets aufmerksam gewesener Mann beßer wißen muß, bezeuget es, sie werde daselbst in Menge, und vornemlich an den Ufern der Grafschaft Cornwallis, sehr häufig gefunden.

Die hier abgebildete hat keinen conischen, sondern einen eyförmigen Bau. Vom Wirbel laufen starke ribbenartige Streifen zu allen Seiten herab, die von feinen Queerstreifen durchkreuzet und dadurch netzförmig und gegittert gemacht werden. Es ist diese Patelle schneeweiß und halb durchsichtig. Der wenig gekrümmte Wirbel stehet nicht in der Mitte, sondern nähert sich dem obern Rande. Die Fissuram oder den Einschnitt findet man nie bey einer Furche, noch auf einer von den beyden Seiten, sondern immer auf einer gerade, hinter dem Wirbel herabgehenden Ribbe. Es ist dieser Einschnitt jedesmal so regelmäßig und genau, als wäre derselbe mit der feinsten Feile auf das kunstmäßigste und vorsichtigste ausgefeilet worden. Die innere eyförmige Höhlung wird von einem zart gekerbten oder gezähnelten Rande umgeben. Es wohnet diese gespaltene, netzförmige Patelle bey den Falklandsinsuln. Vermuthlich meinet da Costa eben dieselbige, wenn er an dem oben angezogenen Orte bey der Patella Fissura folgende Worte anhänget, und also schreibet: J'ai vu des très belles Coquilles de cette espéce de l'Isle de Falkland ou Malouines.

Tab. 197. Fig. 1927. 1928.
Ex Museo nostro.
Die Ritzpatelle. Die Noahspatelle.
Patella Noachina Linnaei,
testa conica, alba, longitudinaliter striata, non reticulata, vertice antice fisso.

LINNAEI Mantissa pag. 551. Patella Noachina testa conica, vertice recurvato anticeque fisso. Testa similis Patellae Fissurellae, conica, compressiuscula, striata striis circiter viginti elevatis. Vertex acutiusculus recurvatus, antice fissura seu rima notatus. Cavitas sub rima verticis lacuna marginata protuberante.

DA COSTA Conchology Tab. 7. Fig. 8.

O. MÜLLERI Prodromus Zool. Dan. pag. 237. no. 2865. Patella Fissurella, testa sulcata, vertice recurvo, antice perforato.

— — Zool. dan. Tom. I. no. 32. pag. 82. Tab. 24. fig. 4 — 6.

O. FABRICII Fauna Groenlandica no. 381. pag. 384. Patella Fissurella, testa tota alba, intus glaberrima, oblonga-ovata, antice vix angustior, lateribus compressiusculis, gibba, vertice retrorsum curvato, acutiusculo, extremitati posticae propiori. Ante verticem fissura linearis deorsum amplior, intus in canalem fornicatum convexum prolongatur. Fissuram verticis suspicor esse exitum tubuli supra caput exsertilis, licet nunquam inde porrectum vidisse fatear. Habitat in fundo maris Groenlandici e littore remotiore super lapides.

GMELIN Nov. Edit. Syst. Nat. Linn. Tom. I. P. 6. pag. 3728. no. 193. Patella Fissurella; testa sulcata, vertice recurvo, anterius perforato. Habitat ad Isdlandiae littora.

Patellen. Tab. 197. Fig. 1927—1928.

Was den Linne muß bewogen haben, diese kleine Patelle Noachinam zu nennen, kan ich nicht errathen. Patellam Fissuram hat Davila in seinem Catal. raif. Tom. I. no. 962. sehr unrichtig unter die Conchylien des süßen Waßers dahin gestellet, da sie nie anders, als im Meerwaßer gefunden wird. Linne hat ihr auch eine unrechte Stelle in seinem Systeme angewiesen, indem er ihr in der letzten Unterabtheilung im Geschlechte der Patellen unter solchen, die einen durchbohrten Wirbel haben, die erste und oberste Stelle eingeräumet, da doch bey ihr kein durchbohrter Wirbel, (vertex perforatus) sondern nur ein eingeschnittener Rand vorhanden ist, also nur ein margo fissus gesehen wird.

Die hier abgebildete Patella Noachina Linnaei kan mit weit größerem Rechte den Patellen mit durchbohrten Wirbel beygezählet werden, wiewohl die Spalte im Vordertheile des gekrümmten Wirbels innerlich durch einen kleinen Wulst dergestalt verkleistert wird, daß nur noch ein ganz kleines rundes Löchlein übrig bleibet, dadurch vermuthlich der Bewohner ein Fühlhorn oder einen tubulum durchstecken wird. Unser berühmte O. Müller pflegte solchen Thieren und Conchylien, die er zuerst entdeckt zu haben glaubte, und davon er sich überredete, weder Linne noch andere hätten dergleichen vor ihm gekannt, nachfolgendes Zeichen * † in seinem Prodromo Zool. Dan. beyzusetzen. Solches Zeichen stehet aber zum öftern bey Thieren und Conchylien, die Linne und andere lange zuvor gekannt, davon sichs also nur unser Müller irrig eingebildet, daß er sie zuerst entdecket. Eben dergleichen Zeichen einer nagelneuen Entdeckung befindet sich nun auch bey seiner Patella, die den Namen Fissurella führet, von der es also der gute Mann nicht gewußt, daß Linne sie schon fünf Jahre zuvor in seiner Mantissa, loco supra citato, umständlich beschrieben und Noachinam genannt, und daß da Costa uns von ihr schon vier Jahre vor der Ausgabe des Müllerischen Prodromi, in seiner Conchology am oben bemerkten Orte, eine gute Abbildung geliefert. Müllers Prodromus ist erst 1776, des Linne Mantissa aber schon 1771 und des da Costa Conchology 1772 herausgegeben worden.

Patella Noachina wird auf Felsen und Steinen sitzend, bey Engeland und den Ferröischen Eylanden, bey Norwegen, Island und Grönland angetroffen. Allein, weil diese Patelle klein und unansehnlich ist, so wird sie von den meisten, die Conchylien suchen, übersehen, und daher nur selten in den Sammlungen der Conchylienfreunde gefunden, da sie sonst häufig genug auf ihren Wohnstellen mag vorhanden seyn. Sie hat eben die conische Form und solchen umgebogenen Wirbel, als Patella Fissura; nur ist sie gemeiniglich kleiner. Ihre länglichten, vom Wirbel herablaufenden Streifen werden von keinen Queerstreifen durchcreuzet, und also weder netzartig noch gitterförmig gemacht.

Tab. 197. Fig. 1929. 1930.
Ex Museo nostro.
Die kleine Spalte.
Patella fissurata,

testa ovali, rubicunda, longitudinaliter dense striata, vertice fere centrali, margine antico parum fisso seu exciso.

DA COSTA Conchology Tab. IV. fig. 3. pag. 20. The Fissure. Fissurata. Patella integra, parva, rubescens, fissurata. Cette espéce à une Fente ou Entaille droite ou reguliere sur le bord. Pais inconnu.

Der verdienstvolle D. König hat mehrere von dieser etwas eingeschnittenen Gattung bey der Insul Ceylon angetroffen, und dem Herrn Spengler zugesandt, der mir davon ein Exemplar zukommen laßen. Sie sollte nun billig zum Andenken jenes eifrigen Naturforschers Patella Koenigiana heißen. Allein sie ist zu klein und zu unansehnlich, daher ich den Namen dieses braven Mannes für eine beßere und ansehnlichere Gattung bestimmet habe. Ueberdem so hat schon da Costa eine ihr fast völlig gleichende Patelle beschrieben, und sie Fissuratam genannt, welchen Namen ich lieber beybehalten, als die unendliche Zahl der Namen ohne Noth mit einem neuen vermehren wollen. Bey der kleinen, hier abgebildeten Patelle stehet der Wirbel fast völlig in der Mitte. Viele feine länglichte Streifen laufen vom Wirbel bis zum Rande herab. Sie träget ein einfärbichtes dunkelrothes Farbenkleid. Auf der Vorderseite siehet man im Rande einen kleinen Einschnitt, der mehr einer Einkerbung als einer Spalte gleichet.

Wir kennen also nun schon vier Patellen, die mit einer Spalte versehen sind, nemlich 1) Patellam Fissuram Linnaei. 2) Patellam Fissuram cum testa ovali reticulata, so bey Fig. 1925—1926. abgebildet worden. 3) Patellam Noachinam Linnaei, Fissurellam ab aliis nominatam, die ich bey Fig. 1927—1928. beschrieben. Endlich 4) die eben beschriebene Patellam fissuratam. Wenn es so fortgehet, so werden wir bald im Patellengeschlechte eine neue Unterabtheilung veranstalten müßen, um darinnen die sämmtlichen Fissuras et fissuratas dergestalt beysammen zu haben, daß man sie mit einemmale übersehen könne.

Von Muscheln,
oder den zwoschalichten Conchylien.

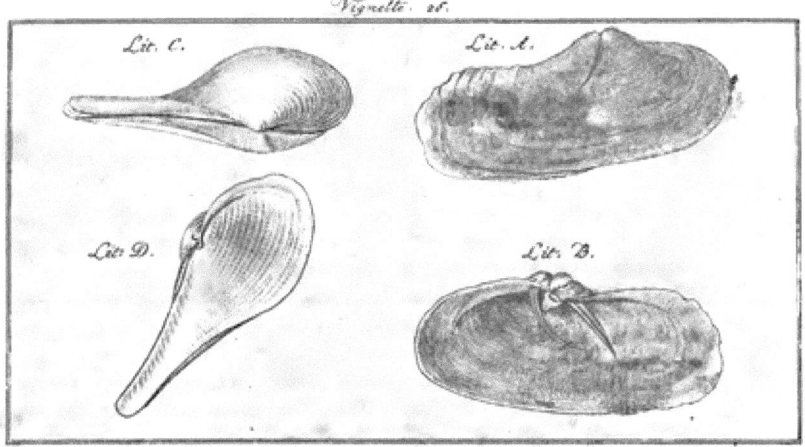

Vignette. 26.

Einleitung zum Geschlechte der Myen.

Der vortrefliche Linne hat es längstens eingesehen, daß seine vom Myengeschlechte angegebenen Kennzeichen, bey der 28sten und 29sten Gattung, nemlich bey der Mya margaritifera und Pictorum, nicht zu finden wären. Er hat daher nach dem Zeugniße des berühmten Profeßor Retzius, welches in seiner lehrreichen Dissertatione historico-naturali, sistente nova testaceorum genera, §. 8. pag. 16. gelesen wird, beyde eben genannte Gattungen vom Geschlechte der Myen abgesondert, und ein neues Geschlecht unter dem Namen Unio errichtet. Linne hat davon folgende (durch den zu Lund in Schonen wohnenden und lehrenden Profeßor Retzius ein wenig veränderte und verbeßerte) Charaktere festgesetzet.

>Animal Ascidia. Testa bivalvis, aequivalvis, aequilatera. Cardo: Dens ani in valvula dextra solidus subintrusus, in sinistra duplex, omnes crenulati. In plurimis dens vulvae longitudinalis lamellaris intra sinistrae valvulae bilamellarem.

Von dem Herrn Kunstverwalter Spengler sind in seiner Vorlesung, die er über das Myengeschlecht bey der hiesigen naturhistorischen Gesellschaft in Dänischer Sprache gehalten, nach dem Rathe des Herrn Retzius alle Fluß- und Perlenmuscheln aus dem Myengeschlechte herausgenommen und unter dem Namen Unio vereiniget worden. Dagegen ist von ihm Solen anatinus Linnaei den Myen zugeeignet, Mya Vulsella Linnaei aber für eine Auster anerkannt, Mya Penna für eine Mießmuschel erkläret, und Mya arctica, weil Cardo edentulus vorhanden ist, und sie auch wegen ihrer Form und Bauart unter den Myen nicht stehen könne, aus diesem Geschlechte verstoßen worden. Bey der letzteren hätte die in einer Note angebrachte Entschuldigung des Linne etwas gelten sollen, wenn er schreibet: Cardo in quibusdam speciebus omnino edentulus, dignoscitur tamen ex animali et testae hiatu ad alteram extremitatem.

Im zehnten Bande dieses Conchylienwerkes habe ich das Geschlecht der Myen mit drey neuen Gattungen bereichert, nemlich mit der Mya Norvegica, Mya corrugata magna, und Mya nodulosa. Weil die letztere, von mir unter lauter Ostindischen Gattungen die man mir verkaufte, liegend

zu dem Geschlechte der Myen.

gend gefunden ward; so vermuthete ich es von derselben, sie werde gleichfalls ostindisch seyn. Doch gestand ich es zugleich aufrichtig, daß ich ihr wahres Vaterland nicht recht gewiß zu bestimmen wüßte. Nun aber weiß ich es zu bestimmen. Sie ist einheimisch. Denn mehrere von dieser Gattung sind ohnweit dieser Stadt bey der Reinigung eines Waßergrabens gefunden worden. Daselbst hätte ich sie nun am wenigsten gesuchet und zu finden geglaubet.

Anfänglich zweifelte ich, in diesem Bande einige neue Arten von Myen aufstellen zu können, weil in meiner Sammlung bey aller anderweitigen Vermehrung doch seit mehreren Jahren das Myengeschlecht gänzlich leer ausgegangen. Endlich aber war ich noch so glücklich, im Spenglerischen Conchylienvorrathe drey neue Gattungen anzutreffen, die ich sogleich abbilden laßen. Hier ist das Verzeichniß derselben:

Tab. 198. Fig. 1934. Die hülsenförmige Mya. Mya Siliqua.

Vignette 26. Fig. Lit. A. und B. Die Gänsemya. Mya anserifera.

— — — Fig. Lit. C. und D. Die geschnäbelte Mya. Mya rostrata.

Eine ganz neue, bey Norwegen gefundene, vortrefliche Mya des Spenglerischen Cabinets, ward mir zu späte bekannt, als ich sie nicht mehr bequem bey diesem Bande einschalten und unterbringen konnte. Sollte der Herr des Lebens meine Jahre noch so weit verlängern, daß ich auch den zwölften Band herausgeben könne, so soll sie gewiß nicht vergeßen werden.

Tab. 198.

Myen. Tab. 198. Fig. 1934.

Tab. 198. Fig. 1934.
Ex Museo Spengleriano.
Die hülsenförmige Mya.
Mya Siliqua,

testa ovali, utrinque hiante, epidermide nigra superinduta, intus alba et callosa, quasi incrustata.

Schriften der Naturhistorischen Gesellschaft zu Copenhagen Tom. 3. Erstes Heft, pag. 48. Mya Siliqua; testa crassa, oblonga, tunicata, margine lineari, antice et postice hiante.

Weil diese Muschel auf der Vorder- und Hinterseite so von einander stehet, wie ein Solen, und dazu in ihrem Schloße eben der Wulst oder margo lateralis gesehen wird, welcher den Scheidemuscheln eigenthümlich zu seyn pfleget; so wird man es desto eher erklären können und billigen müssen, daß sie vom Herrn Spengler mit einem aus dem Geschlechte der Solenum entlehnten Namen beleget worden. Ich kan nichts beßeres thun, als meinen Lesern einen Auszug und Uebersetzung der Spenglerischen Beschreibung, die er von ihr an der obenangeführten Stelle bey einer in Dänischer Sprache gehaltenen Vorlesung geliefert, darzulegen.

„Es hat diese Muschel keine Schloßzähne, und stehet zu beyden Seiten offen. Ihr Umfang ist eyförmig, auf beyden Seiten abgerundet, und noch einmal so breit, als sie lang ist. Der kleine flache Wirbel stehet nicht in der Mitte, sondern weit näher zur Vorderseite, woselbst auch das Band gesehen wird. Auf der Oberfläche bemerket man nach der Breite hingehende, runde, ein wenig erhöhete Falten. Der Ueberzug gleichet einer glänzenden kohlschwarzen Haut, welche über den äußersten Rand in etwas hervortritt, und sich zur inneren Seite dahinwendet. Die Wirbelspitzen sind abgerieben und weiß, wie bey den mehresten Flußmuscheln. Die inneren Wände der Schale werden von einer kalkartigen Materie dick bekleidet, und dadurch ganz wulstig gemacht. Die Länge dieser Muschel beträget einen Zoll drey Linien, und die Breite drey Zoll zwo Linien. Sie ist bey Terreneuve, oder bey der Insul Neufundland, also ohnweit Nordamerika, am Meerstrande gefunden worden. Doch vermuthet es der Herr Spengler, es könne demohngeachtet eine Flußmuschel seyn, die etwa durch einen Zufall aus dem frischen süßen Waßer bey einem reißenden Bache mit fortgerißen, und bis ins Meer

Myen. Vignette 26. Lit. A. et B.

„Meer dahin gespület, und darauf an den Meerstrand verschlagen und da ausgeworfen worden.„

Vignette 26. Lit. A. et B.
Ex Museo Spengleriano.
Die Gänsemya.
Mya anserifera,

testa ovali, alba, pellucida, fragili, tumida margaritacea, membranacea, antice truncata, postice rotundata, utrinque hiante, cardinis dente utriusque valvulae unico solido, figura auriscalpii, costa e dente cardinis exeunte falciformi.

Schröters Einleitung in die Conchylienkenntnis Tom. 2. pag. 638. no. 11.

GMELIN Nov. Edit. Syst. Nat. Linn. Tom. I. P. 6. pag. 3228. Solen Spengleri, testae natibus bipartitis, cardinis dente primario rotundo, accessoriis longis angustis, altero curvato. Testa vix pollicem longa, 2 ½ pollices lata, utrinque rotundata.

Schröters Versuch einer vollständigen Conchylienkenntniß. Tom. 2. pag. 17. no. 23.

Schriften der Naturhistorischen Gesellschaft zu Copenhagen. Tom. 3. Erstes Heft. pag. 32. no. 8. Mya anserifera; testi ablonga membranacea, inflata, antice truncata, cardinis costa descendente. Tab. 2. fig. 8.

Der Herr Kunstverwalter Spengler hat in seiner bey der hiesigen Naturhistorischen Gesellschaft über das Geschlecht der Myen gehaltenen Vorlesung, diese perlmutterartige Myam so meisterhaft und vollständig beschrieben, daß ich nur, um sie auch in und durch dieses Werk den Conchylienfreunden bekannter zu machen, seine Worte aus der Dänischen Sprache übersetzen darf.

„Dies ist eine ganz neue Gattung, welche weder in den Schriften der Conchyliologen noch in ihren Sammlungen angetroffen wird. Sie hat sehr viel gleichförmiges mit der Muschel, welche beym Linné Solen anatinus heißt, aber richtiger zum Geschlecht der Myen hingezogen, und Mya anatina genannt wird. Denn sie hat ebenfalls eine durchsichtige perlmutterartige Schale, auch in jeder Schale einen ausgehöhlten Zahn, der einem kleinen Ohrlöffel gleichet, und nicht, wie bey andern Muscheln, heraus und hervortritt, sondern gleich= „sam

„sam herabhänget. Sie erscheinet auf der hintersten Seite, wo die Schalen aneinander schließen, wie abgerundet, aber auf der vordersten, weit geöfneten Seite, wie abgestumpfet. Wiewohl bey aller Gleichförmigkeit, welche sich in den eben angezeigten Stücken mit der Mya anatina bemerken läßet, so findet sich dagegen in manchen anderen eine sichtbare Verschiedenheit. Die Schale ist bey unserer Mya anserifera etwas dicker und stärker, und hat fast die Form einer Walze. Bey dem vordersten offenen Ende ist die Schale so breit, wie auf dem hintersten. Die Wirbel sitzen beynahe in der Mitte, und nur ein klein wenig näher gegen die verschloßene Hinterseite. Man betrachte nur die getreue Abbildung, dadurch die Beschreibung gar sehr wird erläutert werden. Es ist bey dieser Muschel der Einschnitt oder die Sutur in den Wirbeln stärker, tiefer und offener, als bey der Mya anatina. Die Ribbe, welche dem Schloßzahne in jeder Schale zur Stütze dienet, ist sichelförmig, und kehret sich mit ihrer schiefen Richtung zur Vorderseite hin. Sie ist auf der Stelle, worauf der Zahn ruhet, fast breiter, als selbst der Zahn. Die Länge dieser Muschel beträget einen Zoll und eine Linie, die Breite zween Zoll drey Linien. Sie wird in Ostindien auf den Nicobarischen Eylanden gefunden.„

Vom Herrn Superintendenten Schröter und dem ihm hierinnen nachfolgenden Herrn Gmelin und Schreiber wird diese Gattung unter die Solenes versetzet, vermuthlich um deßwillen, weil sie das vom Linne angegebene Hauptkennzeichen der Solenum an sich hat, und an beyden Enden offen ist oder klaffet. Allein vom Herrn Spengler wird sie, weil der den Myen eigenthümliche dens solidus, patulus, crassus, vacuus, der einem Ohrlöffel gleichet, vorhanden ist, richtiger den Myen beygesellet. Auch der sogleich vorherstehende Solen crispus muß beym Schröter, Gmelin und Schreiber wegfallen. Denn es ist Pholas crispatus Linnaei, wie solches die Citation aus Listers Histor. Animalium Tab. 5. fig. 38. erweiset. Ich melde dieses um deßwillen, damit der Irrthum, welcher nun schon in drey Büchern stehet, nicht noch weiter fortgepflanzet und vervielfältiget werden möge. Ganze Haufen anderer Gattungen würden ebenfalls beym Schröter, Gmelin und Schreiber die größte Versetzung erleben, wenn eine scharfe und recht kritische Untersuchung und Musterung ihrer Werke vorgenommen werden sollte, welches aber dem Zwecke dieses Buches und meiner Gedenkungsart,

die

Myen. Vignette 26. Fig. Lit. C. D.

die bey sich selbst immer genug zu verbeßern findet, ganz entgegen
seyn würde.

Vignette 26. Fig. Lit. C. D.
Ex Museo Spengleriano.
Die geschnäbelte Mya.
Mya rostrata,
testa fragilissima, alba, diaphana, membranacea, antice rostrata et
hiante, postice tumida et rotundata, intus nitidissima.

Schriften der hiesigen Naturhistorischen Gesellschaft. Dritter Band. Erstes Heft.
no. 16. pag. 42. Mya rostrata, testa membranacea, parva, ventricosa, antice rostro cylindrico producto, cardinis dente minuto excavato. Tab. 2. fig. 16.

Fossilia Hantoniensia Tab. 8. fig. 103. pag. 41. Solen Ficus, testa ovata
magnitudine nucis avellanae antice in rostrum extensa, transversim profunde striata, cardinis dente unico subulato. (Diese gegrabene ist ohnstreitig
eine Varietät unserer gegenwärtigen Gattung, aber sie ist nicht glatt, sondern queer-
gestreift; auch hat man von ihr keine Dublette, sondern nur einige einzelne nicht zu-
sammenpaßende Schalen.)

Da der Herr Spengler in seiner bey der hiesigen Naturhistorischen Gesellschaft über das Geschlecht der Myen gehaltenen Vorlesung
auch diese geschnäbelte Myam sehr deutlich beschrieben, so weiß ich nichts
besseres zu thun, als seine in dänischer Sprache vorgetragene Worte ge-
träulich ins deutsche zu übersezen.

„Hier sehen wir eine der größten Seltenheiten im Geschlechte der
Myen. Ich kenne keine Muschelgattung, die ihr völlig gleich kä-
me. Sie hat, wenn beyde Schalen auf einander liegen, die Form
und Gestalt eines Vogelkopfes, der mit einem langen Schnabel
versehen ist. Jede einzelne Schale gleichet der inneren Seite eines Löffels. In der Abzeichnung ist sie etwas vergrößert vorgestellet worden. Dadurch wird uns nun ihre eigentliche Gestalt
und Bildung deutlicher, wie durch alle Beschreibungen, dargestellet werden. Die hinterste Seite dieser Muschel ist eyförmig stark
aufgeblasen und abgerundet. Die vorderste Seite verlängert sich

„in einem am Ende etwas geöfneten Schnabel. Unter dem Wirbel stehet das Hauptkennzeichen des Myengeschlechtes, nemlich ein ausgehöhlter Zahn in einer schiefen Stellung. Sogleich nebenbey findet man noch einen dünnen breiten Zahn, welcher in die andere Schale der Muschel eingreifet, und dazu dienet, um beyde Schalen desto eher mit einander zu verbinden. Der starke Silberglanz, welcher an den inneren Wänden wahrgenommen wird, verhindert es, die Muskulflecken genau zu bemerken. Doch laßen sich einige Spuren des Ligaments wahrnehmen, welches sich über die Länge des Schnabels der Vorderseite erstrecket, und also auf dem obersten Rande der Muschel seinen Sitz gehabt. Eine matte weiße Farbe findet man auf der Außenseite und Oberfläche, dagegen aber ist das innere glänzend weiß. Es wohnet diese Muschel in den Tiefen und Abgründen des Nordischen Meeres. Sie ward auf einer Madrepora prolifera, die im Hafen zu Bergen in Norwegen aus der See herausgezogen worden, feste sitzend angetroffen.

Einleitung
zum Geschlechte der Rinnen= oder Scheidenmuscheln.

Zu der umständlichen Einleitung, welche von mir im sechsten Bande dieses Conchylienwerkes den Solenibus vorgesetzet worden, weiß ich diesmal wenig neues und erhebliches hinzuzuthun. Die Beschreibung, welche da Costa in seiner Historia naturali Testaceorum Britanniae von den Hauptkennzeichen dieses Geschlechtes pag. 235. gegeben, scheinet mir so richtig und treffend zu seyn, daß ich sie hersetzen muß. Er schreibet, die Solenes, welche bey den Engeländern Sheaths or Razor Shells, und bey den Franzosen Manches de Couteau hießen, wären Bivalves à battans egaux ouvertes ou beantes aux deux bouts; des coquilles extrémement larges et très courtes d'une forme oblongue; la charniere à dents aigues comme des epines. L'Animal est un Ascidia. Im zehnten Bande dieses Conchylienwerkes, wo ich mich zuletzt kurz fassen mußte, ward dieses Geschlecht mit keiner einzigen neuen Gattung vermehret. Dafür will ich in dieser, sieben neue Arten darstellen, davon ich das Verzeichnis unten liefern werde.

Seit vielen Jahren habe ich mich vergeblich darnach umgesehen, um jene seltene Gattung, welche beym Linne Solen virens heißt, und von ihm ausführlich characterisirt wird, näher kennen zu lernen, damit doch diese in unserm Buche, darinnen alle andere Gattungen des Geschlechtes der Solenum abgebildet und beschrieben werden, nicht fehlen möge. Allein alles mein Nachforschen ist vergeblich gewesen. Endlich fand ich im Catalogo des Musei der Herzogin von Portland no. 3997. pag. 188. folgende Anzeige: Solen virens Linnaei extremely rare from Java. This Specimen is out the celebrated Linnaeus Collection. Ob nun Linne mehrere Exemplare von dieser Gattung gehabt, und etwa eines davon der Herzogin von Portland abgetreten, oder ob sie nach dem Tode des Linne, wie sein ganzes Naturalien= und Conchyliencabinet dem Doct. Schmidt

198 Einleitung zum Geschlecht der Scheidenmuscheln.

zu London für tausend Guineen am Ende des 1783ſten Jahres verkauft worden, erſt nach London gekommen? davon habe ich nichts gewißes. So viel weiß ich aus einem Briefe des Herrn Juſtitzrath Hwaß, daß Solen virens von einem Conchylienſammler zu Londen bey der Auction des Portlandiſchen Cabinets für ein Pfund Sterling und fünf engliſche Schillinge (alſo etwa für ſechs bis ſieben Thaler unſers Geldes) erkauft worden.

Verzeichnis der hier abgebildeten und beschriebenen Solenum.

Tab. 198. Fig. 1931. 1932. Das Lineal. Solen linearis seu Lineale.

Fig. 1933. Der Chineſiſche Zweyſtrahl. Solen diphos Chinenſis.

Fig. 1935. 1936. Das türkiſche Lager. Solen caſtrenſis.

Fig. 1937. Der Guineiſche Solen. Solen Guineenſis.

Fig. 1938. Der Solen von St. Martha. Solen Sanctae Marthae.

Fig. 1939. Der Zweyzahn. Solen bidentatus.

Fig. 1940. Der durchſichtige Solen. Solen pellucidus.

Tab. 198. Fig. 1931. 1932.
Ex Muſeo Spengleriano.

Das Lineal.

Solen linearis, seu Lineale,

teſta oblonga recta, cylindrica tenuiſſima, utroque latere hiante, cardine unidentato, extremitate quaſi truncata.

In den Schriften der hieſigen Naturhiſtoriſchen Geſellſchaft iſt dieſe Muſchel im zweyten Hefte des dritten Bandes pag. 103. no. 18. ſo umſtändlich vom Herrn Spengler beſchrieben worden, daß ich nur ſeine Worte ins deutſche überſetzen darf, und alsdann auch keine Sylbe weiter beyzufügen nöthig habe.

„Man kan ſich, ſchreibt Herr Spengler, nicht leicht eine Muſchel vorſtellen, die in Abſicht der Feinheit und Schönheit die jetzige über-
„treffen

Scheidenmuscheln. Tab. 198. Fig. 1931 1932.

„treffen sollte. Wenn man sie von außen ansiehet, so sollte man fast glauben, es sey ein junges unausgewachsenes Kind von dem Solene, der beym Linne Vagina heißt, indem sie derselben völlig zu gleichen, und eben das im kleinen zu seyn scheinet, was jene im großen ist. Jedoch zeiget es sich gar bald aus dem Verhältniße ihrer Länge gegen ihre Breite, daß es eine verschiedene, neue und seltene Gattung sey, die also durchaus nicht für eine junge unausgewachsene Geburt von jener Art, die Vagina heißt, angesehen werden müße. Sie hat eine gleiche cylindrische Figur, und erreichet nie die Dicke einer Federspuhle. In jeder Schale sitzet beym Schloße ein einziger Zahn, wie bey dem Solene, der Vagina heißt; aber bey unserm kleinen, einem Lineale gleichenden Solene sitzet der Zahn nicht bey der Kante des äußersten Randes, sondern in einiger Entfernung von demselben; auch bemerket man bey dieser keinen Lippensaum, wie bey jener. Das Ligament nebst den Nympfen sind so dünne, daß sie mit bloßen Augen kaum gesehen werden können. Sie schicken sich auch um deßwillen desto eher für eine so dünne und durchsichtige Schale. Darinnen gleichet unsere Scheidenmuschel dem Soleni, welcher Vagina heißt, daß sie, wie jener, in beyden Schalen den Rücken hinab mit einer Furche versehen ist, die von einem etwas erhöheten Rande eingefaßt wird. Beyde Abtheilungen der Oberfläche werden durch eine Diagonallinie in zwo lang zugespitzte Pyramiden abgetheilet. Die eine ist schwach gestreift und dunkelviolet; die andere ist glatt, und wird nach der Breite mit weißen und purpurfarbichten Bändern gezieret. Die Länge beträget zween und einen halben Zoll; die Breite kaum drey Linien. (Beym Linne heißt das die Breite, was hier vom Herrn Spengler die Länge genannt wird. So lautet davon seine Erklärung in der zwölften Ausgabe seines Natursystems pag. 1124. in der Note — Longitudinalis nobis testa a natibus ad marginem.) Es wohnet dieser Solen bey den Nicobarischen Eylanden.„

Obs. In meiner Sammlung lieget auch ein eben so dünner und durchsichtiger, äußerst schmahler Solen, allein er ist gekrümmt; auch fehlen ihm die lebhaften Bänder der zugespitzten Pyramiden. Er muß also eher für eine Nebengattung vom Solene, der Ensis heißt, angesehen werden.

Tab. 198.

Scheidenmuscheln. Tab. 198. Fig. 1933.

Tab. 198. Fig. 1933.
Ex Museo nostro.
Der Chinesische Zwenstrahl.
Solen Diphos Chinensis,

testa ovali, laevi, subcompressa, in extremitate antica magis quam in postica hiante, utrinque rotundata, ex albo et violaceo fasciata, radiis duobus albis radiata, cardinis dente unico, nymphis valde prominentibus, cartilagine callosa alba instructis, cavitate violacea.

LINNAEI Mantissa pag. 544. Solen Diphos, testa ovali, recta, laevi, simillima Soleni radiato, violacea, radiis albis tantum duobus.

Catal. Mus. Portland. No. 3514. pag. 161. A very fine Solen violaceus Solandri from China — extremely rare.

Im sechsten Bande dieses Systematischen Conchylienwerkes ist schon ein sogenannter Zwenstrahl, Solen Diphos Linnaei, von jener Art, die bey den Nicobarischen Inseln wohnet, beschrieben worden. Im Catalogo Mus. Portland. no. 3487. wird eben derselbe vom Solander (der die üble Gewohnheit hat, Linneische Namen vielmals ohne alle Noth abzuändern) Solen rostratus genannt.

Der hier abgebildete Zwenstrahl wohnet in den Chinesischen Meeren, und ist hieselbst weit seltener, als der vorhergehende. Die eyförmig gebildete Schale dieser Muschel ist glatt, dabey ziemlich flach, als wäre sie zusammen gedrücket worden, vornen und hinten abgerundet, und an der Vorderseite merklich klaffend. Auf der Oberfläche scheinen violette und weiße Bänder mit einander abzuwechseln. Der Wirbel befindet sich in der Mitte, doch kehren sich die Wirbelspitzen zur Vorderseite hinüber. Zween weiße Strahlen, die vom Wirbel herablaufen, sind auch an den inneren dunkel violetten Wänden zu sehen. Im Schloße stehet nur ein einiger Zahn. Bey den Nymphen siehet man in jeder Schale einen weißen, ziemlich stark hervortretenden Wulst, callum marginalem, dergleichen bey mehreren Gattungen im Geschlechte der Solenum gleichfalls wahrgenommen wird. Es hat diese Gattung einige Aehnlichkeit mit dem Solene radiato, nur ist diese dickschalichter. Sie wird auch nicht von vier Strahlen, wie jener, sondern nur von zween weißen Strahlen bezeichnet. Endlich so hat sie innerlich keine erhobene Kante und Ribbe, keine costam transversalem, dergleichen bey jener gesehen wird. Mein Exemplar ist zween Zoll lang und drey Linien breit.

Tab. 198.

Scheidenmuſcheln. Tab. 198. Fig. 1935. 1936.

Tab. 198. Fig. 1935. 1936.
Ex Muſeo Spengleriano.
Das Türkiſche Lager.
Solen caſtrenſis,
teſta ovali, alba, pellucida glaberrima, utrinque hiante, lineis triangularibus purpuraſcentibus inſignita, cardine unidentato, margine Nympharum prominente.

Schriften der Naturhiſtoriſchen Geſellſchaft zu Copenhagen. Tom. 3. 2tes Heft. pag. 110. no. 24. Solen caſtrenſis, teſta ovali, tenui, valvulis characteribus angularibus inſcriptis.

 Weil die dreyſeitigen, den Gezelten eines Lagers gleichenden purpurröthlichen Figuren, welche auf der Oberfläche dieſer Muſchel geſehen werden, jener Zeichnung ähnlich ſind, die auf der Venere caſtrenſi angetroffen wird: ſo kan man es gar leicht begreifen und errathen, warum ſie von unſerm lieben Herrn Spengler in ſeiner bey der hieſigen Naturhiſtoriſchen Geſellſchaft über das Geſchlecht der Solenum gehaltenen Vorleſung Solen caſtrenſis genannt worden, obgleich der letztere Beynahme ſich zum Worte Solen nicht wohl zu ſchicken ſcheinet, und daher auch beyde Worte ſich nicht bequem in einem deutſchen Namen vereinigen laßen.

 Ich kan dieſe Muſchel nicht beßer beſchreiben, als mit den eigenen Worten des Herrn Spenglers, die ich aus der oben angeführten Stelle entlehne und überſetze.

 „Dieſe dünne und zarte Muſchel iſt eyförmig, aber auf der vorderſten Seite etwas breiter, als auf der hinterſten. Obgleich die Oberfläche von ſehr feinen, dem bloßen Auge kaum ſichtbaren Streifen umgeben wird, ſo iſt ſie dennoch völlig glatt. Purpurröthliche, wie Gezelte gebildete, dreyſeitige Figuren bezeichnen dergeſtalt die weiße Schale, als wäre darauf ein Lager abgeſtochen oder abgebildet worden. Der Wirbel kehret ſich zur ſchmahlen Seite hin. Im Schloße ſtehet ein einiger Zahn, der in ein Grübchen der linken Schale eingreifet. Der Wulſt bey den Nymphen tritt ein wenig hervor. Weil die Schalen ſo dünne und durchſichtig ſind wie Glas, ſo ſchimmern die den Gezelten eines Lagers gleichſehenden Figuren überall hindurch, und ſind an den inneren Wänden ſo deutlich zu ſehen, als auf der Oberfläche.

Scheidenmuscheln. Tab. 198. Fig. 1937.

„Es wohnet diese Muschel bey der Guineischen Küste. Sie ist zehen Linien lang und anderthalb Zoll breit.„

Tab. 198. Fig. 1937.
Ex Museo nostro.
Der Guineische Solen.
Solen Guineensis,
testa alba, glabra, subpellucida, ventricosa, utrinque hiante, margine Nympharum prominentium valde calloso.

Dieser Solen hat viele Gleichförmigkeit mit jenem vom Adanson in seiner Histoire naturelle du Senegal Tab. 19. unter dem Namen Tagel beschriebenen. Beyde stark gewölbte Schalen sind sowohl innerlich als äußerlich weiß, völlig glatt, durchsichtig, vorne fast wie eine Telline eingebogen, und dabey enger und schmahler, als auf der breiteren, gleichsam abgestumpften Hinterseite. Diese Muschel klaffet oder stehet auf beyden Seiten offen. Der äußere Rand ist scharf und schneidend. Von den Zähnen des Schloßes sind in meinem Exemplare nur noch die Wurzeln vorhanden, daraus ich doch so viel abnehmen kan, daß in jeder Schale zween Zähne befindlich gewesen. Eben dieses behauptet auch Adanson von seinem mit unserm Solene sehr nahe verwandten Tagel, wenn er loco supra allegato pag. 256. also schreibet: Au dedans du Sommet de chaque battant on voit deux dents à peu près egales, qui forment la charniere. Bey den Nymphen stehet in jeder Schale der weiße hervortretende Wulst, welchen wir schon bey vielen Gattungen dieses Geschlechtes angetroffen. Niemand wird leichte die gegenwärtige Gattung mit dem Solene strigilato vermischen. Denn diese hier vorgestellte ist glatt, hingegen der Solen strigilatus ist rauh und sitzet voller Streifen. Unser Solen guineensis ist einen Zoll und zwo Linien lang, und zween Zoll neun Linien breit. Weil er bey der Guineischen Küste wohnet, so habe ich ihm den Namen des Guineischen gegeben.

Scheidenmuscheln. Tab. 198. Fig. 1938. 1939.

Tab. 198. Fig. 1938.
Ex Museo nostro.
Der Solen von Sanct Martha.
Solen Sanctae Marthae,
testâ ovali, intus et extus alba, oblique striata, antice et postice rotundata, utroque latere valde hiante, cardinis dente duplici recurvato in valvula dextra, margine cardinis prominulo.

Der Königlich Dänische Oberconducteur und Obristlieutenant Herr von Rohr, dessen ausgebreiteten Kenntniße in der Naturgeschichte ich nicht genug zu erheben weiß, hat mir, nebst vielen andern schönen Conchylien, auch diesen Solen aus St. Croix in Westindien, wo er sich gewöhnlich aufhält, gütigst verehret. Er meldete es mir dabey, daß er ihn bey der dortigen kleinen Insul Sanct Martha gefunden, daher er denn auch nach derselben von mir benannt worden. Er ist, wenn man sein dunkelgrünes Epiderm abgezogen, schneeweiß. Er stehet auf beyden Seiten sehr weit von einander. Er wird durch schief herablaufende länglichte Streifen rauh gemacht. Im Schloße der rechten Schale befinden sich zween krumm gebogene Zähne, davon der erste einem Ohrlöffel, der andere einem kleinen Hacken oder einer Klammer gleichet. Beyde scheinen in ein Grübchen der anderen Schale einzugreifen. Der Rand bey den Nymphen tritt etwas hervor. Es scheinet diese Muschel nur eine Varietät vom Solene strigilato Linnaei zu seyn. Doch hat sie allerdings manches eigenthümliche und von jenem merklich verschiedene an sich.

Tab. 198. Fig. 1939.
Ex Museo Spengleriano.
Der Zweyzahn.
Solen bidens,
testâ ovali, tenui, alba, utrinque hiante, epidermide obscure viridescente superinduta, cardine bidentato.

Schriften der Naturhistorischen Gesellschaft zu Copenhagen. Tom. 3. 2tes Heft. pag. 104. no. 19. Solen bidentatus, testâ parva, ovato-lineari, dentibus binis productis.

Da mehrere, ja die meisten Gattungen, im Geschlechte der Scheidenmuscheln zween Zähne im Schloße aufweisen können, und insonderheit die kurz zuvor beschriebene, von St. Martha herstammende, mit zween eben so wie bey dieser geformten und hervorstehenden Schloßzähnen versehen ist: so kan freylich die hier abgebildete nicht ausschließungsweise auf den Namen der zweyzahnichten Anspruch machen, noch dieser Name als ein zuverläßiges Unterscheidungszeichen angesehen werden, dadurch sie von allen andern Mitgliedern dieses Geschlechtes kennbar unterschieden würde. Nachdem er aber schon einmal dieser Gattung von unserm um die Conchyliologie so hochverdienten Spengler in seiner bey der hiesigen Naturhistorischen Gesellschaft übers Geschlecht der Scheidenmuscheln gehaltenen Vorlesung beygeleget worden, so mag sie denselben immerhin behalten, da sie doch einen Namen haben muß, und dieser noch dazu eine Haupteigenschaft derselben andeutet. Hier ist die Uebersetzung der Spenglerischen Beschreibung dieses Solenis, welche in der oben angeführten Stelle gelesen wird.

„Diese neue Gattung ist von einer langen, schmahlen, eyförmigen Figur. Der Wirbel sitzet fast in der Mitte. Das Schloß befindet sich nur in der einen Schale, und bestehet aus zwey krummgebogenen breiten Zähnen, die unter dem Rande in gleicher Richtung und Stellung hervortreten. Der eine von diesen Zähnen ist rund, der andere aber ausgehöhlet, wie ein Ohrlöffel. Sowohl das Hymen als auch die Nymphen sind kurz und schmahl, und die Muskulflecken eyförmig glänzend und vertieft. In jeder Schale läuft an der inneren Seite unter dem Wirbel eine Rippe zum untersten Rande herab, welche auswendig durch einen rothbraunen Strahl angedeutet wird. Uebrigens ist die Schale weiß, nur wird sie auf manchen Stellen von einem dunkelgrünen Ueberzuge bekleidet und bedecket. Sie ist sieben Linien lang, und einen Zoll acht Linien breit. Sie wohnet im Ostindischen Meere, bey den ehemaligen Nicobarischen Eylanden, die nun Friedrichsinsuln heißen.

Scheidenmuscheln. Tab. 198. Fig. 1940.

Tab. 198. Fig. 1940.
Ex Museo nostro.
Der durchsichtige Solen.
Solen pellucidus,

testa subovali, diaphana, fragilissima, subarcuata, cardine in altera valvula bidentato, in altera unidentato. (valvula bidentata excipit oppositum dentem alterius testae.)

Angl. Pellucid Razor.

PENNANT British Zoology. Vol. IV. pag. 84. no. 23. Tab. 46. fig. 23. Solen pellucidus, subarcuated and-suboval, with the hinge consisting of a sharp double tooth on one side, receivning a single one from the opposite, with a process in each Shell, pointing towards the cartilage of the hinge. Shell fragile, pellucid, about an inch broad. Inhabits Red wharf, Anglesea.

  Dieser kleine Solen ist äußerst dünne, durchsichtig und zerbrechlich. Daher hat man es für ein besonderes Glück zu achten, wenn man unverletzte Exemplare desselben erlanget hat. Es befindet sich bey dieser Gattung eine etwas gekrümmte Schale, wie bey dem Solene, der Culteilus heißt. Pennant hat uns in der oben angeführten Stelle eine solche umständliche und genaue Beschreibung von diesem Solene gegeben, daß ich kein Wort mehr hinzuzusetzen weiß. Da er sich an der Englischen Küste aufzuhalten pfleget, und sichs da Costa in seiner brauchbaren Historia naturali Testaceorum Britanniae zum Geschäfte gemacht, alle in und bey Engeland wohnenden Conchylien zu beschreiben, so vermuthete ich es gewiß auch von diesem Solene, bey ihm eine Nachricht und Abbildung anzutreffen. Aber mein Nachsuchen war vergebens. Ich besitze ein paar Stücke von dieser Gattung, welche an der Schwedisch Schonischen Küste, etwa zehen Meilen von hier, im Meerbusen bey Kulla (wo nicht weit davon der Leuchtethurm stehet) aufgefischet, und mir von einem Schwedischen Prediger, zu dessen Pfarre die dort herumliegenden Fischerdörfer gehören, gesandt worden.

Einleitung
zum Geschlechte der Tellinen.

Jm Geschlechte der Tellinen kenne ich von allen Characteren und Kennzeichen, die Linne und andere angegeben, auch kein einiges, so ganz allgemein, und bey allen und jeden Mitgliedern dieses Geschlechts ohne Ausnahme befindlich wäre. Auf der Vorderseite soll nach der Vorschrift des Linne bey allen Tellinen eine merkliche Einbeugung, ein latus flexum vorhanden seyn. Aber bey vielen Gattungen ist keine Spur einer solchen Einbeugung zu sehen, und doch heißen sie Tellinen. Dagegen aber haben andere Muscheln die stärkste Einbeugung, als zum Exempel Venus Pensilvanica; aber niemand wird ihr alleine um deßwillen eine Stelle unter den Tellinen einräumen. Es ist also dieses Kennzeichen, welches im Geschlechte der Tellinen noch für das beste und sicherste zu achten, gar nicht für ganz allgemein zu halten.

Hernach so sollen ja die Tellinen in der einen Schale drey Zähne, nemlich einen oftmals gespaltenen Mittelzahn und zween Seitenzähne haben; aber in der Gegenschale sollen keine Gegenzähne, daran die Seitenzähne sich anschließen, und keine Grübchen, darinnen sie eingreifen könnten, vorhanden seyn. Wiewohl auch diese Sache leidet viele Abfälle und Ausnahmen. Daher auch Gmelin in der durch ihn besorgten neuesten Ausgabe des Linneischen Natursystems gar weißlich bey den Worten: Cardinis dentes tres, das utplurimum hineingeschoben, und damit so viel lehren und andeuten wollen, daß dieser Umstand zwar nicht allemal, aber doch bey den meisten vorhanden sey. Der einsichtsvolle Herr Justizrath Hwaß hat daher aus solchen Tellinen, die einen dentem cardinalem duplicatum und keine Seitenzähne haben, als zum Exempel aus der Tellina Polygona, Syst. Conchylienwerk Tom. 6. Fig. 77., Venere deflorata, ibid. Fig. 79 bis 83,
und

Einleitung zum Geschlechte der Tellinen.

und Tellina Guineenſi, Tom. 10. Fig. 1651. &c. ein eigenes Geſchlecht unter dem Namen Capſula errichtet. Und jene, die in beyden Schalen Seitenzähne und Gruben haben, dahinein ſie eingreifen, wird man auch wohl bald, wofern es nicht ſchon hie und da geſchehen, zu einem neuen Geſchlechte verſammlen.

Bey den Tellinen ſollten weiter nach von Borns Ausſage auf der Oberfläche, woferne ſie nicht glatt iſt, alleine Queerſtreifen zu ſehen ſeyn. Allein bey einigen Tellinen ſind länglichte Streifen die herſchenden und häufigſten. Man beſehe nur die hier bey Fig. 1941. ſtehende. Endlich behauptet von Born, die Tellinen hätten nur Anum lanceolatum. Wiewohl auch dieſen wird man bey vielen vergebens ſuchen. Bey der hier Fig. 1943. abgebildeten iſt gar anus protuberans ſinuoſus marginibus valde prominentibus zu ſehen. Kurz, die Natur läßet ſich bey dem Reichthum ihrer mannichfaltigen Geſchöpfe in unſere künſtlichen Abtheilungen und Unterabtheilungen weder hineinzwingen noch einſchränken. Jedoch bleibt ſo viel gewiß, man wird ſich in der Naturgeſchichte auf dieſen Krücken, Stelzen und Stützen der Linneiſchen Charactere weit beßer als ohne dieſelben forthelfen. Man wird wenigſtens alsdann nicht ſo ofte ſtraucheln, Fehltritte thun und in den Koth fallen, als andere, die ohne dergleichen Beyhülfe einhergehen wollen.

Verzeichnis der hier abgebildeten und beſchriebenen Tellinen.

Tab. 199. Fig. 1941. 1942. Die herzförmige Telline. Tellina cordiformis.
         Fig. 1943. 1944. Die rauhe Telline. Tellina ſcabra.
         Fig. 1945. 1946. Die ſchuppichte Telline. Tellina imbricata.
         Fig. 1947. 1948. Die chryſtalliniſche Telline. Tellina cryſtallina.
         Fig. 1949. 1950. Die räthſelhafte Telline. Tellina aenigmatica.

Tellinen. Tab. 199. Fig. 1941—1944.

Tab. 199. Fig. 1941. 1942.
Ex Muſeo noſtro.

Die herzförmige Telline.
Tellina cordiformis,

teſta ſuborbiculata, extus albida, intus flaveſcente, longitudinaliter denſisſime, transverſim ſubtilisſime ſtriata, cardinis dentibus mediis binis, lateralibus oblongis inſertis ſcrobiculo oppoſitae valvulae.

Es iſt dieſe Telliue um beſtwillen die herzförmige genannt worden, weil ihre Schloßzähne jenen gleichen, die man bey den mehreſten Herzmuſcheln zu finden pfleget. Denn die beyden Seitenzähne haben in der Gegenſchale ein Grübchen, Foraminulum ſeu ſcrobiculum, wo ſie eingreifen. Ueberdem ſiehet man bey ihr ſenkrecht herab laufende Streifen, dergleichen man gemeiniglich bey Herzmuſcheln, aber nur ſelten bey Tellinen anzutreffen pfleget. Weil aber doch bey dieſer Muſchel die den Tellinen ſo eigenthümliche Einbeugung (teſta antice flexa) vorhanden iſt, ſo iſt es rathſamer, ſolche den Tellinen als den Herzmuſcheln beyzufügen. Ihre wohlgerundete, etwas gewölbte Schale iſt weiß und ziemlich glatt, obgleich ihre vielen ſenkrechten Streifen von feineren Queerſtreifen durchkreuzet, und dadurch einigermaßen gegittert und körnicht gemacht werden. Die inneren glatten Wände ſind gelblich gefärbet. Es wohnet dieſe nicht gemeine Muſchel bey den Weſtindiſchen Stranden.

Tab. 199. Fig. 1943. 1944.
Ex Muſeo nostro.

Die rauhe Telline.
Tellina ſcabra,

teſta ſubquadrata, alba, tumida, antice inflexa et quaſi ſubtruncata, ſuperficie transverſim ſtriata, rugoſa, exaſperata, ano protuberante, margine elevato ſcabro, cavitate interna glaberrima, cardinis dente medio unico, marginalibus validioribus inſertis in foveola oppoſita.

LISTER Hiſtor. Conchyl. Tab. 260. fig. 96. ?.

Knorrs

Tellinen. Tab. 199. Fig. 1942—1946.

Knorrs Vergnügen der Augen Tom. 4. Tab. 14. fig. 4. Diese glatte Gienmuschel wird wegen ihrer Farbe die Apricose genannt.

 Auch bey dieser Telline greifen die Seitenzähne, wie bey der zuvor beschriebenen, in kleine Gruben der Gegenschale hinein. Ich glaube ihr Ebenbild im Lister und im Klein an den oben angezeigten Orten zu finden. Wie man aber im Knorr diese unläugbare Telline zu einer Gienmuschel oder Chama machen, und sie für glatt ausrufen könne, da sie runzelvoll und rauh ist, weiß ich nicht zu erklären. Es heißt auch daselbst, sie werde die Apricose wegen ihrer Farbe genannt. Um die Wahrheit dieser Aussage zu bestätigen, hätte man uns doch einen Conchyliologischen Schriftsteller namhaft machen sollen, der ihr diesen Namen ertheilet. Vielleicht giebt es eine ihr völlig gleichförmige Muschel, die beydes, glatt und apricosengelb, ist. Das letztere wird mir wahrscheinlich, weil Lister es auch von der seinigen behauptet, sie sey innerlich wie vergüldet. (intus subaurata.) Unsere hier vorgestellte hat eine weiße, eckigte, ziemlich gewölbte, auf der Vorderseite stark eingebogenene, wie abgestumpfte, und auf der Oberfläche durch viele Queerstreifen rauh und runzelhaft gemachte Schale. Die Lippen des Anus treten ungewöhnlich hervor. Die inneren Wände sind schneeweiß und glatt. Es wohnet diese Muschel an den Westindischen Stranden.

Tab. 199. Fig. 1945. 1946.
Ex Mus. Spengleriano et nostro.

Die schuppichte Telline.
Tellina muricata,

testa orbiculari, compressa, alba, longitudinaliter dense striata, striis imbricatis, cardinis dentibus mediis duobus, lateralibus insertis, natibus recurvatis ad anum.

 Beym ersten Anblick kan man sich kaum überreden, daß diese Muschel, (davon eine Verwandtin in Listers Historia Conchyl. Tab. 338. Fig. 175. zu stehen scheinet) den Mitgliedern des Tellinengeschlechtes, von welchen sie in der Form und Bildung gar weit abgehet, an die Seite gestellet werden dürfe. Allein da sie von einem so großen Conchylienkenner, als unser Spengler ist, unter die Tellinen gerechnet wird, und dazu bey allen anderen Geschlechtern noch weit mehr gegen ihre Aufnahme zu erinnern seyn möchte, so muß sie wohl ruhig den Tellinen überlaßen werden.

Tellinen. Tab. 199. Fig. 1945—1948.

Hier ist die Beschreibung, welche Herr Spengler in seiner bey der hiesigen Naturhistorischen Gesellschaft über das Geschlecht der Tellinen gehaltenen Vorlesung, die dem vierten Bande der gesellschaftlichen Schriften wird einverleibet werden, bey No. 62. entworfen.

„Es hat diese neue Gattung von Tellinen einen circulrunden Umriß. Sie ist flach zusammengedrücket. Der Wirbel sitzet in der Mitte. Beyde Spitzen desselben kehren sich zur Hinterseite hinüber, daher man diese Art zur Zahl der linken Muscheln zählen kan. Der gewöhnliche Tellinen-Eindruck an der Vorderseite ist zwar kurz, aber bestimmt. Der Wirbel wird durch eine aufgehobene Reihe von verlängerten größeren Schuppen und Stacheln herausgezeichnet. Das kleine Ligament, samt der Spalte, ist mit hervorstehenden Schuppen eingefaßet. Die ganze Oberfläche der Schale sitzet voller länglichten vom Winkel herablaufenden Streifen, die mit Schuppen wie bedecket und auf das regelmäßigste besetzet werden. Die Gelenkzähne sind sehr klein, dagegen aber sind die Seitenzähne in beyden Schalen desto größer und stärker. Die Farbe ist durchsichtig weiß. Ihre Länge beträgt zehn Linien. Sie wohnet in Westindien bey Lagueira, oder bey den Stranden von Terra firma."

Tab. 199. Fig. 1947. 1948.
Ex Museo Spengleriano.
Die Crystallinische Telline.
Tellina crystallina,
testa subtriangulari, alba, pellucida, antice inflexa, transversim costata.
Valvula solitaria.

Die Nachricht, welche Herr Spengler von ihr in seiner Vorlesung No. 47. ertheilet, lautet wie folget:

„Unter einer kleinen Parthie von Conchylien, die ich aus Nordamerika empfieng, fand ich zwo Oberschalen von einer Telline, die es gewiß verdienen, aufbewahrt zu werden. Es sind diese Schalen schneeweiß, dabey sehr zart und dünne, ja durchsichtig wie Glas oder wie Crystall. Ihr Umriß ist oval. Auf ihrer Oberfläche siehet man erhabene Streifen. Der spitzige Wirbel stehet in der Mitte und tritt merklich hervor. An der Vorderseite zeiget sich
„ein

„ein tiefer Eindruck, dadurch der Winkel, der an der äußern Kante sitzet, hoch aufgehoben und übergebogen wird. Der untere Rand der Muschel bildet einen Circulbogen. Nach diesem Bogen sind auch die Queerreifen geformt. Sie treten hoch empor, und stehen in regelmäßiger Weite von einander. Der Zwischengrund ist glatt. An dieser Oberschale, die ganz flach ist, sitzen außer den zwey Gelenkzähnen auch noch zwey Seitenzähne. Vermuthlich wird die Unterschale eine weit größere Tiefe und Wölbung haben. Es ist diese Muschel an der Nordamericanischen Küste bey Newport auf Rhode-Island gefunden worden.„

Ich würde glauben, daß Gronov, nach der Abbildung, die in seinem Fascic. 3. Zoophylacii Tab. I. fig. 3. gesehen wird, diese Gattung vor sich gehabt. Allein aus der Beschreibung, die von ihr pag. 278. no. 1201. gegeben wird, erfahre ich so viel, daß es nach der dort angeführten zehnten Ausgabe des Linneischen Natursystems sp. 32. Solen inaequivalvis Linnaei seyn soll, der hernach in der 12ten Ausgabe bey sp. 56. zur Tellina inaequivalvi erhöhet worden.

Der Herr Justizrath Hwaß hat aus solchen Tellinen, die oben einen flachen Deckel und unten eine tiefe Unterschale haben, wie Tellina inaequivalvis, crystallina und andere, ein neu Geschlecht errichtet und es Pandora genannt.

Tab. 199. Fig. 1949. 1950.
Ex Museo nostro.
Die räthselhafte Telline.
Tellina aenigmatica,
testa ovali, rubicunda, planiuscula, fragili, diaphana, cavitate interna argentea. Valvula solitaria.

Mit sehr gutem Vorbedacht habe ich diese einzelne Schale, welche ich einst aus Ostindien bekommen, die räthselhafte genannt. Denn ich weiß es wirklich nicht zu enträthseln, wofür man sie zu erkennen habe. Vielen meiner conchyliologischen Freunde habe ich sie gewiesen, aber sie haben mir das Räthsel ebenfalls nicht auflösen können. Oftmals ist es mir bey ihrer äußerst flachen Bildung sehr wahrscheinlich geworden, es könne diese Schale auch wohl der Deckel oder das Operculum einer seltenen Schnecke seyn. Allein wenn ich ihren auf der Vorderseite so deutlich hervortretenden Wirbel, und den über dem Wirbel beydes an der inneren und äußeren Seite befindlichen Einschnitt, den eingebogenen Rand, der um die ganze innere Seite herumläuft, die Muskulflecken der inneren Wand, den Reitz ihres dunkelröthlichen vortreflichen Farbenschmuckes, den Silberglanz ihres schimmernden Perlenmutters, der überall, oben und unten, hervorblicket, und endlich ihre ganze Form und Bildung betrachte, so kan ich sie keinen Augenblick länger für einen Schneckendeckel halten und ansehen. Wenigstens sind mir bisher noch niemals solche Deckel, die in der Form, Farbe und Substanz eine Gleichheit mit dieser zarten perlenmutterartigen Schale haben sollten, bekannt worden. Vermuthlich ist also unsere testa aenigmatica nur die Oberschale von einer solchen vertieften, auf ihre Unterschale gewölbten Muschel, dergleichen, wie die zuvor beschriebene, zu dem neuen, vom Herrn Hwaß errichteten Geschlechte gehöret, welches Pandora genannt wird.

Vom Geſchlechte der Herzmuſcheln.

Da ich hier vom Geſchlechte der Herzmuſcheln nur die einzige Gattung des dornichten Herzens abbilden laßen, ſo halte ich es für unnöthig und überflüßig, eine weitere Einleitung voranzuſchicken. Nur ſo viel muß ich doch anmerken: In der neuen zu Paris bey allen ſeit einigen Jahren daſelbſt herrſchenden Unruhen dennoch herausgekommenen Encyclop. methodique, 32 Livraiſon, Hiſtoire naturelle Tom. 6. Part I. werden alle Cardia Linnaei, Bucardia genannt, und beſchrieben als Coquilles bivalves de valves egales, une charniere compoſée de quatre dents ſur chaque valve, deux alternes, rapprochées vis a vis les ſommets et une ecartée articulée dans chaque coté.

Tab. 200. Fig. 1951—1953.
Ex Muſeo noſtro.

Das dornichte Herz.
Cardium ciliare Linnaei,

teſta cordiformi, transverſim rugoſa, longitudinaliter coſtata coſtis circiter 17 triquetris ſeu trigonis acuto-ciliatis diſtantibus, ano cordato diſtinctiſſimo, natibus gibboſis incurvatis laevibus, cavitate ſulcata, margine dentato; cardinis dentibus primariis duobus in utraque teſta, lateralibus remotis inſertis.

Gall. Le coeur armé de Scie.

LINNAEI Syſt. Nat. Edit. 10. pag. 679. ſp. 64.
— — — — — 12. pag. 1122. ſp. 80.

GMELIN Edit. Nov. Syſt. Nat. Linnaei Tom. I. P. 6. pag. 3248. no. 9. Cardium ciliare, teſta ſubcordata: ſulcis elevatis triquetris, extimis aculeato ciliatis. Habitat ad littus occidentale Africae, coſtato affine, teſta teſtis echinati et aculeati minore, tenuiore, fragiliore et magis pellucida, nivea, ſulcis transverſe rugoſis, coſtis trigonis aculeatis.

Herzmuscheln. Tab. 200. Fig. 1951—1953.

Encyclop. methodique. Hist. Nat. Tom. 6. Part. I. pag. 218. no. 1. Bucarde frangé. Cardium testa gibba cordata, costis duodeviginti inferne elevatis triquetris, extimis aculeato ciliatis, intersticiis transverse rugosis.

Im sechsten Bande dieses Systematischen Conchylienwerkes stehet bey Fig. 171. und 172. nur ein sehr schlechtes Exemplar vom Cardio ciliari Linnaei, daraus man es schwerlich wird recht kennen lernen. Seit der Zeit hat mir ein von Marseille zurückkehrender Schiffscapitain ein ungleich größeres und beßeres mitgebracht, welches ich hier desto williger abbilden laßen, weil ich dabey Gelegenheit habe, vieles mangelhafte der ehemaligen Beschreibung zu berichtigen und zu verbeßern. Es ist diese Herzmuschel augenscheinlich von dem so gemeinen und bekannten Cardio echinato, dergleichen schon in unserer Nachbarschaft wohnet und im Sunde gefunden wird, unterschieden, wiewohl sie zum öftern damit verwechselt wird, davon gar viele Exempel aus conchyliologischen Schriftstellern angeführet werden könnten, wenn ich mich damit aufhalten möchte. Beym Cardio echinato zählet man einige zwanzig Ribben oder Sulcos convexos, die auf ihren Rücken flach und breit sind; auch daselbst eine vertiefte wie eingeschnittene Furche haben, aus welcher die Dornen wie aus einer Wurzel hervorgehen. Allein unser Cardium ciliare hat nur siebzehn vom Wirbel herablaufende, ziemlich weit von einander stehende Ribben, die sich auf ihrem Rücken in eine scharfe schneidende Kante endigen, und dreyeckigt heißen können, wenn man die angewachsene untere Seite, das latus adnatum, mit dazu rechnet. Auf dieser Höhe des scharfen Rückens ist nun keine Spur von einem Einschnitt oder von einer Furche zu finden; auch sind die Stacheln, so daselbst hervortreten, weit feiner, zierlicher, regelmäßiger, und der ganze Schalenbau künstlicher, gefälliger und erwünschter. Die vielen zarten, bestens geordneten Queerrunzeln befinden sich nicht alleine in den Zwischenfurchen, sondern laufen auch über die dreyseitigen Ribben hinüber. Nur die hochgewölbten Umbones und die gegeneinander sich neigenden Wirbelspitzen sind bis zum Glanze glatt, und ermangeln aller Runzeln und Stacheln. Im ganzen Geschlechte der Herzmuscheln ist es etwas seltenes, beym After (Ano) einen recht deutlichen Eindruck anzutreffen. Die mehresten haben auf solcher Stelle erhobene Lippen (margines elevatos). Dadurch unterscheidet sich nun unser Cardium ciliare auf das sichtbarste und deutlichste vom Cardio echinato, aculeato, costato und andern Herzmuscheln; es hat beym After den deutlichsten herzförmigen Eindruck, oder es hat anum cordiformem seu cordatum impressum distinctissimum.

Auch

Einleitung zum Geschlechte der Backtröge. 215

Auch bildet die darauf folgende Zusammenstellung der Ribben lauter deutliche Herzen. Man betrachte nur genau die Abbildung bey Fig. 1951., so wird uns dieses alles noch deutlicher einleuchten. Wo sonst auf der Aussenseite Ribben gesehen werden, da erblicket man auf den inneren Wänden lauter Furchen, und da, wo auswärts Furchen stehen, siehet man innerlich Ribben. Der Rand sitzet voller Zähne und Ausschnitte. So große, frische und ansehnliche Exemplare von dieser Gattung, als ich hier abbilden laßen, sind gewiß nicht gemein. Vermuthlich hat Gualtieri in seinem Indice Conchyliorum Tab. 72. Fig. B. nicht das Cardium echinatum, sondern Cardium ciliare Linnaei vor Augen gehabt.

Einleitung
zum Geschlechte der Backtröge,
die beym Linne Mactrae heißen.

Als Linne in der zwölften Ausgabe seines Natursystems den Anfang machte, das Geschlecht der Backtröge zu stiften, da war es eine der kleinsten Familien, welche nur wenig Kinder zählte. Allein ihre Zahl hat sich seit der Zeit gar ansehnlich vermehret, und sollte es so fortgehen, so wird dieses Geschlecht sehr groß und zahlreich werden. Man hat Mactras von allerley Formen und Gestalten. Einige sind dreyseitig, andere herzförmig; wieder andere eyförmig. Einige sind flach; andere wie aufgeblasen und stark gewölbet. Doch will man es bemerket haben, daß die mehresten Arten breiter als länger wären. Einige sind weiß, andere mit Farben geschmücket. Bey den wenigsten schließen beyde Schalen recht genau an- und aufeinander; bey den meisten Arten klaffen sie ein wenig. Einige sind dünnschalicht, durchsichtig, zerbrechlich; andere dickschalicht und schwer. Jedoch wer kan alle Abänderungen derselben beschreiben und namhaft machen?

Alle Mactrae haben unter dem Wirbel in der Mitte des Schloßes einen dentem complicatum, der auf der einen Seite einem spitzigen Winkel gleichet, und als ein kleiner dreyseitiger Zahn in einen größeren der Gegenschale

schale hineinpaßet. Hinter demselben befindet sich bey den meisten ein Einschnitt oder eine Spalte (lunula hians,) und neben derselben eine kleine Grube. (foveola pyriformis.) Linne redet auch in seiner charakteristischen Beschreibung der Backtröge von Seitenzähnen, von dentibus lateralibus remotis infertis, deren doch aber viele Gattungen gänzlich ermangeln. Vergebens suchet man Seitenzähne bey der Mactra planata Tom. 6. Fig. 238. 239, bey der Mactra lutraria, Tom. 6. Fig. 240. 241. und bey der Mya oblonga, Tom. 6. Fig. 12. welche andere unter die Mactras gerechnet wißen wollen. Das Thier, so in den Mactris wohnet, soll nach dem Zeugniße des Linne ein Thetys seyn. Worinnen es aber von jenen Thethydibus, die nach dem Vorgeben des Linne auch in den Tellinen, Herz = Donax = und Venusmuscheln, Archen, Chamen und Klapmuscheln wohnen sollen, unterschieden sey, darüber herrschet bey den Schriftstellern, die ich deswegen nachgeschlagen, das tiefste Stillschweigen. Da die tiefen Eindrücke, welche die Muskuln an den inneren Wänden der Schalen hinterlaßen, fast bey allen Gattungen der Korbmuscheln einerley Figur und Form haben; so glaube ich, auch daraus laße sich ein Beweiß hernehmen, daß in allen einerley und eben dieselbe Thierart wohne. Auf die Muskulflecken bin ich diesmal bey den Mactris besonders aufmerksam gemacht worden, und werde darauf künftig bey allen Gattungen der Muscheln eine mehrere Aufmerksamkeit verwenden. Die eigentliche Stellung der Muskulflecken ist würklich lehrreicher, als ich es vormals geahndet.

Wer eine weitläuftigere Einleitung zum Geschlechte der Backtröge nachlesen will, den ersuche ich, das nachzuschlagen, was davon im sechsten Bande dieses Conchylienwerkes pag. 204 bis 207. aufgezeichnet worden.

Verzeichnis der hier abgebildeten und beschriebenen Backtröge.

Tab. 200. Fig. 1954. Der violetblaue Südseeische Backtrog. Mactra violacea Australis.

Fig. 1955. 1956. Der Egyptische Backtrog. Mactra Aegyptiaca.

Fig. 1957. 1958. Der achatne Backtrog. Mactra Achatina.

Fig. 1959. 1960. Der gläserne Backtrog. Mactra vitrea.

Backtröge. Tab. 200. Fig. 1954.

Tab. 200. Fig. 1954.
Ex Museo Spengleriano.
Der violetblaue Südseeische Backtrog.
Mactra violacea australis,

testa subtriangulari, solida, alba, umbone violaceo, cardinis dente primario in unaquaque valvula complicato, seu ad angulum acutum flexo, cum adjecta foveola, lateralibus remotis elongatis insertis; vulva distincta lanceolata, ano oval.i

Die Südseeische Korbmuschel hat so viele Gleichförmigkeit mit der von mir im sechsten Bande dieses Werkes bey Fig. 213—214. beschriebenen, von den Tranquebarischen Ufern daherkommenden violetten Korbmuschel, daß ich sehr geneigt bin, beyde für einerley und eben dieselbe Hauptgattung anzusehen. Freylich ist die Schale der Tranquebarischen ungleich dünner, durchsichtiger und zerbrechlicher, und dabey beydes innerlich und äußerlich violet gefärbet. Dagegen findet sich bey der jetzigen eine weit dickere und stärkere Schale, deren Wirbel alleine violet gefärbet erscheinet, da sie übrigens beydes innerlich und äußerlich weiß ist. Alleine darinnen bestehet nun auch der ganze Unterschied, denn in allen übrigen Stücken herrschet die größeste Uebereinstimmung. Ich kan wenigstens bey der länglichten Vulva, beym eyförmigen After, bey den beyden sich zur Hinterseite hinkehrenden Wirbelspitzen, und im Schloße bey den Mittel- und Seitenzähnen, ja selbst in der Form und Stellung der Muskulflecken nicht den geringsten weitern Unterschied von jener Mactra violacea bemerken. Es dienet also diese Muschel zu einem abermaligen Beweise, daß oftmals die Verschiedenheit der Wohnstellen bey einerley Hauptgattungen eine solche Veränderung der Farbenkleider, wie auch der mehreren Größe, Dicke und Stärke der Schalen hervorbringe, die einen Unaufmerksamen gar leichte verleiten könne, aus blosen Varietäten neue Gattungen zu machen. Es wohnet diese Backtrogmuschel in der Südsee und den chinesischen Meeren.

Backtröge. Tab. 200. Fig. 1955—1958.

Tab. 200. Fig. 1955. 1956.
Ex Museo Academio Hafniensis.
Die Egyptische Korbmuschel.
Mactra Aegyptiaca,
testa ovali, albida, epidermide flavescente superinduta, longitudinaliter striata.

Die Schalen der mehresten Backtröge oder Korbmuscheln schließen nicht genau an- und aufeinander, sondern sie klaffen ein wenig. Dergleichen findet sich auch bey der hier abgebildeten, welche bey den Ufern des rothen Meeres gefunden worden, und hieselbst in der Natturaliensammlung der Copenhager Universität lieget. Ihre Form und Bildung ist eyförmig. Durch länglichte Streifen, welche vom Wirbel herablaufen, wird sie etwas rauh gemacht. Ihre Grundfarbe ist weiß, jedoch der Ueberzug oder das Epiderm gelblich. Beym ersten Anblick ihrer Form glaubet man eine Telline zu sehen und vor sich zu haben. Aber so bald man ihr Schloß und dessen Zähne, wie auch die Muskulflecken, in ihrer Stellung aufmerksam betrachtet, so merket man es sogleich, daß es eine wahre Mactra sey, die mit jener, welche im sechsten Bande bey Fig. 237. vorgestellet worden, in gar naher Verwandschaft stehe.

Tab. 200. Fig. 1957. 1958.
Ex Museo nostro.
Die achatne Korbmuschel.
Mactra achatina,
testa subcordata, glaberrima, subtus radiata, supra maculata, et imprimis maculis quatuor violaceis, duabus antice in vulva, duabus postice in ano notata et distincta. Habitus Veneris sed Cardo Mactrae.

Diesen bis zum schönsten Glanze glatten Backtrog, welcher auch um deßwillen den Namen des achatnen erhalten, würde man für eine Venusmuschel ansehen, wenn nicht seine Schloßzähne es außer Zweifel setzten, daß er zum Geschlechte der Korbmuscheln oder Backtröge gehöre. Die eigentliche Farbenmischung seiner Strahlen und Flecken getraue ich mir kaum zu bestimmen. Soll ich sie für blaßröthlich ausgeben, oder als eine schwache Reh- und Zimmetfarbe beschreiben? Ich weiß eine solche vermischte Farbe

Backtröge. Tab. 200. Fig. 1957—1960. 219

Farbe nicht bequem durch Worte anschauend zu machen. Durch vier stärkere Flecken, davon die beyden größesten violetblau sind, wird sie vornemlich bezeichnet und kennbar gemacht. Davon befinden sich zween auf der Vorderseite, bey der Vulva, und zween auf der Hinterseite, beym After. Auch hat jede Schale auf dem Wirbel einen großen violetblauen Flecken. An den inneren glatten Wänden, die weiß sind, zeigen sich in der Mitte rosenrothe Flecken, und auf beyden Seiten tiefe Musculflecken. Es ist mir diese Mactra zwar aus Tranquebar zugeschickt worden, vermuthlich aber haben meine dortigen Freunde sie von Ceylon oder den Nicobarischen Inseln bekommen.

Tab. 200. Fig. 1959. 1960.
Ex Museo nostro.
Der gläserne Backtrog.
Mactra vitrea,

testa cordata, candida, diaphana, fragilissima, transversim striata, plicata, rugosa, vulva intrusa lanceolata, ano ovali oblongo.

Es gleichet zwar dieser dünne zerbrechliche Backtrog in einigen Stücken dem Faltenkorbe, der Mactrae plicatariae Linnaei, (cf. Tom. VI, Fig. 202.) Aber er ist in seiner mehr aufgeblasenen herzförmigen Bildung und in der ganzen Lage und Stellung seiner Falten gar sehr von jenem unterschieden. Er wird auch nicht blos von faltenartigen Querrunzeln, sondern auch von feinen Queerstreifen umgeben. Er ist beydes innerlich und äußerlich schneeweiß, und hat eine vertiefte Vulvam und eyförmigen After. Beyde Schalen schließen, gegen die Gewohnheit der mehresten Korbmuscheln, sehr genau an- und aufeinander. Es wohnet diese Gattung bey Tutucoryn, an der untersten Küste von Choromandel, die der Insul Ceylon gegen über lieget. Erst im vorigen Jahre habe ich einige Exemplare derselben bekommen, da sie uns zuvor gänzlich unbekannt gewesen.

Einleitung
zum Geschlechte der Venusmuscheln.

Wenn von den Kennzeichen und Characteren der Venusmuscheln die Rede und Frage ist, so verweiset man uns auf folgende Merkmale und Eigenschaften, die ihnen eigenthümlich seyn sollen. Es legten sich die Lippen beym Vorderrande übereinander. Es stünden im Schloße drey Mittelzähne nahe beysammen, davon aber nur alleine die mittelste eine gerade Stellung haben, aber die beyden Nebenzähne eine schiefe Richtung nähmen, also dentes divergentes wären. Nur alleine in der linken Schale finde man drey, und in der rechten zween Schloßzähne, schreibt Murray in seiner unter der Aufsicht des Linne ausgearbeiteten, und unter dem Praesidio des Linne vertheidigten Testaceologia pag. 42. no. 11. Endlich so pflegen es viele anzumerken, daß man bey den Venusmuscheln wunderselten einen geferbten äußern Rand und länglichte Streifen und Ribben, aber desto gewöhnlicher einen glatten äußern Rand und lauter Queerstreifen und Ribben wahrnehmen werde. Nun ist freylich so viel unläugbar und gewiß, diese angeführten Kennzeichen findet man bey vielen, ja fast bey den meisten, aber durchaus nicht bey allen. Es giebt auch in diesem Geschlechte hievon gar sehr viele Ausnahmen und Abweichungen. Bey einigen liegen die Vorderlippen ganz und gar nicht übereinander. Andere haben im Schloße nicht blos drey nahe beysammenstehende, sondern vier ziemlich weit von einander, in gerader Richtung stehende, und noch wohl obendrein geferbte und verdoppelte Zähne. Jene Behauptung, daß nur drey Zähne in der Linken, und alleine zween Zähne in der rechten Schale gesehen würden, fällt also bey vielen Gattungen gänzlich hinweg. Ferner, so sind mir gar viele Venusmuscheln bekannt worden, bey welchen weder Anus distinctus impressus, noch Vulva distincta vorhanden ist. Auch
wird

Einleitung zum Geschlechte der Venusmuscheln.

wird man bey einiger Aufmerksamkeit viele Venusmuscheln als Venerem fimbriatam, pectinatam, mercenariam und viele andere bemerket haben, die einen stark gekerbten äußern Rand und statt der Queerstreifen und Ribben senkrechte Streifen und Ribben haben. Uebrigens so ist und bleibet das Geschlecht der Venusmuscheln unter allen Geschlechtern der zwoschalichten Muscheln das zahlreichste, schönste und weitläuftigste. Daß auch in diesem Bande eine gute Anzahl neuer Mitglieder dazu geliefert worden, wird man aus den folgenden Blättern erfahren können.

Verzeichnis der hier abgebildeten Venusmuscheln.

Tab. 200. Fig. 1961. 1962. Die Lorenzische Venus. Venus Lorenziana.
Tab. 201. Fig. 1963. 1964. Die sommerfleckigte Venus. Venus lentiginosa.
         Fig. 1965—1967. Die zweyfärbichte Venus. Venus bicolor.
         Fig. 1968—1970. Die arabische Venus. Venus Arabica.
         Fig. 1971—1973. Die strahlichte Venus. Venus radiata.
Tab. 202. Fig. 1974. Die erblaßte Venus. Venus exalbida seu cretacea.
         Fig. 1975. Die geripte Venus. Venus costata.
         Fig. 1976. Die chinesische Venus. Venus chinensis.
         Fig. 1977. Die armselige Venus. Venus Paupercula.
         Fig. 1978. Die braune Venus. Venus brunnea seu badia.
         Fig. 1979. Die frische Venus. Venus recens.
         Fig. 1980. Die zweydeutige Venus. Venus aequivoca.
         Fig. 1981. 1982. Die ungleiche Venus. Venus dispar.
         Fig. 1983. 1984. Die donaxartige Venus. Venus donacina.
         Fig. 1985. 1986. Die Egyptische Venus. Venus Aegyptiaca.

Venusmuscheln. Tab. 200. Fig. 1961. 1962.

Tab. 200. Fig. 1961. 1962.

Ex Museo Lorenziano.

Die Lorenzische Venus.

Venus Lorenziana,

testa cordata, tumida, lineis rufescentibus undulatim pictis insignita, ano cordiformi, natibus recurvis, margine integro.

Diese vortrefliche Herzmuschel befindet sich hieselbst in der schönen Conchylienfammlung des Herrn Kaufmann Lorenzens, daher ist sie denn auch die Lorenzische genannt worden. Wofern sich der Beysatz, wellicht oder wellenförmig, mit dem Worte Venus füglich vereinigen ließe, und nicht schon der Herr Hofrath von Born sich dieses Namens in seinen Testaceis Mus. Caes. Vindob. pag. 67, und Gmelin in der neuesten Ausgabe des Linneischen Natursystems Tom. I. P. 6. pag. 3290. no. 114. sich dieses Namens bedienet, so könnte sie Venus undata oder undulata heißen. Denn die braunrothen Schriftzüge, damit ihre Oberfläche bezeichnet erscheinet, haben etwas wellenförmiges an sich. Die mehresten Züge bilden ein lateinisches M, nur unten nahe beym Rande bemerket man eine veränderte Zeichnung. Es ist diese Venusmuschel ziemlich dickschalicht und aufgeblasen. In der Form gleichet sie einem Herzen. Sie hat viele Aehnlichkeit mit der Venere castrensi. Ihre Wirbelspitzen kehren sich zum After, deßen Eindruck herzförmig ist, hinüber. An den inneren Wänden siehet man große braunrothe Flecken. Der äußere Rand ist glatt. Im Schloße stehen die gewöhnlichen Zähne der Venusmuscheln. Es wohnet diese Gattung bey der Insul Ceylon. Es scheinet, daß d'Argenville in seiner Conchyliologie Tab. 21. Fig. M. eine nahe Verwandtin dieser eben beschriebenen gemeinet und vor Augen gehabt.

Venusmuscheln. Tab. 201. Fig. 1963—1967.

Tab. 201. Fig. 1963. 1964.
Ex Museo Spengleriano.
Die sommerfleckigte Venus.
Venus lentiginosa.
testa cordata, crassa, gibba, transversim striata, maculis flavescentibus variegata, natibus recurvatis, labiis vulvae subviolaceis, ano striato ovali oblongo, margine integerrimo.

Forskåls Descriptio Animal. in itinere observat. p. 123. no. 54.

Nach dem Zeugniße des seel. Profeßor Forskåls ist diese Venusmuschel eine der allergemeinsten an den Stranden des rothen Meeres. Sie wird, da sie eßbar ist, häufig verspeiset, und soll ganz wohlschmeckend seyn. Man findet sie von sehr verschiedenen Farbenkleidern. Die hier abgebildete, hat eine dicke Schale und starke Wölbung. Sie wird von vielen Queerstreifen und Queerfurchen umgeben, und auf weißlichem Grunde durch allerhand gelbliche, den Sommerflecken ähnliche und gleichkommende Flecken, die auf der Vorderseite etwas dicker und gröber, und in der Mitte dünner und schwächer aufgetragen worden, bunt gemacht. Bey den Lippen der Vulvae erblicket man ein schwaches Violet. Die Wirbelspitzen kehren sich zum eyförmigen After hinüber. Ich zähle in ihrem Schloße drey Mittelzähne, und noch einen größeren unter dem After, der in eine Grube der Gegenschale eingreifet. Der äußere Rand ist glatt. Die inneren Wände sind weiß, und nur bey den vertieften Muskulflecken und den Lippen der Vorderseite ein wenig gefärbet. Kleinere Venusmuscheln des rothen Meers von dieser Gattung, sind schon im sechsten Bande dieses Conchylienwerkes bey Fig. 376. und 377. beschrieben und abgebildet worden.

Tab. 201. Fig. 1965—1967.
Ex Museo Spengleriano.
Die zweyfärbichte Venus.
Venus bicolorata,
testa subcordata, transversim striata et sulcata, ex brunneo et albo nitidissima infecta, ano ovato, margine integro.

Hier sehen wir wiederum eine Venusmuschel des rothen Meeres, welche gleichfalls, wie die vorhergehende, herzförmig und sehr dickschaílcht licht ist, von starken Queerstreifen (die natürlich beym Wirbel feiner und geym äußeren Rande dicker und gröber sind) umgeben wird, die Wirbelspitzen zum eyförmigen After hinüberkehret, und beym Schloße drey Zähne in der Mitte und einen Zahn unter dem After stehen hat. Aber so sehr sie in diesen eben genannten Stücken mit der vorigen übereinstimmet, so sehr ist sie in Absicht des Farbenkleides von ihr verschieden. Denn diese ist auf der einen Seite einfärbig braun, und auf der anderen schneeweiß. Vielleicht denkt mancher hierbey, es sey wohl das Epiderm oder das rothbraune Oberkleid auf der einen Seite bis zur weißen Grundfarbe abgescheuret worden; allein diese Muschel hat kein Epiderm. Ueberdem ist die braune Farbe so tief in die Schale eingedrungen, daß gar viel dazu gehören würde, wenn sie bis zur weißen Grundfarbe hinweggescheuret und weggebeizet werden sollte. Ob aber dieser sonderbare Umstand von einem Zufalle herrühre, weil etwa die weißen Stellen beyder Schalen von einem andern Körper feste bedeckt gewesen, und daher ungefärbt geblieben? oder ob dergleichen bey mehreren dieser Art gleichfalls anzutreffen, und also derselben natürlich und eigenthümlich sey? getraue ich mir nicht zu entscheiden. Wären hieselbst mehrere von gleichmäßiger Bildung und Zeichnung vorhanden, so wäre ich geneigt, das letztere zu glauben. Nun aber kenne ich von diesem Sonderlinge nur das einzige Exemplar, welches der Spenglerischen Sammlung zugehöret.

Tab. 201. Fig. 1968—1970.
Ex Museo Academiae Hafniensis et Spengleriano.
Die arabische Venus.
Venus arabica,
testa subcordata, transversim striata et sulcata, colore lutescente picto characteribus partim angulatis, umbone niveo, natibus recurvatis ad anum obsolete ovalem, margine integro, cardine ut in praecedentibus.

Der Herr Profeßor Forskål hat vollkommen recht, wenn er schreibet, daß sich die oben bey Fig. 1963. angemeldete Venusmuschel unter allerhand Gestalten und Abänderungen im Arabischen Meerbusen oder im rothen Meere aufhalte. Die hier abgezeichnete, welche sich aus dem rothen Meere herschreibet, und nur durch ihr buntes Farbenkleid von den vorigen unterschieden wird, kan uns hierinnen einen neuen Beweis geben.
Da

Venusmuscheln. Tab. 201. Fig. 1968—1974.

Da sich die sonderbare Zeichnung ihres Farbenschmuckes durch wörtliche Beschreibungen nicht wohl deutlich und anschauend machen läßet, so bin ich desto mehr für eine getreue Abbildung besorgt gewesen. Im hiesigen Universitätscabinet wird diese Muschel Venus Callipyga Bornii (die weiß und schönbackigte Venus von καλος pulcher und πυγη nates) genannt. Allein jene, welche von Born im Gesichte gehabt, und sich dabey auf des Bonanni Recreat. Cl. 2. Fig. 62. bezogen, wohnet an den Ufern von Lißabon. Die gegenwärtige, aus dem arabischen Meerbusen daherstammende hat er gewiß nicht gekannt, folglich auch nicht meinen können.

Tab. 201. Fig. 1971—1973.
Ex Muf. Acad. Hafnienfi.
Die strahlichte Venus.
Venus radiata,
testa subtriangulari, transversim subtiliter striata, longitudinaliter ex cinerascente fusco radiata, natibus valde recurvis, ano cordato impresso.

Hier ist wiederum eine Venusmuschel des rothen Meeres. Sie mag dorten ganz bekannt und häufig genug zu finden seyn; in den Europäischen Sammlungen ist sie desto seltener anzutreffen. Die Schale dieser Venusmuschel ist grauweiß und etwas dreyseitig. Sie wird von vielen Queerstreifen umgeben. Ihre Wirbelspitzen kehren sich zum herzförmigen After hinüber. Breite braunschwärzliche Strahlen, die immer breiter werden, je näher sie dem äußern Rande kommen, gehen vom Wirbel bis zum Rande herab. Die Eindrücke der Muskuln haben eben die Form und Stellung wie bey den drey zuvorbeschriebenen Gattungen des rothen Meeres.

Tab. 201. Fig. 1974.
Ex Museo Spengleriano.
Die erblaßte Venus.
Venus exalbida,
seu cretacea; testa cordata, alba, planiuscula, transversim striata, striis elevatis sublamellosis, vulva lanceolata, rugosa.

LISTER Histor. Conchyl. Tab. 269. fig. 105. ? Pectunculus in superiore parte paulo planior.

226 Venusmuscheln. Tab. 201. 202. Fig. 1974. 1975.

Diese Venusmuschel hat der Herr Kunstverwalter Spengler erst im vorigen Jahre aus London unter den Namen der Veneris cretaceae, der kreidenartigen Venusmuschel, mit der Nachricht erhalten, sie sey bey den Falklandsinsuln gefunden worden. Es scheinet, wenn man die oben angeführte Stelle, im Lister nachschlägt, daß er eine ähnliche, oder doch eine ihr sehr nahe kommende besessen. Wer es etwa glauben möchte, an ihr eine wohlbekannte und gemeine zu erblicken, der irret sich gewiß, denn sie ist sehr selten. Sie ist beydes innerlich und äußerlich weiß, ja an den inneren Wänden glänzend weiß. Ihre nicht stark gewölbte, vielmehr etwas niedergedrückte Oberfläche wird von lauter merklich erhobenen, parallel laufenden bogenförmigen Queerstreifen, die ziemlich weite Zwischenräume haben, rauh gemacht. Die Vorderseite ist viel größer, als die mehr verkürzte Hinterseite. Die Wirbelspitzen kehren sich zum After hinüber, der einen sehr deutlichen, eyförmigen, runzelhaften, länglicht gestreiften Eindruck bildet. Im Schloße stehen die gewöhnlichen drey Zähne, und an den inneren Wänden solche Muskulflecken, wie bey den meisten Venusmuscheln gesehen werden. Die Länge dieser Conchylie, beträget zween Zoll neun Linien, die Breite drey Zoll.

Tab. 202. Fig. 1975.
Ex Museo nostro.
Die geribte Venus.
Venus costata,

testa cordata flavescente, albida, nitida, parallele sulcata et costata, costis glabris latioribus, longitudinaliter radiata, et venis rufescentibus sparsis variegata, vulva lanceolata, natibus recurvis, ano cordiformi distincto impresso, margine integro, cardine solito, cavitate alba immaculata.

Es wird diese vortrefliche Venusmuschel von tiefen Queerfurchen und breiten, bis zum Glanze glatten Queerstreifen, welche Ribben gleichen, umgeben. Vom Wirbel gehen ein paar hie und da unterbrochene, farbichte Strahlen bis zum äußern Rande hinab. Die Farbe dieser ziemlich gewölbten Muschel ist gelblich weiß, nur stehen hin und wieder rothbräunliche Adern und Flecken. Die Wirbelspitzen kehren sich zur Hinterseite hinüber. Beym After siehet man einen sehr deutlichen, herzförmigen Eindruck. Der äußere Rand ist glatt, die inneren Wände sind weiß.

Im

Im Schloße stehen die gewöhnlichen Zähne der Venusmuscheln. Sie ist ostindisch und wohnet bey Ceylon.

Tab. 202. Fig. 1976.
Ex Museo nostro.
Die Chinesische Venus.
Venus Chinensis,
testa cordata, transversim striis planiusculis glabratis cincta, longitudinaliter in fundo cinerascente ex violaceo dense radiata, natibus recurvis, ano cordiformi impresso, margine integro subviolaceo, cardine solito.

Mit der bekannten Venere maculata Linnaei hat diese in der Form und Bildung die größte Aehnlichkeit, aber im Farbenkleide ist sie gar sehr von ihr unterschieden. Man siehet auf ihrer Oberfläche, viele theils schmählere, theils breitere, violetbläulichte Strahlen, welche vom Wirbel bis zum äußern Rande auf dem aschgrauen Grunde herablaufen. Es legen sich auch viele breite, glatte, flache Queerstreifen um sie herum. Beym Rande wechselt die weiße und violette Farbe mit einander ab. Die Wirbelspitzen kehren sich zur Hinterseite hinüber. Der After hat einen länglicht herzförmigen Eindruck. Die inneren Wände sind weiß. Im Schloße stehen die gewöhnlichen Zähne der Venusmuscheln. Es wohnet diese nicht gemeine Gattung in der Südsee und im Chinesischen Meere.

Tab. 202. Fig. 1977.
Ex Museo nostro.
Die armselige Venus.
Venus paupercula,
testa subcordata, laevi, punctis et venis subrufis in fundo lutescente undique sparsis notata, vulva retusa ovali, oblonga et ano cordiformi impresso violaceis.

Wer Venerem flexuosam Linnaei kennet, der wird bey der jetzigen in der Form und Bildung einige Aehnlichkeit mit jener antreffen. Allein sie ist in vielen andern Stücken gar sehr von ihr unterschieden. Ihre herzförmige, schmutzig gelblich gefärbte Schale ist bis zum Glanze glatt. Auf der Oberfläche siehet man viele zerstreut stehende, bräunlichte und bläulichte

228 Scheidenmuscheln. Tab. 202. Fig. 1977. 1978.

lichte Puncte und Adern. Die länglicht eyförmige vertiefte Vulva und der deutlich eingedruckte herzförmige After haben eine bläulichte, etwas aschgraue Farbe. Auf meinem Exemplar gehet auf der rechten Schale eine vertiefte Furche, und auf der linken zwo solcher vertieften Einschnitte und Furchen vom Wirbel zum äußern Rande herab. Ob dies von einem Zufall herrühren, oder dieser Muschel eigen und bey ihr natürlich seyn möge, würde ich alsdann erst mit Gewißheit zu bestimmen im Stande seyn, wenn ich mehrere von dieser Art und Gattung aufweisen könnte, und alsdann eben dergleichen eingeschnittene Furchen bey ihnen anträfe. Es wohnet diese Muschel an der untersten Küste von Choromandel, bey Tutucoryn.

Tab. 202. Fig. 1978.
Ex Museo nostro.
Die braune Venus.
Venus brunnea seu badia,
testa gibba, globosa, crassa tota spadicea, natibus incurvis, vulva ovali oblonga, ano cordiformi obliterato, natibus incurvatis margine interiore nigricante, cardine solito violaceo, cavitate alba.

Mit jener braunen Venusmuschel, welche bey Fig. 349. im sechsten Bande dieses Systematischen Conchylienwerkes gesehen wird, muß diese nicht verwechselt, noch für einerley gehalten werden; obgleich beyde ein braunes Farbenkleid haben. Jene ist dreyeckigt etwas flach; ihre Wirbelspitzen kehren sich zum After hinüber, und der untere Rand ist schon an der Außenseite schneeweiß. Diese ist fast kugelförmig und sehr dickschalicht, beym Vorderrande an der inneren Seite schwarzbraun und bey den starken Schloßzähnen violet gefärbet. Ihre Wirbelspitzen kehren sich gegen einander. Sie wohnet in den ostindischen Meeren.

Venusmuſcheln. Tab. 202. Fig. 1979. 1980.

Tab. 202. Fig. 1979.
Ex Muſeo noſtro.
Die friſche Venus.
Venus recens,

teſta ſubcordata, cineraſcente, laevi, transverſim ſtriata, longitudinaliter radiata radiis tribus latis obſcurioribus, natibus reflexis, ano ovali impreſſo, latere antico et cardine intus vireſcente.

Es kan dieſe Venusmuſchel mit allem Rechte die friſche heißen. Sie iſt mir erſt vor kurzer Zeit, alſo ganz friſch, überbracht worden. Sie träget das friſcheſte Farbenkleid. Sie muß im Oſtindiſchen Meere erſt ganz friſch vor der Abreiſe des im vorigen Jahre hieher zurückgekommenen Compagnieſchiffes gefangen worden ſeyn, weil bey ihr innerlich noch einige Ueberbleibſel des Bewohners befindlich waren. Ob ſich gleich viele Queerſtreifen um ſie herumlegen, ſo iſt ſie dennoch bis zum Glanze glatt. Ihre aſchgraue Grundfarbe wird durch viele dunklere Punkte bezeichnet. Drey breite, ſchwarz und weiß gefleckte Strahlen gehen vom Wirbel zum äußern Rande herab. Der After iſt grün gefärbet und ſehr deutlich. Auch erblicket man innerlich an der Vorderſeite bey der Schalen und bey den drey Zähnen des Schloßes eine meergrüne Farbenmiſchung. Sie wohnet bey Tutucoryn auf Choromandel.

Tab. 202. Fig. 1980.
Ex Muſeo noſtro.
Die zweydeutige Venus.
Venus aequivoca,

teſta planiuscula, albida, ſtriis divergentibus triangularibus exaratis diſtincta, ano lanceolato, margine ſubcrenato.

Hier ſehen wir eine ſeltene, den meiſten Conchylienſammlern gänzlich unbekannte Venusmuſchel, deren Abzeichnung und Beſchreibung daher auch vergeblich in conchyliologiſchen Schriften geſuchet wird. Wer jene ſonderbare Telline, ſo im ſechſten Bande dieſes Werkes bey Fig. 130. ſtehet, beſitzet, der wird in der Stellung ihrer Streifen eine auffallende Uebereinſtimmung mit den Streifen der jetzigen wahrnehmen. Dieſe Streifen bilden lauter Dreyecke, davon der kleinſte Triangul unten

unten in der Mitte beym äußern Rande befindlich ist. Ueber ihn stehet ein größerer, über denselben wieder ein größerer, und so gehet es fort bis zum Wirbel, nur mit dem Unterschiede, daß manche sich ausbreiten, und zween spitze Winkel bilden, also ein lateinisches M. vorstellen. Diese starken dreyseitigen Streifen werden von zarten, dem bloßen Auge kaum sichtbaren Queerlinien durchschnitten, und dadurch etwas körnicht gemacht. Es wohnet diese Muschel in den Ostindischen Meeren.

Tab. 202. Fig. 1981. 1982.
Ex Museo nostro.
Die ungleiche Venus.
Venus dispar,
testa sublentiformi antice longitudinaliter striata et ramosa, postice transversim striis exarata, ano ovali impresso nigro, margine integerrimo.

Anfänglich glaubte ich, in dieser zierlichen Muschel eine nahe Verwandtin oder gar nur eine merkwürdige Varietät von der Venere pectinata Linnaei anzutreffen. Aber ich ward gar bald davon überzeuget, daß es eine ganz eigene, von jener weit verschiedene Gattung sey. Jene hat in der Mitte länglichte, auf der Vorder- und Hinterseite auseinander fahrende, den Baumästen gleichende Streifen (sie ist anticè et posticè ramosa), und einen gekerbten äußern Rand. Diese aber hat nur auf der Vorderseite dergleichen baumartige Streifen, auch hat sie keinen gekerbten, sondern einen glatten Rand, und im Bau der Schalen eine ganz verschiedene Wölbung. Durch dicke schwärzliche Linien, die aus beyden Schalen beym Vorder- und Hinterrande zusammenstoßen, wird sie auf der Seite als wie von schwarzen Klammern und Haken eingefaßet. Auf der weißen queergestreiften Oberfläche stehen allerhand röthliche Punkte, Linien und Adern. Es wohnet diese Venusmuschel, welche gewiß nicht gemein ist, bey der Insul Ceylon.

Venusmuscheln. Tab. 202. Fig. 1983—1986. 231

Tab. 202. Fig. 1983. 1984.
Ex Museo Spengleriano.

Die Donaxartige Venus.
Venus Donacina,

testa triangulari, laevi, planiuscula, radiata, fasciata, antice obtusa, margine integro. Habitus Donacis sed cardo Veneris.

Wer diese Muschel nur alleine nach ihrer äußern dreyseitigen Bildung betrachtet, der wird es beym ersten Anblicke glauben, daß sie dem Geschlechte der Dreyeckmuscheln oder den Donacibus beygesellet werden müsse. Allein sobald man ihre Schloßzähne besiehet, und es alsdann findet, daß sie daselbst nicht mit den zween Mittelzähnen der Donaxmuscheln, sondern mit den drey Mittelzähnen der Venusmuscheln versehen sey, so ist es offenbar, daß sie nicht dem ersteren, sondern dem letzteren Geschlechte zugehöre. Sie ist mehr flach als gewölbet, und hat eine stumpfe Vorderseite, welche durch eine Kante (carinam) von den Seitenwänden abgesondert und durch zarte bläulichte Linien, wie durch Adern bezeichnet wird. Ueber die spiegelglatte, blaßgelblich gefärbte Oberfläche leget sich unterwärts ein breites weißes Band hinüber, auch gehen vom Wirbel einige breite hellere und dunklere Strahlen herab. Es wohnet diese Muschel in der Südsee.

Tab. 202. Fig. 1985. 1986.
Ex Mus. Acad. Hafniensi.

Die Egyptische Venus.
Venus Aegyptica,

testa ovali, crassa, solida, rudi, epidermide obscure badia superinduta, natibus detritis et decorticatis, cardinis dentibus validissimis, callo laterali in utroque latere valde lato, margine integro, cavitate ex roseo, albido, carneo et violaceo nitide mixto infecta.

Durch die gelehrte Gesellschaft, welche der König Friedrich der Fünfte nach Arabien gesandt, ist die Naturgeschichte überhaupt, und die Conchyliologie insbesondere ansehnlich bereichert worden. Das hiesige Universitätscabinet hat davon die größesten Vortheile eingeerndtet. Unter vielen andern Sachen ist nun auch die hier vorgestellte, sehr dickschalichte

schalichte Muschel von jener Gesellschaft aus Egypten hieher geschicket worden. Aller Wahrscheinlichkeit nach ist es eine Flußmuschel, wie sich solches aus ihrem dunkelbraunen Epiderm, welches einen röthlichen Grund bedecket, und aus ihrer Form, Bildung und ganzen Einrichtung abnehmen läßet. Vermuthlich hat man solche beym Nilstrom gefunden. Wofern ich von diesem letzteren Umstande eine völlige Gewißheit gehabt, so würde ich sie nicht allgemein Venerem Aegyptiacam, sondern Niloticam genannt haben. Ihre Schloßzähne sind zwar von den gewöhnlichen Zähnen der Venusmuscheln merklich verschieden, doch kommen sie ihnen weit näher, als den Schloßzähnen aller andern Geschlechter; auch gleichet die Stellung und Form der Eindrücke von den Muskulflecken, völlig jener, welche in den Venusmuscheln gesehen wird. Die beyden breiten Wulste, welche auf beyden Seiten des Schloßes stehen, verursachen freylich eine große Verschiedenheit. Allein wegen solcher Sonderbarkeit, die sich bey einer Gattung findet, kan man nicht gleich ein neues Geschlecht errichten. Dazu kommt noch dieses, daß von ihr leider nicht einmal eine vollständige Dublette, sondern nur diese hier abgezeichnete Valvula solitaria vorhanden ist. An der inneren Wand bemerket man eine wunderbare Mischung von einer rothen, fleischfarbichten, weißlichen und vornemlich violetblauen Schattirung, welches alles die Abbildung deutlicher lehren wird. Der äußere Rand ist glatt. Die Breite dieser Muschel beträget fast viertehalb Zoll, und die Länge zween Zoll.

Von
den Klapmuscheln oder Spondylis.

Das Geschlecht der Klapmuscheln ist sehr arm an Gattungen; aber desto reicher an Varietäten dieser Gattungen. Dergleichen gilt vornemlich von derjenigen, welche den Namen des Eselfußes oder Eselhufs führet, und vom Linne Spondylus Gaederopus genannt wird. Daher es auch Linne im Mus. Lud. Ulr. Reg. bey dieser Gattung bekennet: Varietate infinita ludit; auch Gmelin hat vollkommen Recht, wenn er es bey eben derselben in der neuesten Ausgabe des Linneischen Natursystems Tom. I. P. 6. pag. 3298. bezeuget: Haec species colore, striis maculis, punctis, fasciis et spinarum colore, magnitudine, crassitie in immensum variat. Wiewohl da ich nur ein paar neue Arten von Klapmuscheln darzulegen habe, und die erstere beste und größeste für nichts weiter, als eine vorzüglich schöne Varietät des Spondylus, der Gaederopus heißt, anzusehen ist; so mag ich keine weitere Vorrede und Einleitung diesem Geschlechte vorsetzen.

Verzeichnis der hier abgebildeten und beschriebenen Klapmuscheln.

Tab. 203. Fig. 1987. 1988. Die Kohlblätter. Spondylus Folia Brassicae.

Fig. 1989. 1990. Die nackte unbewafnete Klapmuschel. Spondylus nudus et inermis.

Klapmuſcheln. Tab. 203. Fig. 1987. 1988.

Tab. 203. Fig. 1987. 1988.
Ex Muſeo Spengleriano.
Die Kohlblätter.
Spondylus Folia Brasſicae,
teſta aurita, ſpinoſa, longitudinaliter ſtriis exarata, foliacea, eminentiis teſtaceis foliis Brasſicae ſimilibus foliata, altera valvula gibboſiore, et nate dilatata triangulari abraſa in medio fiſſa.

Mir iſt unter allen Muſcheln keine Gattung bekannt, davon ſo viele Abänderungen vorhanden wären, als vom Spondylo, der beym Linne Gaederopus heißt. Gmelin zählet in der neueſten Ausgabe des Linneiſchen Naturſyſtems pag. 3296. ſeq. 41 Varietäten dieſer Gattung. Ob man ſie insgeſamt für bloße Varietäten anzuſehen habe? Ob nicht viele derſelben richtiger für beſondere Gattungen zu halten? darüber will ich nicht ſtreiten.

Bey dieſer Figur iſt eine der ſchönſten Varietäten dieſer Gattung abgebildet worden. Sie gehöret der Spengleriſchen Conchylienſammlung. Der vortrefliche Conchyliologe, Herr Juſtitzrath Hwaß, hat ſie aus Paris hieher geſandt. Sie kommt von den Klippen bey St. Domingo, von dieſer Wohnſtelle der herrlichſten Klapmuſcheln. Es ſcheinet, daß Favanne in ſeinem Catal. raiſ. Tab. 7. fig. 1699. pag. 355. no. 1699. eben dieſe Gattung, ja vielleicht eben dieſes Exemplar vor Augen gehabt. Seine Beſchreibung davon iſt ſehr gut und muſterhaft, aber ſeine Abbildung von derſelben deſto elender und unkenntlicher gerathen. So lautet ſeine Beſchreibung:

„Huitre très rare par ſa beauté et ſa varieté à laquelle j'ai donné le nom d'Huitre à feuilles de Poirée, ou d'Huitre à feuilles de Choux. Sa Valve ſuperieure eſt armée de pointes rougeatres ſur un fond blanchâtre à ſommet rouge-orangé; ſa valve inferieure eſt chargée de feuilles minces circulaires extremement larges et de plus ſaillantes: ſes feuillles ſon legerement pliſſées et ſinueuſes à leurs bords; elles ſont rousſatres et rougeatres ſur un fond blanc; pluſieurs de ſes feuilles ont plus de ſept lignes de ſaillie, et l'Huitre eſt de quatre pouces huit lignes de longueur. Il ſeroit très difficile d'en trouver une ſeconde du merite de celle ci.

Viele Stücke hat dieſe Muſchel mit andern wohlbekannten Klapmuſcheln gemein. Daher will ich mich in keine umſtändliche Beſchreibung ihrer

Klapmuscheln. Tab. 203. Fig. 1987—1990.   235

rer rauhen Gestalt, schneeweißen Grundfarbe, hellrothen Schattirung, anjetzt hineinlaßen, noch davon mit Weitläuftigkeit reden, wie sie mit starken länglichten Streifen, vielen theils kurzen, theils sehr verlängerten, bald spitzigen, bald breiten Stacheln und Dornen besetzet, erscheine, einen dreyeckigten, in der Mitte gespaltenen, wie abgeriebenen Schnabel habe, und wie ihre Unterschale innerlich vertiefter, äußerlich gewölbter erfunden werde als die Oberschale. Sie unterscheidet sich von allen ihren Mitgeschwistern am meisten und merklichsten durch viele blätterichte Auswüchse, welche ungewöhnlich breit, dünne, durchsichtig und blaßröthlich sind, auch zum Theil über einen Zoll in der Länge haben. Da man sonst fast bey jeder Unterschale der Klapmuscheln, die Stelle wo sie am Felsen bevestiget gewesen, sehr deutlich bemerken kan; so macht diese davon eine seltene Ausnahme, denn es ist bey ihr davon keine Spur zu finden.

Tab. 203. Fig. 1989. 1990.
Ex Musco Spengleriano.
Die nackte unbewafnete Korbmuschel.
Spondylus nudus seu inermis,
testa subaurita rubicunda, longitudinaliter striata, radiata, radiis albis elatioribus, margine serrato.

Die mehresten Klapmuscheln pflegen sehr rauh zu seyn, und viele Spitzen, Dornen und Schuppen zu haben. Dergleichen hat aber dieser kleine Spondylus nicht. Er wird auf seiner Oberfläche von senkrechten Streifen und zarten Furchen bezeichnet. Sein Farbenkleid ist hellroth, welches durch weiße, erhobene, im genauesten Ebenmaße von einander stehende Streifen oder Strahlen gar sehr verschönert wird. Der äußere Rand sitzet voller feinen Einschnitte und Einkerbungen. Im Schloße stehen die gewöhnlichen Zähne der Klapmuscheln. Es wohnet dieser Spondylus in den Westindischen Meeren bey den Antillen.

Einleitung zum Geschlechte der Chamen.

Viele der ältern und neuern Conchyliologen verstehen durch Chamen sogenannte Gienmuscheln, welche auf der einen Seite klaffen und offen sind, und deren Schalen daselbst nicht genau auf- und aneinander schließen. Nicht also Linne, dessen Chamen größtentheils sehr genau zusammenschließen. Die Linneischen Chamen haben einen, auch wohl mehrere schiefliegende Zähne, welche Linne callos oder Wulste nennet. Von der äußern Form der zu diesem Geschlechte gehörenden Arten kan kein sicheres und zuverläßiges Kennzeichen hergenommen werden, da selbst vielmals unter den Mitgliedern einer und eben derselbigen Gattung eine so große Verschiedenheit herrschet, daß man fast zweifeln möchte, sie für Kinder einer Familie oder für Abkömmlinge einer und eben derselben Gattung zu halten. Die wenigsten Chamen sind glatt; die mehresten sitzen voller Streifen, Runzeln, Falten, dadurch sie denn ganz ungleich und uneben gemacht werden. Ihr Hauptunterscheidungszeichen ist und bleibet der schiefliegende, starke, wulstige Zahn des Schlosses, welcher in eine ebenfalls schiefliegende Grube der Gegenschale eingreifet, oder wie hineingeschoben wird. Daß unter diesem nicht sehr zahlreichen Geschlechte dennoch die größeste aller Muschelgattungen, nemlich Chama gigas oder gigantea anzutreffen sey, ist allgemein bekannt.

Verzeichnis der hier abgebildeten und beschriebenen Chamen.

Tab. 203. Fig. 1991. 1992. Die bleyschwere Chama. *Chama plumpea.*

Fig. 1993. 1994. Die Südseeische weiße Chama. *Varietas Chamae oblongae Linnaei.*

Fig. 1995. 1996. Die schuppichte Chama. *Chama squamosa.*

Tab. 204.

Tab. 204. Fig. 1997. 1998. Eine prächtige Varietät der Nagel- oder Hohlziegelmuschel. *Varietas notabilis Chamae imbricatae seu Giganteae Linnaei.*

Fig. 1999—2004. Eine Varietät der Linneischen Eichelmuschel. Varietas Chamae calyculatae Linnaei.

Fig. 2005. 2006. Das schiefe oder schlechte Viereck. Chama Trapezia Linnaei.

Tab. 203. Fig. 1991. 1992.
Ex Museo Spengleriano.
Die bleyschwere Chama.
Chama plumbea,
testa suborbiculari, margaritacea, solida, incrassata, in superficie nodosa, epidermide brunnea superinduta, natibus recurvatis, cardinis dente primario validissimo, fossulis crenatis, cavitate argentea, margine integerrimo.

Eine völlig perlemutterne Chama ist gewiß eine seltene Erscheinung. Die hier vorgestellte zeichnet sich aber nicht alleine durch den schönsten Silberglanz ihres Perlemutters, sondern auch durch ihre dicke bleyschwere Schale, und durch die vielen starken Knoten ihrer Oberfläche auf das kennbarste heraus. Ihr Silbergrund wird von einem braunschwarzen Ueberzuge bedecket. Die Wirbelspitzen kehren sich zur Hinterseite hinüber. Auf der inneren Wand glänzet der schönste Silberglanz des Perlemutters; auch siehet man daselbst sehr tiefe Muskulflecken. Im Schloße stehet ein ungewöhnlich dicker, starker, wülstiger Zahn. Die Gruben, dahinein die Zähne der Gegenschale eingreifen, sitzen voller Einkerbungen. Der äußere Rand ist glatt. Es wohnet diese neueste Gattung von Chamen in der Südsee. Doch sind aus jener weiten Entfernung nur erst ein paar einzelne Schalen zu uns hieher gekommen.

Chamen. Tab. 203. Fig. 1993—1996.

Tab. 203. Fig. 1993. 1994.
Ex Museo Spengleriano.
Die Südseeische weiße Chama.
Varietas Chamae oblongae Linnaei,

testa alba, decussatim striata, antice angulata, carinata, vulva oblonga, ano cordiformi, obsoleto, cardinis dentibus tribus, et dente unico acuto sub vulva in sinistra, duobus lateralibus in dextra valvula, cavitate ex purpureo maculata.

Ohnstreitig ist diese Chama nur eine Varietät von jener Chama oblonga Linnaei, welche im siebenten Bande dieses Werkes bey Fig. 504. 505. beschrieben worden. Ihre Vulva ist zwar etwas tiefer, ihr Anus deutlicher, ihre scharfen Kanten, dadurch die Vorderseite von den Seitenwänden abgesondert und etwas winkelhaft gemacht wird, sind stärker und merklicher. Allein bey einer so geringen Verschiedenheit darf sie auf den Namen einer besondern Gattung keinen rechtmäßigen Anspruch machen. An den inneren Wänden, welche bey jener Chama oblonga weiß oder gelblich sind, zeigen sich bey dieser manche purpurrothe Flecken. Sie wohnet in der Südsee. Beym ersten Anblick ihrer Figur sollte man es glauben, eine Arche vor sich zu haben. Allein bey der Betrachtung ihres Schloßes bemerket man es bald, daß sie am richtigsten den Chamen beygesellet werden müße.

Tab. 203. Fig. 1995. 1996.
Ex Museo nostro.
Die schuppichte Chama.
Chama squamosa,

testa subquadrata alba, longitudinaliter sulcata, antice ex purpureo radiata, rugis et squamis numerosissimis imbricatis seriatim locatis obsita, margine densissime crenato.

Diese Chama kan mit allem Rechte die schuppichte und runzelvolle heißen. Sie hat eine fast viereckigte Form und Bildung Sie ist im Grunde weiß, jedoch ist ihr Wirbel, vornemlich auf der untern Schale, hellroth. Auf der Vorderseite erblicket man einige purpurröthliche Strahlen. Uebrigens wird sie von hohlziegelförmigen Schuppen wie besäet und bede-

Chamen. Tab. 203. 204. Fig. 1995—1998.

bedecket. Diese haben zwischen sich Furchen stehen. Sie sitzen gedrängt bey und auf einander, und kehren sich insgesamt mit ihren Spitzen zum äußern Rande dahin. Im Schloße befindet sich ein starker wulstiger Zahn, der in eine geriffelte Grube der Gegenschale eingreifet. Die inneren weißen Wände haben auf der Vorderseite eine röthliche Schattirung und im Rande unzählig feine Einkerbungen. Es wohnet diese schuppenvolle Muschel an den Felsen westindischer Meere.

Tab. 204. Fig. 1997. 1998.
Ex Museo nostro.

Eine prächtige Varietät der Nagel= oder Hohlziegel= muschel.
Varietas notabilis Chamae imbricatae seu Giganteae Linnaei.

Da ich im siebenden Bande dieses Werkes bey Fig. 492—494. sehr ausführlich von den Nagelschulpen oder Hohlziegelmuscheln geredet, so würde es sehr unnöthig und überflüßig seyn, mich abermals damit zu beschäftigen, wenn ich nicht eine vorzüglich schöne und bemerkungswürdige Varietät derselben darzulegen hätte. Sie ist beydes innerlich und äußerlich schneeweiß, und hat nur sechs Ribben oder stark erhobene Falten. Darzwischen stehen sehr vertiefte Furchen, darauf sowohl senkrechte Streifen als auch Queerlinien gesehen werden. Ihr größter Vorzug bestehet in den ungewöhnlich großen, breiten, hoch empor stehenden Nägeln oder Hohlziegeln, davon gemeiniglich zehen Stück auf jeder erhöheten Ribbe hervortreten. Dem Mahler und Zeichner ist es bey allem darauf verwandten Fleiße doch nicht möglich gewesen, die Höhe und Breite der Nägel und Hohlziegel so lebhaft und anschauend darzustellen, als dergleichen beym Original gefunden wird. Um sich einige Vorstellung von der Größe und Breite dieser Nägel zu machen, so betrachte man nur bey der Fig. 1998. abgebildeten inneren Seite die beym Rande weit hervortretenden breiten Nägel und Hohlziegeln. Von ihrem offenstehenden, länglich herzförmigen, auf beyden Seiten gezähnelten After, von den weiten Falten ihres nur beym Ausgange der vertieften Furchen eingekerbten Randes; von den beyden schiefen Zähnen ihres Schloßes, die in Gruben der Gegenschale eingreifen, schweige ich hier gänzlich stille, weil sie alle diese Eigenschaften mit andern von mir längst beschriebenen Hohlziegelmuscheln gemein

Chamen. Tab. 204. Fig. 1999—2006.

mein hat. Nur dieses einige füge ich noch zum Beschluß hinzu, daß sie bey den Moluckischen Inseln, woselbst die schönsten Nagelmuscheln ihre Wohnstelle haben, gefunden worden.

Tab. 204. Fig. 1999—2004.
Ex Muſ. Spengleriano et noſtro.
Eine Varietät der Linneiſchen Eichelmuſchel.
Varietas notabilis Chamae calyculatae Linnaei.

Anfänglich glaubte ich in diesen Muschelarten eine eigene Gattung anzutreffen; allein bey einer genauern Betrachtung und Vergleichung ward ich gar bald überzeugt, daß es nur wenig verschiedene Varietäten jener Gattung wären, welche vom Linne Chama calyculata, vom Herrn von Born die Eichelmuschel, von den Französen Coeur allongé, Haricot (die welsche oder türkische Bohne) oder auch la Cavette genannt wird, und von mir im siebenden Bande dieses Werkes bey Fig. 500. 501, beschrieben worden. Freylich haben die hier abgebildeten weniger Ribben und Schuppen; auch findet man auf ihrem weißen Grunde keine so regelmäßige Zeichnung und Abwechselung der weißen und bläulichtröthlichen Flecken. Denn die größte unter den hier abgebildeten hat bloß rostfärbichte, und die kleinere, braunschwärzliche Flecken. Allein wie geringe und unerheblich ist nicht dieser Unterschied, welcher sich auf das leichteste aus der Verschiedenheit ihrer gehabten Wohnstellen erklären läßet. Denn jene wohnet in den Ostindischen Meeren bey Ceylon und Nicobar; diese dagegen bey der Guineischen Küste und den Westindischen Stranden. Uebrigens ist ihre Form und Bildung und die Beschaffenheit ihres Schloßes und der Zähne deßelben völlig übereinstimmend. Einzelne Schalen von dieser Gattung bekömmt man zum öftern, aber gute Dubletten sind nicht gemein.

Tab. 204. Fig. 2005. 2006.
Ex Muſeo noſtro.
Das ſchiefe oder ſchlechte Viereck.
Chama Trapezia Linnaei,
teſta ſubquadrata, rubicunda, longitudinaliter ſtriata, ſtriis crenulato-nodu-
loſis, margine denticulato.

LISTER Hiſtor. Conchyl. Tab. 344. Fig. 181. Pectunculus exiguus ſubrufus leviter cancellatus.

LINNAEI

Chamen. Tab. 204. Fig. 2005. 2006.

LINNAEI Syſt. Nat. Edit. 12. pag. 1138. ſp. 158. Chama Trapezia. C. teſta trapezia gibba, ſulcis longitudinalibus crenulatis. Teſta magnitudine piſi, gibboſa ut Arca Noae, fere trapezia, ferruginea. Nates parum recurvatae. Anus ovato-cordatus. Vulva oblonga, diſtincta, plana, extus crenata. Striae totius 20 longitudinales crenatae nodulis obtuſis. Margo crenulatus. Habitat in mari Norvegico.

GMELIN Nov. Edit. Syſt. Nat. Linn. Tom. I. P. 6. pag. 3301. no. 5.

Schröters Einleitung in die Conchylienkenntniß. Tom. 3. Tab. 8. fig. 17. Die kleine vierſeitige Chama.

Wenn beyde Schalen dieſer Gattung auf einander liegen, ſo bilden ſie ein ſchiefes Viereck, daher wird man es ohne Mühe errathen können, warum ſie vom Linne Chama Trapezia genannt worden. Sie ſtecket zum öftern in den Löchern jener Schwämme, die man aus den Nordiſchen und Weſtindiſchen Meeren erhält, wiewohl es doch immer etwas ſeltenes iſt, gute Dubletten von ihr zu bekommen, weil die Schloßzähne dieſer und aller Chamen nicht recht genau und feſte an einander ſchließen, und daher die Schalen gar zu leichte auseinander fallen. Vom Linne iſt dieſe kleine Muſchel mit einer großen und umſtändlichen Beſchreibung beehret, und dadurch kenntlich genug gemacht worden. Möchte er doch mehreren Gattungen, die er in ſeinem Syſteme aufgenommen, eine eben ſo genaue und treffende Charakteriſtik beygefüget haben, ſo würden wir nicht ſo oft im Dunkeln wandeln, bey der gar zu kurz gerathenen Beſchreibung mancher Gattungen zweifelhaft bleiben, und uns bey der Auflöſung vieler Linneiſchen Räthſel — denn ſo muß ich manche ſeiner Beſchreibungen nennen — oft Stunden, ja Tage lang verweilen müßen, um es auszufinden, welche Art er eigentlich gemeinet.

Es befinden ſich auf dieſer Chama viele länglichte Streifen, welche von feinen Einkerbungen durchſchnitten, und dadurch rauh, ſchuppicht und körnicht gemacht werden. Der Rand iſt gekerbet. Linne giebt ihr teſtam ferrugineam. Die Meinige iſt beydes innerlich und äußerlich röthlich. Eben dieſes meldet auch Liſter von der ſeinigen.

Einleitung
zum Geschlechte der Archen.

Unter den zwoschalichten Conchylien sind diejenigen am leichtesten zu erkennen und zu unterscheiden, welche zum Geschlechte der Archen gehören. Durch die vielen Zähne ihres Schloßes, durch dentes cardinis numerosos seu masticantes, werden sie kennbar genug gemacht. Linne schreibt: die Archen hätten Testas aequivalves, oder beyde Schalen wären völlig einander gleich, und sogleich die erste seiner Archengattungen, nehmlich die gedrehte Auster, Arca tortuosa Linnaei, macht hievon die stärkste Ausnahme mit ihren völlig ungleichen Schalen, davon die eine ungleich kleiner als die andre ist. Wie sehr wünschte ich es, daß ich den Conchylienfreunden die getreuen Abbildungen von einigen seltenen Archen darlegen könnte, davon im Catalog des Cabinets der Herzogin von Portland Nachricht gegeben wird. Allein ich weiß ihnen nichts weiter, als die trocknen, dort befindlichen Beschreibungen derselben zu liefern, damit sie sich denn vors erste werden begnügen müßen. Catal. Muf. Portl. no. 3977.

„A single Valve of Arca margaritacea Solandri, a curious Species of Pearly fresch water Bivalve, with a multiarticulated hinge, unique. Item No. 4034. Arca Legumen, a most delicate white non descript species, extremely curious ad rare; the country unknown.„

Die mehresten Archen werden im Meer, und also im salzigen Waßer gefunden. Jedoch kennet man auch schon einige aus frischen süßen Waßern, dazu denn auch die vorhin angeführte Arca margaritacea Solandri gehöret.

Ver=

Archen. Tab. 204. Fig. 2007.

Verzeichnis der hier abgebildeten und beschriebenen Archen.

Tab. 204. Fig. 2007. Die zwofärbichte Arche. Arca bicolorata.
Fig. 2008. Die gefaltete Arche. Arca plicata.

Tab. 204. Fig. 2007.
Ex Museo Academico Hafniensi.
Die zwofarbichte Arche.
Arca bicolorata,

testa ovali, tumida, colore spadiceo (umbone candido, nitido,) decussatim striata, natibus approximatis, recurvatis, cardine masticante.

Es scheinet diese Arche nur eine Varietät von der Bartarche, von der Arca barbata Linnaei zu seyn. Sie ist beym Wirbel und auf der einen Hälfte beyder Schalen glänzend weiß, und auf der andern größern Hälfte ihrer Schalen braunroth oder dunkelbraun. Sollte dieser Umstand bloß von einem Zufalle herrühren, und nur alleine bey dieser Muschel gefunden werden? oder sollten mehrere, und vielleicht alle von dieser Gattung, weiß und braun gefärbet seyn? Wunderbar ist es immer, daß ihr Wirbel nicht alleine weiß, sondern glänzend weiß gesehen wird. Uebrigens werden ihre länglichten Streifen von Queerstreifen durchkreuzet und dadurch körnig gemacht. Im Schloße stehen die gewöhnlichen vielen Zähne der Archenmuscheln. Es ist diese Arche beym rothen Meere von der schon ofte genannten gelehrten Gesellschaft, die aus Dännemark nach Egypten und Arabien gesandt war, gefunden worden.

Archen. Tab. 204. Fig. 2008.

Tab. 204. Fig. 2008.
Ex Muſeo Academico Hafnienſi.
Die gefaltete Arche.
Arca plicata,

teſta rhomboidali, albo cinerea, antice plicata, angulata, lateribus
decusſatim ſtriatis, margine crenato, ſinuato, cardine
ſolito.

Auf der Vorderſeite ſtehen bey dieſer grauweißlichen Arche, lauter Falten, welche beym Rande Einſchnitte veranlaßen, daher ich den Vorderrand als gezähnelt beſchreiben muß. Sie heißt wegen dieſer Falten die gefaltete. Die länglichten Streifen der Seitenwände werden von zarten Queerſtreifen durchſchnitten, und dadurch etwas eingekerbet und gegittert gemacht. Der äußere Rand ſitzet voller Kerben, und der Schloßrand voller Zähne. Auch dieſe Arche iſt von den Ufern des rothen Meeres durch die vorgedachte gelehrte Geſellſchaft hieher geſchicket worden.

Vom
Geschlechte der Anomien.

Dem Geschlechte der Anomien stehet eine große, und ich muß es aufrichtig gestehen, eine längstgewünschte, höchstnothwendige Veränderung bevor. Die Kennzeichen, welche Linne in seiner Charakteristik zu diesem Geschlechte angegeben, wollen nie recht zutreffen, und scheinen fast keiner einzigen seiner Gattungen recht angemeßen zu seyn. Und wie darf man es so dreiste wagen, vielen versteinerten in diesem Geschlechte einen sichern Standort anzuweisen, da man doch mit ihrer innern Structur wenig, ja gar nicht bekannt ist, ihr Schloß nicht kennet, und von der eigentlichen Thierart, die in solchen Schalen wohnet, vollends ganz und gar nichts weiß? Wie kömmt ferner Anomia Gryphus zu der Ehre, eine Anomie zu heißen? Es ist gewiß eine Auster. Wie kan doch jene vom Baron Hübsch unter dem Namen Sandalium beschriebene, und vom Linne in seiner Mantissa mit aufgenommene, eine Anomie genannt werden? Es fehlet ihr ja an allen und jeden Kennzeichen, daran man Anomien erkennen soll. Der zu Lund in Schonen wohnende geschickte Herr Profeßor Retzius, welcher sich lange schon um die Naturgeschichte bestens verdient gemacht, hat um deßwillen recht und wohl daran gethan, daß er in seiner lesenswerthen Dissertatione sistente nova testaceorum genera pag. 9. seq. vier neue Geschlechter aus diesem einigen Linneischen errichtet.

I. Den Namen der Anomien hat er solchen Gattungen, welche den
dreyschalichten Muscheln am nächsten kommen, vorbehalten.
Bey ihm ist Anomia, testa trivalvis, inaequivalvis, inaequilatera, valvula inferiore plana perforata, superiore convexa, tertia minuta, ab his separata foramine planioris major pede animalis affixa. Ope hujus tertiae valvulae se aliis corporibus affigit concha.

246 **Einleitung zum Geschlechte der Anomien.**

II. Darauf folget das Geschlecht der Cranien, dem die verschiedenen Arten der sogenannten Todtenkopfmuscheln zugewiesen werden.

III. Alsdann werden die wahren eigentlichen Bohrmuscheln, welche einen durchbohrten Wirbel (umbonem seu verticem perterebratum et cardinem ossiculis instructum) haben, zu einem besondern Geschlechte erhoben, und Terebratulae genannt.

IV. Endlich so heißet das leztere von diesen vier neuen Geschlechtern Placenta, und beym Solander Placuna, dahinein denn Placenta orbicularis, quadrangularis und Ephippium vulgo dictum Anglicanum versetzet wird.

Der große sich zu Paris aufhaltende Conchylienkenner, Herr Justizrath Hwaß ist hierinnen schon des Herrn Professor Retzius Nachfolger geworden, indem er diese Geschlechter ebenfalls bereitwilligst an= und aufgenommen. Sollte ich noch einmal das Capitel von den Anomien, wie vormals im achten Bande dieses Werkes, zu bearbeiten haben, ich würde mich keinen Augenblick länger bedenken, diese Geschlechter ebenfalls zu adoptiren und an Kindesstatt anzunehmen.

Verzeichnis der hier abgebildeten und beschriebenen Anomien.

Tab. 198. Fig. 2009. 2010. Die große Bernsteinanomie. *Anomia electrica.*

Tab. 203. Fig. 2011. 2012. Die bemahlte Bohrmuschel. *Anomia picta.*

Fig. 2013. 2014. Der Schlangenkopf. Anomia Caput Serpentis.

Anomien. Tab. 198. 203. Fig. 2009—2012.

Tab. 198. Fig. 2009. 2010.
Ex Muſeo Spengleriano.
Die große Bernſteinanomie.
Anomia electrica,
teſta planiuscula, laevi, vitrea, pellucida, ſuperiore valvula lucide flava, et quaſi deaurata, inferiore perforata albida.

Dieſe Anomie, welche wegen ihrer goldgelben Farbe die Bernſteinanomie genannt wird, verdienet es, bey ihrer vorzüglichen Größe bekannter gemacht zu werden. Ihre Schale iſt dünne, durchſichtig, zerbrechlich wie Glas. Die ziemlich flache, mit einem kleinen ſpitzigen Wirbel verſehene Oberſchale träget ein goldgelbes glänzendes Farbenkleid, ja ſelbſt die innere Seite derſelben hat eine gelbliche Farbenmiſchung. Die etwas mehr convexe Unterſchale iſt beydes innerlich und äußerlich weiß, und nahe beym Wirbel ſiehet man eine große Oefnung. Bey den Nicobariſchen Eylanden iſt dieſe Anomie gefunden worden. Die kleinere Anomia electrica wurde von mir im achten Bande dieſes Werkes bey Fig. 691. beſchrieben.

Tab. 203. Fig. 2011. 2012.
Ex Muſeo Spengleriano.
Die bemahlte Bohrmuſchel.
Anomia picta,
teſta obovata, tenui, convexa, laevi, ex rubicundo et albido colorata, valvula altera in nate productiore perforata, margine acuto integerrimo.

Mit der Anomia vitrea, welche bey den Franzoſen le Coq et la Poule heißt, von der ich im achten Bande dieſes Werks bey Fig. 707—709 Nachricht gegeben, hat dieſe gegenwärtige allerdings viele Gleichförmigkeit. Nur wird ſie durch ihre lebhafte, roth und weiß gefleckte Farbenmiſchung hinlänglich von ihr unterſchieden. Vermuthlich iſt dieſe gegenwärtige, welche ſich aus der Südſee herſchreibet, eben dieſelbige, welche im Muſeo der Herzogin von Portland No. 3243. und No. 3928. Anomia ſanguinea Solandri or Scarlet Anomia from New South Wales und from New Zealand genannt wird.

Tab. 203.

Anomien. Tab. 203. Fig. 2013. 2014.

Tab. 203. Fig. 2013. 2014.

Ex Muſeo Spengleriano.

Der Schlangenkopf.

Anomia Caput ſerpentis Linnaei,

teſta ovali, longitudinaliter ſtriata, antice retuſa, et ſinuata, poſtice producta, roſtro ſeu umbone perterebrato, margine crenato.

Hier ſehen wir ein ziemlich großes und anſehnliches Exemplar von jener Anomie, welche beym Linne der Schlangenkopf, Caput Serpentis, und bey den Franzoſen Terebratule allongée ou la petite Poulette-Pouponne, genannt wird. Ein kleineres iſt im achten Bande dieſes Syſtematiſchen Conchylienwerkes bey Fig. 712. abgebildet und beſchrieben worden. Dieſes iſt ſchmutzigweiß und auf der Vorderſchale in der Mitte ſtark gewölbet und erhoben, aber auf der Unterſchale in der Mitte merklich vertieft und eingedrücket; auch daſelbſt beym Rande deutlich eingebogen. Viele länglichte Streifen gehen vom Wirbel herab. Es wohnet dieſe Gattung von Anomien, bey der Norwegiſchen Küſte.

Einleitung
zum Geschlechte der Mytuln oder Mießmuscheln.

Der berühmte Herr Profeßor Retzius zu Lund in Schonen bezeuget es in seiner lesenswerthen, schon einigemal von mir rühmlich angeführten Disfertatione Historico naturali sistente nova testaceorum genera, daß der unvergeßliche Linne durch seinem für die Naturgeschichte viel zu früh erfolgten Tod verhindert worden, im Geschlechte der Mießmuscheln eine starke, schon längst vorgehabte Reformation zu veranstalten. Vom Prof. Retzius werden die ersten drey Gattungen der Linneischen Mießmuschela, nemlich Mytilus Crista Galli, Hyotis und Frons, dem Austergeschlechte, dahin sie auch, wie ich solches schon im achten Bande dieses Werkes erinnert, mit größerm Rechte gehören, zugewiesen. Die übrigen Mytili laßen sich füglich in gezahnte und ungezahnte in dentatos et edentulos absondern. Von den gezahnten wird ein neues Geschlecht unter dem Namen Perna aufgerichtet. Die ungezahnten behalten den Namen der Mytuln oder der Mießmuscheln. Diesen werde alle eigentliche Mießmuschela, welche im Schloße keine Zähne, sondern alleine eine Furche haben, zugeeignet. Ihr Hauptkennzeichen ist also linea cardinis subulata excavata longitudinalis. Das Geschlecht Perna begreift alle diejenigen Mytuln, welche im Schloße außer der länglichten Furche einen oder mehrere Zähne haben, oder die in cardine terminali uno vel pluribus dentibus intrusis versehen sind. Dazu hat nun Herr Justitzrath Hwaß noch ein drittes, nach des Bruguiere Encyclop. methodique, hinzugethan. Es heißt Avicula, und enthält alle Vögelein= oder Schwalbenmuscheln, die auch würklich so viel eigenthümliches und unterscheidendes an sich haben, und deren Anzahl schon so ansehnlich ist, daß sie es allerdings verdienen, zu einem eigenen Geschlechte versammlet zu werden. Jeder verständige Conchyliologe wird diese Abtheilungen sehr natürlich finden, und nun desto leichter seine Mießmuscheln ordnen können.

Einleitung zum Geschlechte der Mießmuscheln.

Verzeichnis der hier abgebildeten und beschriebenen Mießmuscheln.

Tab. 198. Fig. 2015. Die breitstrahlichte, oder Perlemutter-Mießmuschel. *Mytilus margaritiferus Linnaei.*

Fig. 2016. 2017. Die baumartige Mießmuschel. *Mytilus arborescens.*

Tab. 205. Fig. 2018. 2019. Die Egyptische Schwalbe. *Mytilus Hirundo seu Avicula Aegyptiaca.*

Fig. 2020. 2021. Die Brasilianische Mießmuschel. *Mytilus Modiolus Brasiliensis.*

Fig. 2022. 2023. Die grüne chinesische Mießmuschel. Mytilus viridis Linnaei Chinensis.

Fig. 2024. Die geschmückte eßbare Mießmuschel. Mytilus edulis Linnaei exornatus.

Fig. 2025. 2026. Das gelbe Vögelein. Mytilus Avicula crocea.

Fig. 2027. Die hellgrüne Mießmuschel. Mytilus perviridis.

Fig. 2028. Eine Mießmuschel aus dem Wolgastrom. Mytilus ex fluvio Wolga.

Tab. 198. Fig. 2015.
Ex Museo Spengleriano et nostro.
Die breitstrahlichte Mießmuschel.
Mytilus margaritiferus Linnaei,
testa convexiuscula, parum rugosa, extus radiis latis subcoeruleis ex albis alternis nitide radiata, cavitate interna margaritacea seu argentea.

Diese Perlemuttermuschel wird alleine durch ihre sehr breiten bläulichten und weißen Strahlen vortheilhaft herausgezeichnet. Selten bekömmt man diese Gattung mit so breiten Strahlen, frischem Farbenkleide und mit einer so glatten, wenig gerunzelten Schale. Die jetzige kömmt aus Ostindischen Meeren. In diesen Tagen hat mir Herr Mißionarius John aus Tranquebar ein Paar vortrefliche Exemplare dieser breitstrahlichten Gattung übersendet, die man zu Tutucoryn aufgefischt.

Mießmuscheln. Tab. 198. Fig. 2016—2017.

Tab. 198. Fig. 2016. 2017.
Ex Museo Spengleriano.

Die baumartige Mießmuschel.

Mytilus arborescens,

testa subcylindrica, dactyliformi, fragilissima, laevi, nitida, penes marginem compressa, colore aurantio vel croceo infecta, et lineis ramosis seu ramificatis obscurioribus subtus sicuti Dendrites notata, umbone albido, margine integro valde acuto, cavitate margaritacea.

DAVILA Catal. syst. et rais. Tom. I. tab. 19. lit. Z. no. 853. pag. 386. Moule peu commune à coque très-mince nacrée en dedans, de forme presque cylindrique un peu applatie vers l'un des bouts, à robe partie fauve et partie chargée d'un desfein en rezeau très fin de couleur plus foncée qui se remsie vers le bas, et qui a fait donner a cette espéce le nom de Moule arborisée: On n'y appercoit nulle trace de charniére.

Encyclop. Recueil de planches, Sixieme Volume Tab. 73. fig. 11. Cette Moule est du genre de celles qui n'ont point de dents et dont le bec n'est pas alongé; elle est lisse et d'un jaune aurore avec des traits bruns, qui representent asfez bien le desfein d'une pierre herborisée, ce qui lui a fait donner le nom de Moule herborisée. On la trouve à Saint Domingue.

FAVART D'HERBIGNY Dict. Tom. 2. pag. 366. Moule arborisée. Musculus dactyliformis, testa tenui, colore flavido et croceo in duabus maculis rubescens et quasi pluribus ramusculis ornatus. Toute la surface exterieure est d'une couleur jaunatre avec deux grandes taches sur chaque battant d'un rouge safrané d'ou part un faisceau de petites ramifications qui s'etendent jusqu'aux extremités tranchantes de la coquille.

DE FAVANNE Conchyl. Tab. 50. fig. G.

— — — Catal. rais. no. 1890. Une Moule rare dite la Moule arborisée.

Mit dem bekannten Mytilo lithophago Linnaei, der bey den Franzosen la Moule cylindrique heißt, hat diese walzenförmig gebildete Muschel sehr viele Aehnlichkeit. Sie würde in ihrer Form einer Dattel gleichen, wenn nicht nahe beym äußern Rande ihre gleichsam zusammengedrückte Schale etwas flach würde, und sich alsdann in einen scharfen recht schneidenden Rande endigte. Es ist diese äußerst rare Mießmuschel sehr zart, dünne, durchsichtig, zerbrechlich, bis zum Glanze glatt, und wie mit einem Firniß überzogen. Sie träget bis zur Hälfte ein gelblich orangefarbichtes Kleid, welches näher beym äußern Rande von schwärzlichen Linien, die lauter Baumäste bilden, bezeichnet wird. Wer unter den Steinen die sogenannten Dendriten kennen gelernet, der wird bey dieser Muschel eine ähnliche baumartige Zeichnung bemerken. Sie wird um deßwillen von den Franzosen mit Recht Moule arborisée oder Mytilus arborescens genannt. An den inneren Wänden siehet man ein feines Perlemutter, darauf allerhand Farben spielen. Die länglichte, den Mießmuscheln bey ihrem Schloße so eigenthümliche Furche ist bey dieser so fein, daß sie mit bloßen Augen kaum wahrgenommen werden kan. Im Geschlechte der Mytuln ist diese eine der rarestens. Sie wird bey der Insel Domingo gefunden. Unser Herr Spengler hat sie durch den Herrn Justizrath Hwaß aus Paris erhalten. Sie ist zween Zoll drey Linien lang, und fast einen Zoll breit.

Tab. 205. Fig. 2018. 2019.
Ex Muf. Acad. Hafnienfi.
Die Egyptische Schwalbe.
Mytilus Hirundo, seu Avicula Aegyptiaca,
testa laevi, tenui, valvulis bilobis radiatis, fasciis fuscentibus undulatis nitidissime ornata, intus margaritacea.

Von der Gattung Mießmuscheln, welche von den Engeländern The Swallow Shell, von den Franzosen l'Hirondelle ou l'Oiseau, von den Holländern Vogel doublette, von den Deutschen bald die Schwalbe, bald das Vögelein genannt wird, giebt es sehr viele sonderbare Abänderungen. Unter derselben wird wohl die hier abgebildete, so im rothen Meere gefunden worden, den wenigsten Sammlern bekannt seyn. Daß sie, wie alle Schwalben- und Vögeleinsmuscheln, in ihrer Form einigermaßen den Kopf, Flügel und Schwanz eines fliegenden Vogels vorstelle, lehret der Augenschein. Ihr dunkles Farbenkleid wird durch helle Strahlen, die vom Wirbel zum äußern Rande herablaufen, und bey der andern Schale durch eine feine wellenförmige Zeichnung vortheilhaft verschönert. Auf den inneren Wänden siehet man ein schönes Perlemutter. Beyde Schalen sind sehr dünne und zerbrechlich. Es befindet sich nur ein einziges Exemplar

plar dieser Gattung im Naturaliencabinette der hiesigen Universität. In einer daneben liegenden Beyschrift, die noch vom Profeßor Forskål herzurühren scheinet, wird dieser Mytilus rarissimus genannt. Er mag also selbst im rothen Meere, wo er doch zu Hause gehöret, selten genug zu finden seyn.

Tab. 205. Fig. 2020. 2021.
Ex Museo Spengleriano.
Die Brasilianische Mießmuschel.
Mytilus Modiolus Brasiliensis,

testa lnevi, bicolorata, latere anteriore spadiceo carinato, posteriore obscure virescente gibboso, natibus tumidis, cavitate nitide margaritacea.

Der Mytilus Modiolus Linnaei wird fast in allen Meeren, jedoch mit großer Verschiedenheit seiner Ausdehnung und Farbenkleider gefunden, je nachdem diese Gattung etwa in einer nördlichern und kälteren, oder in einer südlicheren und wärmeren Gegend seine Wohnstelle gehabt. Der jetzige hier abgebildete kömmt von Brasilien. Er wird im Verzeichniße des Herrn Humphrey sehr richtig Mytilus semicolor oder bicoloratus genannt. Ein braunröthlicher Ueberzug bedecket die eine, und ein dunkelgrüner Ueberzug die andere Hälfte. Wird dieses Epiderm abgezogen, und die Schale ein wenig polirt und abgeschliffen, wie solches bey Fig. 2021. geschehen ist, so erscheinet die eine Hälfte blauröthlich, und die andere glänzend silberweiß. Auf der inneren Seite siehet man das feinste Perlemutter, darauf die Farben des Regenbogens spielen. Doch schimmert bey der Vorderseite das blauröthliche der Oberfläche auch überall innerlich hindurch. Der äußere Rand ist scharf und schneidend, und im Schloße stehet allein die gewöhnliche lange Furche der Mießmuscheln.

Tab. 205. Fig. 2022. 2023.
Ex Museo nostro.
Die grüne Chinesische Mießmuschel.
Mytilus viridis Chinensis,

testa laevi elongata, subcurvata, epidermide viridescente superinduta, margine terminali in altera valvula bidentato, in altera unidentato, cavitate margaritacea.

Die Schmaragdene Mießmuschel, deren Abbildung im achten Bande dieses Conchylienwerkes bey Fig. 745. gesehen wird, ist nach des

Herrn von Hwaß Behauptung Mytilus viridis Linnaei. Er schreibt, daß davon in seiner Sammlung Exemplare lägen, die über sechs Zoll lang wären. Die hier abgebildete grüne Mießmuschel scheinet von jener im achten Bande vorgestellten Schmaragdenen Mießmuschel nur durch eine ansehnlichere Größe verschieden zu seyn. Sie pranget mit dem schönsten grünen Farbenkleide, und auf den inneren perlemutterartigen Wänden spielen die Farben des Regenbogens. Im Schloße am äußersten etwas gekrümmten Ende stehen in der einen Schale zwey Zähne, und in der andern nur ein einziger Zahn. Es wird diese Mießschuschel in der Südsee und in den Chinesischen Meeren gefunden. Im Catal. Mus. Portland. wird sie No. 3085. genannt The green Muscle from China-very scarce.

Tab. 205. Fig. 2024.
Ex Museo nostro.
Die geschmückte eßbare Mießmuschel.
Mytilus edulis Linnaei exornatus,
testa ovali, postice planiuscula, subcarinata, in dorso gibbosa, transversis accretionibus seu appositionibus rugosa, fasciis lineis et radiis violaceis et albis alternis nitidissime decorata, natibus acuminatis.

Dem Urtheile des Linne, welches in der zwölften Ausgabe seines Natursystems pag. 1157. sp. 253. in einer Anmerkung gelesen wird, daß der Mytilus edulis, und überhaupt alle Conchylien im kalten Norden am kleinsten, und unter der Linie am größesten wären, kan ich nicht völlig beypflichten. Es leidet starke Ausnahmen und Einschränkungen. Jedes Meer hat seine ihm angewiesenen eigenthümlichen Bewohner, die daselbst am besten gedeyhen und fortkommen, und anderswo nimmer so gemächlich ausdauren und sich fortpflanzen würden. Viele Gattungen von Conchylien, die man in wärmeren Meeren ganz und gar nicht findet, leben in den kalten nördlichen Meeren im besten Wohlergehen, vermehren sich daselbst zusehens, und erreichen vielmals die ansehnlichste Größe und gefälligste Schönheit. Der Mytilus edulis muß sich doch mit aller Kälte der Nordischen Gewäßer sehr gut vertragen können, weil er an den Ufern des äußersten Norwegens, bey Nordcap und Wardöe-Huuß, beym südlichen und nördlichen Ißland, ja selbst in den Eißmeeren bey Spitzbergen und Grönland und der Straße Davis in der unzählbarsten Menge und ganz

Mießmuscheln. Tab. 205. Fig. 2024—2027.. 255

ganz ansehnlicher Größe Millionenweise angetroffen wird. Es dienet diese
Muschelgattung sowohl Menschen als Thieren, insonderheit auch den vielen
Grönländischen Hunden, den Seevögeln, Enten und vielen Fischen zur gewöhnlichen und reichlichsten Nahrung. Oftmals erwächset diese Mießmuschel daselbst bis zur Länge von vier Zollen. Die hier vorgestellte, gewiß
nicht zu verachtende Grönländische Mießmuschel kan uns zu einem Beweise dienen, daß man nicht selten unter dieser allergemeinsten Gattung sehr
zierlich ausgeschmückte antreffe, die es vorzüglich verdienen, als Cabinetsstücke aufbewahret zu werden. Viele unter einander abwechselnde blaue
und weiße Felder, Strahlen und Bänder verschaffen ihr ein sehr reitzendes und höchstgefälliges Ansehen. Die Menge ihrer Queerrunzeln, welche sich wie Falten angeleget, ist vermuthlich von neuen Ansätzen bey mehrerer Erweiterung und Vergrößerung ihrer Schalen entstanden.

Tab. 205. Fig. 2025—2026.
Ex Museo nostro.
Das gelbe Vögelein.
Mytilus Avicula crocea,
testa laevi, flava, in dorso valvularum ex nigro radiata.

Allerhand Varietäten der Schwalben= und Vögeleinsmuscheln sind
zwar schon im achten Bande dieses Conchylienwerkes auf der 81sten Kupfertafel dargestellet worden. Dennoch habe ich die gegenwärtige, welche
sich von Ceylon herschreibet, nicht übergehen wollen. Sie hat, wie es
sogleich der Augenschein lehret, tiefere Ausschnitte, und mehr verlängerte
Arme, wie jene, welche wir bey Fig. 2018—2019. unter dem Namen der
Egyptischen Schwalbe kennen gelernet. Ihr einfärbiges safrangelblicheches Farbenkleid wird sowohl auf der Höhe des Rückens, als auch beym
längsten Arme der einen Schale durch einige schwarze Strahlen bezeichnet
und verschönert.

Tab. 205. Fig. 2027.
Ex Museo nostro.
Die hellgrüne Mießmuschel.
Mytilus perviridis,
testa triangulari, laevi, fragili, pellucida, virescente, cardine terminali unidentato, cavitate submargaritacea.

Diese hellgrüne Mießmuschel ist von jener im achten Bande dieses
Werkes bey Fig. 745. abgebildeten dunkelgrünen, wie auch von dem auf
dieser

dieſer Kupfertafel bey Fig. 2022. vorgekommenen Mytilo viridi Linnaei
merklich in ihrer Form und durch ihr lichthelleres und friſcheres Farbenkleid
unterſchieden. Sie hat beſonders auf ihrer wie zuſammen gedrückten er-
weiterten Vorderſeite eine gar ſcharfe Ecke, und in ihrem Schalenbau etwas Dreyſeitiges. Sie iſt dünne, durchſichtig, zerbrechlich. In der Spitze des Schloßes ſtehet nur ein einiger Zahn. Es wird dieſe hellgrüne
Mießmuſchel bey Tutucoryn, jedoch unter allerhand Abänderungen gefunden. Denn viele haben kein ſo friſches, glänzendes, hellgrünes, ſondern ein marmorirtes Farbenkleid.

Tab. 205. Fig. 2028.
Ex Muſeo Spengleriano.
Eine Mießmuſchel aus dem Wolgafluße.
Mytilus e fluvio Wolga,
teſta laevi, ſubtriangulari, transverſim ex albo et ſpadiceo faſciata.

Dieſe kleine Mießmuſchel wird durch ihre gehabte Wohnſtelle
merkwürdig gemacht. Sie iſt im Wolgaſtrome, vermuthlich ohnweit des
Caſpiſchen Meeres: dahinein ſich dieſer Strom ergießet, gefunden worden. Es iſt etwas ſeltenes, Conchylien aus jenen Gewäßern zu ſehen,
weil es die benachbarten Bewohner noch nie der Mühe werth geachtet,
ſich darum zu bekümmern. Deſto lieber muß es uns ſeyn, hier einmal
eine Muſchel aus dem Wolgaſtrome zu erblicken. Sie iſt ziemlich drey-
ſeitig, und hat auf der zuſammengedrückten Vorderſeite eine ſcharfe Ecke,
und auf der Hinterſeite eine durch eine ſcharfe Kante von der Seite abge-
ſonderte Fläche. Daß weiße und braune Queerbinden auf ihrer Schale
abwechſeln, wird man aus der Abbildung erkennen. Vermuthlich iſt die
hier vorgeſtellte nur eine junge unausgewachſene, davon im Caſpiſchen
Meere ungleich größere und anſehnlichere wohnen werden.

Vom Geſchlechte der Auſtern.

Da ich diesmal aus dem Geſchlechte der Auſtern nur die einzige Gattung einer figurirten Auſter, nemlich des weißen Hammers oder der weißen Kreuzmuſchel, darzulegen habe; ſo halte ich es für unnöthig und überflüßig, eine weitere Einleitung zu dieſem Geſchlechte voran zu ſchicken.

Tab. 206. Fig. 2029. 2030.
Ex Muſ. Acad. Hafnienſi.

Der weiße Hammer.   Die weiße Kreuzmuſchel.

Oſtrea Malleus albus,
teſta cinereo-albida, intus glabrata, extus rudi, ſciſſili, brachiata, figurata,
literam T ſed flexuoſe repraeſentante, cardine hiante lacuno, cavitate ſubargentea,

Angl. The white Hammer Oyſter. *Gall.* Le Marteau blanc.

Daß im Naturalienkabinette der Copenhagener Univerſität eine weiße Hammer oder Kreuzmuſchel liege, habe ich ſchon im achten Bande dieſes Conchylienwerkes pag. 14 angemerket. Hier finden wir nun die getreue Abbildung derſelben. Unſer höchſtſeliger König, Friedrich der Fünfte, hat vormals die ganze Naturalienſammlung des Schwediſchen Grafen von Teßin erkauft, darunter iſt dieſe vortrefliche weiße Kreutzmuſchel befindlich geweſen. Wie aber, und woher ſie der Graf von Teßin mag bekommen haben, oder aus welchem Meer ſie aufgefiſchet worden, davon habe ich nichts gewißes. Viele werden glauben, das vom Linne beſchriebene Muſeum Teſſinianum werde uns hierüber die beſte Auskunft geben können. Allein ſie dürfen nur die in jenem Muſeo pag. 122. befindlich liche Erklärung des Linne lesen, wenn er schreibt: „Superfedemus enumerare Conchylia Musei Tessiniani, quae alium diem poscunt,, so werden sie sich diese Hofnung müßen vergehen laßen.

Im Catal. Musf. Portland. pag. 178. no. 3832. geschieht eines weißen Hammers Erwähnung, der bey Neuholland gefunden worden. Hier sind die eigenen Worte des Verzeichnißes: A very large and fine specimen of the white variety of Ostrea Malleus Linnaei, brought by Capt. Cooke from the Coral Reef, of Endeavour River on the Coast of New Holland, very rare. Allein so gar weit wird der hier abgebildete, welcher sechs Zoll lang und etwas über sechs Zoll breit ist, gewiß nicht hergekommen seyn. Der Herr Spengler besitzet auch einen weißen Hammer, der im Ostindischen Meere gefunden worden.

Ob die Meinung des Herrn D. Königs, welche er ehemals in einem aus Tranquebar an Herrn Spenglern geschriebenen Briefe zu erkennen gegeben, ihre erweißliche Richtigkeit habe, daß nemlich dergleichen weiße Schale mancher Kreuzmuscheln von einer gehabten Krankheit und Schwachheit des Bewohners herrühre, wie etwa die blaße Farbe eines Menschen seine Kränklichkeit und hektischen Zustand verrathe, getraue ich mir nicht zu entscheiden. Ich halte es für wahrscheinlicher, daß durch die brennende, in jenen Gegenden, wo Kreuzmuscheln wohnen, herrschende Sonnenhitze, die schwarze Farbe bey einigen herausgezogen, und sie dadurch weiß gemacht und abgebleichet worden. Da diese weiße Hammermuscheln nur allein durch ihre weiße Farbe und in keinem einzigen andern Stücke von den schwarzen unterschieden sind, so will es mir gar nicht einleuchten, daß sie von einer andern Art und Gattung seyn sollten, vornemlich da innerlich auf der Stelle, wo sich der Bewohner aufgehalten, dahin, weil daselbst die Schale am dicksten ist, die Macht der Sonnenstrahlen nicht hindurchdringen können, eben solche schwarze, mit einem schwachen Perlemutterglanze vergesellschaftete Farbenmischung zu sehen ist, wie bey den unausgebleichten schwarzen Kreuzmuscheln. Wer an der Möglichkeit einer solchen Ausbleichung zweifelt, dem kan ich aus meiner Sammlung Hammermuscheln zeigen, die schon zum Theil ausgebleichet worden, und vermuthlich im kurzen weiße Kreuzmuscheln würden geworden seyn, wenn sie länger am Strande, der schrecklichen ostindischen Sonnenhitze ausgesetzet geblieben wären.

Auſtern. Tab. 206. Fig. 2029. 2030. 259

Die Hammermuſcheln, welche vormals für große Seltenheiten gehalten worden, haben nun, da man mehrere zu erhalten Gelegenheit gehabt, einen Theil ihres ehemaligen Anſehens verlohren. Es iſt ein ſonderbarer Umſtand, daß keine der andern völlig gleichet. In meiner Sammlung liegen dreyzehn vollſtändige Hammermuſcheln, die insgeſamt verſchieden ſind. Einige haben einen ſehr langen Stiel und ganz kurze Arme; andere einen kurzen, oft gekrümmten Stiel und ſehr lange Arme. Wiederum bey andern iſt nur der eine Arm lang und der andere deſto kürzer. Einige haben eine ſtärker gekrümmte, andere eine mehr gerade ausgeſtreckte Schale. Einige, deren hohes Alter bey ihren vielen Runzeln und Falten, auch neuen Anſätzen, und bey ihren ſchilferichten, aus lauter wie Schiefer über einander liegenden Lamellen und Blättern zuſammen geſezten Schale, unläugbar und unverkennbar iſt, ſind ganz ungewöhnlich dicke und ſchwer; andere jüngere ſind deſto dünner, glatter und leichter. Mein größtes Exemplar iſt dreyzehn Zoll lang, und doch bey den Armen nur ſieben Zoll breit. Bey einem andern iſt der Stiel fünf Zoll lang; aber bey den Armen iſt dieſe Kreuzmuſchel neun Zoll breit. Meine kleinſte Hammermuſchel iſt nur drey Zoll lang, und bey den Armen drey Zoll fünf Linien breit.

Im erſten Bande der Conchyliologie des Herrn de Favanne finde ich pag. 344. die Nachricht von einem ſehr ſeltenen Hammer, der vormals zum Cabinet des Herrn Lyonets im Haag gehöret. Er wird genannt Le Marteau de couleur d'ambre un peu transparent, und beſchrieben als très different des autres.

Einleitung
zum Geschlechte der Kammmuscheln.

Es ist mir noch niemals leid worden, die Kamm= oder Mantelmuscheln vom Geschlechte der Linneischen Austern getrennet, und davon am Ende des siebenden Bandes dieses Conchylienwerkes ein eigenes Geschlecht errichtet zu haben. Sie haben so viel eigenthümliches und auszeichnendes an sich, daß sie es gar wohl verdienen, in einer abgesonderten Gesellschaft beysammen gelaßen, und zu einem eigenen Geschlechte versammlet zu werden. Diejenigen Austern des Linne, welche mit einem gekerbten Schloße, oder mit einem cardine multoties sulcato versehen sind, als Ostrea semiaurita, Perna, Isogonum, Ephippium, habe ich gleichfalls vom Geschlechte der Austern getrennet und sie dem Archengeschlechte angehänget. Doch bekenne ich es aufrichtig, daß mir über diese Versetzung schon oftmals die Reue angekommen, indem sie daselbst gar nicht am rechten Orte stehen. Ich lese es daher in des Professor Retzius Dissertatione Historico naturali sistente nova testaceorum genera pag. 22. mit vielem Vergnügen, daß schon Linne aus diesen den Austern so ähnlichen, aber durch ihr Schloß so sehr von denselben unterschiedenen Gattungen ein neues Geschlecht errichtet, und es Melina genannt, dahinein also Ostrea semiaurita, Perna, Isogonum, Ephippium versetzet werden muß. Der Faltenkamm, Pecten plicatus, Ostrea Plica Linnaei, scheinet mir auch mit seinem gezähnelten Schloße als ein sonderbarer Auswürfling im Geschlechte der Linneischen Austern, die ungezähnelt seyn sollen, da zu stehen. Da es noch ein Paar andere Kammmuscheln giebt, die gleichfalls ein gezähneltes Schloß haben, so sollten sie billig zusammen in eine eigene Unterabtheilung des Geschlechts der Kammmuscheln zusammengestellet werden.

Ver=

Kammmuſcheln. Tab. 207. Fig. 2031—2036.

Verzeichnis der hier abgebildeten und beſchriebenen Kammmuſcheln.

Tab. 207. Fig. 2031—2036. Die einheimiſche Kammmuſchel. Pecten domeſticus.
Fig. 2037. 2038. Die ausländiſche Kammmuſchel. Pecten exoticus.
Fig. 2039. 2040. Der netzförmige Kamm. Pecten reticulatus.
Fig. 2041. Varietät des Faltenkammes. Varietas Pectinis plicati, Oſtreae Plicae Linnaei.
Fig. 2042. Die ungleiche Kammmuſchel. Pecten discors.
Fig. 2043. Die Däniſche Kammmuſchel. Pecten Danicus.

Tab. 207. Fig. 2031—2036.
Ex Muſeo Spengleriano et noſtro.

Die einheimiſche Kammmuſchel.
Pecten domeſticus,
teſta indigena, tenui, inaequaliter aurita, longitudinaliter denſisſime et ſubtilisſime ſtriata.

Dieſe vortreflichen Kammmuſcheln hat man auf der Copenhagener Rhede aus der Tiefe des Sundes des Sinus Codani herausgefiſchet. Ihre Schalen ſind ſo zart, und ihre Farbenmiſchung iſt ſo fein und ſo ſchön, daß ich ſie für Weſtindiſche, ja für Oſtindiſche halten würde, wenn ich es nicht gewiß wüßte, daß ihnen das Däniſche Indigenatrecht zugehöre, und daß ſie in unſerer Nachbarſchaft gefunden, und von hieſigen Fiſchweibern uns zugebracht werden. Wir haben alle Urſach, es uns dabey zuzurufen: En mira domi. Oftmals ſuchen wir alſo dasjenige in der weiteſten Ferne, was wir in der Nähe vielmals eben ſo gut, ja beßer haben könnten.

Es gehören dieſe Muſcheln zu der Familie der Pectinum mit ungleichſeitigen Ohren. Sie ſitzen voller länglichten Streifen, dabey man noch allerhand mit unnachahmlicher Kunſt kreuzweiſe, netzartig und gitterförmig gezeichnete, nur dem wohlbewafneten Auge ſichtbare, feiner wie Spinneweben gezogene Linien bemerket. Das Farbenkleid iſt bey jeder der hier abgebildeten Arten verſchieden.

Kammmuſcheln. Tab. 207. Fig. 2031—2038.

Auf Fig. 2031, welche in meiner Sammlung lieget, zeigen ſich einige dunkelroth und weißlich punktirte Strahlen, und in der Mitte ein ganz weißer Streif. Die inneren Wände ſind ſpiegelglatt. Die Unterſchale hat eine blaßere Farbe und hie und da röthliche Flecken.

Die bey Fig. 2032. ſtehende träget ein einfärbig, dunkelröthlich, weißpunktirtes Farbenkleid. Auf ihrer Oberfläche befinden ſich mehrere und ſtärkere länglichte Streifen, die ſelbſt an den inneren Wänden Fig. 2033. ſichtbar ſind. Die Unterſchale gleichet in der Farbenmiſchung völlig jener, welche bey Fig. 2031. geſehen wird.

Die Kammmuſchel bey Fig. 2034. gehöret dem Spengleriſchen Cabinette. Sie unterſcheidet ſich von den beyden vorhergehenden Arten durch ein bunter gemahltes, wunderbar geflecktes Farbenkleid, deßen Flecken auch an der inneren Wand bey Fig. 2036. hindurchſchimmern. Die Farbenmiſchung auf der Oberfläche ihrer Unterſchale bey Fig. 2035. iſt nur wenig von den vorigen Arten unterſchieden.

Bey allen dieſen Muſcheln ſitzet der äußere Rand voller feinen Einkerbungen. Niemand glaube, weil ſie in unſerer Nachbarſchaft wohnen, daß wir ihrer leicht theilhaftig werden. Es ſind wahre Seltenheiten, die nur wunderſelten von unſern Strandfiſchern beym Heraufziehen ihrer Netze mit gefangen werden, vermuthlich weil ſie ſich in ſolcher Tiefe gemeiniglich aufhalten, dahin die Netze nicht reichen.

Tab. 207. Fig. 2037. 2038.
Ex Muſeo Academico Hafnienſi.
Die ausländiſche Kammmuſchel.
Pecten exoticus,
teſta laevi, tenui, aequaliter aurita, faſciis triangularibus fuſcentibus
et albis nitidiſſime decorata, et quaſi radiata, margine
acuto integro.

Es herrſchet doch würklich in den Farbenkleidern der Conchylien eine unendliche und bewundernswürdige Mannichfaltigkeit. Die hier abgebildete kan uns hierinnen zu einem neuen Beweiſe dienen. Sie wird auf ihrer mit gleichſeitigen Ohren verſehenen, ſehr dünnen, halbdurchſichtigen Schale von breiten rothbraunen und weißen Strahlen und Bändern, die lauter Dreyecke bilden, gleichſam nach einer neuen Erfindung auf das zierlichſte bezeichnet. Uebrigens iſt ſie größtentheils glatt, obgleich manche

che zarte länglichte Streifen vom Wirbel herablaufen. Der äußere Rand
ist scharf und schneidend. Sie wohnet im rothen Meer, und ist äußerst
rar und selten.

Tab. 207. Fig. 2039. 2040.
Ex Museo nostro.
Die netzförmige Kammmuschel.
Pecten reticulatus,

testa inaequaliter aurita, longitudinaliter striata, ex fusco et albo transverse
fasciata, subtilissime reticulata, margine crenato.

Auch von dieser kleinen niedlichen Kammmuschel wird es wiederum
nicht leichte jemand vermuthen, daß sie, wie einige der vorhergehenden
bey Fig. 2031—2036. beschriebenen, gleichfalls in unserer Nachbarschaft
wohne, und in den Tiefen des Sundes ihren Aufenthalt habe. Und den=
noch ist es mehr wie zu gewiß. Ich habe in der ganzen Zeit meines Hier=
seyns von dieser Gattung nur diese einzige erbeutet, und meine Mühe ist
vergeblich gewesen, mehrere davon zu bekommen. Es hat diese Muschel
ungleiche Ohren. Sie wird durch viele länglichte Streifen rauh gemacht.
Weiße und braunröthliche Queerbinden legen sich um sie herum. Am mei=
sten bewundere ich das zarte netzförmige Gewebe, welches ihre Oberfläche
bedecket, aber nur von einem wohlbewafneten Auge wahrgenommen wer=
den kan. Es ist zarter wie ein Spinnengewebe, und kan schlechterdings
nicht gezeichnet noch nachgemacht werden. Die Unterschale Fig. 2040.
ist einfärbig rothbräunlich, und hat auf beyden Seiten kleine weiße Lei=
sten, die auch innerlich hindurchschimmern. Der äußere Rand sitzet voller
feinen Einkerbungen.

Tab. 207. Fig. 2041.
Ex Museo nostro.
Der Faltenkamm.
Varietas Pectinis plicati, seu Ostreae Plicae Linnaei,

testa subaequivalvi, convexiuscula, plicata, aequaliter aurita, longitudinaliter striata, in fundo albido ex rufo diversimode maculata, cardine denticulato.

Diese faltenvolle Kammmuschel, welche hier abgebildet worden, un=
terscheidet sich von jener im siebenten Bande dieses Conchylienwerkes bey
Fig. 598.

Fig. 598. beschriebenen nur alleine durch die Größe und durchs Farbenkleid. Daher ich sie auch für nichts weiter, als für eine bloße Varietät ausgebe. Die Oberschale ist etwas flacher, hat auch weniger Falten, als die Unterschale. Viele länglichte Streifen gehen vom Wirbel zum äußersten Rande herab. Ich besitze sechs vollständige Dubletten dieser Gattung, die ich aus Ostindien bekommen, allein da die Farbenmischung bey allen verschieden ist, so kan ichs nicht sagen, daß eine der andern völlig gleiche. Einige sind mehr weiß als roth. Bey andern hat die rothe Farbe die Oberhand. Auf der Unterschale sind bey allen die Farben bleicher und schwächer. Einige sind innerlich schneeweiß, andere daselbst braungefleckt. Alle haben gleichseitige Ohren, innerlich nur einen Muskulflecken, und im Schloße kleine Zähne und Grübchen, dahinein die Zähne der Gegenschale eingreifen. Wo äußerlich Falten stehen, siehet man innerlich Furchen, und umgekehrt, wo äußerlich Furchen stehen, erblicket man innerlich Falten. Die hier vorgestellte ist einen Zoll neun Linien lang, und eben so breit.

Tab. 207. Fig. 2042.
Ex Museo Spengleriano.
Die ungleiche Kammmuschel.

Pecten discors seu disconveniens,
testa aequivalvi, aequaliter aurita, subtilissime longitudinaliter striata, plicis laeviusculis quasi radiata, colore in superiore valvula pallide rubro in inferiore albo.

Ich glaube, dieser Kammuschel mit Recht den Namen einer ungleichen zueignen zu können, weil beyde Schalen in gar vielen Stücken ganz und gar nicht mit einander übereinkommen. Die Oberschale ist blaßroth, voller feinen länglichten Streifen. Die Unterschale ist schneeweiß und glatt, und ermangelt aller Streifen. Bey der Oberschale wechseln große und kleine Falten dergestalt mit einander ab, daß allemal zwischen zwo großen eine kleine in der Mitte gesehen wird. Hingegen bey der Unterschale stehen die großen und sehr breiten Falten in der Mitte, und die kleinen auf beyden Seiten. Unter dem einen Ohre sitzen bey der Unterschale an der inneren Seite kleine Zähne, oder, wie Linne zu reden pfleget, die auricula ist ciliato spinosa. Es ist diese Kammuschel einen Zoll sieben Linien lang, und einen Zoll neun Linien breit.

Tab. 207. Fig. 2043.
Ex Muſeo noſtro.
Die Däniſche Kammmuſchel.
Pecten Danicus,
teſta maculis rufescentibus in fundo albido undique adſperſa, quinque
ſeu ſex plicis acutis in valvula ſuperiore et ſex ſtriatis obtuſioribus
in inferiori valvula convexiore inſtructa, margine acuto
ſinuato.

Unſere Strandfiſcher finden ſehr oft dieſe feine Gattung faltenartiger Kammmuſcheln in ihren Netzen, wenn ſie ſolche aus der Tiefe heraufziehen. Die etwas flache Oberſchale hat gemeiniglich fünf bis ſechs Falten, die ſich in eine ziemlich ſcharfe, oftmals länglicht geſtreifte Kante auf ihren Rücken endigen. Bey der nur wenig gewölbten Unterſchale findet man mehrentheils ſechs bis ſieben Falten mit keinem ſcharfen, ſondern mehr abgerundeten und convexen Rücken. Die meiſten Unterſchalen ſind weiß, und ſitzen auf den Falten, aber nicht in den Furchen, voller länglichten Streifen. Jedoch giebt es auch ſolche, die unten glatt und mit einer röthlichen Farbenmiſchung verſehen ſind. Der Grund iſt weiß, aber dabey ſo voller dunkelröthlichen, größeren und kleineren Flecken, als ſey er damit wie beſäet und beſprützet worden. Die Ohren ſind beynahe gleichſeitig, und das Schloß wie bey den gewöhnlichen Kammmuſcheln. Linne würde dieſe Gattung gewiß für eine Nebenart von ſeiner Oſtrea Plica erkläret haben.

Von
einigen Land- und Flußschnecken.

Da ich in der zweyten Abtheilung des neunten Bandes, welche die Land- und Flußschnecken in sich faßet, eine umständliche Einleitung vorgesetzet, so bin ich es nicht Willens, hier eine neue Vorrede zu schreiben. Das nun folgende Verzeichnis wird es einem Jeden darthun können, daß hier in diesem Bande ein sehr starker und ansehnlicher Beytrag zur Familie der Land- und Flußschnecken geliefert worden. Nur wird man die genaue systematische Ordnung vermissen, weil ich diese Schnecken so zeichnen lassen, wie ich sie nach und nach aufzutreiben Gelegenheit gehabt.

Tab. 208. Fig. 2044. 2045. Die alte Lampe. *Helix Carocola Linnaei.*
         Fig. 2046. 2047. Die Schlangenhaut. *Helix Pellis Serpentis.*
         Fig. 2048. Das Labyrinth. *Helix Otis.*
         Fig. 2049. 2050. Die Einzahnichte. *Helix unidentata.*
         Fig. 2051. 2052. Das Riesenhorn. *Helix Cornu Giganteum.*
Tab. 209. Fig. 2053. 2054. Das Treppenfinkhorn. *Buccinum cochlidium.*
         Fig. 2055. 2056. Die größere gezähnelte Nuß. *Nux denticulata. Helix sinuata major.*
         Fig. 2057. 2058. Mondschnecke von Jamaica. *Turbo Iamaicensis.*
         Fig. 2059. 2060. Die traurende Mondschnecke. *Turbo lugubris.*
         Fig. 2061. 2062. Die Walze. *Turbo Cylindrus.*
         Fig. 2063. 2064. Das Marocanische Thürmchen. *Turbo Turricula Maroccana.*
         Fig. 2065. 2066. Der Türkische Kräusel. *Trochus Turcicus.*
         Fig. 2067—2069. Die flache Schnirkelschnecke. *Helix planata.*

Land- und Flußschnecken. Tab. 208. Fig. 2044. 2045.

Tab. 210. Fig. 2070. 2071. Die Sultanin unter den Hennen. *Gallina Sultana.*
       Fig. 2072. 2073. Der Glasschnirkel. Helix vitrea Bornii.
       Fig. 2074. 2075. Die rauhe Schnirkelschnecke. Helix scabra Linnaei.
       Fig. 2076. 2077. Der Johnische Schnirkel. Helix Johnia.
       Fig. 2078—2083. Marockanische Kinkhörner. Buccina Maroccana.
       Fig. 2084. 2085. Die Corallinische. Helix Corallina.
       Fig. 2086. 2087. Das Fuchsohr. Auris Vulpina.

Tab. 208. Fig. 2044. 2045.
Ex Museo nostro.

Die alte Lampe.

Helix Carocolla Linnaei,

testa trochiformi, carinata, colore flavescente, basi convexa, spira obtusa, apertura semiovali transversa, labro fimbriato aurantio.

Von der Schnirkelschnecke, welche beym Linne Helix Carocolla heißt, würde ich gänzlich stille schweigen, da ich solche im neunten Bande dieses Werkes bey Fig. 1090. umständlich beschrieben, wenn ich nicht eine sehr merkwürdige Varietät derselben bekannt zu machen hätte. Sie unterscheidet sich von den gewöhnlichen durch flachere, mehr zurückgedrückte Windungen, durch eine breitere Form, und bey dem untersten größesten Stockwerke durch einem scharfen Rand, welcher oben und unten wie von einem aus lauter schief laufenden Linien zusammengesetztem Bande eingefaßet wird. Die mehresten von dieser Schneckengattung sind braunschwarz; diese aber hat ein einfarbichtes gelbbraunes Farbenkleid. Jene haben sechs Windungen, bey dieser kan ich nur fünfe herausfinden. Jene werden bey ihrer ohrförmigen halbovalen Mündung von einem breiten weißen Lippensaume eingefaßet. Diese aber hat daselbst einen breiten glänzenden, orangefärbichten Lippensaum, bey dessen innerer Seite sich auf ein paar Stellen solche Wulste zeigen, die gewißermaßen den Zähnen gleichen. Sie ist zween Zoll neun Linien breit. Ihr eigentliches Vaterland kan ich mit keiner völligen Gewißheit bestimmen, da ich sie

268 Land- und Flußschnecken. Tab. 208. Fig. 2046. 2047,

aus einer andern Sammlung bekommen, bey der man sich nie nach dem wahren Vaterlande der Conchylien erkundiget. So viel aber weiß ich zuverläßig, es ist eine Land- und Baumschnecke, deren Gattung in Ost- und Westindien wohnet. Die jetzige, welche mit ihrer rothen orange- gelben Mündung sich aufs vortheilhafteste herauszeichnet, und ungleich seltener ist, als die gewöhnliche, wird vermuthlich von Jamaica, von dieser Wohnstelle der herrlichsten Land- und Baumschnecken, herge- kommen seyn.

Tab. 208. Fig. 2046. 2047.
Ex Museo nostro.
Die Schlangenhaut.
Helix Pellis Serpentis,

testa trochiformi, umbilicata, lutescente, apice obtuso, anfractibus sex con- vexiusculis pennatis, duplici fascia maculis rufescentibus et albis alternis composita nitide cinctis, anfractu infimo subcarinato, et in media carina an- tice profunde intruso et depresso, apertura semiovata auriformi, labro albo reflexo, fasciis in fauce pellucentibus.

LISTER Histor. Conchyl. Tab. 66. Fig. 64.
— — item Tab. 76. Fig. 76.
KLEIN Tentamen meth. ostrac. §. 21. no. 2 et 3. pag. 9.
PETIVER Gazophyl. Tab. 156. Fig. 1.
BONANNI Recreat. Cl. 3. Fig. 356. pag. 164.
— — Mus. Kirch. Cl. 3. Fig. 349. pag. 472.
— — Edit. Nov. Tom. 2. Cl. 3. Fig. 349. pag. 107. (In einer Anmerkung äußert Battara, dieser Editor der neuesten Ausgabe des Bonanni, die grundfalsche Meinung, es sey diese Schnecke Lucerna antiqua des d'Argenville in seiner Conchyl. Tab. 8. Fig. E. und setzet alsdann die unerwartete Anmerkung hinzu: Judicet de distantia et convenientia Conchyliologus qui si impar fuerit consulatur Decempedator.)
— — Mus. Kircher. Cl. 3. Fig. 393. pag. 475. Cochlea umbilicata in qua meatus orbium semirotundus inest. Tota candido lacte imbuta, at in utraque parte undis castaneis et fulvis mira quadam dispositione collo- catis, condecoratur.
FAVANNE Conchyl. Tab. 63. fig. G. 3.

Land- und Flußschnecken. Tab. 208. Fig. 2046. 2047.

FAVANNE Catal. rais. No. 16. pag. 6. Limaçon dit la Peau de Serpent.
Catal. Muf. Portland. No. 3802. pag. 177. A very fine Specimen of Helix undata, a carinated umbilicated Land Shell, the country unknown.
it. no. 3924. A large and finely coloured Specimen of Helix undata, an undefcribed Species of Land Snail from whence unknown.

Nachdem diefe feltene Baumfchnecke fchon in neunten Bande diefes Conchylienwerkes bey Fig. 1095. und 1096. von mir befchrieben worden; fo wûrde ich bey ihrer abermaligen Abbildung und Befchreibung die gerechteften Vorwûrfe verdienen, wenn ich nicht manches neue und anmerkungswûrdige von ihr zu fagen wûßte. Wir finden hier zuerft eine ungleich beßere Abbildung, welche nach einem weit frifcheren und vollkommneren Exemplare verfertiget worden. Ferner werden wir in den voranftehenden Citationen conchyliologifcher Schriftfteller eine fehr anfehnliche Vermehrung und Vrrbeßerung wahrnehmen, fo bald wir fie mit den ehemaligen Allegaten werden verglichen haben. Hernach fo kan ich nun von dem wahren Vaterlande diefer raren Landfchnecke die ficherften Nachrichten aus einem lehrreichen Briefe mittheilen, welchen mir vor einigen Jahren der verdienftvolle Herr von Rohr, Oberconducteur und Obriftlieutenant auf den Königl. Dänifchen Weftindifchen Zuckerinfuln, zugefchrieben. Hier find die eigenen Worte des Briefes:

„Auf einer zwölftägigen Reife, die ich in Guiana, bald zu Waßer, bald zu Lande, zwifchen dem Fluß Conana und dem Strome Aprouage, bis unter den vierten Grad gemacht, habe ich diefe fchöne Landfchnecke entdecket. Der Fluß Conana ftehet auf keiner Landcharte, er fällt aber in den Orapu, diefer in den Oyac und diefer in den Strom Cayenne. Es ift lange her, daß wir beyde nicht viel mehr an die Geographie gedacht, es ift aber angenehm, fich feiner Jugend zuweilen zu erinnern. (Der Herr Obriftlieutenant von Rohr war ehemals mein Schüler in der erften geographifchen Claße, etwa in den Jahren 1750—1751. auf dem Wayfenhaufe zu Halle, darauf zielet er mit diefen Worten.) Wir reifeten nach dem Compaß durch einen dicken Wald, der zwifchen beyden Gewäßern lieget, wo auf einige hundert Meilen fûdwärts kein Menfch wohnet. Nun follte es mich doch höchlich wundern, wenn wenn diefe einige Schnecke, fo ich auf der ganzen Reife gefunden, Ihnen auch fchon bekannt wäre. Ift das letztere, fo möchte ich es gerne wißen, an welchem Orte fie fonft gefunden würde.„

Ich sandte darauf dem Herrn von Rohr die zweyte Abtheilung des neunten Bandes dieses Conchylienwerkes, damit er es daselbst bey Fig. 1095 und 1096. augenscheinlich sehen möge, daß ich diese Gattung schon gehabt, und wie solche den Conchyliensammlern längst bekannt gewesen. Zugleich meldete ich es ihm, daß schon Bonanni in seinen vor hundert Jahren geschriebenen Museo Kircheriano besonders bey Fig. 393. dieselbe beschrieben. Vermuthlich habe derselbe, als ein Jesuit, von seinen Mitbrüdern aus dem Mittäglichen Amerika, wo die Jesuiten vormals in Paraguay und anderswo die größten Etablißements, ja gleichsam ein Königreich gehabt, dergleichen bekommen. Indeßen sey mir doch das überschickte, vorzüglich frische Exemplar, welches noch dazu in einem zahlreichen Gefolge vieler andern auserlesenen Landschnecken hieselbst angelanget, ganz ausnehmend erfreulich und willkommen gewesen.

Es ist diese Schnecke nur auf ihren bunten Queerbändern spiegelglatt, aber übrigens so rauh, als wäre sie mit einer Chagrinhaut überzogen worden. Sie hat ohnweit der Mündung, mitten auf der Kante ihrer unterften und größesten Windung, einen starken vertieften Eindruck, als sey die Schale daselbst, wie diese Schnecke noch jünger, zarter, beugsamer gewesen, durch eine äußere Gewalt zerknicket und zurückgedrücket worden. Ja, ein wenig weiter herunter, und etwas näher beym Nabel, stehet abermals ein vertiefter Eindruck der Schale, wie solches alles die Abzeichnung etwas deutlicher lehren wird, ob ich es gleich gestehen muß, daß dieser sonderbare Umstand auch dadurch noch lange nicht so anschauend und deutlich gemacht werde, als ich es gewünschet. Nur vormals, da ich nur ein einziges, etwas verbleichtes Stück von dieser Gattung besaß, und keine Vergleichung deßelben mit andern Exemplaren anstellen konnte, indem in keiner einigen hiesigen Sammlung diese Gattung befindlich ist, so hielte ich diese vertieften Eindrücke und Zurückbeugungen der Schale für Naturfehler und für zurückgebliebene Narben, die sich von einem ehemals gehabten Nabelbruch, oder von einer erfahrnen gewalttätigen Verletzung der Schale herschrieben. Allein da ich durch die Freundschaft des Herrn Obristlieutenant von Rohrs nun das frischeste Exemplar von dieser Gattung in die Hände bekam, und nun daran zu meiner nicht geringen Verwunderung eben dieselben Narben und zurückgedrückten Vertiefungen der Schale wahrnahm, so veränderten sich meine Urtheile. Ich sehe mich nun gezwungen, diese scheinbare Unregelmäßigkeit für etwas bey dieser Gattung gewöhnliches und eigenthümliches zu erklä-

erklären. Ob andere hierinnen mit mir gleicher Meinung seyn möchten? werde ich gelegenheitlich erfahren *). Woher nun der Eindruck bey dieser Gattung komme? Wozu er nütze und diene? das mag ein anderer erklären.

Petivers Außage, der ich sonst nicht viel zugetrauet, daß diese Schnecke in Mexico und Brasilien zu Hause gehöre, halte ich nun für ganz zuverläßig. Der sonst geschickte und im conchyliologischen Studio bestens bewanderte Autor des Catal. Muſ. Portl. irret sich gewaltig, wenn er es von dieser Schnecke vorgiebt, sie gehöre zur Zahl der unbeschriebenen, auch wiße man ihre eigentliche Wohnstelle nicht. Daß beydes unrichtig sey, beweisen meine oben dargelegten Nachrichten. Sie wohnet im mittäglichen Amerika, und ist längst von mehreren Schriftstellern beschrieben worden. Doch bleibt es allemal eine höchstseltene Schnecke.

*) Obſ. Herr Spengler hat vor wenig Jahren, ein sehr großes und ansehnliches Stück dieser Gattung aus London bekommen. Es hat eben dieselben vertieften Eindrücke, wie meine beyden Exemplare. Folglich ist es nun gewiß, daß dergleichen bey dieser Art natürlich und eigenthümlich sey.

Tab. 208. Fig. 2048.
Das Labyrinth.
Helix Labyrinthus, Helix Otis,
testa carinata, umbilicata, anfractibus sex convexiusculis, apertura valde labiata, fimbriata, auriformi, dentata, sinuosa, labyrinthica, prominula. Structura aperturae stupendum Naturae artificium.

SEBA Theſ. locupl. Tom. 3. Tab. 40. fig. 24. 25. pag. 123. Rarissima haec est cochlearum turbinatarum species undique spadicea cute quasi pellucida, tenui, per quam spadiceus color transparet obducta. Subtus uti supra colorata, cavo profundo in quo gyri terminantur donata, ore gaudens aurem humanam referente angustum hiante in ambitu fimbriato ansa deorsum pendula praedito.

DAVILA Catal. rais. Tom. 1. no. 986. pag. 440. Un Limaçon rare, fauve-roux de forme applatie, à six orbes un peu renflés, dont le plus bas est marqué dans son milieu d'un pli en vive arrête, à base dont le centre est umbiliqué et à bouche dont les deux lévres retrousseés et sinueuses imitent asséz les anfractuosités de l'oreille, et finissent par une espéce de gouttiere qui se jette dans l'umbilic; espéce nommée le Labyrinthe.

272 Fluß- und Landschnecken. Tab. 208. Fig. 2048.

Encyclop. Recueil de Planches. Sixieme Volume. Tab. 64. fig. 18. Le Limas terreftre le plus rare que je connoiſſe. Il eſt brun, ſa bouche eſt bordée par une forte de bourrelet qui rentre dans la bouche pour y former deux ailes et deux appendices en forme de dents qui en retreciſſent beaucoup l'ouverture.

Knorrs Vergnügen der Augen Tom. 5. Tab. 26. fig. 5. pag. 42. Sie wird genannt die ächte oſtindiſche Lampe.

FAVANNE Conchyl. Tab. 63. Fig. F. 11.

— — Catal. rais. No. 20. pag. 5. Un Limaçon dit le Labyrinthe. Tout le monde connoit la rareté de cette coquille qui eſt d'un fauve très vif; ſa forme eſt applatie, et ſon prèmier orbe produit une vive arrête circulaire: ſa levre retrouſſée et armée de dents et de ſinuoſités imite aſſez bien les anfractuoſités d'une oreille humaine. Ce Limaçon a dix huit lignes de largueur.

Catal. Muſ. Portland. No. 925. pag. 38. Helix Otis, an extremely rare ſpecies. Item No. 1260. pag. 53. A very fine Helix Otis, undeſcribed and very rare.

Da ich nie ſo glücklich geweſen, das Original dieſer allerſeltenſten Landſchnecke zu ſehen, und da ich weder in Dännemark noch Schweden und Deutſchland eine Conchylienſammlung kenne, darinnen ſie befindlich ſey, und daraus ich mir weitern Unterricht von derſelben erbitten könnte: ſo wird man mich bey der Kürze und Unvollkommenheit meiner Beſchreibung deſto eher entſchuldiget haben. Damit dieſe große Seltenheit in unſerm Conchylienwerke nicht fehlen möge, ſo habe ich für eine getreue Abbildung derſelben geſorget, und aus conchyliologiſchen Büchern ſo viele Nachrichten in den vorſtehenden Allegaten zuſammengeſuchet, als ich nur immer aufzutreiben im Stande geweſen. Sogleich der Augenſchein belehret uns, daß die ganze Anlage ihrer Mündung mit den vielen verdickten, gezähnelten, ſchneeweißen, eingeſäumten Lefzen und labyrinthiſchen Krümmungen, die weit über den äußern Rand und Umfang der Schale herabhängen und hervortreten, ein ganz ausnehmendes bewundernswürdiges Kunſtſtück ſey, welches nicht leichte Jemand ohne Erſtaunen anſehen könne. In welcher Abſicht und zu welchem Nutz und Zwecke dieſer Schnecke eine ſolche höchſtſonderbare, ungewöhnliche, labyrinthiſche Mundöfnung verliehen worden? wird wohl niemand ſo leichte zu errathen und zu erklären im Stande ſeyn. Ohne die weiſeſten
Abſich-

Land- und Flußschnecken. Tab. 208. Fig. 2048—2050. 273

Absichten und Ursachen ist es gewiß nicht geschehen. Das eigentliche Vaterland der Labyrinthschnecke, welche in Engeland Helix Otis (die Trappe, oder das Haselhuhn) heißt, weiß ich mit keiner Gewißheit zu bestimmen. Ich vermuthe, sie sey Westindisch. Profeßor Müller behauptet es in seinem zum Knorrischen Werke verfertigten Texte, sie sey ostindisch. Möchte er uns zugleich benachrichtiget haben, woher er dieses wiße? und da Ostindien groß ist, aus welcher Gegend Ostindiens diese Schnecke herstamme, so würde seine Nachricht eher Aufmerksamkeit und Glauben verdienen.*)

Tab. 208. Fig. 2049. 2050.
Ex Museo Spengleriano.
Die Einzahnichte.
Helix unidentata,
testa trochiformi, subcarinata, colore testaceo, anfractibus sex convexiusculis fascia alba cinctis, basi convexa, apice obtuso, labio unidentato, labro marginato.

Gall. Limaçon denté de Cayenne.

Diese Land- und Baumschnecke ist auf der Insel Cayenne, welche ohnweit Surinam im mittäglichen Amerika lieget, gefunden worden. Sie hat viele Gleichförmigkeit mit der Helice castanea, deren Abbildung im neunten Bande dieses Werkes bey Fig. 1177. stehet. Ich zähle bey ihr sechs Stockwerke. Das erste wird in der Mitte auf der stumpfen Kante durch ein weißes Band umwunden, welches Band sich hernach verkleinert bey der Nath aller übrigen Umläufe herumleget. Der Wirbel ist stumpf. Das braune Farbenkleid gleichet demjenigen, welches die bekannte Weinbergsschnecke, Helix Pomatia Linn. zu tragen pfleget. Die Basis ist sehr convex. Die halbovale Mündung wird von einem verdickten weißen Saume eingefaßet. An der inneren Lippe, nahe bey der Spindel, stehet ein starker Zahn, daher ist sie die Einzahnichte genannt worden. Sie könnte auch nach ihrer Wohnstelle die Cayennische heißen.

Tab. 208.

*) Anmerk. Der Herr Spengler hat nunmehr das Original dieser seltenen Schnecke aus London zu erhalten das Glück gehabt.

Tab. 208. Fig. 2051. 2052.

Ex Museo Spengleriano.

Das Riesenhorn.

Helix Cornu Giganteum,

testa umbilicata, convexa, anfractu primo valde dilatato, amplissimo, fascia alba cincto, apice obtuso, apertura ovali auriformi, labro fimbriato albo, basi planiuscula.

Im neunten Bande dieses Conchylienwerkes haben wir unter den Landschnecken manche Gattungen unter dem Namen der Post = Wald= Schlangen = Wirbel = und Jägerhörner kennen gelernet. Aber das hier abgebildete übertrift alle übrigen durch seine vorzügliche Größe, sonder= bare Bildung und außerordentliche Seltenheit. Die Basis ist ziemlich flach, aber das erste und zweyte Stockwerk hat dagegen eine desto größere Wölbung und Ausdehnung. Die ganze Schnecke wird von ei= nem braunen Epiderm überdecket, welches aber bey dieser an den mei= sten Orten abgesprungen ist. Das blaßgelbliche Farbenkleid läßet sich aus der Abbildung deutlicher, als aus wörtlichen Beschreibungen er= kennen. Es hat diese ansehnlich große Schnecke nur vier Stockwerke. Auf den höheren, bis zum Glanze glatten Umläufen siehet man feine Queerstreifen. Das unterste größte Stockwerk wird von einer weißen Binde umwunden, welche zugleich eine etwas eingeschnittene Furche be= decket. Ein weißer umgelegter Lippensaum umgiebet die ungewöhnlich große und weite Mundöfnung, welche ein völliges Oval vorstellen wür= de, wenn nicht die innere breite Lippe, so zugleich die Hälfte des tie= fen Nabels bedecket, sich queer hinüber legete, und oberwärts einen Win= kel und scharfe Ecke bildete. Es ist diese ansehnliche Landschnecke, wel= che auf den Inseln der Südsee und auf Neuseeland wohnet, drey Zoll breit, und einen Zoll neun Linien hoch. Ihre Abbildung wird man in conchyliologischen Schriften vergeblich suchen, auch werden wohl wenig Conchyliensammlungen eben dergleichen aufweisen können. Die inneren Wände sind schmutzig weiß. Es schimmert daran das weiße Band deut= lich hindurch.

Land- und Flußschnecken. Tab. 209. Fig. 2053—2056. 275

Tab. 209. Fig. 2053. 2054.
Ex Museo Spengleriano.
Das Treppenkinkhorn.
Buccinum Cochlidium,
testa alba, laevi, oblonga, anfractibus sex supra planis, (unde instar Cochlidii ducunt ad apicem) apertura patula ovali.

Die schönsten und neuesten Gattungen der Conchylien sind uns bey den Cookischen Seereisen und durch seinem wegen widriger Zufälle verlängerten Aufenthalt auf Neuseeland zu Theil geworden. Indeßen ist doch auch bey der zur Südsee vorgenommenen Reise des Bougainville die Conchyliologie nicht leer ausgegangen, noch gar vergeßen worden. Hier sehen wir eine neue Gattung von Landschnecken, welche derselbe aus den Inseln der Südsee nach Frankreich mitgebracht. Sie hat im Bau ihrer Stockwerke sehr viel ähnliches mit dem seltenen Murice, welcher beym Linné den Namen Cochlidium führet, und deßen Abbildung und Beschreibung im zehnten Bande dieses Werkes bey Fig. 1569. gefunden wird. Die gegenwärtige Landschnecke ist beydes innerlich und äußerlich schneeweiß, ohne allen weiteren Farbenschmuck. Die Stockwerke setzen stark von einander ab, und haben bey der Nath einen breiten Rand, der wie eine Wendeltreppe bis zur Spitze hinaufgehet. Die weite Mundöfnung ist eyförmig. Die Länge dieser Schnecke beträget drey Zoll. Bougainville soll davon nur zwey Exemplare mitgebracht haben, davon sich eine in dem Cabinette des Herrn Justitzrath Hwaß, und das andere in der Sammlung des Herrn Spenglers befindet.

Tab. 209. Fig. 2055. 2056.
Ex Museo nostro.
Die größere gezähnelte Nuß.
Helix Nux denticulata, Helix sinuata major,
testa trochiformi seu globulosa, scabra, obscure spadicea, fascia alba cincta apertura valde sinuosa, duobus dentibus acutis in labro dextro, quatuor in labro inferiore, et callo prominulo in labio instructa.

FAVANNE Conchyl. Tab. 63. fig. F. 6.

276 Land- und Flußschnecken. Tab. 209. Fig. 2055. 2056.

FAVANNE Catal. rais. Tab. I. fig. 43. pag. 11. no. 43. La Lampe antique extrémement rare. Elle est de forme globuleuse. La bouche est bordée d'un bourrelet saillant armé de quatre dents, sa robe est fauve.

In Listers Historia Conchyl. stehen gar viele Abbildungen solcher Landschnecken, die mit einer wunderbar gezähnelten Mündung, oder mit einer apertura dentata versehen sind. Aber die hier abgebildete habe ich bey ihm und andern Conchyliologen vergeblich gesuchet. In des de Favanne Conchyliologie wird sie zwar auf der oben angeführten Stelle mit ihrer verschobenen winkelhaften Mündung ganz richtig vorgestellet, allein denen daselbst abgezeichneten Lippen fehlen alle Zähne, weil dergleichen vermuthlich in seinem Exemplare gemangelt, da sie etwa zuvor abgerieben worden. Der von dieser Gattung in seinem Catal. rais. befindliche Abriß ist etwas beßer gerathen, wiewohl er doch auch billig noch weit beßer und genauer seyn sollte. Im neunten Bande dieses Conchylienwerkes ist schon bey Fig. 1110—1112. eine gezähnelte Nuß (Nux denticulata, Noisette dentée) beschrieben und Helix sinuata genannt worden. Aber dieser Name der gezähnelten Nuß gehöret eigentlich der jetzt hier vorgestellten. Das hingegen wird jene im neunten Bande abgebildete, von den Franzosen La Lampe antique armée de quatre dents genannt. Um aller Verwirrung vorzubeugen, so kann jene Helix sinuata minor, la petite Noisette dentée, und diese gegenwärtige Helix sinuato major, oder la grande Noisette dentée heißen. Die jetzige gleichet in ihrer Form einer kleinen Kugel. Sie ist einfärbig dunkelbraun, und wird beym ersten Stockwerke von einer weißen Binde umgeben, die auch an der inneren Seite hindurchschimmert. Sie hat sechs Windungen, deren Oberfläche durch sonderbare, schief laufende Streifen rauh gemacht wird. Die Basis ist convex. Bey der wunderbar gebildeten Mündung laßen sich drey braunweiß gefärbte Lippen deutlich unterscheiden. Die Seitenlippe hat zween starke spitzige Zähne, und hinter dem Lippensaume eine merkliche Vertiefung. Auf der untern Lippe findet man vier kleine Zähne. Bey der inneren Spindellippe tritt ein starker Wulst hervor, der dicker ist, als die vorigen sechs Zähne zusammen genommen. Wozu dergleichen sonderbare Verdrehung der Mundöfnung mit den vielen Zähnen dem Bewohner dieses schalichten Gebäudes nutzbar und vortheilhaft seyn möge? wird uns wohl nicht leichte jemand sagen können. Ich besitze ein paar Exemplare von dieser höchstseltenen Gattung, die sich vollkommen einander gleichen. Daher würde es ein grundfalscher Gedanke seyn, wenn man die schiefe

Mund-

Land- und Flußschnecken. Tab. 209. Fig. 2057. 2058.

Mundöfnung für etwas monströses halten wollte, da dergleichen allemal bey dieser Gattung gesehen wird. Sie wohnet auf der Westindischen Insul Martinique.

Tab. 209. Fig. 2057. 2058.
Ex Museo Spengleriano.
Die Mondschnecke von Jamaika.
Turbo Jamaicensis,

testa umbilicata, spadicea, anfractibus supra penes suturam leviter plicatis seu corrugatis, basi subplicata, umbilico profundo infundibiliformi, marginato, apertura rotunda, operculo orbiculari testaceo striis concentricis cirnato et notato.

LISTER Histor. Conchyl. Tab. 55. fig. 51. Cochlea umbililicata minor, subrufa, ore circinato et operculato. Jamaica.

KLEIN Tentamen meth. ostrac. Tab. I. no. 28. §. 39. lit. a. pag. 13.

FAVANNE Cat. rais. No. 39. pag. 10. La Peau de Loche. Limaçon à robe rougeâtre nuée de blanc, à bouche ronde, et un profond ombilic bordé d'un cordon saillant.

Diese rare Mondschnecke, welche auf Jamaika in süßen Waßern wohnet, hat sehr viel auszeichnendes an sich. Sie träget nur ein einfärbichtes braunröthliches Farbenkleid. Man siehet sowohl bey der Nath ihrer fünf Umläufe, als auch unten nahe beym hohen Rande, welcher den tiefen trichterförmigen Nabel wie ein Wall umgiebet, gar sehr viele Runzeln und feine Falten. Vom Favanne wird dieser Nabel mit Recht als un profond ombilic bordé d'un cordon saillant beschrieben. Die Mundöfnung ist zirkulrund. Auf den inneren Wänden zeiget sich ein schlechtes Perlemutter. Der steinartige, in der Mitte vertiefte, runde Deckel sitzet voller erhobenen concentrischen Streifen.

Da Lister bey dieser Schnecke den Namen des Sloane beygesetzet, so durchsuchte ich dessen Natural. Hist. of Jamaic. ob nicht darinnen etwas näheres von ihr befindlich seyn möchte. Ich fand auch bald, was ich suchte, denn im zweyten Bande dieses kostbaren Buches siehet man Tab. 240. Fig. 8. 9. ihre Abbildung. In der Beyschrift wird sie genannt Cochlea terrestris umbilicata minor, albida, compressa, ore rotundo, operculo donato. Beym Lister stehet sie auch unter den Erd- und Landschneſchnecken. Dem Herrn Spengler iſt ſie aber vor kurzen aus London mit der Nachricht: es ſey eine Schnecke, die in ſüßen Waßern auf Jamaika gefunden werde, zugeſchicket worden. Dieſes letztere ſcheinet auch das wahrſcheinlichſte zu ſeyn.

Tab. 209. Fig. 2059. 2060.
Ex Muſeo Spengleriano.
Die traurende Mondſchnecke.
Turbo lugubris,
teſta trochiformi, nitida, nigerrima, apice albo, apertura ſubrotunda.

Auf den Sandwichsinſuln der Südſee wird dieſe Schnecke in ſüßen Waßern gefunden. Dem Herrn Spengler ſind vor einiger Zeit mehrere von dieſer Gattung aus London mit der Beyſchrift zugeſchicket worden: in Dixons Voyage round the world werde man umſtändlichere Nachrichten von ihr antreffen. Möchte man es doch auch mit ein paar Worten angemerket haben, an welcher Stelle und auf welcher Seite dieſes Buches das weitere von ihr nach geleſen werden könne, wie ſehr würde dies mir und andern das Nachſchlagen erleichtern. Es hat dieſe ſpiegelglatte Schnecke ſechs Windungen. Ihre Farbe gleicht einem Trauerkleide. Sie iſt kohlſchwarz und bey den oberſten Stockwerken ſchneeweiß, auch dabey ſo glatt und glänzend, daß ich vermuthe, ihre Schale ſey ſchon in den Südländern abgeſchliffen worden. Die Mündung iſt beynahe rund. Die kurze weiße Spindellefze iſt in der Mitte etwas verdickt, als wenn daſelbſt ein Zahn ſtehe. Die inneren Wände ſind ſchmutzig weiß. Auf den Sandwichsinſuln pflegen die Einwohner dieſe Schnecken als einen Schmuck oder als Zierrathen am Halſe, an den Ohren, an der Naſe zu tragen. Daher kömmt es, daß faſt alle, die von dieſer Gattung nach Europa gekommen, eine durchbohrte oder durchlöcherte Schale haben, dadurch das Band gezogen worden, damit man dieſe Schnecken dem Halſe oder den Ohren anzuhängen pfleget. Daß man auch Linksſchnecken von dieſer Gattung habe, werden wir am Ende dieſes Bandes bey Fig. 3014—3015. erfahren.

Land- und Flußschnecken. Tab. 209. Fig. 2061. 2062.

Tab. 209. Fig. 2061. 2062.

Ex Museo Spengleriano.

Die Walze.

Turbo cylindrus,

testa subumbilicata, pellucida, tenui, albida, cylindracea, ex purpureo tincta, anfractibus contiguis aequalibus, striis capillaribus lineatis, apice obtuso, apertura orbiculari.

LISTER Histor. Conchyl. Tab. 21. fig. 17. Buccinum ventricosius undecim orbium, ore subrotundo. Iamaica.

KLEIN Tentamen meth. ostrac. §. 74. lit. e. pag. 28. Olivaris Iamaicensis striis capillaribus.

SLOANE Voyage of Iamaica Tom 2. pag. 230.

BROWNS Natural Hist. of Iamaica Tab. 40. fig. 8. pag. 402. Licina fusca major tubo angusto subaequali in spiram oblongam subaequalem voluta, ore submarginato.

  Weil alle Windungen bey dieser walzenförmigen Schnecke einander beynahe völlig gleichen, und also unter demselben eine große Gleichheit bemerket wird, so könnte dieser Turbo nach dem Namen eines genug berüchtiget gewordenen Mannes, l' Egalité heißen. Lister redet von eilf Stockwerken. Ich kan bey beyden Exemplaren, die ich eben vor Augen habe, nur neun herausfinden. Es gleichet diese Schnecke in ihrer Form einer Walze oder einem Cylinder. Ihre Windungen setzen wenig von einander ab, und nur die obersten sind etwas kleiner als die untersten. Die Schale ist weiß, dünne, durchsichtig, etwas purpurfarbig und endiget sich in einem stumpfen Wirbel. Die runde Mundöfnung wird von einem dünnen Rande oder Saum umgeben, und hat hinter sich einen gar kleinen Nabel. Es wohnet diese Landschnecke auf Jamaika, wo überhaupt die schönsten Land- und Flußschnecken gefunden werden.

280 Land- und Flußschnecken. Tab. 209 Fig. 2063—2066.

Tab. 209. Fig. 2063. 2064.
Ex Museo Spengleriano.
Das Marockanische Thürmchen.
Turbo Turricula Maroccana,
testa turrita, alba, ex violaceo maculata, et variegata, anfractibus decem laeviusculis, primo longitudinaliter rugoso, apertura orbiculari.

Ein guter Conchylienkenner, welcher vor einigen Jahren, da eine Königlich Dänische Gesandschaft mit Geschenken nach Marocko zur Erneuerung des Friedens gesandt worden, diese Reise mit gemacht, hat daselbst ein gutes Häuflein von Conchylien gesammlet, davon schon einige in diesem Bande vorgekommen sind, und noch mehrere auf den folgenden Blättern vorkommen werden. Die gegenwärtige Landschnecke hat derselbe ohnweit Mogador gefunden. Sie hat bey ihrem thurmförmigen Bau zehen Stockwerke. Die Grundfarbe ist weiß, sie wird aber durch einige violette Flecken bunt gemacht. Diese Flecken schimmern auch an der innern Seite hindurch. Die Stockwerke sind allesamt glatt, nur auf dem untersten stehen einige länglichte Runzeln. Da die Mundöfnung rund ist, so kan diese Schnecke mit Recht den Mondschnecken beygeselet werden.

Tab. 209. Fig. 2065. 2066.
Ex Museo nostro.
Der Türkische Kräusel.
Trochus Turcicus,
testa albida, depressa, umbilicata, carinata, scabra punctis eminentibus, margine anfractuum acuto, muricato, umbilico pervio, amplo, marginato apertura subtetragona.

Es hat diese Schnecke auf ihrer Oberfläche viele Gleichförmigkeit mit der Helice Gualteriana Linnaei, welche im fünften Bande dieses Werkes auf der 44sten Vignette gesehen wird, davon auch eine merkwürdige Varietät im neunten Bande bey Fig. 1100. beschrieben worden. Helix Gualteriana ist eine Landschnecke, die in Spanien gefunden wird; die gegenwärtige ist ebenfalls eine Landschnecke, die im Marockanischen Reiche zwischen Mogador und Marocko wohnet. Sie unterscheidet sich von jener durch

durch einen tiefen trichterförmigen Nabel, der von einem erhöheten Rande umgeben wird, und durch die sonderbare Form ihrer Mündung und Grundfläche. Das weißgelbliche Farbenkleid wird durch viele erhobene Punkte rauh gemacht. Auf der scharfen Kante der Windungen treten insonderheit beym ersten Stockwerke kleine Zacken hervor. Ich kenne wenig Schnecken, die solchen weiten, vertieften, trichter- und schneckenförmig gebildeten, und von dergleichen starkem Rande ebenfalls eingesäumten oder eingefaßten Nabel hätten. Die Mündung ist viereckigt, dadurch ich denn veranlaßt worden, sie nicht den Helicibus, sondern den Trochis beyzugesellen.

Tab. 209. Fig. 2067—2069.
Ex Museo Spengleriano et nostro.
Die flache Schnirkelschnecke.
Helix planata,
testa alba, carinata, supra complanata, subtus convexa, apertura transversali ovata.

Auch von dieser Landschnecke hat der Reisende, deßen ich bey Fig. 2063. gedacht, aus dem Marocanischen Reiche mehrere mit hieher gebracht. Die mehresten sind schneeweiß, doch werden auch einige derselben mit rothbräunlichen Linien und Bändern umgeben. Der Wirbel ist so flach, als wäre er zurückgedrücket worden. Bey der ersten Windung bemerket man eine scharfe Kante, die zugleich einem sich etwas erhebenden Rande gleichet. Die Basis ist sehr gewölbet oder convex. Bey der ovalen ohrförmigen Mündung zeiget sich eine hellröthliche Schattirung.

Tab. 210. Fig. 2070. 2071.
Ex Museo Spengleriano.
Die Sultanin unter den Hennen.
Helix Gallina Sultana,
testa ventricosa, papyracea, extus et intus ex fusco albo et flavido nitidissime variegata, fasciata, maculata, striis capillaribus nudo oculo vix manifestis longitudinaliter striata, apertura patula ovata.

FAVANNE Catal. rais. Tab. I. fig. 47. pag. 13. no. 47. Un très beau Buccin de la Nouvelle Zeelande, que nous avons appellé la Poule Sultane: il est

est papyracé et par la très-léger. Sa forme courte et très-renflée est tournée de cinq orbes bombées. Il est à stries circulaires reticulées et presque imperceptibles. Ces couleurs exterieures penétrent son interieur par la grande tenuité de ce Buccin très rare.

Die jetzige Landschnecke, so beym **Favanne** zum Buccino gemacht wird, gehöret weit eher zum Geschlechte der Schnirkelschnecken, die beym **Linne** Helices heißen. Sie hat sechs Stockwerke, davon das unterste sehr aufgeblasen und stark gewölbet erscheinet. Die Schale ist äußerst dünne durchsichtig zerbrechlich. An den inneren Wänden schimmern die Bänder und vielen weißen, gelben und schwarzbraunen Flecken der bunten Oberfläche aufs deutlichste hindurch. Die länglichten Streifen, dadurch sie bezeichnet wird, gleichen an Feinheit den Haaren, und können mit bloßen Augen kaum gesehen werden. Es wohnet diese seltene Schnecke auf Neuseeland. Sie ist zween Zoll sechs Linien lang, und einen Zoll sechs Linien breit.

Tab. 210. Fig. 2072. 2073.
Ex Museo Caesareo Vindobonensi.

Der Glaßschnirkel.
Helix vitrea Bornii,
testa subumbilicata, papyracea, fasciis longitudinalibus flammeis lutescentibus et sulphureis distincta.

v. BORN Index Mus. Caes. pag. 394.

— — Testacea Mus. Caes. Tab. 15. fig. 15. 16. pag. 383. Helix vitrea, testa subimperforata, ovata, ventricosa, laevi, subpellucida, spirae anfractibus carinatis. Patria ignota.

GMELIN Nov. Edit. Syst. Nat. Linn. Tom. I. P. 6. pag. 3622. no. 166. Helix vitrea, testa ovata, subumbilicata, semipellucida, glabra; anfractibus quinque, primo gibbo, reliquis carinatis, apertura oblongoovata.

Da ich das Original dieser Schnecke nie gesehen, so bediene ich mich der guten Beschreibung, welche uns der Herr Hofrath von Born in seinem lehrreichen Verzeichniße der Seltenheiten des Kaiserlichen Cabinets von ihr gegeben.

„Die

Land = und Flußschnecken. Tab. 210. Fig. 2072 = 2075. 283
„Die Schale ist eyförmig und sehr gebrechlich, halb durchsichtig und
glatt. Sie bestehet aus fünf Gewinden, davon das unterste bau=
chig und rund erhaben, die obern aber, welche den Schnirkel bil=
den, kielförmig erhaben sind. Die Mündung ist länglicht eyförmig;
die Spindel ist durchbohret mit einem dünnen halbbedeckten Na=
belloch. Sie ist von gelblich brauner Farbe, mit nach der Länge
herablaufenden wellenförmigen schwefelgelben Bändern.„

Tab. 210. Fig. 2074. 2075.
Ex Museo Spengleriano et nostro.
Die rauhe Schnirkelschnecke.
Helix scabra Linnaei,

testa ovali, acuminata, transversim densissime striata, in primo anfractu carinata et linea elevata distincta, apertura subrotunda, labro acuto,
labio labiato.

LISTER Histor. Conchyl. Tab. 583. fig. 37. Cochlea leviter et dense striata,
crebris undatis lineis rufis per obliquum depicta. Iamaica.

— — item Fig. 38. Cochlea sublivida nigris lineis undatis distincta: hujus varietas est in qua lineae et nigriores et multo plures sunt. Barbados. Iamaica.

KLEIN Meth. ostrac. §. 121. Sp. 2. no. 1. 2. pag. 43. Saccus ore integro.

LINNAEI Syst. Nat. Edit. 10. sp. 584. pag. 770.

— — — — Edit. 12. sp. 668. pag. 1243.

GMELIN Nov. Edit. Syst. Nat. Linn. Tom. I. P. 6. pag. 3620. no. 31. Helix testa subcarinata, imperforata, ovata, acuminata, striata. Testa fasciis
fuscis dissectis varia: in inferiore anfractu linea elevata.

In den vorigen Bänden dieses Conchylienwerkes ist die jetzige
Linneische Gattung, welche doch durch seine genau angegebenen Kennzei=
chen kennbar gemacht wird, dennoch übersehen und schändlich vergeßen
worden. Ein Paar andere Gattungen von Helicibus haben im neunten
Bande den Namen, welcher der gegenwärtigen gebühret, aus Uebereis
lung und Unvorsichtigkeit davon getragen. Ich ersuche meine Leser, die=
sen von mir begangenen Fehler gütigst zu übersehen, und in der Stille zu
verbeßern. Jene im neunten Bande bey Fig. 1208. vorkommende muß

nun alleine Helix rugosa, und nicht zugleich scabra heißen, und der anderen, bey Fig. 1259. stehenden kan der Name eines Helicis scabriusculae zugeeignet werden.

Unsere jetzige, wahre und eigentliche Helix scabra Linnaei ist eyförmig, und endiget sich beym Wirbel in eine scharfe Spitze. Sie hat sieben Stockwerke, davon das unterste größeste von einer erhabenen Linie oder Kante (von einer carina oder linea elevata) umgeben wird, welche sich hernach bey der Nath der folgenden Stockwerke verlieret. Durch viele Queerstreifen, welche noch dazu von Runzeln und länglichten Streifen, wie auch durch farbichte Bänder und Flecken, unterbrochen werden, wird sie rauh gemacht, und kan daher mit desto größerem Rechte Helix scabra heißen. Die weite eyförmige Mundöfnung hat auf der innern Seite eine ziemlich breite weiße Lippe. Das Farbenkleid dieser Gattung ist sehr verschieden, je nachdem die Wohnstellen verschieden sind, aus welchen sie hergekommen. Oftmals ist es ganz einfärbig, wie bey jener röthlichen Fig. 2075, die von Guinea hiehergekommen, und der Spenglerischen Sammlung zugehöret. Lister nennet Jamaika und Barbados als ihr Vaterland, auch stellet er sie unter die Meerschnecken. Andere halten sie für eine Land- und wieder andere für eine Flußschnecke. Ich besitze einen guten Vorrath derselben, die ich aus Ost- und Westindien, ferner auch von Guinea und von dem Vorgebürge der guten Hofnung erhalten.

Tab. 210. Fig. 2076. 2077.
Ex Museo nostro.
Die Johnische Schnirkelschnecke.
Helix Johnii,
testa laevi, pellucida, ovali, acuminata, anfractibus septem vel octo convexis, inferiore subcarinato, apertura lunata.

Mein vertrautester auswärtiger Herzensfreund, der verdienstvolle Herr Mißionarius John zu Tranquebar, dem ich so viele conchyliologische Bereicherungen zu verdanken habe, hat mir vor einigen Jahren diese Schnecke zugeschicket. Ob sie auf Choromandel wohne, oder ob er sie von Ceylon, den Nicobarischen Insuln, oder andern Ostindischen Ländern bekommen; ob es eine Land- Fluß- oder Meerschnecke sey, darüber hat er mich mit keinem Wörtlein belehret. Ich bin es von diesem
Freunde

Freunde schon gewohnet, seine mehresten conchyliologischen Geschenke ohne alle Beyschriften und Erläuterungen zu bekommen, weil es seine eingeschränkte Zeit und sein mit Geschäften überladenes wichtiges Amt nicht erlaubet, sich mit solchen Nebengeschäften viel zu befaßen und abzugeben.

Wofern ich mich nicht gänzlich in meiner Vermuthung sollte irren, so ist die jetzige eine Landschnecke. Ihre Schale ist dünne und durchsichtig, auch bey dieser schneeweiß, und nur auf manchen höhern Stellen bläulicht braun. Vor kurzen ist mir noch eine von dieser Art zu Theil worden, die dunkelbläulicht gefärbet erscheinet. Die zarten Streifen, welche die jetzige umgeben, sind dem bloßen Auge kaum sichtbar. Ich finde bey ihr sieben bis acht Stockwerke, die eine merkliche Wölbung haben, und also convex sind. Auf dem untersten tritt in der Mitte eine feine Linie oder Kante hervor. Die Mundöfnung ist fast rund, und die Lippe scharf und schneidend.

Tab. 210. Fig. 2078—2083.
Ex Museo nostro.
Marockanische Kinkhörner.
Buccina Maroccana
in lacubus et fluviis istius regni inventa.

Derjenige, mit den Conchylien bestens bekannte Reisende, von dem ich es schon einigemal gemeldet, daß er die Marockanischen Lande besuchet, hat diese Gattungen daselbst in stehenden und fließenden Waßern angetroffen. Ich werde nun beliebter Kürze willen, sie hier unter dem Namen der Marockanischen Kinkhörner zusammenfaßen. Denn da sie alle unterwärts einen Auslauf oder zurückgebogenen Schnabel haben; so muß man sie nach der Linneischen Ordnung und Vorschrift den Buccinis, und nicht den Helicibus beygesellen. Die Schnecke bey Fig. 2080 und 2081. zeichnet sich durch ihr feines grünliches Epiderm, und durch ihre oberwärts ganz platten Stockwerke, (durch anfractus supra planos) vortheilhaft unter den andern heraus. Allein Fig. 2078. 2079. ist ungleich näher mit ihr verwandt, als es viele vermuthen werden. Sie wird ebenfalls im frischen natürlichen Zustande von einem grünen Ueberzuge bedecket. Viele einzelne Stücke derselben haben ebenfalls oben flache, stark absetzende Windungen. Sobald aber das Epiderm abgezogen, und hinwegebeizet worden, so zeigen sich bey einigen auf der sonst weißen Oberfläche breite bläulichte und braune Queerbinden. Die Schnecke bey Fig. 2082 und 2083. hat länglichte, merklich erhobene Ribben, und gleichet hierinnen den bekannten Harfenschnecken. Bey allen drey Arten werden die Lippen oben durch eine Rinne oder Einschnitt getrennt, und an der inneren weißen Lippe tritt oben ein starker Wulst hervor.

Tab. 210. Fig. 2084. 2085.
Ex Museo nostro.
Die Corallinische Schnirkelschnecke.
Helix Corallina,
testa turrita, alba, nitida, glaberrima, tenui pellucida, anfractibus quinque inferioribus cylindraceis sed spirae acuminatis, apice exquisito, apertura suborbiculari.

Soll ich diese sonderbare Gattung für eine Meer= oder Landschnecke halten? Diese Frage will ich andern zur Entscheidung überlaßen, wenn ich es erst kürzlich werde gemeldet haben, wie und wo ich sie gefunden. Ich erhielte einst ein paar Wagen voller Corallengewächse, Madreporen, Milleporen, Mäandriten und dergleichen, damit ein aus den Westindischen Zuckerinsuln zurückgekommener Schiffer, der keine volle Ladung gehabt, und dem es an Steinen zum Ballast gemangelt, seinen untersten Schiffsraum angefüllet hatte, und die mir nun willig überlaßen wurden. In den Höhlen und Löchern dieser Seegewächse fand ich zu meiner nicht geringen Freude eine Menge neuer Gattungen von Schnecken und Muscheln. Darunter waren nun auch diese allerliebsten Thurmschnecken, die oft so tief in diesen Steinmaßen der Corallen steckten, und dergestalt damit umgeben und eingeschloßen wurden, daß es mir unerklärbar war, wie sie da hinein gekommen, und mitten im Gestein leben können, und was sie da zu suchen gehabt. Also sind es denn Meerschnecken, werden manche sagen, weil sie in den Höhlen solcher Madreporen und Corallensteine gestecket, die man aus der Tiefe des Meeres herausgehohlet. Wie, wenn aber die Corallensteine schon lange am Strande aufgethürmet dagelegen, um gelegentlich, weil man daraus Kalk zu brennen pfleget, in Westindischen Kalkbrennereien gebrandt zu werden? Könnten nicht da auch Landschnecken sich in die Höhlen und Löcher derselben, wie sie noch naß, weich und frisch gewesen, hineingeschlichen haben? Die Sache muß also wohl

vors

vors erste noch unentschieden bleiben. Es sind diese kleinen Thurmschnecken so weiß und durchsichtig, aber auch so fein und zerbrechlich, wie das feinste Glaß. Ich zähle bey den größeren Exemplaren zwölf Stockwerke, davon die untersten einander ziemlich gleich und cylindrisch sind, die obersten aber mit einemmal stark absetzen, und sich endlich in eine sehr scharfe Spitze endigen.

Tab. 210. Fig. 2086. 2087.
Ex Museo Spengleriano et nostro.
Das Fuchsohr.
Auris vulpina,

testa in bivio posita, generis dubii, forma ovali, anfractibus septem supra planiusculis penes suturam crenato-nodulosis, apertura coarctata auriformi, labro duplicato valde crasso, labio replicato intus fusco.

Diese Schnecke habe ich hier zuletzt auf einen verlohrnen Posten dahingestellet, weil ich sie wirklich bey keinem der vorigen Geschlechter bequem unterzubringen wußte. Wenn sie von der Seite ihres Rückens angesehen wird, so scheinet sie ein Buccinum zu seyn; allein sobald man sie umkehret, und aperturam coarctatam, und die wunderbarste ohrförmige Mündung erblicket, wer will und darf sie alsdenn noch den Kinkhörnern beyzählen. Im Humphreyischen Auctionscatalog seiner im October des 1794sten Jahrs zu Hamburg verkauften Conchylien, werden zwey Stücke dieser Gattung, No. 132. folgendermaßen angekündiget:

„Zwey höchst seltene, halbcalcinirte Midasohren, Landschnecken. Sie haben sieben Windungen, davon die erste zwey Drittel des Ganzen ausmacht, und sind überher bis zur Spitze gefurcht. Die Mündung ist ohrförmig, und hat eine dreyfach abgetheilte Lefze. Diese Schnecken kommen von der Insul St. Helena.„

Ich war so glücklich, eben diese beyden Stücke durch einen Freund für einen billigen Preiß zu erkaufen, denn beyde kosteten noch nicht völlig einen Rthlr. Wofern bey dieser Gattung anstatt der Wulste, so bey einigen auf der inneren Lippe hervortreten, Zähne vorhanden wären, so wollten wir uns keinen Augenblick bedenken, sie den andern Midasohren im Geschlechte der Voluten an die Seite zu stellen. Könnte sie aber dennoch nicht dem Geschlechte der Voluten als eine Voluta edentula mit gleichem Rechte beygezählet werden, als Linne seine Venerem edentulam im Venusgeschlechte

schlechte untergebracht. Denn sogleich ein neues Geschlecht mit dieser einigen zu errichten, halte ich nun um deßwillen nicht für rathsam, weil ich mich stets sehr lebhaft der Warnung erinnere, die einst der große L i n n e soll gegeben haben: „Man müße mit der Aufrichtung neuer Geschlechter durchaus nicht bereitwillig, geschwinde und freygebig, sondern sehr sparsam und zurückhaltend seyn.

Wiewohl nun kömmt eine andere Frage, die ich eben so wenig als die vorige gründlich zu beantworten weiß. Ist diese Schnecke, welche wir hier vor uns haben, eine Land = oder eine Meerschnecke? Der Herr Kunstverwalter S p e n g l e r hat eine frische, die ich hier abzeichnen laßen, mit ihren Farben aus China bekommen, daher wir es vermutheten, daß sie in den dortigen Gewäßern zu Hause gehöre, oder vielleicht aus der Südsee dahin gebracht worden. Allein nun bekam er eine andere, etwas calcinirte über London von der Insul St. Helena mit der Beyschrift: sie sey zwanzig Fuß tief im Felsen, oder da ganz Helena auf einem Felsen des Oceani Aethiopici lieget, in einem Thale beym Felsen gefunden worden. Daß meine beyden Exemplare eben daselbst gefunden worden, wißen wir schon aus dem oben angeführten Zeugniße. Deßwegen aber halte ich sie doch nicht für Landschnecken, die auf der Insul Helena wohnen, bis uns frische Stücke derselben von dorther geliefert worden. Die gegrabenen, halb calcinirten können ja bey einer hohen Fluth und gewaltigen Sturm, oder schrecklichen Ueberschwemmung aus den tiefsten Tiefen des Meers dahin verschlagen worden seyn; da wären es denn doch auf der Insul Helena niemals Landbewohner im frischen Zustande gewesen.

Die Stockwerke setzen bey dieser Gattung stark von einander ab, und sind bey der Nath etwas eingekerbet, körnig und gefalten. Die winkelhafte ohrförmige Mündung erreget billig beym ersten Anblick dieser Schnecke die meiste Bewunderung. Die äußere Lippe ist doppelt und dreyfach gesäumet, auch die innere ist ungewöhnlich dicke, und wird von einem starken Saume eingefaßet. Beym frischen Spenglerischen Exemplare zeiget sich ein deutliches Nabelloch, welches aber bey dem Meinigen von der dicken inneren Lippe verdecket wird. In der neuesten Ausgabe des L i s t e r s stehet Tab. 1058. Fig. 8. eine Schnecke, deren Mündung unserer eben beschriebenen sehr zu gleichen scheinet.

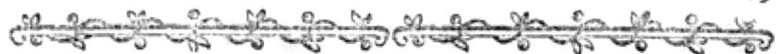

Von
einigen monströsen Schnecken.

Mit einer ausführlichen Geschichte der Bastarte, Mißgeburten und heterogenen Conchylien würde wohl vielen Conchylienfreunden nicht sonderlich gedienet seyn. Da man in allen Reichen der Natur Mißgeburten antrift, und unter den Steinen, Pflanzen, Thieren, ja selbst unter den Menschen genug Mißgeburten gefunden werden: so darf es niemand als etwas unerhörtes ansehen, wenn ihm unter den Conchylien dergleichen aufstoßen und vorkommen. Nach dem zuverläßigen und bey mir sehr viel geltenden Zeugniße des Herrn Justizrath Hwaß sind auch einige solcher Conchylien, die man bisher als einzige in ihrer Art, als Enfants uniques, als die vorzüglichsten Seltenheiten dieser und jener Sammlungen, als die allerrarestrn unschätzbarsten Gattungen betrachtet, nichts anders als Mißgeburten. Dahin rechnet derselbe aus dem Appendice des d'Argenville Tom. I. Fig. F. davon es dort heißt: Rien est si extraordinaire pour la forme. Favanne liefert uns eine Copie derselben in seiner Conchyliologie Tab. 34. fig. F. Herr Hwaß hat diese berühmte Schnecke in Händen gehabt, und versichert, es sey nichts anders, als ein monströser Strombus Luhuanus Linnaei. Diejenige Conchylie, welche im dritten Bande dieses Conchylienwerkes bey Fig. 1103. abgebildet gesehen wird, haben wir hieselbst immer für eine der größten Seltenheiten des Gräflich Moltkischen Cabinets angesehen. Sie ist aus der Sammlung des berühmten Holländischen Apothekers Seba erkauft worden. Sie steht in des Seba Thesauro locupletissimo Tom. 3. Tab. 57. fig 1. und wird da beschrieben als Buccinum peculiare haud cognitum aliis maximaque dignum animadversione. „Es ist auch diese Schnecke, schreibt Herr Hwaß, nichts anders, als eine Monströsität von einer solchen Gattung, davon das wahre Original unter meinen Conchylien lieget.„ In dem unerhört theuren Werke des Thomas Martyns, welches an seiner Stirne den schallenden leeren Titul einer Universal Conchyliologie führet, siehet man Tom. I. Tab. 39. eine von den freundschaftlichen Inseln des Südmeeres dahergekommene Kegelschnecke, die daselbst Girdle, Voluta Cingulum genannt, und für äußerst selten ausgegeben wird. Allein es ist wieder nur eine Monströsität. Ich besitze eine Porcellanschnecke von der Gattung, welche beym Linne Cypraea Exanthema heißt, und von einem eben so großen Queergürtel, wie Martyns Voluta Cingulum umgeben wird. Allein ich werde mich hüten, sie wegen dieses monströsen Auswuchses zu einer neuen Gattung zu erheben, oder ihr deßwegen eine ausnehmende Seltenheit und Wichtigkeit beyzulegen. Da ich schon einigemal aufgefordert worden, der monströsen Conchylien in diesem Werke eingedenkt zu seyn, und sie nicht gänzlich zu vergeßen: so habe ich wenigstens, um den Verlangen solcher Freunde nachzugeben, eine ganze Kupfertafel dazu anwenden, und einige vorzüglich schöne und merkwürdige zu einer kleinen Probe darlegen wollen.

Verzeichnis der hier abgebildeten und beschriebenen monströsen Conchylien.

Tab. 211. Fig. 2088. 2089. Die monströse Spindel. Murex Colus Linnaei monstrosus.

Fig. 2090. 2091. Der monströse Delphin. Turbo Delphinus Linnaei monstrosus.

Fig. 2092. 2093. Das Füllhorn. Die Hornschnecke. Cornu Copiae monstrosum.

Fig. 2094. 2095. Der gezackte monströse Schnepfenkopf. Murex Brandaris Linnaei monstrosus.

Tab. 211.

Tab. 211. Fig. 2088. 2089.
Ex Museo nostro.
Die monströse Spindel.
Murex Colus Linnaei monstrosus,

Von der Gattung, die beym Linne Murex Colus, bey den Engeländern Crane Shell, bey den Franzosen la Quenouille cannelée ou tigée, bey den Holländern Tabakspypen, Franche Spille genannt wird, habe ich mehrere von allerhand Farben aus Ceylon bekommen. Darunter war nun auch diese monströse Spindel. Nach der charakteristischen Beschreibung des Linne sollte sie testam subrecto caudatam, oder canalem seu rostrum rectum haben, und sie hat rostrum valde curvatum a dextra ad sinistram deflexum. Man siehet es auch deutlich an den zurückgebliebenen Narben ihrer Schale, daß sie einstmals, etwa in ihrer Jugend eine starke Verletzung ihres schalichten Wohnhauses muß erlitten, und einen gar gewaltigen Stoß und Bruch bekommen haben, dadurch sie denn gezwungen worden und sich genöthiget gesehen, diese schiefe, bey ihrer Gattung ganz ungewöhnliche Richtung zu nehmen. Es ist zwar dennoch ein gerader Schnabel oder Schwanz bey ihr vorhanden; der aber nun gegen alle Erwartung nicht von dem Rücken oder der Hinterseite ihrer Schale ausläuft, sondern vom Bauche und der Vorderseite herabgehet, und ihr beym Aus- und Eingange und bey ihren Geschäften mehr zur Verhinderung, als zur Förderung und Bequemlichkeit wird gedienet haben. Dennoch wundere ich mich, wie sie bey solchen Anomalien und Verrenkungen, noch das frischeste Farbenkleid und gesunde Ansehen hat behalten können.

292 Monströse Schnecken. Tab. 211. Fig. 2090—2093.

Tab. 211. Fig. 2090. 2091.
Ex Museo Fichteliano Vindobonae.

Der monströse Delphin.
Turbo Delphinus monstrosus.

Diese monstöse Schnecke gehört zu jener Gattung von Delphinen, welche im fünften Bande dieses Werkes bey Fig. 1733. abgebildet worden, und gemeiniglich Lappenschnecken, Cochleae laciniatae, genannt werden. Der Augenschein lehret es, daß die Windungen des jetzigen, durch einen Zufall von einander gerißen und getrennt worden, da sie sonst im natürlichen Zustande sich genau zusammen schließen, und dichte an und auf einander zu sitzen pflegen.

Tab. 211. Fig. 2092. 2093.
Ex Museo Caesareo Vindobonensi.

Das Füllhorn. Die Hornschnecke.
Cornu Copiae monstrosum,
testa conica turrita, anfractibus duobus liberis, apertura or-
biculata.

v. BORN Index Musf Caes. Tab. I. pag. 371.

— — Testacea Mus. Caes. Tab. 13. fig. 10. 11. pag. 361. Cornu, novum univalvium genus. Cochlea spiralis fragilis, apertura perfecte orbiculari, et anfractibus a se invicem remotis.

Nach meiner Ueberzeugung ist diese Schnecke nur ein ausgeartetes, völlig aus der Art geschlagenes, seinen Vorältern ganz unähnlich gewordenes, aber dabey sehr schönes Kind von der bekannten Weinbergsschnecke, welche beym Linne Helix Pomatia heißt. Eben dieses Urtheil hat auch schon vormals der einsichtsvolle Conchyliologe, Herr Spengler, von ihr gefället, und es dem Herrn von Born verdacht, daß er mit einer einzigen Schnecke, die noch dazu unter die monströsen gehöret, ein neues Geschlecht stiften wollen. Das Urtheil des Herrn Spenglers stehet in den neuen Schriften unserer hiesigen Königlichen Gesellschaft der Wissenschaften Tom. 2. pag. 177.

Tab. 211.

Monstrōse Schnecken. Tab. 211. Fig. 2094. 2095.

Tab. 211. Fig. 2094. 2095.
Ex Museo nostro.

Der gezackte Schnepfenkopf.
Murex Brandaris Linnaei monstrosus.

Diese Schnecke habe ich einstmals, da ich noch zu Wien Legationsprediger war, aus dem Adriatischen Meere bekommen. Es wird solche Gattung daselbst und im ganzen Mittelländischen Meere sehr häufig gefunden. Nun sollte dieser Murex einen geraden Schwanz oder Schnabel haben, caudam subulatam rectam, und er hat einen schiefen, von der rechten zur linken Seite hinüber gebogenen Schwanz. Er gehöret also unläugbar zur Zahl der monströsen Schnecken.

Von
Foßilien oder gegrabenen Conchylien.

An einer ausführlichen Geschichte solcher gegrabenen Conchylien, dazu man bisher noch in keinem Meere der Welt die wahren Originalien entdecket, hat es uns bisher noch gefehlet. In der hiesigen Königlichen Gesellschaft der Wißenschaften habe ich vor einigen Jahren eine Abhandlung vorgelesen: de quibusdam testaceis deperditis quorum Ectypa inter Fossilia e fundo terrae effodiuntur, sed quorum Protypa seu Archetypa adhuc in abysso Oceani recondita latent, und darinnen meine Gedanken von dieser Sache umständlicher, als es hier geschehen kan, dargeleget. Lister in seiner Historia Conchyliorum, Carolus Nicol. Langius in seiner Historia lapidum figuratorum Helvetiae ejusque Viciniae, Seba im vierten Bande seines mit vieler Uebereilung und Unzuverläßigkeit geschriebenen Thesauri locupletissimi rerum naturalium, d'Argenville und Favanne in ihrer Conchyliologie, Schröter im vierten Bande seiner vollständigen Einleitung in die Geschichte der Steine und Versteinerungen, und im zweyten Bande seiner Beyträge zur Naturgeschichte der Conchylien und Foßilien, Walker in seinem Tractat de testaceis minutis rarioribus nuperrime in arena littoris Sandwicensis detectis, und hundert andere, haben dazu einen kleinen Anfang gemacht. Aber es sind nur Bruchstücke, die kein ganzes ausmachen.

Ein ausnehmender Vorrath der schönsten Foßilien muß sich im Cabinette der Herzogin von Portland befunden haben. Wem muß doch solcher bey der bald nach ihrem Tode angestellten Versteigerung ihrer Seltenheiten zu Theil geworden seyn? Das Museum Britannicum zu London besitzet unter seinen großen Schätzen auch ohnstreitig die größte Sammlung von Foßilien. Branders Fossilia Hantoniensia in Museo Britannico deposita, liefern uns davon sehr lesenswerthe Nachrichten. Ich
finde

Von Foßilien oder gegrabenen Conchylien.

finde in der Vorrede dieses Buches, deßen Kupferstiche von einer rechten Meisterhand verfertiget worden, folgende Bemerkung, die ich meinen Lesern nicht vorenthalten mag. Paucissima Originalia horum Fossilium in Angliae littoribus vel in ulla alia parte Europae habitare deprehenduntur; maximus eorum numerus species comprehendit quae camparatione cum recentibus instituta prorsus non cognitae sunt: Descriptiones scientificas et systematicas me D. Solandro amicissimo debere lubens gratusque agnosco. Ich erblicke unter den abgebildeten Foßilien dennoch einige, deren Originale seit wenig Jahren aus der Südsee zu uns herüber gebracht worden. Vermuthlich müssen also noch mehrere Originalschnecken, die uns zur größten Erläuterung in Absicht der ursprünglichen Beschaffenheit dieser vielen Foßilien dienlich seyn könnten, im Südmeere liegen.

Verzeichnis der hier abgebildeten gegrabenen Conchylien.

Tab. 212. Fig. 2096. 2097. Die Spindel Noäh. *Murex Noae.*
    Fig. 2098. 2099. Der Citharist. *Citharoedus.*
    Fig. 3000. 3001. Die Zwiebel. Murex Bulbus.
    Fig. 3002. 3003. Die Dornichte. Strombus spinosus Linnaei.
    Fig. 3004. 3005. Die Feigenförmige. Murex Ficulneus.
    Fig. 3006. 3007. Die Musikalische. Voluta Musicalis.
    Fig. 3008. 3009. Die Dicklippe. Voluta labiata.
    Fig. 3010. 3011. Die gemischte. Cochlea mixta.

Tab. 212. Fig. 2096. 2097.
Ex Museo nostro.
Die Spindel Noäh.
Murex Noae,
testa turrita fusiformi, anfractibus transversim striatis et plicato nodosis, cauda recta solida, labio reflexo crassiusculo, cauda distincta et sejuncta ab apertura ovali canaliculata, basi striis transversis exarata.

Wenn man diese gegrabene Conchylie, die ich nirgends abgebildet angetroffen, und daher vermuthe, daß sie nur selten gefunden werde, von der Seite ihres Rückens ansiehet, so glaubet man, eine den großen Pabstkronen sehr nahe verwandte Volute vor sich zu haben. Aber so bald man sie umkehret, und an ihrer breiten Spindellippe auch keine Spur einiger Zähne und Falten, aber einen sehr verlängerten, gerade ausgehenden Schnabel erblicket, so bleibet kein Zweifel übrig, daß sie den Muricibus beygeselleet werden müße. Sie hat eilf thurmförmig in die Höhe steigende Stockwerke, welche von Queerstreifen umwunden, und durch Falten und Knoten etwas eckigt gemacht werden. In der Mitte ist sie am dicksten, und stecket daselbst voller Pholaden, die sich da eingenistelt und in der durchbohrten Schale erhalten haben. Sie sind von der Gattung, die ich im achten Bande bey Fig. 731. beschrieben. Der gerade herabgehende, dicke, maßive Schnabel wird durch die stark hervortretende dicke Spindellippe, wie durch eine Scheidewand, von der eyförmigen Mundöfnung, die sich in einen geraden engen Canal endiget, abgesondert. Im trocknen Sande zu Grignon und Courtagnon in Champagne wird diese Gattung gefunden. Wie und durch welche Revolution und Ueberschwemmung sie aus den entferntesten Meeren und tiefsten Tiefen sie dahin gekommen? In welchem Meere sie vormals gewohnet? Ob jemals eine frische und natürliche von dieser Art mit ihrem Farbenschmucke irgendwo entdecket, und einer Conchyliensammlung einverleibet worden? Ob etwa bey den vielen, in neueren Zeiten geschehenen Reisen der Engeländer zur Südsee, die Originale zu dieser und mancher andern bey Hantou in Engeland und Courtagnon in Champagne gefundenen Conchylien schon entdeckt worden, oder bald werden entdecket werden, das sind Fragen, dabey ich verstummen muß, weil ich keine derselben vollständig zu beantworten weiß.

Foßilien oder gegrabene Conch. Tab.212. Fig.2098.2099. 297

Tab. 212. Fig. 2098. 2099.
Ex Museo nostro.
Der Citharist oder Harfenspieler.
Citharoedus,

testa ovata ventricosa, laevi infra attenuata, longitudinaliter costata, costis supra mucronatis, spira exquisita, labio simulac basi transversim striatis, apertura ovali, cauda brevi recta.

Diese bey Courtagnon, ohnweit Rheims ausgegrabene, bestens mit ihrem Glanze und Politur erhaltene Schnecke muß, so wie die vorige, nicht gemein, sondern selten seyn. Ich habe sie vergebens bey den Schriftstellern, die uns einige Nachricht von gegrabenen Conchylien geliefert, aufgesuchet. In den Sammlungen meiner Freunde habe ich sie auch nicht angetroffen. Daß sie viele Aehnlichkeit mit jenem Kinkhorn habe, welches beym Linné Buccinum Harpa heißt, lehret der Augenschein. Nur werden viele geneigter seyn, sie wegen ihres kurzen, gerade auslaufenden, nur wenig ausgeschnittenen Schnabels den Muricibus beyzugesellen. Aus den scharfen, im genauesten Ebenmaaße von einander stehenden Ribben treten oberwärts feine Spitzen hervor. Ich zähle bey ihr acht Stockwerke, davon das unterste sehr bauchicht ist, und die obern sich in eine scharfe Spitze endigen. Der Raum zwischen den Ribben ist glatt. Die Basis sitzet voller Queerstreifen, die bey der Spindellefze noch stärker und dicker werden. Die Mündung ist eyförmig. Die Stockwerke setzen stark von einander ab. Die neugierigen Fragen, welche ich bey der vorigen aufgeworfen, werden auch wohl bey dieser unbeantwortet bleiben. Es fehlet uns noch das wahre Original zu dieser gegrabenen Conchylie.

Ich besitze von dieser Art auch eine kleine, ungleich schmählere, davon eine Abbildung in Favannens Conchyliologie Tab. 66. Fig. 1. 4. gesehen wird.

298 Foßilien oder gegrabene Conch. Tab.212. Fig.3000—3003.

Tab. 212. Fig. 3000. 3001.
Ex Muſeo noſtro.
Die Zwiebel.
Murex Bulbus,
teſta laevi, globoſa, transverſim ſubtiliſſime ſtriata, ſpira exſerta, apice exquiſito, cauda brevi, apertura ovali deſinente in canalem rectum labio acuto, labro reflexo nitido ſupra calloſo, baſi attenuata.

LISTER Hiſtor. Conchyl. Tab. 1028. fig. 3.

BRANDERS Foſſilia Hantonienſia. Tab. 4. Fig. 54. pag. 27. Murex Bulbus teſta diverſae magnitudinis plerumque nuci juglandis major Murici Fico (nunc Bullae) valde affinis ſed laeviuscula eſt et ſpira magis exſerta acutior. Apertura laevis oblonga. Cauda aperta.

Auch zu dieſer ſchönen gegrabenen Schnecke, die in guter Anzahl ſowohl in Frankreich als in Engeland gefunden wird, habe ich noch nie das friſche Original, ſo ſehr ich mich auch in Conchyliencabinettern darnach umgeſehen, erblicken können. Ob andere im Nachſuchen glücklicher geweſen, darüber wünſchte ich näher belehrt zu ſeyn. In der Mitte iſt dieſe Schnecke kugelförmig. Sie wird auf ihrer ſonſt glatten Schale von ſehr feinen Queerſtreifen umgeben. Der Wirbel tritt wenig hervor. Der kurze Schnabel nimmt eine gerade Richtung. Die eyförmige Mündung endiget ſich in einen geraden Canal. Die innere, glänzend weiße Lippe hat oberwärts einen merklichen Wulſt. Ich beſitze noch eine Varietät derſelben, die etwas geſtreckter iſt, deren Abbildung in des Favanne Conchyliologie Tab. 66. Fig. M. 11. kan nachgeſehen werden. Es ſcheinet, daß in Schröters Einleitung in die Geſchichte der Verſteinerungen Tom. 4. Tab. 10. Fig. 8. eben dieſe letztere gemeinet werde.

Tab. 212. Fig. 3002. 3003.
Ex Muſeo noſtro.
Die Dornichte.
Strombus ſpinoſus,
teſta laevi, ſubplicata, ſuperne duplici ſerie ſpinarum in quovis anfractu coronata, lineis purpuraſcentibus cincta, baſi ſtriis exarata, cauda brevi recta, apertura ovali, labro integro, columella plicata.

LISTER Hiſtor. Conchyl. Tab. 1033. E ſabuletis Pariſienſibus.

Foßilien oder gegrabene Conch. Tab.212.Fig.3002.3003. 299

GUALTIERI Index Conchyl. Tab. 55. fig. E. Strombus integer ore labiofo, minutisfime ftriis circumdatus, in prima fpira muricibus acutis coronatus, mucrone papillis divifo, candidus.

D'ARGENVILLE Conchyl. Tab. 29. fig. 10. pag. 349. Rocher. Muricites.

LINNAEI Syft. Nat. Edit. 10. fp. 271. pag. 715. Conus fpinofus, tefta lineolis rubris cincta, coronata, fubplicataque fpinis argutis, fpira aculeata.

— — — — Edit. 12. fp. 510. pag. 1212. Strombus fpinofus, tefta labro attenuato integro, fubplicato, coronato fpinis argutis, fpira aculeata. Mihi fosfilis tantum. Statura Volutae Vefpertilionis, fed bafis minime emarginata, nec columella plicata. Lineolae purpurafcentes parallelae numerofae cingunt teftam albidam fuperne angulatam et fpinis acutisfimis coronatam. Mirum colores perennare in fosfili tefta.

GMELIN Edit. Nov. Syft. Nat. Linn. Tom. I. P. 6. pag. 3518. no. 27. Strombus fpinofus hactenus modo fosfilis inventus. Statura Volutae vefpertilionis bafi tamen minime emarginata, nec columella femper plicata.

BRANDERS Fosfilia Hantonienfia Tab. 5. fig. 65. pag. 30. 31. Strombus tefta conica, coronata fpinis validis, acutis, transverfim ftriata, ftriis aequalibus longitudinaliter coftata. Spirae anfractus fupra concavi. Columella ftriata, oblique plicata. Admodum affinis Strombo Lucifero Linnaei, qui etiam mille modis figura ludit. An Labrum ampliatum, determinare nequeo. Volutis accedit columella plicata, plicae autem obliquae funt atque fubobfoletae.

DAVILA Catal. rais. Tom. 3. pag. 104. no. 135. Murex de Chaumont à côtes longitudinales couronnées fur chaque orbe de deux rangs des petits tubercules pointus, à clavicule lisfe.

FAVANNE Conchyl. Tab. 66. fig. I. 9.

— — Catal. rais. pag. 489. No. 2157. Le Rocher à liférés couronné d'Epines.

Schröters Einleitung in die Geschichte der Versteinerungen Tom. 4. Tab. 8. fig 8.

— — neue Litteratur der Conchylien und Foßilien. Tom. 2. pag. 252. no. 29.

Diese Schnecke hat sich, wie in unsern Tagen die Emigranten, von einem Orte und Geschlechte zum andern müßen herumtreiben laßen, und noch hat sie keine sichere Stelle, auf der sie gewiß verbleiben wird. In der zehnten Ausgabe des Linneischen Systems wurde ihr gegen alle Erwarwartung eine Stelle unter den Kegelschnecken (Conis) angewiesen, auf der sie sich nimmer behaupten konnte. In der zwölften Ausgabe des Linneischen Natursystems ist sie unter die Flügelschnecken (Strombos) versetzet worden, vermuthlich weil Linne geglaubet, es sey ein Stümpfchen eines unausgewachsenen Strombi. (Ich besitze Stümpfchen vom Strombo, der beym Linne Lucifer heißt, welche mit ihr eine große Aehnlichkeit haben, darauf auch Brander in der oben angeführten Stelle zu zielen scheinet.) Da aber alle Exemplare, welche man bisher von dieser dornichten gefunden, als ausgewachsene angesehen werden können, und keine Spur von einem Flügel haben, so zweifle ich sehr, daß sie unter den Strombis eine bleibende Stätte behalten werden. Vermuthlich wird die Familie der Voluten sichs endlich müßen gefallen laßen, diese Verwandtin aufzunehmen. Branders Fossilia Hantoniensia machen schon am oben angeführten Orte diese Anmerkung: Volutis accedit columella plicata, plicae autem sunt oblique et obsoletae, auch fehlen sie in manchen Exemplaren gänzlich, vermuthlich weil sie bey solchen gegrabenen Schnecken abgerieben werden. Hernach so haben die Falten eine schiefe Lage; auch sind sie nicht einander gleich, denn einige sind größer, andere kleiner. Endlich fehlet auch eine basis emarginata. Allein wie viele würde man aus dem Geschlechte der Voluten ausmustern müßen, wenn man es so gar genau nehmen wollte?

Die ribbenartigen länglichten Falten, deren ich beym untersten größesten Stockwerke zwölf bis dreyzehn antreffe, endigen sich oberwärts in scharfe Spitzen. Nahe bey der Nath tritt noch eine kleine Reihe von Spitzen hervor. Feine röthliche Linien umgeben diese Schnecke. Würklich ist es höchlich zu verwundern, ja fast unerklärbar, wie sich solche röthliche Linien auf vielen Stücken dieser Gattung, mit einem dem Email gleichenden Glanze, seit Jahrhunderten, ja wohl seit Jahrtausenden, in einem aus Thon und Sand bestehenden, oft naßen Erdreiche, zu Hanton in Engeland, und bey Chaumont und Courtagnon in Frankreich, vorzüglich bey dieser Gattung erhalten können. Daher schreibt auch Linne: Mirum colores perennare in fossili testa.

Was Linne weiter bey dieser Art anmerket: Mihi tantum fossilis, wird ebenfalls wohl jeder, der Stücke dieser Gattung besitzet, hinzusetzen müßen. Bisher kennet man kein Original zu dieser gegrabenen Gattung. In meiner Sammlung liegen acht Exemplare von derselben; alle haben die röthlichen Queerlinien und kleine Falten bey der
Spindel.

Foßilien oder gegrabene Conch. Tab. 212. Fig. 3002—3005. 301

Spindel. Es scheinet, daß Linne diese Schnecke, als er sie zuerst im Museo Tesiniano angetroffen, für frisch und natürlich gehalten, wozu ihn ihr Glanz samt den rothen Linien verführet. Wenigstens ist in der zehnten Ausgabe seines Natursystems bey 271. keine Spur, daß er sie als eine gegrabene anerkannt. Aber in der zwölften Ausgabe hat er sie beßer kennen gelernet.

Tab. 212. Fig. 3004. 3005.
Ex Museo nostro.
Die Feigenförmige.
Murex Ficulneus,
testa subglobosa, longitudinaliter plicata, plicis supra spinosis, spira parum exserta, cauda brevi subadscendente.

Schröters litteratur und Beyträge zur Kenntniß der Conchylien und Foßilien Tom. 2. pag. 155. seq. no. 34. 35. Tab. 3. fig. 13.

Der Herr Superintendent Schröter giebt uns von dieser Gattung an dem oben angeführten Orte eine gar gute Beschreibung, die ich wörtlich beybehalten habe.

„Ein feigenförmiger Murex mit runder scharf geribbter Windung und kurzem Zopfe von Courtagnon. Die erste Windung ist stark gewölbet, beynahe rund, verlieret sich aber schnell in eine etwas verlängerte und nach der linken Seite gedrehete Nase. Auf der ersten Windung liegen scharfe schmahle Ribben, welche durch eine erhöhete Queerlinie fast im Mittelpunkte der ersten Windung in Dornen verwandelt werden. Die obern Windungen bilden eine kurze Pyramide. Beym etwas gebogenen Schnabel siehet man die feinsten Queerstreifen. Die dünne Spindellippe hat unterwärts eine starke Falte. Die eyförmige Mundöfnung endiget sich in eine enge Rinne.„

302 Foßilien oder gegrabene Conch. Tab. 212. Fig. 3006—3009.

Tab. 212. Fig. 3006. 3007.
Ex Museo nostro.

Die musikalische Volute.
Voluta musicalis,
testa fusiformi, emarginata, transverse striata, anfractibus angulato-plicatis, et serie nodorum cinctis, spira elongata, columella plicis quinque validioribus et quibusdam obsoletis instructa.

BRANDERS Fossilia Hantoniensia Tab. 5. fig. 64. Strombus Luctator, testa decussatim striata, columella plicata.

Die wilde Musicvolute, welche beym Linne die Ebräische, und bey andern das geäderte Holz heißt, scheinet diese gegenwärtige ähnlicher zu seyn, als den bekannten Musicschnecken. Ich finde auch bey ihrer Spindellefze eine gleiche Anzahl von ungleichen, theils gröberen, theils feineren Falten, und ich würde geneigt seyn, diese gegrabene für einen richtigen Abkömmling jener Gattung zu halten, wenn nicht noch in einigen Stücken ein gar merklicher Unterschied vorhanden wäre. Jene haben eine spiegelglatte, diese aber eine mit erhabenen Queerstreifen, die von länglichten durchschnitten werden, belegte Schale. Von ihrem gestreckteren Bau, von den vielen faltenartigen Knoten und Ecken ihrer neun Stockwerke, vom tiefen Ausschnitt ihrer Nase, will ich schweigen, weil solches alles durch die Abbildung deutlicher, als durch Worte dargestellet wird. Der Glanz ihrer bräunlichen Spindellefze hat sich bey ihr seit der langen Zeit ihres Begräbnißes im Schooße der Erde bestens erhalten. Sie ist bey Courtagnon gefunden worden.

Tab. 212. Fig. 3008. 3009.
Ex Museo nostro.

Die Dicklippe.
Voluta labiata,
testa obovata, anfractibus noduloso plicatis, basi emarginata, columella quadriplicata, labro fimbriato.

Wer diese Schnecke alleine von der Seite ihres Rückens ansiehet, der glaubet einen Strombum vor sich zu haben, aber da an der Spindellefze vier deutliche Falten stehen; so gehöret sie offenbar zur Zahl der Voluten.

luten. Sie hat sechs Stockwerke, welche durch faltenartige Knoten eckigt gemacht werden. Bey der Basis zeiget sich ein tiefer Ausschnitt. Wegen ihrer verdickten Lippe ist ihr der Name Dicklippe ertheilet, und sie Voluta labiata genannt worden. Sie wird bey Courtagnon gefunden.

Tab. 212. Fig. 3010. 3011.
Die Gemischte.

Cochlea mixta,
testa fusiformi, longitudinaliter costata, columella subplicata, apice papillari, basi transverse striata.

BRANDERS Fossilia Hantoniensia Tab. 3. Fig. 45. pag. 20.? Voluta costata, testa longitudinaliter costata, costis aequalibus. Columella quadriplicata; plicis inferioribus majoribus, quae in aliis Volutis plerumque minores sunt. Admodum affinis Volutae Vulpeculae.

Diese schmahle Schnecke muß ja mit jenen harfenartigen nicht vermenget werden, welche auf ihren länglichten Ribben, wie bey Fig. 2098. 2099. mit einer doppelten Reihe kleiner Spitzen besetzt gesehen werden. Denn bey der gegenwärtigen befinden sich glatte länglichte Ribben. Die Spitze des Wirbels ist warzenartig. Bey der Spindellefze stehen einige schiefe Falten, davon die obern sehr klein und fast unmerklich, die untern aber etwas größer sind. Soll man sie nun sogleich um dieser kleinen schiefen Falten willen den Voluten beyzählen, oder sie den Strombis, oder den Muricibus zuweisen? Ich mag es nicht entscheiden, denn sie ist gewiß mixti et dubii generis. Sie wird bey Courtagnon in Frankreich, und auch nach Branders Bericht in Engeland gefunden.

Von
einigen Linksschnecken.

Sobald man von gewißen Arten der Linksschnecken gleichförmig gebildete Rechtsschnecken in großer Anzahl kennet, so wird man sich schwerlich in seiner Vermuthung irren, wenn man alsdann dergleichen Linksgewundene für keine besondere Gattungen, sondern für Bastarte, für ausgeartete, mißrathene, unnatürliche Kinder wohl und rechtsgeborner Eltern ansiehet. Wenn aber den Conchylienfreunden und Sammlern noch niemals rechtsgewundene von gewißen Arten der Linksschnecken bekannt worden; so bin ich gänzlich der Meinung, man müße sie als eigene linksgewundene Gattungen anerkennen, und auf ihrem Standpunkt ruhig stehen laßen. Erst alsdann, wenn man gleichförmig gebaute und gebildete Rechtsschnecken entdecket, so wird die Rechtmäßigkeit ihrer Geburt problematisch, verdächtig und zweifelhaft. Unter den hier abgebildeten hat man noch nie von Fig. 3020. und 3021. eine gänzliche gleichförmige Rechtsschnecke kennen gelernet. Daher gebühret ihr die Ehre, eine eigenthümliche linksgewundene Gattung zu heißen. Allein den mehresten Linksschnecken geschieht weder Gewalt noch Unrecht, wenn sie für Bastarte und Auswürflinge erkläret werden. Niemand hat leicht einen größern Vorrath von Conchylien, und unter denselben eine stärkere Sammlung von Linksschnecken gehabt, als die Herzogin von Portland, davon der Catalogus Musei Portl. zum Beweise dienet. Es gefällt mir ausnehmend, daß in diesem lehrreichen Verzeichniße, daraus man vieles lernen kan, zugleich mit den Linksschnecken auch die gleichförmigen Rechtsschnecken stets unter einer No. verbunden, und so gemeinschaftlich verkauft wurden. Zum Exempel No. 110. Murex Perversus Linnaei, or right and left handed Figs from North America, und eben dergleichen geschahe wohl bey funfzig andern Nummern.

Linksschnecken. Tab. 213. Fig. 3012. 3013.

Verzeichnis der hier abgebildeten und beschriebenen Linksschnecken.

Tab. 213. Fig. 3012. 3013. Die Narbenschnecke. *Helix cicatricosa sinistrorsa.*

Fig. 3014. 3015. Die linksgewundene traurende Mondschnecke. *Turbo lugubris sinistrorsus.*

Fig. 3016. 3017. Der zweystirnichte Janus. *Helix, Janus bifrons.*

Fig. 3018. 3019. Die dreyfach Bandirte. *Helix trifasciata.*

Fig. 3020. 3021. Die Säule. *Helix Columna.*

Fig. 3022. Der Thomasthurm. *Turbo Turris Thomae.*

Tab. 213. Fig. 3012. 3013.
Ex Museo nostro.

Die Narbenschnecke.

Helix cicatricosa,

testa sinistrorsa, subglobosa, subcarinata, penes suturam dense rugosa et quasi cicatricosa, umbilicata, fragili, diaphana, subtus gibba, anfractibus sex convexiusculis a dextra ad sinistram gyratis in fundo obscure flavido lineis et fasciis fuscentibus seu brunneis vittatis, umbilico pervio, pariete albo integrino papyraceo distincto et circumdato, fasciis in fauce pellucentibus.

Gall. L'Eternel.

D'ARGENVILLE Append. de trois nouvelles Planches Tab. I. lit. C. pag. 383. Limaçon à bouche ronde. Son plus grande merite consiste à avoir la bouche tournée à gauche.

O. MÜLLER Hist. Vermium. No. 242. pag. 42. Helix Cicatricosa, cochlea raritate et pulchritudine nulli sinistrorsarum secunda.

FAVANNE Conchyl. Tab. 63. fig. K.

Linksschnecken. Tab. 213. Fig. 3012. 3013.

FAVANNE Catal. rais. No. 11. pag. 4. Limaçon nommé l'Eternel.

Verzeichnis der Conchylien im Cabinette des Erbprinzen von Rudolstadt, Tab. XI. fig. 6. pag. 173. no. 49. Der linksgewundene niedrige genabelte Kräusel mit abgerundetem kielförmigem Rande und umgebogenen Lippen. Die Spuren des Wachsthums sind sehr merklich und Narben ähnlich.

 Diese Linksschnecke kannte ich vormals, wie ich von ihr im neunten Bande bey Fig. 923. und Vignette 19. Lit. A. pag. 90. redete, nur alleine aus Zeichnungen und aus den Nachrichten, so d'Argenville, Müller und Favanne von ihr gegeben. Hernach fand ich sie im Verzeichniße der Conchylien des Erbprinzen von Rudolstadt, davon die oben angeführte Stelle nachgesehen werden kann. Endlich da ein Schiff der ostindischen Compagnie aus China zurücke kam, und einige Kistchen mit Conchylien mitbrachte, die einem Englischen aus Botanybay zu China eingelaufenen Schiffe waren abgekauft worden, und nun ein solch Kistchen auch mir zu Theil wurde, so bekam ich das wahre Original derselben. Sie wohnet also auf den Insuln der Südsee. Meine vormalige Vermuthung, daß sie wohl auf Jamaika einheimisch seyn werde, war also ungegründet. Jetzt leuchtet es mir erst recht ein, warum sie die Narbenvolle genannt worden. Sie sitzet nahe bey der Nath ihrer Umläufe voller Runzeln, die den Narben gleichen, und nach der Meinung des Verfaßers vom Verzeichniße des Rudolstädtischen Cabinets, lauter Spuren des Wachsthums neuer Ansätze seyn sollen. Die etwas gewölbten sechs Stockwerke dieser dünnen, durchsichtigen, verkehrt gewundenen Schnecke werden auf dunkelgelblichem Grunde von schmahlen breiten braunen Bändern umgeben. Die Basis, welche durch eine kaum merkliche Kante von der Oberschale unterschieden wird, ist sehr convex. Eine weiße papierdünne Scheidewand umgiebt den runden tiefen Nabel. An den inneren Wänden schimmern die braunen Bänder aufs deutlichste hindurch. Die Breite dieser raren Linksschnecke beträget anderthalb Zoll. Andere Zeichnungen derselben geben ihr ein Mundstück oder eine eingesäumte umgelegte Lippe. Diese jetzige muß wohl ihren Wachsthum noch nicht vollendet haben, weil dergleichen nicht bey ihr gesehen wird.

Linksschnecken. Tab. 213. Fig. 3014—3017.   307

Tab. 213. Fig. 3014. 3015.
Ex Museo Spengleriano.
Die traurende linksgewundene Mondschnecke.
Turbo lugubris sinistrorsus,
testa trochiformi nitida, nigro-fusca, fasciis albis penes suturam cincta, apice albo apertura subrotunda.

Die rechtsgewundene von dieser Gattung ist schon bey Fig. 2059. 2060. beschrieben worden. Hier ist nun eine linksgewundene, die man als keine eigene Gattung, sondern als ein ausgeartetes Kind jener rechtsgewundenen Gattung anzusehen hat. Ihre Schale ist spiegelglatt, und braunschwärzlich gefärbet. Nahe bey der Nath werden die Gewinde von einem weißen Bande zierlichst umgeben. Die Spitze ist weiß. Es wohnet diese seltene Linksschnecke, für welche der Herr Spengler zwey Guineen in London bezahlen müßen, in den süßen Waßern der in der Südsee liegenden Sandwichsinsuln. Die inneren Wände sind weißlich. Weil die Bewohner jener Insuln diese Arten von Schnecken als einen Hals= und Ohrenschmuck zu tragen gewohnt sind, und daher, um eine Schnur hindurch zu ziehen, die Schalen durchbohren, so hat man hievon bey dieser raren Linksschnecke keine Ausnahme gemacht, sondern sie gleichfalls durchbohret.

Tab. 213. Fig. 3016. 3017.
Ex Museo Spengleriano.
Der zweystirnichte Janus.
Helix Ianus bifrons,
testa orbiculari, sinistrorsa, tenui, diaphana, acute carinata, umbilicata, supra depressa, alba, striis capillaribus subtilissimis obliquis densissime quasi crinita, subtus convexa, colore corneo seu testaceo apertura semilunata.

Diese dünne durchsichtige Linksschnecke hat sehr viel besonderes und eigenthümliches an sich. Sie ist oberwärts ganz flach, als wäre sie zurückgedrücket worden. Die sieben Windungen der Oberfläche werden von lauter äußerst feinen, schief herablaufenden, dichte beysammenstehenden Streifen, die den feinsten Haarfäden gleichen, bezeichnet. Die Unterschale ist sehr convex und dabey tief genabelt. Durch eine scharfe,

Linksſchnecken. Tab. 213. Fig. 3016—3019.

etwas hervortretende Kante wird die Oberſchale von der Unterſchale abgeſondert. Mit allem Rechte heißt dieſe Schnecke der zweyſtirnichte Janus, Janus bifrons. Denn ſie hat gleichſam zwey ſehr verſchieden gefärbte Geſichter, indem ſie oberwärts ganz weiß, und unterwärts hornartig lichtbräunlich gefärbt erſcheinet. Die Mundöfnung iſt halbrund. An den inneren Wänden iſt ebenfalls die eine Hälfte bis zur Carina weiß, und die andere lichtbraun gefärbet. Es wohnet dieſe ſeltene Linksſchnecke auf den Inſuln der Südſee.

Tab. 213. Fig. 3018. 3019.
Ex Muſeo Spengleriano.
Die dreyfach Bandirte.
Helix trifasciata,
teſta orbiculari, siniſtorſa, alba, convexiuscula, pellucida, in primo anfractu fasciis tribus, in reliquis duobus rufescentibus cincta, apertura ſublunata, labro reflexo, baſi convexa immaculata.

In London wurde dieſe Linksſchnecke die Livereyſchnecke genannt und als eine Abänderung von der Helice nemorali angeſehen, ja von einem bekannten Naturalienhändler, der ſie vermuthlich auf der Portlandiſchen Auction an ſich gekauft, für den übertriebenen Preiß von funfzig Pfund Sterling feil geboten. Hernach hat der Herr Spengler eben dieſelbige Art durch ſeinen geſchickten Sohn, wie er ſich eine Zeitlang in London aufgehalten, für ein leichtes Geld erkauft. Die Grundfarbe derſelben iſt weiß, ſie wird aber auf ihrem erſten Stockwerke von drey, und auf dem andern von zwey rothbräunlichen Bändern umwunden, welche Bänder auch an den inneren weißen Wänden der dünnen durchſichtigen Schale deutlich hindurchſchimmern. Die convexe ſchneeweiße Baſis hat in ihrer Mitte einen kleinen Nabel. Die halbrunde Mundöfnung wird von einem weißen Saume eingefaßet. Das wahre eigentliche Vaterland dieſer Schnecke weiß ich mit keiner Gewißheit zu beſtimmen.

Tab. 213. Fig. 3020. 3021.
Ex Museo nostro.

Die Säule.
Helix Columna,

testa cylindrica, turrita, siniſtrorſa, ſcabra, faſciis longitudinalibus flammeis fuscentibus insignita, decussatim striata, granulata, apice obtuso fusco, apertura ovali auriformi integra, labio albo fimbriato calloso.

Catal. Muſ. Portland. No. 302. pag. 14. A curious reverſe turret-shaped Helix extremely rare.

Eine Varietät dieſer Gattung iſt zwar ſchon im neunten Bande bey Fig. 954. 955 abgebildet und beſchrieben worden. Allein ſeit der Zeit haben wir hier durch den Herrn Humphrey aus London ungleich beſſere und gröſere, von jener Art merklich verſchiedene, mit dem friſcheſten Farbenſchmucke ausgezierte Exemplare bekommen, davon ich eines hier abbilden laßen. Die vielen im neunten Bande bey dieſer Gattung aus dem Liſter, Klein, Bonanni, Leßer, Davila, Müller, Schröter und Favanne angeführten Citationen und Nachrichten verlange ich hier nicht zu wiederhohlen. Der Herr Spengler erhielte im vorigen Jahre aus London ein herrliches Exemplar derſelben, dabey dieſe Linksſchnecke, der linke Tyger, Lendix genannt, als außerordentlich ſelten beſchrieben, und Braſilien als ihr Vaterland angegeben ward. Ich wünſchte, daß man uns zugleich das mir und vielen andern unbekannte Wort Lendix möchte erkläret haben. Bey der Auction, die Herr Humphrey aus London mit Naturalien im October 1794 zu Hamburg halten ließ, ward dieſe rare Schnecke No. 74. im Catalogo als eine rare getiegerte, langgeſtreckte, linksgewundene Landſchnecke von Braſilien angekündiget, und meinem Commißionair für den ſehr billigen Preiß von anderthalb Thalern zugeſchlagen.

Es hat dieſe Schnecke, welche einer thurmförmigen Säule oder Walze gleichet, ſechs bis ſieben nur wenig von einander abſetzende Stockwerke, welche von unzähligen Streifen in die Länge und Queere durchkreuzet, und dadurch ganz rauh und körnicht gemacht werden. Schwarzbräunliche und rothbraune länglichte Flammen laufen vom Wirbel bis zur Mündung herab. Der Wirbel iſt ſtumpf. Bey der zur linken Seite ſtehenden eyförmigen Mundöfnung zeiget ſich zur rechten Seite an der Spindel ein weißer, umgelegter, verdickter Lippenſaum. Ob man in Braſilien auch rechtsgewundene von dieſer Gattung finde? darüber wünſchte ich näher belehret zu ſeyn.

Tab. 213. Fig. 3022. Lit. a. b. c. d.
Ex Muſeo noſtro.
Der Thomasthurm.
Turbo Turris Thomae,

teſta turrita, alba, ſiniſtrorſa, parva, lineis rufeſcentibus nitidiſſime faſciata, anfractibns duodecim ſerie duplici punctorum eminentium nodulofis, apertura ſubrotunda.

Dieſe kleine linke niedliche Meerſchnecke iſt bey der Weſtindiſchen Inſul St. Thomas gefunden worden. Ich habe ſolche bey Lit. a. und b. in ihrer natürlichen Größe, und bey Lit. c. und d. etwas vergrößert vorſtellen laßen. Ihre Grundfarbe iſt ſchneeweiß. Sie wird aber von röthlichen Linien zierlichſt umwunden. Ich zähle bey ihr zwölf Stockwerke, und auf jeder zwo Perlenreihen, davon die eine glänzend weiß iſt, die andere aber unter den röthlichen Queerbinden lieget, und mit kleineren Körnern oder Knötchen verſehen iſt, als die weiße. Die Mundöfnung iſt rund. Eben daher habe ich dieſes ſeltene thurmförmige linke Schnecklein lieber den Mond = als den Schnirkelſchnecken beygeſellen wollen.

Ferner sind folgende Werke in der Verlagshandlung zu haben.

Abhandlung über Beßerung der Mühlräder, mit Kupf. gr. 8.   16 Ggr.

Aikens, J. Grundsätze der Entbindungskunst, aus dem Engl. übersetzt und mit Anmerkungen von C. H. Spohr, mit 31 Kupf. gr. 8.   1 Thlr. 20 Ggr.

Albertus magnus von den Geheimnißen der Weiber, oder Abhandlung von der Erzeugung, Schwangerschaft und Geburt ꝛc. 8.   6 Ggr.

Aleri, P. gradus ad Parnassum, sive novus synonymorum, epithetorum et phrasium thesaurus, 8.   16 Ggr.

Amerikanische Gewächse, nach Linneischer Ordnung, auf holländisch Pappier, mit illuminirten Kupf. 3 Hundert, gr. 8.   24 Thlr.

Anweisung zu künstlichen Stickereyen mit 24 illuminirten Kupfern, nebst 1sten und 2ten Nachtrag, 8.   5 Thlr. 8 Ggr.

—— kurze, wie Malereien, Zeichnungen und Kupferstiche auf leichte Art zu kopiren sind, nebst Unterricht von Farbenmischungen, mit Kupf. gr. 8.   12 Ggr.

d'Ardenne Tractat von den Ranunkeln, mit illum. Kupf. 8.   16 Ggr.

Auswahl seltener Gewächse, als Fortsetzung der Amerikanischen Gewächse, auf holländisch Pappier, mit illum. Kupf. 1stes Hundert, gr. 8. (Wird fortgesetzt.)   8 Thlr.

Baron F. G. Untersuchung des Instruments der Laute, zum Nutzen der Liebhaber historisch, theoretisch und praktisch entworfen, 8.   8 Ggr.

Bertrandi, A. Abhandlung von den venerischen Krankheiten, 2 Theile, m. K. gr. 8.   2 Thlr. 20 Ggr.

Beschreibung der Kaiserl. Königl. Schatzkammer in Wien, gr. 8.   16 Ggr.

Bischofs, K. A. physisch-technologisches Handbuch aller Naturprodukte und ihrer Zubereitung, 2 Theile, mit Kupf. 8. Schreibp. 1 Thlr 8 Ggr. Druckp.   1 Thlr.

Blanks, J. C. 51 Bildniße berühmter Künstler, Buchhändler und Buchdrucker, fol.   2 Thlr.

Blumenbuch, neues, für junge Personen beiderlei Geschlechts, Queerfol.   1 Thlr.

Bolzens, J. G. wohl instruirter Amts- und Gerichtsaktuarius, oder vollkommener Unterricht für einen Schreibereyverwandten, in 6 Theilen, mit einer Anleitung zu Amtirungs- und Rechnungswerken, und dem geschickten Amtsredner, 4.   2 Thlr. 8 Ggr.

—— der in Schuldaustheilungen und Concurssachen akkurate Beamte, 4.   16 Ggr.

Brasch Abbildung verschiedener Hunde, 24 Blatt, illum. gr. 4.   6 Thlr.

Cabinet der Feen, oder gesammelte Feenmährchen, aus dem Franz. 9 Theile, mit Kupf. 8.   4 Thlr.

Cabin

Calender, allgemeiner ökonomischer, zur Haus- und Landwirthschaft, dem Feldbau, der Gärtnerey, dem Jagd- und Forstwesen, der Fischerey und Viehzucht, nach den 12 Monaten, gr. 8.   1 Thlr.

Charlevoix, S. J. Geschichte von Paraguay und dem Mißionswerke der Jesuiten in diesem Lande, 2 Theile, gr. 8.   2 Thlr.

Chemnitz, J. H. Abhandlung von einem Geschlechte vielschallichter Conchylien, mit sichtbaren Gelenken, welche beym Linne Chitons heißen, mit Kupf. gr. 4.   16 Ggr.

Deßen ausführliche Abhandlung von den Linksschnecken, oder den verkehrt gewundenen Conchylien, mit Kupf. gr. 4.   8 Thlr.

Deßen Abhandlung von den Land- und Flußschnecken, oder von solchen Conchylien, welche auf der Erde und in süßen Wassern zu leben pflegen, mit Kupf. gr. 4.   10 Thlr.

Conditor oder Zuckerbäcker, der geschickte und wohlerfahrne, nebst Unterricht zur Pasteten- und Tortenbäckerey, Einmachen der Früchte und andern dazu gehörigen Künsten, 8.   16 Ggr.

Daniels, P. G. Geschichte von Frankreich, seit der Stiftung der fränkischen Monarchie in Gallien, bis auf jetzige Zeiten, 16 Theile, mit Kupf. gr. 4.   32 Thlr.

des Deutschfranzos sämtliche Schriften, 2 Theile, mit Kupf. gr. 8.   2 Thlr. 8 Ggr.

Degeer, des Herrn, Abhandlungen zur Geschichte der Insekten, aus dem Französischen, mit Anmerkungen von J. A. E. Göze, 7 Bände, mit Kupf. gr. 4.   30 Thlr.

Dizzionario nuovo, italiano-tedesco e tedesco-italiano, secondo l' Ortografia dell' Academia della Crusca, oder vollständiges, italiänisch-deutsches und deutsch-italiänisches Wörterbuch, entworfen von Don Clemente Romani, gr. 8.   2 Thlr. 8 Ggr.

Einleitung zur Landwirthschaft nach Grundsätzen, für Anfänger, gr. 8.   8 Ggr.

Ellis, J. Tractat von den Corallen und andern Meergewächsen, aus dem Engl. mit Anmerkungen von D. J. G. Krünitz, mit Kupf. gr. 4.   3 Thlr. 8 Ggr.

Espers, E. C. F. Naturgeschichte im Auszuge des Linneischen Systems, mit Anmerkungen und Kupfern, gr. 8.   2 Thlr.

Deßen Pflanzthiere, in Abbildungen nach der Natur, nebst deutlicher Beschreibung, mit illum. Kupf. 12 Theile, nebst vier Nachträgen, gr. 4.   50 Thlr.

Geoffroy Abhandlungen von Conchylien, welche um Paris sowohl auf dem Lande, als in süßen Wassern gefunden werden, aus dem Französischen von F. H. W. Martini, gr. 8.   16 Ggr.